INDUSTRIEKULTUR IN DER REGION HANNOVER

Sid Auffarth | Manfred Kohler | Christiane Schröder

KALI, KOHLE UND KANAL
INDUSTRIEKULTUR IN DER REGION HANNOVER

herausgegeben von Axel Priebs im Auftrag
der Region Hannover

HINSTORFF

GELEITWORT DES REGIONSPRÄSIDENTEN

In der Region Hannover lässt es sich gut leben. Nicht nur die abwechslungsreiche Landschaft zwischen Norddeutscher Tiefebene und den Ausläufern des Mittelgebirges lädt zum Wohlfühlen ein. Die Menschen, die in der Region Hannover wohnen, identifizieren sich auch mit den Städten und Dörfern in dieser Kulturlandschaft. Kein Wunder also, dass viele von ihnen mehr über die Geschichte der Region Hannover erfahren wollen. Wie haben die Menschen in der Vergangenheit gelebt? Wie haben sie gewirtschaftet? Wie erklärt sich die Baukunst aus den unterschiedlichen Epochen?

Mit den „Routen der Industriekultur" beantwortet die Region Hannover – deren Aufgabe unter anderem darin besteht, die regional bedeutsame Naherholung zu fördern – zumindest einen Teil dieser Fragen. Ziel ist es, die Industriekultur vergangener Zeiten sowohl für Einheimische wie für Besucherinnen und Besucher von außerhalb erlebbar zu machen. Hobby-Historiker können fünf Routen zu Fuß oder mit dem Fahrrad erkunden. Sie erfahren dabei, wie Arbeits- und Alltagswelten einst aussahen und wie sie sich im Lauf der Zeit verändert haben. Das vorliegende Buch liefert hierzu leicht lesbare, aber fundierte Hintergrundinformationen.

„Man sieht nur, was man weiß", heißt es. In den vergangenen 150 Jahren hat die Region Hannover im Zuge der Industrialisierung eine spannende Entwicklung erfahren. Die „Routen der Industriekultur" helfen, die Spuren dieser Umwälzung zu lesen. Ich wünsche allen Leserinnen und Lesern eine anregende Lektüre und interessante Entdeckungen auf ihren Wanderungen, Spaziergängen oder Radtouren.

Der Autorin und den Autoren, dem Herausgeber sowie den Fotografen danke ich für ihre engagierte Arbeit an diesem Buch. Allen anderen, die zum Entstehen beigetragen haben, gilt ebenfalls mein Dank – nicht zuletzt dem Historischen Museum der Landeshauptstadt Hannover sowie den öffentlichen und privaten Archiven, die Dokumente und Bildmaterial zur Verfügung stellt haben. Der Sparkasse Hannover und der Niedersächsischen Sparkassenstiftung danke ich für die finanzielle Unterstützung der Drucklegung. Schließlich freue ich mich über die gute Zusammenarbeit mit dem Hinstorff Verlag, der auch die ansprechende Gestaltung ermöglicht hat.

Hannover, im November 2010

Hauke Jagau
Regionspräsident

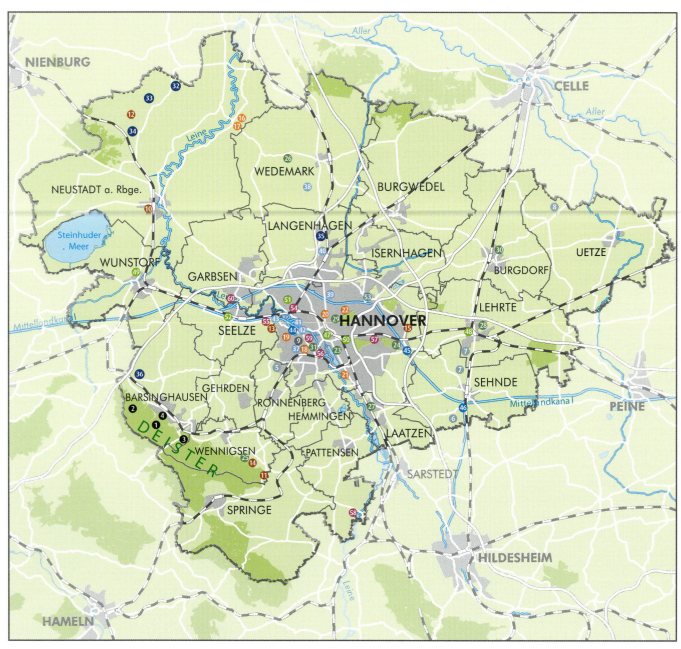

Region Hannover mit den im Buch enthaltenen Zeugnissen der Industriekultur

VORWORT DES HERAUSGEBERS

Ein Buch über Industriekultur in der Region Hannover? Die großen deutschen Industriezentren, das waren doch das Ruhrgebiet, Berlin, das Saarland, das Rhein-Main-Gebiet oder Sachsen? Ja – und auch große Teile der Stadt Hannover sowie ihres unmittelbaren Umlandes, die im 19. und frühen 20. Jahrhundert eines der größten norddeutschen Industriezentren bildeten.

Während viele einstige Industriezentren ihr technikgeschichtliches Erbe mittlerweile als Teil des europäischen Netzwerks „European Route of Industrial Heritage" in touristischen Themenstraßen erfahrbar machen, stehen die noch erhaltenen baulichen Zeugnisse der hiesigen Industriekultur weitgehend unverbunden für sich. Je mehr der Zahn der Zeit an den verbliebenen Industriedenkmalen nagt, je weiter die persönliche bzw. familiär tradierte Erinnerung an einst weltbekannte Unternehmen und vor allem an die Arbeitsprozesse in ihren Werkshallen schwindet, desto gebotener erscheint die Herausgabe des vorliegenden Bandes.

Am Beginn des dafür maßgeblichen Projekts stand die Idee, im Rahmen von Vorschlägen für Ausflugsrouten, die das Team Regionale Naherholung der Regionsverwaltung erstellt, auf markante Industriedenkmale in der Region Hannover hinzuweisen. Schnell wurde deutlich, welche Vielfalt interessanter Relikte der Industriegeschichte in und um Hannover noch vorhanden ist. Zugleich zeigte sich, wie erklärungsbedürftig viele dieser Überreste für den Laien sind und welche vielfältigen wirtschafts-, sozial- und alltagsgeschichtlichen Facetten mit den Objekten verbunden sind. So gesellt sich zu Ausflugstipps mit knappen Hintergrundinformationen, die im Internet (www.industriekultur-hannover.de) abrufbar sind oder als Faltblätter von der Region Hannover (www.hannover.de) herausgegeben werden, ein eigenes Buch. Es stellt nicht nur viele Industriedenkmale der Region aus bau- und technikgeschichtlicher Perspektive vor, sondern leuchtet ausführlich ihren zeit- und sozialgeschichtlichen Hintergrund mit aus. Ausgehend von heute noch zu besichtigenden Objekten beschreiben die Autorin und die beiden Autoren einst bedeutsame Industriezweige in Hannover und seinem Umland sowie ihre Entwicklung von der beginnenden Industrialisierung in den 1830er-Jahren bis in die Gegenwart. Großes Gewicht räumen sie dabei dem ständigen Wandel von Arbeit und Alltag ein. Somit betreibt dieses Buch im weitesten Sinn Industriearchäologie: Es vollzieht Handwerks- und Technikgeschichte nach, beleuchtet die Sozialgeschichte der Arbeitswelt und schreibt die Geschichte von Industriearchitektur einschließlich des Wohnens in der Industrielandschaft. Sein Ziel ist, den Blick für zumeist übersehene Kostbarkeiten aus der Zeit der Industrialisierung zu schärfen.

Es gibt es kein Übersichtswerk zur breiten Palette der einstigen Industrien in der Region Hannover, auf das die Autorin und die Autoren für die Auswahl der im Folgenden vorgestellten Unternehmen hätten zurückgreifen können. So strebt dieses Buch auch keine Vollständigkeit an. Vielmehr beschreibt es eine große Zahl besonders anschaulicher Industrieobjekte, die beispielhaft die (frühere) Vielfalt der im Raum Hannover angesiedelten Industrien verdeutlichen und die wenigstens in Teilen unter Denkmalschutz stehen. Deswegen werden auch bedeutende Industriebetriebe, die heute die Wirtschaft der Region Hannover prägen, in diesem vorwiegend historisch orientierten Buch nicht vertieft behandelt. Das gilt etwa für das VW-Werk in Stöcken, das bekanntlich erst nach dem Zweiten Weltkrieg gegründet wurde. Obwohl eine Fülle von Literatur ausgewertet und hier oft erstmals in einen neuen Zusammenhang gebracht wurde, unterscheiden sich die einzelnen Kapitel in ihrer Ausführlichkeit und Bildhaftigkeit. Dies hat einen einfachen Grund: Die hier vorgestellten Arbeitswelten waren, so fremd sie uns heute oft schon geworden sein mögen, einst gewöhnlicher Alltag. Alltagszeugnisse aber – Werkzeuge beispielsweise oder Fotografien von Arbeitssituationen – werden oft nicht wertgeschätzt und landen im Abfall statt im Museum oder Archiv. Selbst im letzten Drittel

VORWORT DES HERAUSGEBERS

Fassade der ehemaligen Kohlenzeche „Antonie", Detail

des 20. Jahrhunderts entsorgten einige Unternehmen nach Besitzerwechseln und Umstrukturierungen das eine oder andere langjährig gepflegte Firmenarchiv im Müllcontainer. Die hierdurch entstandenen Überlieferungslücken kann die bau-, technik-, kultur- oder sozialhistorische Forschung oft nur noch mühsam schließen. Auch manches der im Folgenden beschriebenen Objekte ist hochgradig in seinem Bestand gefährdet, wenn nämlich den hohen Kosten für eine Erhaltung keine entsprechenden Einnahmemöglichkeiten gegenüberstehen. Selbst der Denkmalschutz kann in solchen Fällen keine Garantie für die dauerhafte Erhaltung der Gebäude und Anlagen bieten.

Umso wichtiger ist es der Region Hannover, das Bewusstsein für die industriearchäologischen Zeugnisse vor der Haustür zu schärfen. Die hier präsentierten Bauwerke und die Geschichte(n), in die sie eingebettet sind, sollen Appetit machen, selbst auf Spurensuche zu gehen. Genaue Angaben zur Lage und Erreichbarkeit am Ende jeder Objektbeschreibung erleichtern dabei das Auffinden der vorgestellten Industriedenkmale. Hier finden sich auch entsprechende Hinweise, wenn einzelne Objekte nicht frei zugänglich sind, sei es, weil sie sich in Privatbesitz befinden, sei es, weil der unmittelbare Zugang aus Sicherheitsgründen nicht erlaubt ist. In all diesen Fällen ist es aber möglich, sich von außen einen guten Eindruck zu verschaffen. Auch wenn das Buch mit wissenschaftlicher Sorgfalt geschrieben wurde, stand doch für Herausgeber und Autorenteam an erster Stelle eine gute Lesbarkeit des Textes. Deswegen wurde auf ausführliche Verweise und Fußnoten, wie sie in einem wissenschaftlichen Werk üblich wären, verzichtet. Wer aber noch tiefer in die Geschichte der regionalen Industrie oder einzelner ihrer Branchen eintauchen will, findet am Ende des Buches ein vollständiges Quellenverzeichnis und damit auch zahlreiche Literaturtipps zum Weiterlesen.

Hannover, im November 2010

Prof. Dr. Axel Priebs
Erster Regionsrat der Region Hannover

ARBEIT UND ALLTAG IM INDUSTRIEZEITALTER

EIN BLICK ÜBER DIE REGION HANNOVER

Im Jahre 1925 ließ ein Redakteur der sozialdemokratischen Tageszeitung „Der Volkswille" seinen Blick vom Turm des hannoverschen Neuen Rathauses über die Stadt und ihre Umgebung schweifen: „Wir blicken in die Ferne und sehen bei klarem Wetter den Deister, das Steinhuder Meer, weit hinaus in die Ebene. Wenn wir uns daran satt gesehen haben, richten sich die Augen auf den Wald der Schornsteine, der die Stadt westlich und nördlich im Halbkreis dicht umsäumt. Da sind Ricklingen, Linden, Limmer, deren Hauptgebäude die Fabriken sind, über den Orten liegt drückend die Atmosphäre der Industrie: Qualm, Rauch, Ruß. Wenig Grün erfreut das Auge. Straßen, Häuser sind grau, eng, winkelig; denn die Hauptsache sind ja die Fabriken. Sie machen rein baulich den Eindruck von Gefängnissen. Auf jedem der unzähligen Schlote eine Rauchfahne. (...) In [Hannovers] Nordstadt ist das Bild etwas gemildert. Vom Zentrum hinauf führen einförmige Straßen mit einförmigen Häusern. Ein unfreundliches Bild, eingefaßt von den Fabriken nach Hainholz und Vahrenwald zu. Drüben an der Eilenriede ändert sich das Bild. Die Mietskasernen hören auf, die Häuser werden zunehmend Einfamilienhäuser, Villen in Gärten. Die Straßen sind breiter, freundlicher, vielfach mit Vorgärten. (...) Durch eine Lücke des Waldes blicken die Dutzende Schornsteine der Zement-Germania in Misburg. Villenvororte schließen im Osten und Süden den Ring."

Dem Journalisten bot sich ein durch seine Gegensätzlichkeit besonders beeindruckendes Panorama. Fast in Reichweite lag ihm ein pulsierendes Industriezentrum zu Füßen, das – mit deutlich verändertem Gesicht – bis heute zu den wichtigsten Standorten der niedersächsischen Wirtschaft gehört. Eingebettet war es in ein seinerzeit noch stark landwirtschaftlich geprägtes Umland, auch wenn sich gleichwohl hier und dort Schornsteine kleinerer industrieller Anlagen zum Himmel reckten. Das gesamte Blickfeld des Zeitungsmannes entsprach ziemlich genau dem Gebiet der heutigen Region Hannover.

Zu dieser Gebietskörperschaft wurden zum 1. November 2001 die Stadt Hannover und die zwanzig Städte und Gemeinden des zu diesem Zeitpunkt aufgelösten Landkreises Hannover zusammengeschlossen. Sie nimmt verschiedene öffentliche Aufgaben wahr, die zuvor der Stadt, dem Landkreis sowie dem Kommunalverband Großraum Hannover (KGH) oblagen; darüber hinaus sind ihr Verantwortlichkeiten der 2005 aufgelösten Bezirksregierung Hannover zugefallen. Eine der für die Entwicklung der Region besonders wichtigen Aufgaben ist die Wirtschafts- und Beschäftigungsförderung und damit die Sicherung von Arbeitsplätzen für die rund 1,2 Millionen Einwohnerinnen und Einwohner.

Drei Viertel aller Erwerbstätigen der Region arbeiten heute in den verschiedenen Dienstleistungsbranchen. Da die Land- und Forstwirtschaft als Arbeitgeber heute kaum noch eine Rolle spielen, ist demnach etwa ein Viertel aller Arbeitnehmerinnen und Arbeitnehmer im sogenannten produzierenden Gewerbe tätig. Hierzu zählen Industrie- sowie mittlere und kleine Handwerksbetriebe. Besonders bedeutsam sind der Bau von Straßenfahrzeugen, die Gummiverarbeitung und, etwas abgeschwächt, der Maschinenbau, die Chemische Industrie, die Kunststoffverarbeitung, die Nachrichtentechnik sowie die Energiewirtschaft. Dabei behaupten sich vor allem die Unternehmen, deren Produkte einen hohen technologischen Stand aufweisen und die mithilfe modernster Technologie von hoch qualifizierten Arbeitskräften hergestellt werden. Den Herstellern standardisierter Massenprodukte hingegen macht die internationale Konkurrenz, die ihre Güter durch die zunehmende globale Verflechtung der Wirtschaft auf den Weltmarkt wirft, zu schaffen. Die Industrie, die sich seit der Mitte des 19. Jahrhunderts in kurzer Zeit zum mit Abstand stärksten Wirtschaftsfaktor entwickelte, hat zum Ende des 20. Jahrhunderts also offensichtlich ihren

ARBEIT UND ALLTAG IM INDUSTRIEZEITALTER

Blick vom Turm des Neuen Rathauses Hannover in Richtung Ricklingen und Deister

Zenit überschritten. Gerade in jüngster Zeit häufen sich die Nachrichten, dass Firmen und Konzerne Arbeitsplätze abbauen oder einzelne Standorte gar komplett aufgeben. Von dieser allgemeinen Entwicklung ist auch die Region Hannover nicht ausgenommen. Hier entstanden im Verlauf des 19. Jahrhunderts etliche Industriebetriebe, deren Produkte oftmals überregionalen, gar internationalen Ruf erlangten. Einige konnten ihren Untergang schon im 20. Jahrhundert nicht mehr aufhalten, andere sehen derzeit einer unsicheren Zukunft entgegen.

STUMME ZEUGEN FRÜHERER ARBEITS- UND LEBENSWELTEN

Die Geschichte des Industriezeitalters ist eng mit den politischen Wechseln der letzten gut 150 Jahre verzahnt. In seinen Anfängen im ersten Drittel des 19. Jahrhunderts war die Stadt Hannover Residenz eines gleichnamigen Königreichs, das allerdings die Preußen 1866 annektierten. Fünf Jahre später taten sich im Anschluss an den gewonnenen Deutsch-Französischen Krieg fünfundzwanzig deutsche Staaten – unter ihnen Preußen mit seiner Provinz Hannover – zum Deutschen Kaiserreich zusammen. Der Kaiser dankte nach dem verlorenen Ersten Weltkrieg (1914–1918) ab; mit der anschließenden Weimarer Republik erlebte Deutschland seine erste parlamentarische Demokratie. Sie währte nur kurz, denn 1933 übernahm das nationalsozialistische Regime die Macht und hinterließ am Ende des Zweiten Weltkriegs (1939–1945) eine Trümmerlandschaft. Die britische Militärverwaltung stellte die Weichen für die Gründung des Bundeslandes Niedersachsen mit seiner Landeshauptstadt Hannover. Im Westen Deutschlands etablierte sich mit der sogenannten Bonner Republik wieder ein demokratischer Staat, der sich 1989 mit der 1949 abgespaltenen DDR wiedervereinigte. Diese „große Geschichte" prägte immer, wenn auch manches Mal mit zeitlicher Verzögerung, die Arbeitswelt und den Alltag.

In der Region Hannover existieren noch heute etliche Industriebauwerke, die bei genauerem Hinsehen viel über die vergan-

gene Geschichte erzählen. Unter ihnen befinden sich unterschiedlichste Produktionsstätten, in denen zur Blütezeit der Industriegesellschaft viele Hundert Menschen ihr Brot verdienten. Einige beherbergen immer noch industriell arbeitende Betriebe, andere sind umgenutzt und mit neuem Leben gefüllt, wieder andere stehen, vom endgültigen Verfall bedroht, seit langer Zeit leer. Dieses Buch würdigt – ohne Anspruch auf Vollständigkeit – eine große Zahl jener Industriebauten. Darüber hinaus stellt es technische Bauwerke aus den Bereichen Verkehrswesen und Stadttechnik vor. Ihr Entstehen wurde möglich und nötig zugleich durch die immensen wirtschaftlichen und technischen Umwälzungen infolge der Industrialisierung.

Die folgenden Kapitel laden durch ausführliche Beschreibungen dazu ein, sich an ganz unterschiedlichen Orten in der Region auf die Spurensuche zu begeben und die erhaltenen Reste der Industriekultur kennenzulernen. Doch das Buch möchte mehr als nur auf die architektonischen, handwerklichen, kunsthandwerklichen oder technischen Besonderheiten der Industriebauwerke aufmerksam machen. Diese dienen zugleich als Anknüpfungspunkte, noch einmal in einstige Arbeits- und Alltagswelten einzutauchen und ihren fortlaufenden Wandel nachzuvollziehen.

IM DORNRÖSCHENSCHLAF

Das Mutterland der Industrialisierung war England. Hier wurden seit dem ausgehenden 18. Jahrhundert immer weniger Produkte in traditionellen Handwerksbetrieben hergestellt. Stattdessen zogen Kinder, Frauen und Männer in großer Zahl in neu entstehende Fabriken. Dort fertigten sie in arbeitsteiligen Abläufen und mithilfe dampfgetriebener Maschinen die unterschiedlichsten Güter. Diese neuartige Massenproduktion entwertete die menschliche Arbeitskraft so sehr, dass die Löhne sanken und viele Familien kaum noch ein Auskommen fanden. Deshalb zerstörten ab 1810 immer wieder verzweifelte und aufgebrachte englische Textilarbeiter als sogenannte Maschinenstürmer ihre stählerne Konkurrenz in den Fabri-

ARBEIT UND ALLTAG IM INDUSTRIEZEITALTER

Hannovers Innenstadt

ken, wofür sie mit dem Tod, der Deportation nach Australien oder hohen Gefängnisstrafen büßten.

Zu diesem Zeitpunkt lag das damalige Königreich Hannover mit der gleichnamigen Stadt als politischem, wirtschaftlichem und kulturellem Zentrum noch im Dornröschenschlaf. Zwar regierten die hannoverschen Herrscher seit 1714 in Personalunion auch das Königreich Großbritannien und fanden gelegentlich noch ihren Weg von London nach Hannover, doch investierten sie nicht in die Wirtschaft ihres Stammlandes. Es blieb im Wesentlichen ein Agrarland, dessen überwiegend ländliche Bevölkerung den Boden bestellte.

Der hannoversche Staatsmann Christian Ludwig Albrecht Patje (1748–1817), der zeitlebens die wirtschaftlichen Verhältnisse seines Vaterlandes genau beobachtet hatte, stellte am Ende des 18. Jahrhunderts fest: „Man ersparet lieber an der Ausgabe, als daß man die Einnahme zu vergrössern trachtet, man lebet mehr in negativem Wohlseyn, als in positiven Ergötzlichkeiten. (...) Genügsamkeit und ein sicherer ruhiger Genuß der zeitlichen Güter, ein kleinerer aber gewisserer und gemächlicher Zuwachs des Vermögens, stimmet mehr mit dem Character der Landeseinwohner überein, als ein grösserer aber turbulenter Gewinn." Dabei hatte der Staatsbedienstete vor allem die kapitalkräftigen Familien der Stadt Hannover vor Augen: Sie lebten von ihren Anteilen an den Harzbergwerken (der Harz war seinerzeit das einzige „industrielle" Zentrum des Königreichs), den Erträgen ihrer im Umland Hannovers liegenden Güter oder den Gewinnen, die sie durch die verkehrsgünstige Lage der Stadt im Speditions- und Kommissionshandel machten. So verspürten die kapitalkräftigen Hannoveraner laut Patje „so wenig Lust als Nothwendigkeit (...), Fabrik-Anlagen zu machen, oder auswärtige Handels-Speculationen zu unternehmen." Während in anderen deutschen Territorien bereits die Industrialisierung einsetzte, blieben Stadt und Königreich Hannover noch der traditionellen Wirtschaftsweise verhaftet. Ein 1847 erschienener „Führer durch die Haupt- und Residenzstadt" beobachtete, dass durch die aufwendige Hofhaltung, auswärtige Besucher des Hofs, die Beamten der Landesbehörden und die hier statio-

nierten Garnisonsangehörigen soviel Geld für Handwerksprodukte und Dienstleistungen in die Stadt floss, „daß es auch dem geringsten Handwerker nicht an Beschäftigung fehlt und er sich seinen Lebensunterhalt auf eine anständige und bequeme Weise verschaffen kann." Allerdings verkannten die zeitgenössischen Beobachter, dass einem wirtschaftlichen Aufschwung der Stadt zu diesem Zeitpunkt enge Grenzen gesetzt waren. Das dicht bebaute Weichbild ließ neuen, größeren Gewerbebetrieben keinen Raum. Zudem beharrten die Städte auf den Privilegien, die sie den Mitgliedern ihrer Handwerkszünfte seit dem Mittelalter gesichert hatten. Dazu gehörte ein weit gezogener Bannkreis um die Städte, in dem kein Handwerker tätig werden durfte, ohne als „Bönhase" oder „Pfuscher" belangt zu werden. Die Landesherrschaft kam den städtischen Interessen entgegen, weil von dort deutlich mehr Steuern in das Staatssäckel flossen als vom Land. Allerdings machte sie Ausnahmen, wollte sie doch im ganzen Territorium die Produktion und damit die Staatseinnahmen steigern. Außerdem war es unrealistisch zu glauben, dass die ländlichen Haushalte alle Gegenstände für Haus und Hof selbst herstellten oder in den Städten und Flecken besorgten. Deshalb durften wenige, fest umrissene Berufsgruppen ihr Handwerk, wenn auch unter strengen Auflagen, auf dem Land ausüben. Dazu zählten Schneider und Schuster, die gemeinhin als arm galten, weil viele Familien Kleidung und Schuhwerk selber fertigten und ausbesserten. Zu einem gewissen Wohlstand brachten es hingegen Müller, Rad- bzw. Stellmacher und Schmiede. Ihre Arbeiten konnte kein Haushalt in Eigenregie ausüben, denn hierfür waren teures Arbeitsgerät, umfangreiche Kenntnisse und langjährige Erfahrung nötig. Die erlaubten Handwerker stellten im 18. Jahrhundert gerade einmal 8 bis 10 Prozent der erwerbstätigen Landbevölkerung. Schließlich sperrte sich die Obrigkeit einer wirtschaftlichen Expansion in den Städten, um nicht das Entstehen eines städtischen Proletariats zu begünstigen – welches sich möglicherweise zu einer umstürzlerischen Kraft entwickeln oder der Armenkasse zur Last fallen konnte. Deshalb erschwerten verschiedene Gesetze den Zuzug auswärtiger Arbeitskräfte erheblich.

ARBEIT UND ALLTAG IM INDUSTRIEZEITALTER

Unmittelbar vor den Toren Hannovers jedoch begannen sich zu diesem Zeitpunkt Wirtschaft und Leben längst umzukrempeln, denn eigentlich verfügten die Stadt und ihr Umland über alle wesentlichen Faktoren, deren Zusammenwirken hier wie in anderen Industriezentren zum Ausgangspunkt der neuen Wirtschaftsweise wurde.

DER „KALKJOHANN" UND SEIN SOHN

Zu den Grundvoraussetzungen für den Industrialisierungsprozess gehörten leicht ausbeutbare Rohstofflagerstätten, eine verkehrsgünstige Lage, die Nähe zu einem großen Absatzmarkt, ein ausreichend großes Reservoir an Arbeitskräften und schließlich ein neuer Unternehmertyp, der sich von traditionellem Wirtschaftsdenken löste.

Das Gebiet der heutigen Region Hannover liegt im Hinblick auf seine naturräumliche Ausstattung in einem ausgesprochenen Gunstgebiet und war zu Beginn der Industrialisierung reich an Bodenschätzen. Der südwestlich der Stadt Hannover gelegene, etwa zwanzig Kilometer lange und fünf Kilometer breite Höhenzug des Deisters lieferte eine breite Palette verschiedener Rohstoffe, nämlich Bau- und Brennholz, Stein, Kalk, Ton und Steinkohle. An anderen Stellen des Regionsgebietes gab es ergiebige Kieselgur-, Asphalt-, Kali-, Mergel-, Erz- und Tonlagerstätten. Mit etwa 17 000 Einwohnerinnen und Einwohnern (1823) bot die Stadt selber zunächst ein ausreichend großes Potenzial an Arbeitskräften wie auch einen ersten Absatzmarkt für neue Produkte. Außerdem lag sie äußerst verkehrsgünstig im Knotenpunkt von jahrhundertealten Nord-Süd- und Ost-West-Handelswegen. Besonders erfolgreich machte sich all dies der „Kalkjohann" zunutze, der als Initiator der Frühindustrialisierung im Raum Hannover gilt.

Johann Hinrich Egestorff (1772–1834) war der zweitgeborene und damit nicht erbberechtigte Sohn eines Kleinbauern aus dem Dörfchen Lohnde bei Seelze. Der Überlieferung nach sprach er fehlerhaft Hochdeutsch, las schlecht und schrieb nur mit Mühe seinen Namen. Nach seiner Schulzeit arbeitete er zunächst bei einem Bauern. 1786 ging er zu einem hannoverschen Böttcher in die Lehre, bei dem er nach seiner Gesellenprüfung weiterarbeitete. 1803 pachtete er einen Kalksteinbruch am Lindener Berg. Dies war der Grundstein für das erste Großunternehmen der Region, das Egestorff unter intensiver Ausnutzung der nahen Rohstofflager mit Geschick, unternehmerischem Mut und sicherem Gespür für neue Chancen aufbaute. Er stellte den im hiesigen Raum zuvor bescheidenen Abbau von Rohstoffen auf eine breitere Basis und erweiterte seine Unternehmungen Zug um Zug. Systematisch baute er ein Firmenimperium auf, das alles anbot, was die hannoverschen Bauunternehmer brauchten: Bauholz, Kalkstein, Branntkalk und Ziegelsteine. Egestorff investierte die Gewinne aus seinen Geschäften zielgerichtet in neue Unternehmen, statt sie – wie zu seiner Zeit üblich – zur Bestreitung eines standesgemäßen Lebensstils zu verbrauchen. Seine neuen Unternehmungen verknüpfte er so mit seinen bestehenden Firmen, dass sie sich gegenseitig sinnvoll ergänzten. Bei Wennigsen erwarb er ein Kohlebergwerk, um seine Betriebe günstig mit Brennstoff zu versorgen. Kalk aus seinen Steinbrüchen verschiffte er nach Bremen, wo der dort nicht vorkommende Rohstoff bessere Preise als im Raum Hannover erzielte. Als Rückfracht brachte er Rohzucker mit, der in der Hafenstadt günstiger als im Binnenland war. Diesen ließ er in der mit seinem Schwiegersohn betriebenen Lindener Zuckersiederei Egestorff und Hurtzig zum begehrten und teuren Endprodukt veredeln. In seinem Todesjahr beschäftigte der „Kalkjohann" direkt oder indirekt die damals immense Zahl von 1 000 Menschen. Der einstige Bauernjunge war nach dem Grafen von Alten größter Grundbesitzer in Linden geworden.

Georg Egestorff (1802–1868) trat in die Fußstapfen seines Vaters. Er steht für Hannovers „Take-off", den Übergang von der Frühindustrialisierung, die sich im Wesentlichen auf die Gewinnung und Verarbeitung von Rohstoffen beschränkte, zur Hochindustrialisierung mit der sich entfaltenden Schwerindustrie. Noch im Geist der Frühindustrialisierung baute der Filius 1831 im damaligen Bauerndorf Badenstedt, heute ein Stadtteil Hannovers, die Saline „Egestorffshall" auf, die bis ins 20. Jahrhundert hinein die bedeutendste Salzgewinnungsanlage der Provinz Hannover war. Eine angeschlossene chemische Fabrik verarbeitete Produktionsrückstände zu Soda; den dafür nötigen Kalk lieferten die familienei-

ARBEIT UND ALLTAG IM INDUSTRIEZEITALTER

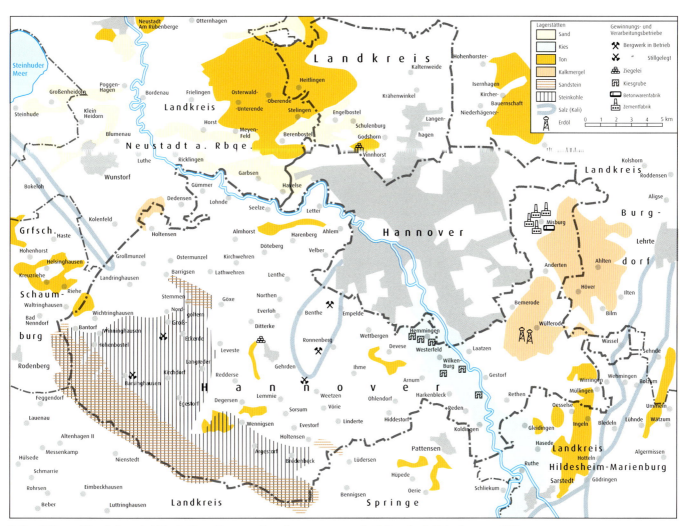

Bodenschätze und Verarbeitungsbetriebe im Raum Hannover, Verwaltungsgrenzen aus der Zeit vor der Gebietsreform von 1974

genen Steinbrüche am Lindener Berg. Ein Großteil des Sodas ging in Georg Egestorffs 1856 gegründete Ultramarinfabrik, die den Farbstoff für die Baumwollindustrie lieferte. 1835 gründete der Junior in Linden auch eine Eisengießerei und Maschinenfabrik, die spätere Hanomag. Die rasch wachsende Maschinenindustrie setzte hier wie anderenorts eine Kettenreaktion in Gang: Sie lieferte neben Dampfmaschinen, die im ganzen Königreich Hannover verkauft wurden und die Arbeitsprozesse tief greifend veränderten, auch Zubehör für den Aufbau des Eisenbahnnetzes. Dieses verbesserte die Absatzmöglichkeiten für industrielle Produkte aller Branchen. Außerdem erleichterte die Bahn Rohstofftransporte sowie den Zuzug von Arbeitskräften an die neuen Fabrikstandorte. Hier ermöglichte eine rasch wachsende Bevölkerung den Übergang von der textilen Heimarbeit zur Bekleidungsindustrie, zudem führte die steigende Nachfrage in den Städten nach Lebensmitteln zum Aufbau der Nahrungsmittelindustrie.

INDUSTRIELLER „TAKE-OFF"

Seit den 1830er-Jahren zeigten sich immer mehr Gewerbetreibende der neuen Wirtschaftsweise aufgeschlossen. 1834 gründeten einige von ihnen in Hannover den „Gewerbe-Verein für das Königreich Hannover". Dieser wollte mit einer Fachzeitschrift, Vorträgen und regelmäßigen Ausstellungen „den vaterländischen Gewerbefleiß" fördern und ermutigte alle Betriebe zum Einsatz von Dampfkraft und neuen Techniken sowie zur Umstellung auf industrielle, arbeitsteilige Herstellungsprozesse. Außerdem prüfte der Verein neu entwickelte Geräte, Maschinen, Apparaturen und Verfahrensweisen und prämierte gelungene Innovationen. Im gleichen Jahr stampfte und zischte in einer Lindener Lederfabrik die erste Dampfmaschine im Königreich. Bis 1861 wuchs ihre Zahl in der Stadt Hannover auf 27 Maschinen mit insgesamt 242 PS, während im benachbarten Amt Linden jetzt 29 Maschinen kraftvolle 1368 PS lieferten.

Das Jahr 1834 zeigte zugleich, dass die hannoverschen Staatslenker ungeachtet des erwachenden Unternehmergeistes einzelner Untertanen an einer konservativen Wirtschaftspolitik festhielten. In diesem Jahr schlossen sich nämlich einige deutsche Staaten zum Deutschen Zollverein zusammen, um durch die Beseitigung der innerdeutschen Zollschranken zwischen ihren Territorien die wirtschaftliche Entwicklung jedes einzelnen Mitgliedsstaates zu fördern. Das Königreich Hannover jedoch lehnte diese wirtschaftliche Öffnung ab.

1837 endete die hannoversch-britische Doppelmonarchie und mit König Ernst August (1771–1851) bezog erstmals seit über einhundert Jahren wieder ein hannoverscher Monarch dauerhaft das Leineschloss in Hannovers Altstadt. Dies bewirkte rege Bautätigkeiten in der Stadt. Zunächst entstanden vorwiegend repräsentative öffentliche Gebäude und prächtige Wohnbauten der Reichen und Vornehmen. Seit 1845 entwickelte sich die neu angelegte Ernst-August-Stadt auf dem Gebiet der ehemaligen hannoverschen Vororte Westwende, Bütersworth, Fernrode und „Vorort" mit ihren Geschäften, Hotels und Gaststätten zum neuen Stadtzentrum, das den alten Zentren Altstadt und Calenberger Neustadt den Rang ablief. Großen Anteil daran hatte der Bahnhof, der ebenfalls ab 1845 in unmittelbarer Nachbarschaft der Ernst-August-Stadt entstand. Erst kurz zuvor hatte das Königreich dem Drängen benachbarter Territorien nachgegeben, eine Eisenbahnlinie quer durch sein Territorium zu errichten und an die benachbarten Netze anzuschließen.

Hannovers Einbindung in das neue Verkehrsnetz stärkte seine Knotenpunktfunktion und belebte Handel und Verkehr. Auch dies war eine wesentliche Voraussetzung für die Entfaltung der lokalen Industrie. Doch noch immer schränkten die althergebrachten Privilegien der städtischen Handwerkerzünfte ein gewerbliches Wachstum ein. Die hannoversche Stadtverwaltung lehnte beispielsweise in den 1840er-Jahren mehrfach Gesuche von Wagenbauern ab, die ihren Betrieb auf den fabrikmäßigen Bau von Eisenbahnwaggons umstellen wollten. So konnten sich in der Stadt zunächst nur Industriebetriebe entfalten, deren Produkte und Produktionsweisen derart neu waren, dass sie nicht in den Aufsichtsbereich einer Zunft fielen. Dies war der Fall, wenn Handwerker verschiedener Gewerke unter einem Dach arbeiteten, die – obwohl auf ihrem Gebiet zunächst noch allesamt handwerklich tätig – nur Teile des Ganzen herstellten. Unter diesen Bedingungen ließen

ARBEIT UND ALLTAG IM INDUSTRIEZEITALTER

Hauptbahnhof Hannover, vor 1945

sich die hannoverschen Fabriken des Jahres 1847 fast an einer Hand abzählen: Es gab eine Bronze- und Knopffabrik sowie eine Tapetenfabrik, eine Mechanische Weberei, je eine Baumwollgarn- bzw. Flachs- und Hedespinnerei, eine Farben- und Asphaltfabrik, eine Furnierschneiderei und schließlich eine Zichorienfabrik, die Kaffee-Ersatz herstellte. Die Bezeichnung „Fabrik" ist sogar irreführend, denn viele dieser sogenannten Etablissements beschäftigten kaum ein Dutzend Leute.

Allmählich öffnete sich der Staat neuen ökonomischen Modellen. Ihm lag daran, das Geld im heimischen Wirtschaftskreislauf zu halten, statt es für Importe auszugeben. Dazu setzte er auf Produktionssteigerungen, die sich nach traditionellem Verständnis nur durch mehr Arbeitskräfte, also eine wachsende Bevölkerung, erreichen ließ. Um diese ernähren zu können, führte er unter anderem vom ausgehenden 18. Jahrhundert bis in die zweite Hälfte des 19. Jahrhunderts hinein umfassende Agrarreformen durch. Zunächst wurden die mehreren Orten oder Grundherren gehörenden Waldstücke und Weideflächen geteilt, dann erhielt jeder dörfliche Hofbesitzer einen Anteil an diesen entflochtenen Gemeinheitsflächen. Den Abschluss machten örtliche Verkoppelungen, in denen die zuvor stark zersplitterten landwirtschaftlichen Flächen im Sinne einer Flurbereinigung neu parzelliert und durch neue Wegesysteme erschlossen wurden, um sie effektiver zu nutzen. Die Umverteilung der Landwirtschaftsflächen kam vor allem den besitzenden Bauern zugute, während sich die Erwerbssituation von nahezu besitzlosen Dorfbewohnern verschlechterte. Viele zogen in den folgenden Jahrzehnten in der Hoffnung auf ein besseres Einkommen als Industriearbeiter in die Städte.

1848 sollte eine nach preußischem Vorbild erneuerte Gewerbeordnung für das Königreich Hannover die neue Wirtschaftspolitik flankieren, scheiterte aber am vehementen Protest der städtischen Zunftvertreter. 1854 schloss sich das Königreich dem Deutschen Zollverein an. Der Wegfall der innerdeutschen Zollgrenzen sowie die gegen Importe, vor allem englische Textilien, verhängten Schutzzölle erhöhten die Verkaufschancen hannoverscher Produkte und gaben dem Raum Hannover neue wirtschaftspolitische Impulse. Er erlebte zwischen 1848 und 1858 eine wahre Gründungswelle von Industriebetrieben, unter ihnen vor allem Textilfabriken. Ein Großteil dieser neuen Betriebe ließ sich in Linden nieder.

GRÜNDERBOOM UND GRÜNDERKRISE

1866 erhielten viele königstreue Untertanen einen „Schlag in die Magengrube": Im Zuge des Deutschen Krieges besiegte Preußen das Königreich Hannover und verleibte es sich als Provinz ein. Der letzte hannoversche König, Georg V. (1819–1878), wurde entthront und ging ins Exil; ein von Preußen eingesetzter Oberpräsident führte fortan die Provinz. Die Annexion erwies sich als Motor für neuen wirtschaftlichen Schwung, denn eine 1858 einsetzende weltweite Depression hatte auch in Hannover zu Massenentlassungen geführt; in Linden schnellte die Erwerbslosenquote teilweise auf 25 Prozent hoch. Unter preußischer Hoheit nun wurde im Hannoverschen in den Jahren 1867 bis 1869 die Gewerbefreiheit eingeführt. Der Wegfall jeglichen Zunftzwangs machte für Unternehmer den Weg frei, auch Handwerksprodukte industriell herzustellen. Ein neues Gesetz zur sogenannten Freizügigkeit erlaubte jedermann, sich am Ort seiner Wahl niederzulassen. Dies ermöglichte die Wanderung von Arbeitskräften in neue Industriezentren im großen Maßstab.

In den frühen 1870er-Jahren erlebte der Raum Hannover einen wahren Gründungsboom. Es entstanden, zunächst vornehmlich am westlichen Stadtrand oder in den dort angrenzenden Dörfern, Unternehmen der verschiedensten Branchen, von denen etliche rasch wuchsen und einen überregionalen Ruf erlangten. Doch nicht nur Gewerbefreiheit und Freizügigkeit waren dafür ausschlaggebend. Ab 1870 erleichterte eine Gesetzesnovelle die Gründung kapitalkräftiger Aktiengesellschaften, sodass Unternehmern nicht mehr wie zuvor nur ihr Privatvermögen für eine Firmengründung zur Verfügung stand. Daneben brachte der deutsche Sieg im Deutsch-Französischen Krieg 1870/71 hohe französische Entschädigungszahlungen ins Land. Zudem löste er eine patriotische Hurra-Stimmung aus, die der deutschen Kleinstaaterei ein Ende setzte und den Zusammenschluss zum Deutschen Kaiserreich bewirkte. Zwischen 1871 und 1873 entstanden allein in Preußen über fünfhundert neue Aktiengesellschaften. Auch in anderen europäischen Industrienationen und in Nordamerika wuchs die Wirtschaft ungesund schnell, sodass ein weltweiter Gründerkrach 1873 den deutschen Gründerjahren ein jähes Ende setzte. Banken erklärten ihre Zahlungsunfähigkeit, Anleger zogen ihr Geld zurück und Aktienkurse fielen ins Bodenlose. Dank der Vielseitigkeit der in Hannover ansässigen Industriebranchen sowie der noch immer stark im regionalen Wirtschaftsleben vertretenen Kleinbetriebe wirkte sich diese Krise hier nicht so verheerend aus wie in anderen Industrieregionen.

DIE INDUSTRIESTÄDTE HANNOVER UND LINDEN

Der industrielle „Take-off" erreichte nicht das ganze Königreich bzw. die ganze Provinz, sondern nur wenige Ortschaften. Hierzu zählten im Wesentlichen Harburg, das damals noch nicht zu Hamburg gehörte, Standorte von neu gegründeten Hüttenbetrieben wie Neustadt am Rübenberge, Groß Ilsede bei Peine oder Georgsmarienhütte bei Osnabrück sowie die Stadt Hannover und ihr Nachbarort Linden. In diesen neuen, industriellen Ballungszentren änderte sich das Ortsbild innerhalb weniger Jahrzehnte drastisch. Die einst beschauliche Residenz Hannover wurde 1873 mit mehr als 100 000 Einwohnerinnen und Einwohnern Großstadt und war 1880, gemessen an ihrer Bevölkerungszahl, die zehntgrößte Stadt im Deutschen Reich.

Das Dorf Linden mit dem Schloss und dem Park derer von Alten und dem königlichen Küchengarten war bis zu den 1830er-Jahren ein bevorzugter Villenvorort wohlhabender hannoverscher Familien gewesen. Ihre stattlichen Anwesen lagen zwischen den Höfen des bäuerlich geprägten Dorfes, vor allem aber an der Ihme, die lauschig hinter den Gärten der Villen entlangfloss. 1837 noch als „das erste und schönste Dorf im ganzen Königreiche" gerühmt, erlebte der Schriftsteller Julius Rodenberg (1831–1914) 1871 ein ganz anderes Linden: „Wie sich im Osten [Hannovers] nach dem Walde zu das Terrain mit den saubersten Häuserreihen und Gärtchen bedeckt, so wächst gen Westen ins freie Feld hinaus Schornstein nach Schornstein empor; eine ganze Vorstadt von Arbeiterwohnungen ist dort entstanden und wo ich als Kind durch stille Dorfstraßen an Gräben und Hecken botanisieren ging, da saust jetzt die Maschine, steigt Qualm aus himmelhohen Schloten, führen die Wege durch Kohlenstaub und Schlacken." 1875 zählte die Bevölkerung Lindens bereits 20 000 Köpfe. Weder genügte die alte Gemeindeordnung den neuen Verhältnissen noch konnte die Gemeinde die hohen finanziellen Belastungen für die Schaffung einer ausreichenden Infrastruktur tragen. So suchte sie mehrfach bei der Stadt Hannover um Eingemeindung nach, um die Verantwortung und die finanzielle Last zu teilen, doch diese weigerte sich nachdrücklich. Schließlich bemühte Linden sich um die Zuerkennung eigener Stadtrechte, die es 1885 erhielt. Fortan verfügte es über höhere Steuereinnahmen und konnte durch eine geregelte Stadtplanung mehr Einfluss auf seinen weiteren Ausbau nehmen. 1909 gemeindete Linden eine Reihe seiner Nachbardörfer, unter anderem Limmer, Davenstedt und Badenstedt, ein. Damit wurde es zweitgrößte Stadt der Provinz Hannover und überflügelte mit seinen 86 500 Einwohnerinnen und Einwohnern einst im Territorium so bedeutende Städte wie Osnabrück, Hildesheim oder Lüneburg. Nach wie vor bemühte Linden sich aus Kostengründen um den Schulterschluss mit Hannover, das jedoch erst 1920 der Eingemeindung zustimmte. Andere hannoversche Stadterweiterungen erfolgten hingegen im raschen Einverständnis beider Seiten. Mit der Industrialisierung Hannovers und Lindens verloren auch viele Nachbardörfer ihren einst bäuerlichen Charakter. Viele Arbeiter pendelten von dort in die Fabriken; es war durchaus üblich, einen Arbeitsweg von sechs Kilometer Länge zu Fuß zurückzulegen. Ebenso wichen Industriebetriebe in die Randgemeinden aus. So wuchsen die beiden großen Städte allmählich mit ihrem Umland zusammen. Die auf diese Weise rasch an Größe gewinnenden Gemeinden trugen wie Linden schwer an den Kosten für die notwendigen öffentlichen Einrichtungen und Aufgaben und teilten diese gerne mit der Stadt Hannover. Dort spülte ihre Eingemeindung willkommene Steuern in die Stadtkasse und brachte eine Baulandreserve für das weitere Wachstum. So wurden zwischen 1891 und 1913 unter anderem Stöcken, Hainholz, Herrenhausen, Vahrenwald, List, Bothfeld, Groß und Klein Buchholz, Kirchrode, Wülfel, Döhren und Ricklingen mit seinem für die Stadt bedeutsamen Wassergewinnungsgebiet zu hannoverschen Stadtteilen. Nachdem die Eisenbahn ab 1872 und die Straßenbahn ab der Wende zum 20. Jahrhundert den Raum Hannover durchzogen, hatten auch die Gemeinden in einem größeren Radius um die Stadt herum größeren Anteil an der Industrialisierung. Die neuen Transportwege förderten den Abbau von Rohstoffen in der Region; Arbeitskräfte und Marktfrauen mit bäuerlichen Produkten pendelten fortan auch über größere Entfernungen nach Hannover.

Abstellgleis der Straßenbahn und Niederlage der Städtischen Lagerbierbrauerei Hannover in Barsinghausen

SOZIALE PROBLEME

Das rasante Bevölkerungswachstum von Hannover und Linden stellte die Behörden vor erhebliche Probleme, mussten doch in kürzester Zeit Wohnraum, Schulen, Krankenhäuser, Straßen und vieles mehr geschaffen werden. Zunächst errichteten ortsansässige Landwirte, Handwerker oder Händler meist zweigeschossige, traufständige Häuser, deren oftmals nicht voneinander abgeschlossene Wohnungen sie an die neu zugezogenen Arbeiter der nahe gelegenen Fabriken und ihre Familien vermieteten. Ab den 1860er-Jahren wuchsen die ersten dreigeschossigen Häuser empor. Auf den Hinterhöfen befanden sich Aborte, Stallungen und zum Teil zweistöckige, oft ebenfalls als Wohnraum vermietete Nebengebäude. Weil diese privaten Bautätigkeiten dem Mangel nicht Herr wurden, veranlassten auch manche Unternehmer den Bau von Miethäusern. So entstanden in Linden seit der Mitte des 19. Jahrhunderts mehrere abgegrenzte Arbeiterwohnquartiere. Neue Straßenzüge östlich der Deister- und der Göttinger Straße im heutigen hannoverschen Stadtteil Linden-Süd wurden von der wachsenden Belegschaft der Egestorffschen Maschinenfabrik belebt. Zunächst südwestlich, dann beiderseits der Limmerstraße in Linden-Nord entstand das Quartier der Textilarbeiter.

Seit dem Gründerboom der frühen 1870er-Jahre waren die wie Pilze aus dem Boden schießenden Industriebetriebe mehr denn je auf die Zuwanderung von Arbeitskräften angewiesen. Im Jahr 1905 war nur noch ein Viertel der stadthannoverschen Bevölkerung auch dort geboren. 40 Prozent hingegen waren aus anderen Orten der Provinz Hannover zugezogen, ein kleiner Teil aus den Nachbarländern Oldenburg, Braunschweig oder Schaumburg-Lippe, ein knappes Drittel gar aus den östlichen Provinzen Preußens. Industriearbeiter, die eine handwerkliche Ausbildung hatten und in ihrer Gesellenzeit gewandert waren, fühlten sich weder an einen Arbeitgeber noch an einen Wohnort gebunden. Genauso schnell entschlossen sich Arbeiterfamilien bei der Aussicht auf höhere Löhne zum Umzug. Weil aber häufige Wechsel in der Arbeiterschaft reibungslose und effektive Produktionsabläufe erschwerten, versuchten viele Unternehmen, sich mit einer breiten Palette verschiedener „Wohlfahrtseinrichtungen" auf dem Arbeitsmarkt attraktiv zu machen und die Loyalität ihrer Beschäftigten zu gewinnen. Ein Mittel zur Bildung eines festen Arbeiterstammes war die Stellung von Werkswohnungen. Die Mietverträge waren an den Arbeitsvertrag gekoppelt, wodurch die Unternehmen zugleich die Streikbereitschaft der Arbeiter eindämmten: Wer unerlaubt seinem Arbeitsplatz fernblieb, verlor mit diesem auch seine Wohnung. Der Volkswirtschaftsprofessor Emil Sax (1845–1927) brachte die Intention der Unternehmer 1869 in einer Abhandlung über die „Wohnungszustände der arbeitenden Classen" auf den Punkt: „Das Dienstverhältnis consolidirt sich, wird für das Leben, ja auf die Nachkommen hinaus berechnet und wer bedenkt, daß eine körperlich und geistig gesunde, verläßliche, mit den Interessen des Dienstes eng verwachsene Arbeiterschaft für den Fabrikanten nicht minder werthvoll ist als gute Maschinen und eine fortgeschrittene Technik, der wird dem Worte eines (…) erleuchteten Großindustriellen (…) beistimmen, der von seinen dießbezüglichen Bestrebungen versichert, es sei dieß die beste Capitalanlage, welche ihm je in seinen Geschäften vorgekommen." Offen rühmte die Geschäftsführung der Hanomag in einem Prospekt, mit dem sie 1871 für den Kauf von Unternehmensaktien warb, dass „ein alter, tüchtiger, durch gegenseitiges Vertrauen und durch ausgezeichnete Einrichtungen an das Etablissement gefesselter Arbeiterstamm" vorhanden sei.

Die Zahl der errichteten Werkswohnungen blieb jedoch weit hinter dem tatsächlichen Wohnraumbedarf in den Industrieorten zurück. Dies trieb die Mieten auf dem freien Wohnungsmarkt in die Höhe. Machten sie 1850 noch ein Fünftel eines durchschnittlichen Arbeiterlohns aus, verschlangen sie um 1900 gut ein Drittel. Da schon 50 bis 70 Prozent des Einkommens für Lebensmittel aufgewandt werden mussten, blieb insbesondere Familien kein finanzieller Spielraum. Sie konkurrierten zudem noch gegen Mietergemeinschaften von mehreren ledigen Arbeiterinnen oder Arbeitern, die gemeinsam einen höheren Mietzins aufbringen konnten.

Der Lohn für die Fabrikarbeit von Frauen war so niedrig, dass er gerade für den Unterhalt einer Person ausreichte und die Familienkasse nicht wesentlich aufbesserte. Viele Arbeiterfamilien schickten deshalb auch ihre älteren Kinder in die Fabriken, pachteten Garten- und Ackerland oder vermieteten einzelne Kammern oder gar Betten an Familien bzw. sogenannte Schlafgänger weiter. Angesichts enger Wohnungen und geteilter Betten waren die hygienischen Verhältnisse erschreckend und ansteckende Krankheiten wurden schnell übertragen; die Sterberate lag 1874 in Linden um 70 Prozent höher als in Hannover. Dies allerdings störte das Bürgertum weniger als die lose Sexualmoral, die es der Arbeiterschaft aufgrund ihrer Wohnsituation unterstellte.

Die „Neue Hannoversche Zeitung" zeichnete 1863 ein düsteres Bild vom Familienleben der Arbeiter: „Viele kleinere Kinder werden in den Fabrikdistricten deshalb verwahrlost, weil die Eltern während des Tags in den Fabriken sich aufhalten und sich um die Verwahrung und Erziehung der Kleinen nicht genügend bekümmern. Sobald diese ein wenig herangewachsen sind, müssen sie mit arbeiten. Sie befinden sich dann oft in schlechter Gesellschaft, haben selbst da, wo für den Unterricht genügende Zeit freigelassen wird, nicht hinreichend Zeit und Frische zu lernen, dürfen nur selten Erholung suchen und erlangen dadurch, daß sie selbst den Lohn verdienen, zu früh den Eltern gegenüber eine schädliche Selbständigkeit."

Dabei gestaltete sich die Einkommenssituation von Arbeiterfamilien unterschiedlich. Tagelöhner und Hilfsarbeiter darbten oft unterhalb des Existenzminimums, während die hoch qualifizierten Maschinenbauer durchaus eine Familie ernähren konnten. Doch auch sie trafen die in Krisenzeiten in die Höhe schnellenden Lebensmittelpreise. Im Winter 1853/54 herrschte gar eine Hungersnot in Hannover und Linden, die vor allem Fabrikarbeiterinnen und -arbeiter traf. Eine städtische Speiseanstalt in der hannoverschen Burgstraße gab täglich 250 Mahlzeiten aus. Georg Egestorff zeigte sich – wie auch bei anderen Gelegenheiten – als verantwortungsbewusster Unternehmer und betrieb für die Dauer der Hungerkrise in Linden eine Speiseanstalt für seine Arbeiterinnen und Arbeiter. Sie gab täglich bis zu 1 700 Mahlzeiten nahezu zum Selbstkostenpreis aus – nicht ganz uneigennützig: Mit Hinweis auf die günstigen Mahlzeiten blockte Egestorff Forderungen nach Lohnerhöhungen ab.

Viele Menschen waren in Notsituationen unabdingbar auf privates wohltätiges Engagement angewiesen, denn die Armenkassen der Gemeinden und Städte zahlten nur geringe Unterstützungen, die bei Weitem nicht die Existenz sicherten. Das Mindestmaß einer verlässlichen sozialen Absicherung schufen erst die zwischen

Gedenkstein für Georg Egestorff in Linden

1883 und 1891 erlassenen Sozialgesetze. Sie waren Teil der „Zuckerbrot-und-Peitsche-Politik", mit der der deutsche Reichskanzler Otto von Bismarck (1815–1898) das politische System vor einer Einflussnahme durch die wachsende Arbeiterschaft schützen wollte. Nachdem das 1878 erlassene „Gesetz gegen die gemeingefährlichen Bestrebungen der Sozialdemokratie" Arbeiterparteien und Gewerkschaften verboten hatte, ohne jedoch die Politisierung der

Arbeiterschaft zu verhindern, sollte die Einführung der bis heute bestehenden gesetzlichen Kranken-, Unfall- und Rentenversicherung die Arbeiterschaft befrieden. Mit diesen Versicherungen (die 1927 mit der Einführung der Arbeitslosenversicherung abgerundet wurden) legte Bismarck den Grundstein für den weltweit ersten Sozialstaat, doch sein eigentliches Ziel – die Eindämmung der Sozialdemokratie – erreichte er nicht.

Arbeiter in der Materialaufbereitung der ersten „Grammophon"-Fabrik, Hannover, Kniestraße, um 1900

STINKENDER GLORIENSCHEIN

Mit den wachsenden Ballungsräumen nahm die Umweltbelastung so sehr zu, dass sie sich bald nicht mehr ignorieren ließ. Die Fabriken leiteten ihr Brauchwasser ungeklärt in die Flüsse ein; Rauch waberte ungehindert aus den Schornsteinen, Ruß legte sich über Wohnquartiere und landwirtschaftliche Anbauflächen. Seit den 1860er-Jahren beklagten sich zuhauf Hannoveranerinnen und Hannoveraner über scharfe, unangenehme Gerüche, die ihnen der Südwestwind aus Linden zutrug. Unter den Beschwerdeführern war auch die königliche Familie, die selbst hinter den geschlossenen doppelten Fenstern ihres Palais nicht von dem Gestank verschont blieb. Die Behörden ergründeten zwar, welche Fabriken hauptsächlich die Luft verpesteten, unternahmen aber nichts: „Solche Belästigungen, wie sie hier vorkommen, werden stets die Folge des sich mehrenden Fabrikbetriebes, der Vergrößerung der Stadt und der sich mehrenden und auf einem engeren Kreise sich zusammendrängenden Bevölkerung sein", stellte das Amt Linden 1861 fest. Es verstieg sich sogar zu der Annahme, dass gerade diese Ausdünstungen die Bewohnerinnen und Bewohner der engen und unhygienischen Arbeiterquartiere gegen die Cholera und ähnliche Krankheiten schützten. Tatsächlich aber nahmen Atemwegs- und Lungenerkrankungen zu.

Die schwarzen Rauch- und weißen Dampfsäulen über den Industrieanlagen waren als Symbol von Fortschritt und blühender Wirtschaft geradezu der „Glorienschein der Gründerjahre" (Birkefeld/Jung), doch die Beschwerden über verschmutzte Flüsse sowie die „Rauch- und Rußplage", in deren Folge ein „Regen von Kohlentheilchen" auf die Bevölkerung niederging, ließen nicht nach. Auch die Tageszeitungen griffen die zunehmende Umweltverschmutzung häufig auf. Als Rußschleudern taten sich neben etlichen Industriebetrieben auch die Schulen und die Elektrizitätswerke unrühmlich hervor. Um einzelne Betriebe hatten sich sogenannte Rauchblößen entwickelt, in denen keine Pflanze mehr gedieh. Allerdings herrschte Uneinigkeit, ob wirklich die Industrieabgase oder aber der Hausbrand Hauptverursacher der schlechten Luft sei. Um die Wende zum 20. Jahrhundert gingen die entlang der innerstädtischen Alleen stehenden Linden ein. Sie wurden durch robustere Akazien und Ulmen ersetzt. 1898 kamen der Regierungspräsident, Vertreter der Städte Hannover und Linden sowie der Gewerbepolizei überein, einzelne Firmen unter Androhung von Strafe zur Erhöhung ihrer Schornsteine zu veranlassen. Obwohl die Magistrate und auch das zuständige Ministerium für Handel und Gewerbe in Berlin die Auflagen unzumutbar fanden, blieb der Regierungspräsident unbeugsam – mit Erfolg: Bis 1900 waren die sichtbaren Schadstoffausstöße durch bauliche Veränderungen der Fabrikanlagen deutlich gemildert worden.

ARBEIT UND ALLTAG IM INDUSTRIEZEITALTER

EINE EPOCHE GEHT ZU ENDE

Bis zum Beginn des Ersten Weltkriegs (1914–1918) setzten die Industriebetriebe ungeachtet kleinerer zwischenzeitlicher Krisen ihren Höhenflug stetig fort. Beredtes Sinnbild für den wirtschaftlichen Erfolg und das daraus gespeiste Selbstbewusstsein des Bürgertums ist das hannoversche Neue Rathaus, das Kaiser Wilhelm II. (1859–1941) höchstpersönlich nach zwölfjähriger Bauzeit 1913 einweihte. Stolz soll Stadtdirektor Heinrich Tramm (1854–1932) dem Kaiser Rapport über die Baukosten für das „Schloss Heinrich" erteilt haben: „Zehn Millionen Mark, Majestät – und alles bar bezahlt!" Mit dem Bau des 1916 in Betrieb genommenen Mittellandkanals stärkte Hannover seine Funktion als Verkehrsknotenpunkt und dehnte seine Industrieflächen weiter nach Norden aus. Der heutige Stadtteil Brink mit seinem Hafen und Hannovers Nachbarort Langenhagen, der 1959 die Stadtrechte erhielt, wurden wichtige Industriestandorte.

Als das Deutsche Reich am 1. August 1914 in den gerade entfesselten Ersten Weltkrieg eintrat, machte eine gewaltige Propagandamaschine („Weihnachten sind wir wieder zu Hause") die Bevölkerung quer durch alle Schichten jubeln. Niemand ahnte, dass mit den kommenden Menschen- und Materialschlachten vorher ungekannten Ausmaßes, mit neuartigen Giftgaseinsätzen und erstmals Bomben abwerfenden Flugzeugen und Zeppelinen eine neue Dimension der Barbarei angebrochen war. Die SPD und die Gewerkschaften verkündeten für die Dauer des Kriegs einen Burgfrieden und viele Arbeiter meldeten sich freiwillig zur Front. Um sie in den Betrieben zu ersetzen, hinderte der deutsche Staat ausländische Saisonarbeiter an der Rückkehr in ihre Heimat und verpflichtete sie zwangsweise.

Unmittelbar nach Kriegsbeginn erklärten viele Industriebetriebe Kurzarbeit, denn ihre Aufträge brachen weg oder konnten aufgrund ausbleibender Rohstofflieferungen nicht ausgeführt werden. Bis

Einweihung des Neuen Rathauses in Hannover am 20. Juni 1913

zum Ende des Jahres 1914 hatte die Industrie sich auf die Kriegsproduktion umgestellt und erlebte eine neue Hochkonjunktur. In großer Zahl strömten jetzt Frauen durch die Werktore, denn zum einen fehlten die zum Militär eingezogenen Männer (beispielsweise lag zwei Drittel der Stammarbeiterschaft der „Conti" an der Front), zum anderen deckten die staatlichen Unterstützungen für die Familien der Soldaten nicht deren Bedarf.

Ab 1915 ebbte der Kriegstaumel der Bevölkerung ab. Der Einsatz aller verfügbaren Arbeitskräfte in der Rüstungsindustrie und an der Front führte zur Vernachlässigung von Landwirtschaft, Lebensmittel- und Konsumgüterindustrie. Zuerst wurde das Brot rationiert, bald auch Fleisch, Eier und Kohlen. Obwohl die Behörden Höchstpreise für Lebensmittel festsetzen, kosteten sie in der Stadt Hannover im März 1916 mehr als doppelt so viel wie vor Kriegsausbruch. Auf eine schlechte Ernte im Herbst 1916 folgten ein „Steckrübenwinter" und erste Plünderungen und Unruhen im Januar 1917. Auch Güter des alltäglichen Bedarfs wurden im Verlauf des Kriegs Mangelware. Die hannoversche Straßenbahngesellschaft, die seinerzeit viele Ortschaften um Hannover herum mit elektrischem Strom belieferte, kündigte im Sommer 1918 an, dass ihre „Ableser und Einkassierer" fortan nicht mehr monatlich, sondern wegen „Mangel(s) an Arbeitskräften, Fahrradbereifung, Sohlenleder, Geschäftspapieren usw." nur noch zweimal jährlich die Kunden aufsuchen würden. Doch die Gewerkschaften wirkten zu dieser Zeit im Sinne des Burgfriedens noch mäßigend auf die Arbeiterfamilien ein.

Als die Niederlage des Deutschen Reiches und seiner Verbündeten absehbar war, weigerten sich die Marinesoldaten im Oktober 1918, zu einer letzten Schlacht gegen die überlegene britische Royal Navy auszulaufen. Ihre Meuterei löste Protestaktionen in vielen deutschen Städten aus, die schließlich in die Novemberrevolution mündeten. Kaiser Wilhelm II. wurde zur Abdankung gezwungen. Die Macht übernahmen jetzt unter Beteiligung von SPD-Politikern Arbeiter- und Soldatenräte. Sie stellten jedoch – zumindest in Hannover – keineswegs revolutionär alles auf den Kopf, sondern bemühten sich in Kooperation mit den Vertretern der bisherigen Stadtverwaltung um die Aufrechterhaltung von Ruhe und Ordnung. Zwei ihrer Errungenschaften leben bis heute fort: gewählte Be-

Arbeiter- und Soldatenrat im Hannoverschen Hotel „Vier Jahreszeiten", 1918

triebsräte und der 8-Stunden-Tag. Die Ära der Räte endete Anfang 1919 mit allgemeinen freien Wahlen, zu denen erstmals auch Frauen zugelassen waren. Doch die erste parlamentarische Demokratie auf deutschem Boden, die Weimarer Republik, startete unter denkbar schlechten Bedingungen.

WENIG GOLDENE ZWANZIGERJAHRE

Der Friedensvertrag von Versailles sprach dem selber vom Krieg ausgebluteten Deutschland die Kriegsschuld zu und erlegte ihm auf, mit Geldzahlungen und Sachleistungen in dreistelliger Milliardenhöhe für die Kriegsschäden in den Siegerländern aufzukommen. Flüchtlinge aus verlorenen oder besetzten, ehemals deutschen Gebieten strömten auch in den Raum Hannover, wodurch sich der bereits vor dem Krieg spürbare Wohnraummangel verschärfte. Sogar im hannoverschen Polizeigefängnis wurden Notunterkünfte eingerichtet.

Insbesondere in den Städten hielten der Mangel und der Hunger bis zu den frühen 1920er-Jahren an. Lebensmittel und viele Alltagsgüter blieben streng rationiert, die Zahl der Diebstähle kletterte deutlich in die Höhe, Hannover entwickelte sich zum norddeutschen Knotenpunkt eines blühenden Schleich- und

Schwarzhandels. Eine große Herausforderung für Behörden und Unternehmen war die Wiedereingliederung der zurückkehrenden Soldaten in Alltag und Arbeitswelt. Die Umstellung der Industrie auf die Friedensproduktion nahm geraume Zeit in Anspruch und wurde durch den Energiemangel massiv erschwert. Da das Geld seit Kriegsbeginn fortlaufend an Wert verlor, kam es in verschiedenen Betrieben zu Streiks für Lohnerhöhungen. Besonders empfindlich traf der vom August bis Oktober 1920 während Ausstand der Straßenbahner die Bevölkerung der Region, da die Straßenbahn zu diesem Zeitpunkt das wichtigste Transportmittel war, um landwirtschaftliche Produkte aus dem Umland Hannovers in die Stadt zu bringen.

Diese schwierige Situation verschaffte politisch extremen Gruppen sowohl des linken als auch des rechten Spektrums Zulauf. Höhepunkt ihrer auch auf der Straße ausgefochtenen Auseinandersetzungen war der rechtsgerichtete Kapp-Putsch vom März 1920, den Gewerkschaften und linke Parteien mit einem reichsweiten Generalstreik beantworteten. Rechte Parteien, Bürgerwehren und die Reichswehr stellten sich den Demonstrierenden mit Waffen entgegen und auch in Hannover kam es an mehreren Tagen zu Straßenschlachten mit Todesopfern.

Scheinbar im Widerspruch dazu konsolidierte sich die Wirtschaft ab Ende 1919 durch die immense Nachfrage im Inland nach Konsumgütern aller Art. Bis 1922 überflügelte eine erneute Konjunktur die Produktion und Gewinne der Vorkriegszeit. Im Raum Hannover war jetzt die Hälfte aller Erwerbstätigen in Industrie und Handwerk beschäftigt. Als Deutschland die Reparationsforderungen nicht fristgerecht erfüllte, besetzte Frankreich 1923 das Ruhrgebiet. Die Beschlagnahme der Ruhrkohle traf Haushalte und Wirtschaft reichsweit empfindlich. Aus Protest gegen die Besetzung traten zwei Millionen Arbeiter in den Ausstand. Ihre Lohnzahlung übernahm der Staat mit eilends gedrucktem Geld – und gab damit den letzten Anstoß für die Hyperinflation des Jahres 1923. Im Januar kostete ein Liter Milch 188 Mark, im Oktober des Jahres 2,24 Milliarden Mark! Lebensmittel wurden auf dem freien Markt wieder knapp, in den Familien der Arbeiter und kleinen Angestellten reichte der Verdienst nicht für den Lebensunterhalt. Viele Unternehmen führten wieder Kurzarbeit ein oder entließen zahlreiche Mitarbeiterinnen und Mitarbeiter. Jeder fünfte Einwohner Hannovers war auf öffentliche Unterstützungen angewiesen, die zum Überleben kaum reichten. Im Juni 1923 konnte ein Zwei-Personen-Haushalt mit dem für eine Woche gezahlten Arbeitslosengeld gerade einmal 7 Pfund Kartoffeln, 1 Pfund Margarine und 2 Brote kaufen. Trotz der schlechten Versorgungslage und der unzureichenden Löhne kam es nur zu einzelnen Unruhen und Streiks. Stattdessen wandten sich die Arbeiterinnen und Arbeiter von ihren Interessenvertretungen ab; die Gewerkschaften verloren empfindlich viele Mitglieder, die SPD Stimmen. Die Einführung von Rentenmark (RM) Ende 1923 und Reichsmark (ebenfalls RM) 1924, die beide durch reale Gegenwerte gestützt waren, beendete die Inflation schlagartig. Das Vertrauen in das neue politische System war für weite Teile der Bevölkerung jedoch langanhaltend erschüttert.

Von 1924 bis 1928 folgten die oft als „golden" titulierten Jahre der Weimarer Zeit. Die Alliierten setzten die jährlichen Reparationsleistungen Deutschlands herunter, die Unternehmen nutzten das nach der Inflation verbliebene Kapital, um zu leistungsfähigeren Konzernen zu fusionieren oder in die Modernisierung ihrer Werke zu investieren. Trotz Produktions- und Umsatzzuwächsen sowie Rationalisierungen stiegen die Firmengewinne zwar kaum, doch Leistung und Geschwindigkeit wurden – weit über die Arbeitswelt hinaus – Kennzeichen einer neuen Epoche. Temporeiche Freizeitvergnügen wie Film oder Motorrennen wurden äußerst beliebte Vorboten einer neuartigen Massenkultur, im Sport bekamen Rasanz und Kraft einen höheren Stellenwert als zuvor. Allerdings konnten längst nicht alle an diesen neuen Massenvergnügen teilhaben, denn Kehrseite der Rationalisierungen waren Entlassungen. 1926 waren in Hannover 27 000 Erwerbslose registriert – der bis dahin höchste Stand.

In den Keller stürzende Aktienkurse an der New Yorker Börse lösten im Oktober 1929 eine weltweite Wirtschaftskrise aus, in deren Strudel die deutsche Wirtschaft, noch geschädigt durch Reparationsleistungen und Hyperinflation, besonders tief geriet. Es folgten Massenentlassungen; viele Betriebe, insbesondere aus dem Bereich Metall- und Maschinenbau, erklärten ihre Zahlungsunfähigkeit. Ab März 1932 registrierte das hannoversche Arbeitsamt (ohne eine wohl namhafte Zahl nicht gemeldeter Personen) fast

70 000 Erwerbslose. Damit lag die Arbeitslosenquote bei annähernd 40 Prozent; darüber hinaus war ein Viertel aller Beschäftigen auf Kurzarbeit. Obwohl fast die Hälfte des stadthannoverschen Haushalts in verschiedene Sozialleistungen floss, mussten weite Teile der Stadtbevölkerung sich unterhalb des Existenzminimums über Wasser halten. Diese Notsituation machte viele für die Versprechungen der Nationalsozialisten empfänglich.

UNTER DEM HAKENKREUZ

Die Nationalsozialistische Deutsche Arbeiterpartei (NSDAP) steigerte in Hannover ihren Stimmenanteil bei den Reichstagswahlen von 2,3 Prozent im Jahr 1928 auf 40,2 Prozent im Sommer 1932. Die Ernennung Adolf Hitlers (1889–1945) zum Reichskanzler am 30. Januar 1933 ebnete den Nationalsozialisten endgültig den Weg zur Errichtung ihres Regimes. Bald wurden die Funktionärinnen und Funktionäre von Gewerkschaften und linken Parteien verfolgt und alle demokratischen Interessengruppen gleichgeschaltet.

Durch verschiedene Maßnahmen senkten die Nationalsozialisten (zumindest auf dem Papier) drastisch die Zahl der Erwerbslosen. Zunächst profitierten sie von den positiven Beschäftigungseffekten der öffentlich geförderten Notstandsprogramme, die bereits in der Endphase der Weimarer Republik zur Senkung der Erwerbslosigkeit aufgelegt worden waren. Daneben riefen sie eigene Beschäftigungsmaßnahmen, vorrangig im Tief- und Hochbau, ins Leben. Zusätzlich forderten die neuen Machthaber mit großem Propagandaaufwand von Jugendlichen, ihre Stellen zugunsten von Familienvätern aufzugeben, und legten ledigen Frauen die Heirat und die Aufgabe ihrer außerhäusigen Arbeit nahe. Weitaus erfolgreicher waren kosmetische Eingriffe in die Arbeitslosenstatistik, die ganze Bevölkerungsgruppen wie schwer Vermittelbare, verheiratete Frauen oder in Haushalt und Landwirtschaft Beschäftigte nicht mehr verzeichnete, zudem die Einführung der Wehrpflicht im März 1935 (mit der Hitler den Versailler Friedensvertrag brach), vor allem aber die Aufnahme der Rüstungsproduktion.

Am 1. September 1939 entfesselten deutsche Truppen mit dem Überfall auf Polen den Zweiten Weltkrieg (1939–1945). Während des anfänglichen Kriegsglücks spürte die Bevölkerung kaum Einschränkungen in ihrer Versorgung, bis Lebensmittel ab 1942 zunehmend knapper wurden. Viele Werke, insbesondere der Gummi- und der Metallindustrie, richteten ihre Produktion auf Rüstungszwecke aus und wurden zu kriegswichtigen Betrieben erklärt. 1944 beherbergte allein die Stadt Hannover 85 solcher Rüstungsbetriebe mit zusammen fast 70 000 Arbeitskräften. Mehr als die Hälfte von ihnen waren Zwangsarbeiterinnen und Zwangsarbeiter, die aus den von

Werbeplakat für das NS-Winterhilfswerk 1940/41

Deutschland besetzten Ländern verschleppt worden waren, um hier die an die Front abberufenen Arbeiter zu ersetzen. Sie wurden zumeist in der Nähe ihrer Einsatzbetriebe in Lagern kaserniert. Unter noch elenderen und schikanöseren Bedingungen lebten und schufteten Tausende weiblicher und männlicher KZ-Häftlinge in den sieben hannoverschen Außenlagern des KZs Neuengamme, die in der Nähe der wichtigsten Rüstungsbetriebe angelegt wurden.

Die zahlreichen Industrieansiedlungen machten Hannover seit Mai 1940 zum Ziel von insgesamt 125 alliierten Bombenangriffen. Ende 1943 zog die hannoversche Stadtverwaltung eine traurige Zwischenbilanz: Von den Wohngebäuden waren nur noch 7 Prozent unversehrt, 32 Prozent aber zerstört oder schwer beschädigt. Am Kriegsende hatten beinahe 7 000 Menschen ihr Leben in den Bombardements gelassen, 250 000 Personen waren obdachlos geworden. Die Stadt war fast zur Hälfte zerstört, in den Randbezirken weniger, in der Innenstadt hingegen fast vollständig, und rangierte damit innerhalb Deutschlands auf Platz 7 der Städte vergleichbarer Größe. Auch in den Dörfern des Umlandes waren Opfer zu beklagen und Wohnhäuser wieder instand zu setzen.

Als die Alliierten am 10. April 1945 Hannover einnahmen, waren die Zustände in der Stadt chaotisch. Der zuvor für die Region zuständige Gauleiter Hartmann Lauterbacher (1909–1988), vor Ort der oberste Vertreter der Partei, hatte wenige Tage zuvor der Bevölkerung noch einbläuen wollen: „(...) wer weiße Fahnen hißt und sich kampflos ergibt, ist des Todes", um sich danach in ruhigere Gefilde abzusetzen.

KEIN ORT FÜR JUNGFRÄULICHE TANTEN

Hatten in den letzten Tagen des NS-Regimes die Ortsansässigen die Vorratslager der Wehrmacht, Lagerhäuser von Güterbahnhöfen und städtischen Häfen sowie vor Anker liegende Frachtschiffe ausgeraubt, zogen nach ihrer Befreiung aus den Lagern viele Kriegsgefangene, Zwangsarbeiterinnen und -arbeiter plündernd durch die Straßen und Ortschaften. Ein britischer Militärberichterstatter notierte: „Zehn Tage nach seiner Einnahme war Hannover kaum eine Stadt, in die man seine jungfräuliche Tante mit-

Räumung von Trümmern des Zweiten Weltkriegs

nehmen würde." Die Besatzer hatten alle Hände voll zu tun, das Machtvakuum zu füllen und wieder Sicherheit und Ruhe herzustellen. Die Stimmung in der Bevölkerung war gedrückt; neben die alltäglichen Existenznöte traten die Sorge um Angehörige und die Ungewissheit, was von den alliierten Siegermächten zu erwarten sei. Dies teilte Feldmarschall Bernard L. Montgomery (1887–1976), oberster Befehlshaber der britischen Besatzungsmacht, Ende Mai mit: „Mein unmittelbares Ziel ist es, für alle ein einfaches und geregeltes Leben zu schaffen. In erster Hinsicht ist dafür zu sorgen, daß die Bevölkerung folgendes hat: a) Nahrung, b) Obdach, c) Freisein von Krankheiten. Die Ernte muß eingebracht werden. Das Verkehrswesen muß neu aufgebaut werden. Das Postwesen muß in Gang gebracht werden. Gewisse Industrien müssen wieder die Arbeit aufnehmen. Dieses wird für jedermann viel schwere Arbeit bedeuten." Knapper und präziser ließen sich der Zustand des Landes und die Pläne der Briten nicht beschreiben.

Durch die vielen Kriegsflüchtlinge und Heimatvertriebenen aus dem Osten schwoll die Bevölkerung des späteren Landes Niedersachsen von 4,5 auf 6,7 Millionen Menschen an. Sie ließen sich vorrangig unmittelbar hinter der Grenze zur sowjetischen Besatzungszone und im Zentrum des Landes, so auch im Raum Hannover, nieder. Trotz der von der Militärverwaltung beibehaltenen Lebensmittelbewirtschaftung erhielt bis weit nach Kriegsende keine Person die ihr zustehenden 1 500 Kilokalorien pro Tag, sondern musste zum Teil mit der Hälfte auskommen. Bis Ende 1948 kam es in Hannover zu mehreren Hungerdemonstrationen und -streiks, denn die hiesige Bevölkerung hatte weitaus weniger Möglichkeiten als die Menschen in Kleinstädten und auf dem Land, den äußerst kargen Speisezettel durch eigene Gartenprodukte oder schwarz geschlachtetes Kleinvieh aufzubessern. Erst 1950 wurden die letzten Lebensmittelrationierungen (für Milch und Milchprodukte) aufgehoben. Die schlechte Ernährungslage öffnete in Kombination mit den desolaten, oft beengten Wohnverhältnissen Krankheiten und Epidemien die Tore. Zu alledem musste das Land Niedersachsen die Kosten für die hier stationierten Besatzungstruppen tragen. Diese verschlangen 1946 ein Drittel der Steuereinnahmen des Landes, in den beiden Folgejahren machten sie knapp die Hälfte des Steueraufkommens aus. Wirtschaftlicher Wiederaufbau schien angesichts dieser rundum katastrophalen Zustände, in denen kaum noch ein Rädchen in das andere griff, nahezu unmöglich. Als im Herbst 1946 die aus den Kriegswirren geretteten Lebensmittel, Rohstoffe und Ersatzteile, mit denen bislang geflickschustert

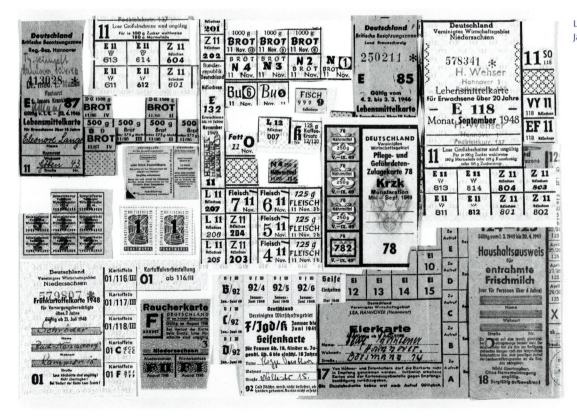

Lebensmittelmarken aus den Jahren 1945 bis 1949

worden war, endgültig zur Neige gingen, schien der vollständige ökonomische Zusammenbruch unabwendbar.

Erschwert wurde die Situation durch Demontagen in Milliardenhöhe. Ganze Produktionseinheiten oder gar Industrieanlagen wurden abgebaut und in die Länder der Siegermächte transportiert. Dies diente vor allem als Wiedergutmachung für die von den Deutschen angerichteten Kriegsschäden. Ein weiteres Ziel war, die deutsche Industrie zu entmilitarisieren und ihre Kapazität auf das Allernotwendigste zu begrenzen, um das Land zu einem ungefährlichen Agrarland zu machen. Man munkelte jedoch auch, dass die Demontagen Mittel zum Zweck waren, um gezielt die deutsche Konkurrenz auszuschalten. Auf jeden Fall vernichteten sie Produktionskapazitäten, Arbeitsplätze und Verdienstmöglichkeiten, die für den Wiederaufbau und die Integration der vielen Flüchtlinge und Vertriebenen in den Arbeitsmarkt außerordentlich wichtig waren.

Seit Kriegsende führte die britische Besatzungsmacht Beschlagnahmen durch, doch erst im Oktober 1947 gab sie abschließend bekannt, welche Werke vollständig oder teilweise demontiert werden sollten. Bis dahin befand sich die ohnehin angeschlagene Wirtschaft in einem lähmenden Schwebezustand, der alle Planungen mit großer Unsicherheit überschattete. Bald liefen Gerüchte um, welches Unternehmen die britischen Besatzer angeblich auf die Demontageliste gesetzt hatten, wodurch in Einzelfällen bereits an solch eine „Demontagefirma" erteilte Aufträge wieder zurückgezogen wurden. 1950 stellten die Briten die Demontage ein, ohne ihre Liste komplett abgearbeitet zu haben. Bis dahin hatte die Landesregierung in beharrlichen Verhandlungen erreicht, dass nicht – wie ursprünglich geplant – 90 Prozent der niedersächsischen Industriekapazität, sondern nur die Hälfte vernichtet wurden.

Aus der Rückschau schwächte die Demontage der technisch veralteten Maschinen aus der Vorkriegszeit die deutsche Konkurrenzfähigkeit allerdings nur vorübergehend. Vielmehr hatte die Neuausstattung der Betriebe mit modernen, leistungsfähigeren Maschinen großen Anteil am wirtschaftlichen Aufschwung der 1950er-Jahre.

Parallel zum Wiederaufbau von Infrastruktur und Wirtschaft waren Politik, Verwaltung und jede, jeder Einzelne vor große Herausforderungen gestellt: Es mussten nicht nur die materiellen Nöte überwunden, sondern insbesondere die Grundlagen für eine politisch und moralisch integre Zukunft geschaffen werden. Dazu beriefen die Besatzer politisch unbelastete Männer und Frauen auf die Spitzenpositionen der kommunalen Verwaltungen, die für die Umsetzung der britischen Direktiven verantwortlich waren. Seit Sommer 1945 ließen die Briten unter strenger Beobachtung die Gründung von Parteien und Gewerkschaften wieder zu; im Herbst 1946 fanden die ersten Kommunal- und Kreiswahlen statt. Zum 1. November 1946 gingen die Provinz Hannover sowie die Länder Braunschweig, Oldenburg und Schaumburg-Lippe in dem neu geschaffenen Bundesland Niedersachsen auf. Seinen ersten Landtag repräsentierten noch keine gewählten, sondern von den Briten ernannte Volksvertreterinnen und -vertreter.

WÄHRUNGSREFORM, WIRTSCHAFTSWUNDER UND GASTARBEITER

In der Wiederaufbauphase wurden auch in ländlichen Regionen industrielle Arbeitsplätze geschaffen, um neue Erwerbsmöglichkeiten für die gewachsene Bevölkerung zu bieten. Bald waren deutlich mehr Menschen im produzierenden Gewerbe als in der Landwirtschaft tätig; Niedersachsen wandelte sich endgültig vom Agrar- zum Industrieland.

Schon seit dem Krieg war mehr Geld im Umlauf, als durch reale Gegenwerte gestützt war. In der Nachkriegszeit geriet das Verhältnis von Geld und Sachwerten weiter in die Schieflage: Es gab zu wenig zu teuer zu kaufen. Gleichzeitig sank das Einkommen vieler Menschen, da sie entweder erwerbslos waren oder ihre Arbeitszeit infolge von Kohle- und Rohstoffmangel so reduziert war, dass sie kaum etwas verdienten. Zusätzlich stiegen die Lebensmittelpreise durch eine schlechte Ernte im Jahr 1947 weiter; (verbotene) Hamsterfahrten aufs Land sowie Schleich- und Schwarzhandel wurden überlebenswichtig. Um den Geldmarkt zu stabilisieren und einer weiteren Verarmung der Bevölkerung entgegenzuwirken – die politischen Folgen der Wirtschaftskrisen aus den 1920er-Jahren standen den Verantwortlichen noch deutlich vor Augen –, führten die westlichen Besatzungszonen im Juni 1948 eine Währungsreform durch. Privatpersonen und Betriebe erhielten für je 100 alte Reichsmark etwa 6,50 neue D-Mark; die Geldreserven der öffentlichen

Schichtwechsel bei der Continental AG in Hannover, Vahrenwalder Straße, 1958

Hand verloren ihren gesamten Wert. Unter dem Druck des jetzt einsetzenden Mangels an Zahlungsmitteln entließ die Wirtschaft viele Mitarbeiterinnen und Mitarbeiter; die Arbeitslosigkeit stieg in Niedersachsen kurzzeitig soweit an, dass hier im Februar 1950 ein Viertel aller bundesdeutschen Erwerbslosen lebte. Dennoch setzte mit der Währungsreform der wirtschaftliche Aufschwung ein, der zu einem bisher nie erreichten Wohlstand führte. Ein Sinnbild dafür war die wachsende Zahl von privaten Kraftfahrzeugen, die über die Straßen rollten und durch Berufspendlerinnen und -pendler die Stadt Hannover und ihr Umland noch enger miteinander verflochten.

Als Nebeneffekt des Aufschwungs kam die Vollbeschäftigung: Es waren mehr Arbeitsplätze frei als Arbeitskräfte verfügbar. Deshalb warben die deutschen Arbeitsämter im Auftrag von großen Industrieunternehmen, Kommunen und Verbänden gezielt Arbeitskräfte im Ausland an. 1955 schloss die Bundesrepublik das erste Anwerbeabkommen mit Italien, 1960 und 1968 folgten weitere Verträge mit Spanien, Griechenland, Portugal, der Türkei, Tunesien, Marokko und Jugoslawien. Insgesamt 14 Millionen Menschen erhielten nach Bewerbungsgesprächen und medizinischen Untersuchungen in ihren Heimatländern befristete Arbeitsverträge, mit denen sie sich auf die lange Reise nach Deutschland machten, wo sie auf höheren Verdienst und bessere Lebensbedingungen hofften.

Als Bezeichnung für die neuen Kolleginnen und Kollegen setzte sich der Begriff „Gastarbeiter" durch, denn diese sollten nur so lange in Deutschland bleiben, wie ihre Arbeitskraft gebraucht wurde. Tatsächlich kehrten etwa 11 Millionen Gastarbeiterinnen und -arbeiter wieder in ihre Heimatländer zurück. Zuvor hatten die meisten von ihnen in deutschen Fabriken un- und angelernte Tätigkeiten verrichtet, die oft körperlich anstrengend, schmutzig sowie mit hohem Unfallrisiko, Akkordlöhnen und Schichtdienst verknüpft waren. Oft lebten sie in Sammelunterkünften, die die Unternehmen bereitstellten. Dies erschwerte Kontakte zwischen Deutschen und Gastarbeitern außerhalb des Arbeitsplatzes.

In der zweiten Hälfte der 1960er-Jahre zeichnete sich ab, dass die Nachfrage nach Gütern aller Art gedeckt war und der steile Aufschwung auf sein Ende zuging. Endgültig offenbar wurde die Rezession, als die erdölexportierenden Länder 1973 ihre Produktion drosselten, um den Preis hochzutreiben. Die Bundesregierung erließ einen Anwerbestopp für ausländische Arbeitskräfte; die bereits in Deutschland lebenden Gastarbeiterinnen und -arbeiter mussten sich entscheiden, ob sie in ihre Heimatländer zurückkehren oder aber hierbleiben und ihre Familien nachholen wollten. Mit dem Zuzug ihrer Familie verließen viele Arbeiterinnen und Arbeiter die Sammelunterkünfte und mieteten eigene Wohnungen.

LANGSAMES ENDE DES INDUSTRIEZEITALTERS

Mitte der 1970er-Jahre war die einsetzende Wirtschaftsflaute unübersehbar. Mit der Rezession ging ein erheblicher Strukturwandel auf dem Arbeitsmarkt einher, denn das produzierende Gewerbe rationalisierte in großem Stil. In der Stadt Hannover stellte es nur noch etwa 30 Prozent aller Arbeitsplätze, im Umland immerhin noch gut 38 Prozent. Nahezu alle anderen Stellen gehörten zum Dienstleistungssektor; die Landwirtschaft war im Hinblick auf die bereitgestellten Arbeitsplätze bereits eine zu vernachlässigende Größe. Durch Rezession und Rationalisierungen überstieg die hannoversche Arbeitslosenquote seit Mitte der 1970er-Jahre den Landes- und den

Demonstration der Hanomag-Arbeiter gegen die Schließung der Abteilung Aggregatebau auf dem Trammplatz in Hannover am 12. Juni 1972

Bundesdurchschnitt, im Umland hingegen lag sie nur knapp über dem Landesschnitt. Im Gebiet der heutigen Region Hannover wurde aber immer noch ein Fünftel der Wertschöpfung des Landes Niedersachsen erzielt. Die zweite Hälfte der 1980er-Jahre brachte eine wirtschaftliche Entspannung, die durch den Fall der Mauer verstärkt wurde. Bei den Wirtschaftskontakten mit den neuen Ländern kam dem Raum Hannover wieder einmal seine geografische Lage zugute. Allerdings folgte der deutschen Wiedervereinigung nur eine kurze, etwa bis 1992 währende ökonomische Euphorie.

Nach wie vor bestimmt die Entwicklung Hannovers weitgehend die Wirtschaftsstruktur und das Wachstum der Dörfer und Städte in der ganzen Region. Wohnsiedlungen, Verkehrsverbindungen und Gewerbeflächen greifen von Hannover aus immer weiter in das Umland hinein; ein großer Teil der Bevölkerung aus der Region pendelt in das Zentrum, um hier zu arbeiten, einzukaufen oder Freizeit- und Kulturveranstaltungen zu besuchen.

TEIL 1: INDUSTRIE

Mergelgruben links und rechts des Misburger Jachthafens

TRIEBFEDER DER INDUSTRIALISIERUNG: WERTVOLLE ROHSTOFFE

VON DER NATUR BEGÜNSTIGT

Die entscheidenden Impulse für die Industrialisierung der späteren Region gingen von der reichen Fülle verschiedener Rohstoffe in Hannovers Umland aus. Während Kohle und Kalisalze aufwendig unterirdisch abgebaut werden mussten und auch Asphalt nur anfänglich im Tagebau gewonnen wurde, waren Torf, Kalkmergel, Tone, Sande, Kiese und Natursteine an diversen Stellen oberirdisch relativ leicht zugänglich. Insbesondere das Calenberger Land, das sich von Hannover aus südwestlich zwischen Leine und Deister erstreckt, bot überaus reichlich Bodenschätze. Größter Rohstofflieferant war der Deister selbst. Der gut 20 Kilometer lange Höhenzug barg nicht nur tief in seinem Inneren Steinkohle, sondern lieferte auch Baumaterial sowie Brenn- und Werkstoffe wie Holz, Stein oder Kalk.

Die industrielle Gewinnung von Bodenschätzen hat(te) ihren Preis. In Orten, deren Untergrund vom Bergbau unterhöhlt war, konnten die Häuser durch Erdrutsche unbewohnbar werden. Der Tagebau von Rohstoffen hingegen vernichtete Natur und landwirtschaftliche Nutzflächen, störte oft den Grundwasserhaushalt und schmälerte damit weiträumig die Ertragskraft der umliegenden Ländereien. Nach Aufgabe eines Tagebaus blieben mehr oder minder tiefe Narben im Boden, deren (kostspielige) Renaturierung erst seit den 1960er-Jahren als wichtig erachtet wird. Ehemalige Kies- und Sandgruben sind voller Grundwasser gelaufen und heute als Bade- oder Angelseen bzw. als Naturschutzgebiete attraktive Freizeitziele. Eine solche Nachnutzung gelang bei Lehm- und Tonkuhlen nur vereinzelt. Sie eigneten sich allenfalls noch als minderwertiges Grünland.

An manche Rohstoffe knüpften sich bis weit in das 20. Jahrhundert hinein blühende Industrien. Andere Branchen gingen mit sinkender Nachfrage oder Erschöpfung der Lagerstätten unter.

KOHLE, DAS SCHWARZE GOLD DES DEISTERS

GEMÄCHLICHE ANFÄNGE

Ohne Kohle wäre die Industrialisierung schlicht undenkbar. Mit den Steinkohlevorkommen des Deisters verfügte die Region über einen äußerst wertvollen Bodenschatz, den sie gut zu nutzen wusste. Noch bevor der Deisterbergbau überhaupt seinen Zenit erreicht hatte, bescheinigte ihm der „Gewerbeverein für Hannover" 1867, den „Impuls zu den Anfängen der Hannoverschen großen Industrie" gegeben zu haben. Dabei genoss die Deisterkohle, obwohl sie sich zeitweise auch überregionale Märkte erschloss, kaum mehr als regionale Bedeutung. Das schwarze Gold aus dem Raum Hannover zählt nämlich zur Wealdenkohle, die nach einem gleichartigen Vorkommen im Südosten Englands benannt ist. Sie enthält

Zum Baden freigegebener Kiessee im Wietzepark, Isernhagen

TRIEBFEDER DER INDUSTRIALISIERUNG: WERTVOLLE ROHSTOFFE

weniger Kohlenstoff, aber einen höheren Anteil Wasser und flüchtiger Gase als beispielsweise Ruhrkohle und hinterlässt mehr Asche, Schlacke und Ruß. So wurde der Bergbau im Deister nach einer ansehnlichen Erfolgsgeschichte mangels Rentabilität in den 1950er-Jahren eingestellt.

Die Ursprünge der Deisterkohle reichen etwa 140 Millionen Jahre zurück. Damals, im Übergang von der Jura- zur Unteren Kreidezeit, zersetzten sich abgestorbene Pflanzen in einem flachen, großen Binnenmeer, das sich über weite Teile des norddeutschen Raums erstreckte. Im Laufe von Jahrmillionen wurden diese abgestorbenen Pflanzen mit Ablagerungen späterer Zeiten bedeckt und durch den Druck dieser Schichten „inkohlt".

Vermutlich schon im Mittelalter wurde im Deister dicht unter der Oberfläche liegende Kohle durch einfache Kuhlengräberei gewonnen. Für das erste urkundlich belegte Bergwerk am Bröhn südwestlich von Wennigsen hatte man erfahrene Bergleute aus dem Harz geholt, es bestand allerdings nur von 1639 bis 1642. Dann bauten seit dem ausgehenden 17. Jahrhundert die Grafen von Platen unter dem Bröhn und dem Hülsebrink in bescheidenem Umfang Kohle ab. Dafür ließen sie niedrige Schächte, sogenannte Pingen, niederbringen und nach der Ausbeute wieder zuwerfen. Trotz ihres besseren Brennwerts setzte Kohle sich in Haushalten und Gewerbebetrieben zunächst nicht gegen die traditionellen Brennstoffe Holz und Torf durch, denn sie war teurer und erforderte andere Öfen. Fuß fasste sie hingegen in neuen, im Wachstum begriffenen Gewerbe- und frühindustriellen Betrieben wie Branntweinbrennereien, Schmieden oder Salinen. Im späten 18. Jahrhundert setzte eine intensivere wirtschaftliche Nutzung ein. Zunächst errichtete der Landesherr Kohlengruben am Daberge bei Völksen und am Süerßer Brink in Wennigsen. Ab 1804 ließ Freiherr Wilhelm Carl Ernst Knigge (1771–1839) in seinem Bredenbecker Forst Kohle abbauen – und zwar, ohne zuvor eine Schürferlaubnis

eingeholt zu haben, obwohl die Ausbeutung von Grundschätzen zu den landesherrlichen Hoheitsrechten gehörte. Das hannoversche Staatsministerium billigte im Nachhinein Knigges Vorgehen. So entstand das besondere Calenberger Bergrecht. Es gestand fortan jedem Grundeigentümer zu, die in seinem Boden lagernden Rohstoffe auf eigene Rechnung abzubauen oder das Recht dazu Dritten zu überlassen. 1807 pachtete Johann Egestorff (1772–1834) die Schürfrechte am Bröhn. Damit sicherte er sich frühzeitig den Einstieg in einen neuen, lukrativen Gewerbezweig und sorgte in Zeiten zunehmender Holzknappheit dafür, dass ihm für seine jüngst vor den Toren Hannovers und in Ronnenberg gegründeten Kalkbrennereien und Ziegeleien genug Brennstoff zu guten Konditionen zur Verfügung stand. Auch Knigge vereinte Kohlengruben und einen Kohle verwertenden Betrieb in seiner Hand, als er 1809 die Glashütte Steinkrug gründete, die zur wichtigsten Abnehmerin seines Bergwerks wurde. (Abb. auf S. 38)

VORAUSSCHAUENDE INVESTITIONEN

Als sich abzeichnete, dass Industrie und Eisenbahn einen schier unersättlichen Hunger nach Kohle entwickeln würden, interessierten sich zunehmend private Investoren für das schwarze Gold des Deisters. 1831 errichtete der Steinhauermeister August Wilhelm Blume aus Barsinghausen gemeinsam mit Johann und Georg Egestorff (1802–1868) das Klosterbergwerk mit dem Sammannstollen. Im gleichen Jahr bildeten die Barsinghäuser Hofbesitzer eine Interessentengemeinschaft, um gemeinschaftlich ein Bergwerk zu betreiben. Sie siedelten ihr Gemeindebergwerk genanntes Unternehmen in dem Teil des zum Kloster gehörenden Waldes an, den ihnen die Klosterkammer Hannover seit Längerem zur Nutzung überlassen hatte. Diese Landesbehörde, die seit der Reformation den Besitz der einst katholischen Klöster verwaltet, untersagte jedoch nach erfolgreichen Probebohrungen weitere Arbeiten. Nach ihrer Auf-

Blick vom Calenberger Land auf den Deister

Glashütte Steinkrug, eine wichtige Abnehmerin des „schwarzen Goldes"

fassung hatte sie der Gemeinde lediglich die Holznutzung erlaubt; die Schürfrechte hingegen wollte sie nur gegen die landläufig übliche zehnprozentige Gewinnbeteiligung verpachten. Nach einem 17-jährigen Rechtsstreit obsiegte schließlich 1848 die Interessentengemeinschaft. Bereits zwei Jahre zuvor hatte sie trotz der unsicheren Rechtslage begonnen, am oberen Bullerbach einen Schacht abzuteufen, also niederzubringen, aus dem sie seit 1847 Kohle förderte.

Auch der hannoversche Staat verstärkte sein Engagement im Deisterbergbau. Ab 1831 fuhr er den Feggendorfer und den Hohenbosteler Stollen auf, 1845 nahm er den Hohe-Warte-Stollen in Betrieb. Eine eigens eingerichtete Königliche Bergwerks-Administration am Deister, die dem Königlichen Finanzministerium unterstellt war, verwaltete die staatlichen Bergwerke. Sie nahm ihren Sitz in Egestorf, und zwar im Fachwerkhaus in der heutigen Stoppstraße 20.

Nachdem die ersten Dampfmaschinen 1836 die im heutigen hannoverschen Stadtteil Linden gelegene Maschinenfabrik von Georg Egestorff, die spätere Hanomag, verließen und rasch ein unentbehrliches Hilfsmittel in vielen Fabriken wurden, zeigte sich, dass die Bergwerksgründer den richtigen Riecher gehabt hatten:

Sie konnten die steigende Nachfrage nach Kohle nicht decken. Noch 1860 musste das Königreich Hannover mehr als die Hälfte seines Kohlebedarfs gegen hohe Frachtkosten per Schiff aus England oder auf der Schiene aus anderen deutschen Staaten einführen. Um das hierfür aufgewendete Geld dem heimischen Wirtschaftskreislauf zu erhalten, baute der Staat gezielt den Steinkohlenbergbau im Deister aus. Er kaufte großflächig bislang nicht ausgebeuteten Kohleuntergrund auf und bemühte sich zudem um den Erwerb der bestehenden privaten Bergwerke, um sie mit den eigenen Stollen zu einem Bergbaugroßbetrieb zu vereinigen. Den Barsinghäuser Landwirten zahlte er 1857 für ihr Gemeindebergwerk mit seinem Ministerstollen und die Schürfrechte im Gemeindeforst eine stolze sechsstellige Summe. Jeder Interessent erhielt, je nach Größe seiner Hofstelle, einen vierstelligen Anteil davon. Angeblich musste mancher die in einer Gaststätte ausgezahlten Münzen mit einem Karren abtransportieren. Auch die Werke am Suerßer Brink gingen in staatlichen Besitz über.

Der preußische Staat setzte ab 1866 die Kohlepolitik des annektierten Königreichs – im Übrigen unter Beibehaltung des Calenber-

Eingang zum Stollen Hohenbostel

TRIEBFEDER DER INDUSTRIALISIERUNG: WERTVOLLE ROHSTOFFE

Rathaus I, Barsinghausen, früher Berginspektion

ger Bergrechts – mit dem Ankauf weiterer Abbauflächen und kleinerer, privater Bergwerke fort. Alle staatlichen Bergwerke und den in Barsinghausen entstehenden Klosterstollen vereinigte er zu den Königlichen Steinkohlenbergwerken am Deister in Barsinghausen und unterstellte sie der Königlich Preußischen Berginspektion am Deister als Nachfolgerin der hannoverschen Bergwerksadministration. Sie bezog 1873 das ehemalige Klosteramtshaus in der Barsinghäuser Bergamtsstraße, das heutige Rathaus I.

DER SIEGESZUG DER KOHLE BEGINNT

Im Fahrwasser der liberalen preußischen Wirtschaftspolitik und der Gründerjahre gedieh auch der Deisterbergbau prächtig. Allein in den staatlichen Bergwerken förderten 1875 mehr als 1 200 Bergleute 180 000 Tonnen Kohle und erwirtschafteten hohe Gewinne. Hauptabnehmer waren die Industriebetriebe in Hannover und Linden. Hier hatte sich die Zahl der Dampfmaschinen zwischen 1859 und 1872 von 36 auf 182 verfünffacht; die meisten wurden ausschließlich mit Deisterkohle befeuert. 1872 wurde der Zechenbahnhof neben dem Mundloch (Eingang) des Klosterstollens über ein Nebengleis an die gerade erbaute Eisenbahnstrecke Hannover–Haste, die sogenannte Deisterbahn, angeschlossen. Der Transport auf der Schiene löste die Auslieferung per Pferdefuhrwerk ab. Dank des neuen Verkehrsmittels erschlossen sich die Deisterbergwerke Abnehmer in Braunschweig, Bremen, Hamburg und Berlin. Sie lieferten sogar nach Westfalen, das ja selbst über ein bedeutendes Kohlerevier verfügte. Allerdings hatte es die Deisterkohle schwer, sich überregional gegen die qualitativ hochwertigere englische und westfälische Konkurrenz zu behaupten.

Das Geschäft mit der Kohle folgte den allgemeinen wirtschaftlichen Höhen und Tiefen. Infolge der 1873 einsetzenden Rezession mit dem Produktionsrückgang in Fabriken, Ziegeleien und Kalköfen sank der Absatz der Deisterkohle um ein Drittel, zumal zunehmend höherwertige Ruhrkohle per Bahn nach Hannover gelangte. Ihr Verkaufspreis fiel in kürzester Zeit um fast 40 Prozent. Einzelne Stollen wurden vorübergehend ganz oder teilweise stillgelegt. Durch Lohnsenkungen und unbezahlte Feierschichten halbierte sich das Einkommen der Bergleute nahezu. Die 1890er-Jahre zeichneten ein vergleichbares Bild, während die Absatzkurven des davor liegenden Jahrzehnts vorübergehend wieder nach oben wiesen. Dazu trugen wesentlich die neu gegründeten Zuckerfabriken in Weetzen und Groß Munzel bei, aber auch eine privat betriebene Kokerei, die 1880 am Mundloch des Klosterstollens errichtet worden war. Hier verschmolz der feste Kohlenstoff bei Temperaturen über 1 000 Grad Celsius zu schwefel-, ruß- und raucharmem Koks für die Hochöfen der Eisen- und Stahlindustrie. Die ausgetriebenen flüchtigen Bestandteile der Kohle, nämlich sogenannte Kohlenwertstoffe wie Teer, Benzol, Ammoniak oder Schwefel, nahm die chemische Industrie zur weiteren Verarbeitung ab. Das übrig gebliebene Kokereigas fand Verwendung als Brennstoff. Des Weiteren wirkten sich Streiks in anderen Bergbaurevieren wie beispielsweise ein großer Ausstand im Ruhrgebiet im Jahr 1889 günstig auf den Verkauf von Deisterkohle aus.

Nachdem sich am Ende der 1880er-Jahre abzeichnete, dass die oberflächennahen Flöze in den bestehenden Stollen bald ausgebeutet sein würden, kaufte der Staat weiteren Kohleuntergrund in Eckerde, Egestorf, Großgoltern, Kirchdorf und Langreder. Außerdem arbeiteten sich die Bergleute zunehmend in die Tiefe vor, denn hier lag sogenannte Fettkohle, die sich wegen ihres höheren Gasgehalts besser verkoken ließ. Ab 1888 teuften die Männer nahe dem Mundloch des Klosterstollens den Wilhelmschacht genannten Tiefbauschacht I ab. 1892 erreichten sie nach 115 Metern die erste Tiefbausohle und vier weitere Jahre später durch einen von hier aus vorgetriebenen Querschlag mit fast 700 Meter Länge das Kohleflöz. Schnell wurde der Wilhelmschacht zur Hauptförderanlage der staatlichen Bergwerke, während kleinere Schächte aufgegeben wurden. Bis 1903 erschlossen die Bergleute eine weitere Abbausohle in über 200 Meter Tiefe und teuften in unmittelbarer Nähe zu Schacht I einen zweiten Tiefbauschacht ab. Fortan stammten 90 Prozent der im Deister geförderten Kohle aus dem Tiefbau. Die Prognosen sahen voraus, dass die erschlossenen Kohlevorräte den Bergbau in der Region für achtzig bis hundert Jahre sichern würden. Die Absatzsituation verbesserte sich deutlich, als das Barsinghäuser Bergwerk 1899 einen direkten Anschluss an die neue Überlandlinie der hannoverschen Straßenbahngesellschaft erhielt. Mit ihrer Hilfe machte die Deisterkohle in der Region ihre naturgegebenen Nachteile durch schnelle Verfügbarkeit bei geringen Frachtkosten wett und gelangte günstig zu den Kraftzentralen der Fabriken in und um Hannover, aber auch zu den straßenbahneigenen Kraftstationen. Unter den weiteren Abnehmern in der Stadt waren auch das Gas- und das E-Werk, die Krankenhäuser, der Schlachthof sowie Privathaushalte.

In der zweiten Hälfte des 19. Jahrhunderts fütterten immer mehr hannoversche Haushalte ihre Kochherde, Heiz- und Badeöfen mit Kohle. In den 1920er-Jahren machte Asche mehr als 90 Prozent des städtischen Hausmüllaufkommens aus. Die Zahl der Kohlenhändler stieg von fünf im Jahr 1830 auf 101 im Jahr 1880 und nahm weiter zu. Ihr Angebot umfasste allerdings Produkte aus allen deutschen Revieren und die Deisterkohle befand sich wegen ihres hohen Aschen-, Schlacken- und Rußgehalts am unteren Ende der Preisskala. Gegen Ende des 19. Jahrhunderts kursierte in Hannover gar die Behauptung, dass der starke Rußniederschlag in der Stadt der schlechten Qualität der Deisterkohle zuzuschreiben sei. Sie gipfelte in der Forderung, ihren Brand vollständig zu verbieten und nur noch Ruhrkohle zuzulassen. Die Bergwerksbetreiber aus dem Deister hielten erfolgreich entgegen, dass nicht ihre Kohle, sondern schlecht konstruierte Öfen für den lästigen Niederschlag verantwortlich seien.

DAS ENDE DER „GOLDENEN JAHRE"

Um 1910 standen fast 2 300 Männer auf den Lohn- und Gehaltslisten der Berginspektion. Etwa die Hälfte aller Erwerbstätigen in Barsinghausen arbeitete auf der Zeche. Auch in Groß und Klein Nenndorf, Rodenberg und Feggendorf auf der schaumburgischen Seite des Deisters sowie den heutigen Barsinghäuser Stadtteilen Bantorf, Wichtringhausen, Hohenbostel, Winninghausen, Langreder, Kirchdorf und Egestorf lebte ein ähnlich großer Teil der Bevölkerung vom Bergbau. Mit einer jährlichen Förderquote von rund 500 000 Tonnen erlebte der Staatsbergbau am Deister die Blütezeit seiner Geschichte. Jäh beendete der Erste Weltkrieg diese goldenen Jahre. Obwohl ein Teil der eingezogenen Bergleute bald wieder auf die alten Arbeitsplätze zurückkehrte, erreichten sie die Fördermengen der vorangegangenen Dekade nicht wieder. Einen großen Teil der gewonnenen Kohlen beanspruchte die Rüstungsindustrie für sich, in allen anderen Bereichen wurde der Verbrauch

Bockmaschine der Straßenbahngesellschaft ÜSTRA am Zechenbahnhof, 1937

stark reglementiert. Diese sogenannte Kohlenbewirtschaftung erhielten die Behörden auch in der Nachkriegszeit aufrecht, zumal die Siegermächte Ruhrkohle als Kriegsentschädigung beschlagnahmten. Um eine Mindestversorgung der Bevölkerung zu sichern, erhielten private, gewerbliche und industrielle Abnehmer in den Jahren 1917 bis 1920 in einem aufwendigen bürokratischen Verfahren nur nach Vorlage von Bezugskarten (völlig unzureichende) Kohlenzuteilungen. Begleitend erließen die Behörden strikte Vorschriften zum Energiesparen und drohten bei Verstößen empfindliche Strafen an, standen den Verbrauchern aber auch unter dem Motto „Durchhalten heißt Haushalten" beratend zur Seite. Die hannoversche Straßenbahngesellschaft, die alleinige Stromversorgerin in Hannovers Umland, schrieb allen Abnehmern 1917 vor, ihren Stromverbrauch auf 80 Prozent des Vorjahresverbrauchs zurückzufahren, und erhob hohe Preisaufschläge für eine darüber hinausgehende Abnahme. Trotz aller Versuche, sinnvolle Prioritäten bei den Kohlezuteilungen zu setzen (Heizung für die Krankenhäuser oder Strom für die Dreschmaschinen?), ließ sich der Mangel nicht befriedigend verwalten. Jede Zuteilung für einen Wirtschaftszweig benachteiligte zwangsläufig einen anderen empfindlich – mit weit reichenden Konsequenzen: Betriebe mussten ihre Produktion einschränken und Teile ihrer Belegschaft entlassen. Deren Kaufkraft schwand, die Verelendung der Gesellschaft nahm zu. So konnten kaum neue Arbeitsplätze für heimkehrende Soldaten geschaffen werden, die Ankurbelung der Friedenswirtschaft war deutlich erschwert.

Sogar zugeteilte Kohlemengen gelangten wegen fehlender Transportmittel kaum aus dem Deister hinaus. Während des Kriegs fuhren viele, solange die Straßenbahnen noch verkehrten, nach Barsinghausen, um direkt auf der Zeche ihre Kohle zu kaufen und nach Hause zu schaffen. Als ein mehrwöchiger Streik der hannoverschen Straßenbahner im Herbst 1920 den Transport von Deisterkohlen in die Region vollends zum Erliegen brachte, war der Zeche ein Direktverkauf nur noch erlaubt, wenn der Kunde einen amtlichen Landabsatzbezugsschein vorlegte. Die Behörden kontrollierten die Zufahrtsstraßen und beschlagnahmten alle Kohlen, für die kein von der Berginspektion gestempelter Bezugsschein vorgelegt werden konnte.

Historische Postkarte mit Ansicht der Zeche Barsinghausen

Trotz stabilisierter Wirtschaft zwischen der Hyperinflation von 1923 und der 1929 einsetzenden Weltwirtschaftskrise sanken die Verkaufspreise für Deisterkohle durch ein Überangebot deutscher Kohle und zunehmende Importe aus dem Ausland. Insbesondere Betriebe nahe dem seit 1916 schiffbaren Mittellandkanal ließen sich fortan mit Ruhrkohle beliefern. Auf der Ausgabenseite summierten sich gestiegene Löhne, vor allem aber explodierende Abbaukosten. Im Tiefbau wurden nicht nur die Wege von der Förderstätte bis zur Tagesoberfläche immer länger. Besondere Probleme bereitete die sogenannte Wasserhaltung, also das Abpumpen des Wassers, das durch das poröse Deckgebirge aus Sandstein in die Schächte eindrang. Für jede geförderte Tonne Kohle mussten 33 Tonnen Wasser abgesaugt werden, während das Verhältnis von gewonnener Kohle zu abgepumptem Wasser im Ruhrgebiet bei 1 : 1 lag. Die Dampfmaschinen für die aufwendige Wasserhaltung und die Versorgung der Schächte mit Frischluft, die Bewetterung, verschlangen im Deister pro geförderter Tonne 128 Kilogramm Kohle.

TRIEBFEDER DER INDUSTRIALISIERUNG: WERTVOLLE ROHSTOFFE

EIN FASS OHNE BODEN

Der Deisterbergbau entpuppte sich als wahrer Zuschussbetrieb. Mehrfach beschäftigte sich der preußische Landtag mit seiner miserablen Ertragslage. 1924 privatisierte er den gesamten staatlichen Bergwerksbesitz und übertrug ihn der neu gegründeten Preußischen Bergwerks- und Hütten-AG, der späteren Preußag, deren Aktien die öffentliche Hand zu 100 Prozent hielt. Die Preußag versuchte, durch stärkere Mechanisierung des Abbaus die Produktionskosten zu senken. Die Erschließung neuer, noch tiefer gelegener Kohlenfelder sollte zugleich die Erlöse der Zeche steigern. Mit dem gleichen Ziel entstanden 1926 auf dem Zechengelände des Klosterstollens eine Schlackensteinfabrik und eine Schottermühle, die die im Zechenkraftwerk anfallende Schlacke zum Verkauf für den Straßen- und Wegebau aufbereiteten. Trotz dieser Maßnahmen sank die Jahresförderung der Deisterbergwerke bis 1932 auf 175 000 Tonnen, die Belegschaft schrumpfte auf 945 Mann zusammen. Aus betriebswirtschaftlicher Sicht hätte die Preußag das Bergwerk stilllegen müssen. Als Staatsbetrieb musste sie allerdings auch volkswirtschaftlich, politisch und sozial verträglich handeln – und das bedeutete angesichts der schwierigen wirtschaftlichen und politischen Lage der Weimarer Jahre die Aufrechterhaltung der Zeche um jeden Preis.

Beschäftigtenzahlen und Fördermengen stiegen nach der nationalsozialistischen Machtergreifung dank hoher Subventionen noch einmal kräftig an, denn das Regime brauchte für seine Rüstungszwecke Unmengen fossiler Brennstoffe und chemischer Produkte. 1935 und 1938 modernisierte die Preußag die Kokerei auf dem Zechengelände und schloss ihr eine Ammonsulfat- und eine Benzolfabrik an. Das Kokereigas speiste sie zur Gasversorgung des Großraums Hannovers in die Ferngasleitung Hamm–Hannover der Ruhrgas-AG ein, an die die Zeche seit 1938 angeschlossen war. Während des Zweiten Weltkriegs wurde bei dem heutigen Barsinghäuser Stadtteil Eckerde der Tiefbauschacht IV abgeteuft, der mit einer siebten Abbausohle in 742 Meter Tiefe die tiefste Stelle des Kohleflözes erschloss.

Die Energieversorgung in den letzten Jahren des Zweiten Weltkriegs und den ersten Nachkriegsjahren war ähnlich dramatisch wie in der Zeit um 1918 und wurde durch die Angliederung des Saarlandes mit seinem bedeutenden Kohlenrevier an Frankreich verschärft. Wer konnte, besserte seine mageren Kohlezuteilungen durch privaten Tauschhandel auf. Begehrte Partner waren dabei die Bergleute im Deister, die zu ihrem Verdienst jährlich eine gewisse Menge Kohle *in natura* bekamen. Zwar war ihnen der Verkauf oder Tausch dieser Deputatkohle ausdrücklich verboten, doch Notkriminalität, also Diebstahl oder Schwarzhandel für den eigenen Bedarf, war in der Nachkriegszeit oft überlebenswichtig. Der Kölner Erzbischof Josef Kardinal Frings (1887–1978) erteilte ihr angesichts der katastrophalen Versorgungslage in seiner 1946 gehaltenen Silvesterpredigt sogar die Absolution. So mancher schlug allerdings mit kriminellen Mitteln persönlichen Profit aus der Krise. 1947 versickerte in der britischen und der amerikanischen Besatzungszone nach amtlichen Schätzungen bis zu einem Fünftel der für den freien Verkauf zugeteilten Kohle in dunklen Kanälen. Dafür bot der Handel getrockneten Emscher Schlamm an, der aus Teichen und Kläranlagen von Zechen aus dem Ruhrgebiet stammte und wegen seiner geringen Kohlenrückstände verheizt wurde.

Menschen in einer Notunterkunft, um 1945

TRIEBFEDER DER INDUSTRIALISIERUNG: WERTVOLLE ROHSTOFFE

Gewerbe, Industrie, Reichsbahn und private Haushalte in der Region, insbesondere im zerbombten Hannover, konnten nur aufs Notdürftigste mit Kohlen versorgt werden. Selbst dieses wäre ohne den Deisterbergbau nicht möglich gewesen. Deshalb spielte es nunmehr keine Rolle, dass die Kohleförderung hier ein Zuschussgeschäft war. Längst als unrentabel aufgegebene sowie neue, kleinere Stollen wurden erschlossen. Bei diesen sogenannten Notbergbauen handelte es sich sowohl um Gruben im Besitz der Preußag wie um kleinere, private Bergwerke oder „wilde", illegale Kleingruben. Allerdings war die gewonnene Kohle von so schlechter Qualität, dass die damit versorgten Kohlekraftwerke nicht ihre volle Leistung erreichten.

DAS ERSTE AUS FÜR EINE ZECHE IN DER BUNDESREPUBLIK

Zu Beginn der 1950er-Jahre keimte in der Preußag-Leitung die Diskussion über eine Aufgabe des Deisterbergbaus wieder auf. Angesichts der nach wie vor akuten Energiekrise verbot sich eine Stilllegung noch. Stattdessen wurde mithilfe millionenschwerer Investitionen versucht, ein ausgeglichenes Bilanzergebnis zu erwirtschaften. Vergeblich: 1953 waren die in Barsinghausen aufgelaufenen Defizite ebenso hoch wie der Gesamtgewinn aller anderen Preußag-Unternehmen. Zeitgleich strömte vermehrt günstige Kohle aus Übersee auf den deutschen Markt, der sich zudem allmählich auf Erdöl und Erdgas umstellte. Zunehmend setzten sich in den Haushalten elektrische Haushaltsgeräte, sogenannte Weißgeräte, durch. Als die jetzt ÜSTRA heißende Straßenbahngesellschaft 1953 ihre Güterverbindung zwischen Barsinghausen und Hannover aufgab, verlor das Bergwerk schließlich auch noch die günstige Transportmöglichkeit zu seinen Hauptabnehmern. Die immensen Subventionen, die der Deisterbergbau Jahr für Jahr verschlang, waren nicht mehr zu rechtfertigen. Im Frühjahr 1954 fiel der Entschluss, das Steinkohlenbergwerk in Barsinghausen mitsamt der Kokerei und der Schlackensteinherstellung schrittweise aufzugeben. Die wirtschaftliche Hochkonjunktur der Zeit schien günstig, um den zu erwartenden Verlust von 2 200 Arbeitsplätzen abzufedern. Dennoch lösten die Stilllegungspläne vor Ort große Betroffenheit aus. Allein in Barsinghausen lebten zu diesem Zeitpunkt 39 Prozent der Bevölkerung vom Bergwerk; ein Drittel von ihnen hatte sich hier nach Flucht oder Vertreibung gerade wieder ein neues Zuhause aufgebaut; andere große Betriebe gab es nicht. Politiker widersetzten sich aus Sorge um die Zukunft der betroffenen Familien, aber auch mit Blick auf die Steuereinnahmen der Kommune zunächst den Plänen des Staatsunternehmens. Letztendlich mussten sie mangels wirtschaftlicher Alternativen zustimmen. Im Juli 1956 wurde der letzte Koksofen gelöscht, im Mai 1957 die letzte Schicht gefahren, 1960 waren die Rückbauarbeiten unter Tage beendet. Die erste Zeche der Bundesrepublik war unwiederbringlich geschlossen.

Im Vorfeld der Stilllegung hatte sich unter Federführung des Niedersächsisches Ministeriums für Wirtschaft und Verkehr ein hochkarätig besetzter Ausschuss Hand in Hand mit Politikern engagiert, neue Industriebetriebe nach Barsinghausen oder Umgebung zu holen. Als Anreiz für eine Ansiedlung stellte die Preußag Zinszuschüsse, Gelände und Gebäude im Wert von mehreren Millionen DM zur Verfügung. Nach gescheiterten Verhandlungen mit VW und der Hanomag errichtete die in Frankfurt am Main ansässige Maschinen- und Armaturenfabrik Alfred Teves KG ab Anfang 1956 auf dem Gelände von Schacht IV bei Eckerde eine Fabrik für die Fertigung von Ventilen für Kfz-Motoren. Noch während der Bauarbeiten schulte Teves Gruppen von jeweils fünfzig Bergleuten in vierwöchigen Kursen zu Metallfacharbeitern um. Unzufrieden mit einem geringeren Verdienst als unter Tage und mit den monotonen, stark reglementierten Arbeitsabläufen einer Fabrik verließ etwa jeder zehnte Bergmann Teves nach kurzer Zeit wieder. Ebenfalls 1956 errichtete die hannoversche Keksfabrik Bahlsen ein Zweigwerk in Barsinghausen. Zwar waren drei Viertel der 500 neuen Arbeitsplätze für Frauen geschaffen, aber die Verantwortlichen spekulierten darauf, dass die Ehefrauen und Töchter der ehemaligen Bergleute arbeiten gehen würden, um mit ihrem Verdienst deren Einkommenseinbußen auszugleichen. Andere ehemalige Bergleute pendelten fortan in hannoversche Industriebetriebe. Der größte Teil von ihnen jedoch wechselte das Revier, denn anderenorts war das Bergbauzeitalter noch nicht vorbei. Einige gingen in die gerade mo-

Rekonstruktion der einstigen Arbeitswelt unter Tage im Klosterstollen Barsinghausen

dernisierten Preußag-Steinkohlenbergwerke im schaumburgischen Obernkirchen und in Ibbenbüren bei Osnabrück. Andere folgten dem Ruf des Ruhrgebiets, das gerade um 20 000 neue Kumpel warb. Als auch hier in den frühen 1960er-Jahren das Zechensterben einsetzte, kehrten allerdings viele in die Deisterregion zurück. Auch die nördlich und östlich von Barsinghausen gelegenen Kalibergwerke in Bokeloh bei Wunstorf sowie in und bei Ronnenberg, Sehnde und Lehrte boten neue Arbeitsplätze. Insgesamt fanden aufgrund der engen Zusammenarbeit von Politik, Verwaltung und Bergwerksbetreibern fast 90 Prozent der Bergleute eine neue Stelle. So diente die Barsinghäuser Abwicklung nur wenige Jahre später dem Ruhrgebiet als Vorbild für die Entwicklung einer Strukturpolitik, als dort die Bergbauära endete.

WAHRE KNOCHENARBEIT

Etwa seit Mitte des 19. Jahrhunderts fuhren die Bergleute in drei Schichten rund um die Uhr in den Berg ein. Viele hatten vor Arbeitsbeginn bereits einen Fußmarsch von bis zu sechs Kilometern hinter sich. Am Pförtnerhäuschen holten die Männer ihre persönliche Kontrollmarke ab. Danach schlüpften sie in der Waschkaue, in der sie sich auch am Schichtende den Dreck vom Leib wuschen, in ihre Arbeitskleidung, ließen sich in der Lampenstube eine aufgefüllte Lampe aushändigen und gingen zur Seilfahrt zum Förderturm. Dort hing an einem langen Seil ein großer, aus mehreren Etagen bestehender Aufzug, Korb genannt. Ein Maschinist steuerte die Geschwindigkeit, mit der Dampfmaschinen das Seil ab- oder aufrollten, um Männer und Material zu befördern. Bei Antritt der Seilfahrt händigten die Bergleute ihrem Vorgesetzten, dem Steiger, ihre Kontrollmarke aus, damit man bei einem Unglück unter Tage wusste, welcher Bergmann in welchem Stollenabschnitt war. Nach einer etwa viertel- bis halbstündigen Seilfahrt erreichten die Männer den Füllort, den Knotenpunkt zwischen dem Schacht und dem Netz unterirdischer Gänge, sogenannter Strecken. Von hier verteilten sie sich auf ihre Arbeitsplätze. Die Hauer, zu denen die meisten Bergleute zählten, gelangten über verschiedene Strecken zu dem Streb, also den Teil des Flözes, den sie gerade abbauten. Hier lösten sie die Kohle aus dem Gestein, schaufelten sie in flache Schleppkästen und sicherten schließlich die entstandenen Hohlräume. Dazu stützten sie das Hangende, das Gestein oberhalb des abgebauten Strebs, mit einem Verbau aus Holzstempeln, die sie vor Ort auf die benötigte Länge zurechtschlugen. All dies geschah mehr oder minder im Liegen, denn die Kohlenflöze im Deister waren nur 20 bis 80 Zentimeter mächtig. Schon aufgrund der Enge unter Tage hatten die Bergleute wenig Werkzeug („Gezähe") dabei: eine Kratze und eine Hacke oder Keilhaue zum Abbau der Kohle und zum Zurechtschlagen der Stempel sowie eine Schaufel.

Meist jugendliche Schlepper zogen die gefüllten Schleppkästen aus dem Streb und luden den Inhalt in größere Förderwagen um. In kleineren Stollen zogen sie die Förderwagen einzeln von hier aus zum Mundloch, im Klosterstollen schoben sie sie zur abschüssigen, auch Bremsberg genannten Fährt. Von hier führte eine Seilbahn mit einer Umlenkrolle zur Hauptstrecke. Die bergab rollenden gefüllten Wagen zogen mit ihrem Gewicht entladene Wagen wieder bergan. Am Ende der Fährt wurde die Kohle erneut in größere Wagen umgeladen und von Schleppern ans Tageslicht befördert. Um Kosten zu senken, zogen im Klosterstollen ab 1876 Grubenpferde bis zu dreißig aneinandergekoppelte Förderwagen zum Zechenbahnhof neben dem Mundloch. Über Tage wurde die Kohle in der Kohlenwäsche sortiert und für den Versand vorbereitet. Zu den oberirdischen Zechenanlagen gehörten in der Regel neben Verwaltungsgebäuden ein Grubenbahnhof, ein Holzplatz, eine Schmiede für das Anfertigen und Nachschärfen der Werkzeuge, Kesselhäuser für die Dampfmaschinen, Waschkauen sowie der Zechensaal für Feste und Versammlungen.

Hauer trieben im Berg auch neue Strecken für den weiteren Kohleabbau vor, indem sie das Gestein mit Sprengstoff heraus „schossen". Dabei folgten sie den zuvor angestellten Vermessungen und Berechnungen der Markscheider genannten Vermessungsingenieure. Ältere Bergleute, die den körperlichen Anstrengungen des Kohlehauens nicht mehr gewachsen waren, setzten ihre Erfahrung ein, um als Zimmer- und Reparaturhauer die provisorischen Ausbauten der Kohle- und Gesteinshauer im Streb durch dauerhafte Ausbauten zu ersetzen oder die Wetterführung, die Zufuhr von Frischluft, anzulegen und zu regeln. Aufsicht, Verantwortung und Koordination

TRIEBFEDER DER INDUSTRIALISIERUNG: WERTVOLLE ROHSTOFFE

Nachzeichnung der Arbeit der Bergleute, 1925

unter Tage oblag Hilfs-, Revier-, Fahr- und Obersteigern, die als einzige unter den Bergleuten auf eine theoretische Ausbildung zurückgreifen konnten.

Ab der Wende zum 20. Jahrhundert setzte mit dem Beginn der Tiefbauära eine bedeutsame technische Modernisierung der Arbeit unter Tage ein. Leistungsfähige Ventilatoren verbesserten die Wetterführung, starke Dampfmaschinen pumpten das ständig in die Gruben fließende Wasser ab. Dampfgetriebene Transporthaspeln und Förderkorbaufzüge erleichterten den Untertagetransport der Kohle und feuerlose Lokomotiven beförderten die gefüllten Förderwagen ans Tageslicht. Der eigentliche Kohleabbau konnte jedoch aufgrund der geringen Flözmächtigkeit kaum rationalisiert werden. Nach wie vor verrichteten die Hauer und Schlepper ihre Arbeit im Streb im Liegen. In den 1920er-Jahren erfolgte ein nächster Rationalisierungsschub, um die Produktionskosten zu senken. Die Hauer erhielten Presslufthämmer, um die Kohle aus dem Flöz zu lösen. Zudem verdrängten eiserne Schüttelrutschen von teilweise mehreren Hundert Metern Länge zunehmend die Schlepper und ihre Schleppkästen. Sie wurden von Motoren hin- und herbewegt, sodass die gehauene Kohle vorwärts rutschte. War das Gedinge, die Entlohnung, eines jeden Bergmanns zuvor im Wesentlichen anhand der von ihm gefüllten Schleppkästen festgesetzt worden, wodurch er selbst sein Arbeitstempo bestimmen konnte, mussten die Bergleute dieses jetzt aufeinander abstimmen. Sie wurden als Gruppe nach der gemeinsam geförderten Menge bezahlt, außerdem konnte die Schüttelrutsche erst versetzt werden, wenn jeder Einzelne den ihm zugewiesenen Abschnitt ausgebeutet hatte.

Die körperlich extrem anstrengende liegende Arbeitsweise wurde durch Kohlestaub, Presslufthammerlärm und die feuchtwarmen Wetter weiter erschwert. Auf den unteren Tiefbausohlen herrschten trotz einer zunehmend verbesserten Wetterführung Temperaturen von bis zu 30 Grad Celsius. Erhellt wurde die Szenerie nur von kleinen Lampen, von denen jeder Bergmann eine mit sich führte. Das Geleucht bestand im 19. Jahrhundert aus Öllampen, deren verlöschende Flamme die Bergleute vor mattem oder gar bösem Wetter, also zu hohen Anteilen von Kohlendioxid, Kohlenmonoxid, Stickoxiden oder Schwefelgasen in der Luft, warnte. Im frühen 20. Jahrhundert wurden sie von akkubetriebenen Lampen abgelöst, die nach Schichtende in der Lampenstube wieder aufgeladen wurden.

Die Arbeit unter Tage war äußerst riskant. Mehrfach begruben zusammenbrechende Strecken oder Strebe Bergleute unter sich. „Giftige" oder „schlagende Wetter" mit ihrem hohen Gehalt an toxischen Gasen stellten eine weitere, unsichtbare Gefahrenquelle dar. Auf der anderen Seite erhielt der Bergmann – zumindest nach dem Ersten Weltkrieg – einen deutlich höheren Lohn als Arbeitskräfte in anderen Industrien.

Kohlezug der ÜSTRA, 1937

LEBEN IN DER BERGMANNSSIEDLUNG

Die erste Generation der im Deisterbergbau beschäftigten Bergleute entstammte zumeist den unterbäuerlichen Schichten Barsinghausens und seiner Umgebung, nur wenige wanderten aus größerer Entfernung zu. Um sie dauerhaft an ihren Arbeitsplatz zu binden, entstanden allein in Barsinghausen zwischen 1850 und 1885 mit der Kaltenborn-, der Osterbrink-, der Schwarzenknecht-, der Langenkamp- und der Knickstraße regelrechte Bergmannssiedlungen mit etwa zweihundert neuen Siedlerstellen. Auf den großzügig bemessenen Grundstücken errichteten die Bergleute mit ihren Familien mithilfe günstiger Staatsdarlehen kleine Eigenheime mit Nutzgärten und Ställen für ihr Kleinvieh. Sozialeinrichtungen der staatlichen Bergwerke sollten zur weiteren Verwurzelung am Arbeitsort beitragen. Hierzu gehörten der 1868 ins Leben gerufene Konsumverein „Glück Auf", eine gemeinsam mit der Knappschaftskasse unterhaltene Dampfbadeanstalt und eine elektrische Lichtbadeanstalt. In dieser Einrichtung wurden Ultraviolettbestrahlungen als Vorsorge gegen die weit verbreitete Rachitis verabreicht.

Unübersehbar entwickelte sich Barsinghausen zum Zentrum des Deisterbergbaus. Seine Einwohnerzahl stieg zwischen 1848 und 1905 von gut 1 300 auf über 4 900 Personen; Kirchdorf und Egestorf wuchsen allmählich mit ihm zusammen. Das einstige Dorf entwickelte sich zur Kleinstadt. Nach einer erneuten Zuwanderung von Bergleuten in den 1930er-Jahren zählte die Bevölkerung mehr als 5 700 Personen. Mit staatlichen Fördergeldern entstanden rund um Gänsefußweg, Langenäcker, Auf der Horst und Glück-Auf-Straße auf jeweils 1 200 bis 1 400 Quadratmeter großen Grundstücken 150 kleine Eigenheime mit einer Grundfläche von 45 Quadratmetern, Nutzgärten und Ställen. Eine dritte Bauwelle setzte schließlich 1948 ein. Die Preußag ließ für neu angeworbene Bergleute nördlich und südlich der Langenäcker ein weiteres Siedlungsgebiet erschließen. Die neuen Häuser waren wesentlich geräumiger als die bisherigen Bergmannshäuschen – und luxuriöser: Eine Toilette im Haus ersetzte das vorher übliche Plumpsklo auf dem Hof.

Äußerste Sparsamkeit prägte das Leben der Bergmannsfamilien, bis auch sie sich mit dem aufkommenden Wirtschaftswunder der 1950er-Jahre „etwas leisten" konnten. Fast jede Familie betrieb eine kleine Nebenerwerbslandwirtschaft. Auf dem eigenen Grundstück zog sie Gemüse und hielt Schweine, Hühner oder Ziegen, die „Kuh des kleinen Mannes". Darüber hinaus pachteten viele Ackerland von den örtlichen Bauern, um Kartoffeln und Getreide, manchmal auch Rüben anzubauen. Etliche Bergmannsfrauen verdingten sich saisonal auf umliegenden Bauernhöfen oder verkauften eigene Garten- und Feldprodukte auf den Märkten von Hannover, Gehrden und Ronnenberg. Am Wochenende wuschen und flickten sie, um die einzige Arbeitsuniform der Männer wieder in Ordnung zu bringen. Ihre Arbeit war so unersetzlich, dass verwitwete Bergleute in der Regel rasch wieder heirateten.

Für die meisten Kinder endete mit der Konfirmation die Schulzeit. Nur wenige Töchter erlernten einen Beruf, beispielsweise den der Schneiderin; häufig arbeiteten sie in fremden Haushalten. Die Söhne traten überwiegend in die beruflichen Fußstapfen ihrer Väter. Bis sie mit dem Erreichen des 16. Lebensjahres unter Tage arbeiten durften, verdingten sie sich vorübergehend in der Landwirtschaft oder machten sich in den oberirdischen Zechenanlagen mit der Arbeit des Bergwerks vertraut. Unter Tage wurden sie zunächst als Schlepper eingesetzt und mit allerlei Hilfsarbeiten betraut. Nach einigen Jahren kamen sie an der Seite eines erfahrenen Kumpels als Lehrhauer vor Kohle und erhielten einmal wöchentlich Berufsschulunterricht. Nach mindestens drei Jahren unter Tage und Erreichen des 21. Lebensjahres durften sie selber als Hauer arbeiten. In ihrer Freizeit scheinen die Bergmannsfamilien unter sich geblieben zu sein, denn nur wenige Kinder heirateten außerhalb ihres Kreises.

Jährlicher Höhepunkt im Ortsleben Barsinghausens war ab 1869 das Knappschafts- bzw. Bergfest. Von weither strömten Besucherinnen und Besucher in den Deisterort, wie die „Provinzial-Deister-Leine-Zeitung" am 20. Juli 1926 berichtete: „Auf Fahrrädern und in Automobilen, auf geschmückten Leiterwagen und in Autoomnibussen, zu Fuß und zu Wagen, ein vollbesetzter Straßenbahnzug nach dem andern rollte heran, die Eisenbahn brachte ungezählte Gäste. Es war ein Gewoge (…), ein Menschengewimmel (…), ein Kommen und Gehen, dazwischen Hupensignale der Motorräder und Autos." Den Auftakt des Festes machte ein Umzug durch den herausgeputzten Ort, den die Bergleute anführten. Ihnen folgten prächtig geschmückte Festwagen, von denen einer der Schutzpatronin der Bergleute, der Heiligen Barbara, gewidmet war, und als Zwerge oder Bergknappen verkleidete Kinder. Eine Bergmannskapelle spielte zum Tanz auf, in Festzelten konnten sich die Besucherinnen und Besucher verköstigen, für die Kinder war ein Karussell aufgebaut. Ein Feuerwerk am Abend krönte den Festtag. Zu solchen von der Bergwerksdirektion ausgerichteten Bergfesten wie zu anderen besonderen Anlässen kleideten sich die Bergleute in Uniform; als Beschäftigte eines Staatsunternehmens hatten sie in der Kaiserzeit selbstverständlich eine solche in ihrem Schrank. Winkel und Abzeichen auf dem Ärmel zeigten an, wie weit der Träger es bereits in der Rangordnung der Bergleute gebracht hatte. Die Bergbaubeamten, zu denen unter anderem die Steiger und Markscheider gehörten, demonstrierten ihren hervorgehobenen Status stolz mit einem zur Uniform getragenen Degen.

FRIEDFERTIGE KUMPEL

Im Gegensatz zu den Bergleuten in den großen Revieren blieben die Kumpel im Deister der Arbeiterbewegung lange Zeit fern. Nur wenige Male traten sie in den Ausstand. Als die Bergleute an der Ruhr 1872 in dem bislang größten Streik Deutschlands höhere Löhne forderten, legten auch die Beschäftigten der privaten und der Staatsbergwerke im Deister erstmals ihre Arbeit nieder – ohne gewerkschaftlichen Rückhalt, denn die Gewerkschaften steckten zu diesem Zeitpunkt noch in ihren Kinderschuhen. Die Arbeiter des privaten Klosterbergwerkes beendeten ihren Arbeitskampf nach wenigen Tagen erfolgreich, der Staat hingegen blieb seinen Arbeitern gegenüber unnachgiebig. „Ich zweifle nicht, daß durch eine auch nur mäßige Lohnzulage der Strike [sic] gegenwärtig wohl zu beseitigen sein würde, halte aber ein Nachgeben unter den gegenwärtigen Umständen für durchaus unthunlich, weil die Disciplin darunter empfindlich leiden und Wiederholungen des Versuchs, Lohnzahlungen zu zwingen, nicht ausbleiben würde", machte der zuständige Bergrat deutlich. Wirkungsvoll drohte die Bergwerksdirektion, alle Streikenden zu entlassen, wodurch sie ihre in die Knappschaftskasse eingezahlten Pflichtbeiträge zur Kranken- und Pensionskasse verloren hätten. Dies konnte sich angesichts der noch nicht vorhandenen staatlichen Sozialversicherungssysteme niemand leisten. So brachen die Bergleute der staatlichen Gruben ihren Ausstand nach zwei Wochen ergebnislos ab. Als ihr Direktor dennoch sieben maßgebliche Organisatoren des Arbeitskampfes entließ, traten sie in einen zweitägigen Solidaritätsstreik. Der Direktor blieb unnachgiebig: Eine weitere Beschäftigung der entlassenden Streikführer sei „mit den wesentlichsten Forderungen der Disciplin, bzw. den Betriebsinteressen dieser Werke durchaus unvereinbar, ihre Entlassung vielmehr zur Wiederherstellung der Ordnung und Zucht in den Belegschaften unumgänglich nothwendig geworden". Im Ort sah man die Dinge anders; hier zählten die Entlassenen „zu den nüchternsten, besonnensten und fleißigsten Gliedern der Gemeinde", wie die Tageszeitung „Hannoverscher Courier" weit über die Ortsgrenzen hinaus bekannt gab. Der Gemeinderat schaltete sich sogar vermittelnd ein, um weitere Solidaritätsunruhen zu verhindern. Tatsächlich sah sich die Bergwerksverwaltung genötigt, den ungeliebten Werksdirektor zu versetzen.

Anders als die streitbareren Ruhrkumpel traten die Deisterkumpel erst 1905 wieder in den Ausstand. In der Vergangenheit waren die Gewinne der Staatsbergwerke gestiegen, doch das Lohnniveau der Bergleute lag deutlich unter dem ihrer westfälischen Kollegen. Insbesondere beschwerten sie sich über die herablassende Behandlung durch die Zechenbeamten. Wieder bewies die Bergwerksleitung unerbittliche Härte und entließ zehn Mitglieder der Streikleitung. Die Regierung entsandte vorsorglich ein großes Aufgebot von Polizisten nach Barsinghausen. Ein Großteil der Bergleute nahm daraufhin die Arbeit bedingungslos wieder auf, doch 150 Schlepper kündigten spontan. Ihnen boten sich mittlerweile ausreichende Alternativen im besser bezahlten Kalibergbau oder in der hannoverschen und Lindener Industrie, die durch die Eisen- und insbesondere die Straßenbahn in erreichbare Nähe gerückt waren. Immerhin wuchs die bisher nicht nennenswerte gewerkschaftliche Organisation der Deisterbergleute infolge des Streiks auf 450 Mitglieder an. Vermutlich als Reaktion darauf berief die Berginspektion Ende 1905 die Ältesten der Knappschaftskasse der Deisterbergwerke zum „ständigen Arbeiterausschuss". Laut Arbeitsordnung sollten sie im Wesentlichen „das gute Einvernehmen innerhalb der Belegschaft und zwischen der Belegschaft und der Königl. Berginspektion am Deister" erhalten sowie „Anträge, Wünsche und Beschwerden" der Belegschaft mit eigener Stellungnahme an die Direktion leiten. Ebenso sollten sie sich zu Sozialeinrichtungen oder unfallverhütenden Maßnahmen sowie zu Nachträgen zur Arbeitsordnung und zur Höhe und Verwendung der darin festgelegten Strafgelder äußern. (Wie viele andere Industriebetriebe bestrafte auch die Bergwerksdirektion Alkohol am Arbeitsplatz, „Ungehorsam" oder gar „Widersetzlichkeit gegen die vorgesetzten Beamten" sowie unachtsamen Umgang mit Werkzeugen mit einer Geldstrafe zwischen einem halben und einem ganzen Tageslohn zugunsten der Knappschaftskasse.) Die Ausschussmitglieder lagen an einer kurzen Kette: Den Vorsitz in ihren Sitzungen führte der Werksdirektor und die Sitzungsprotokolle waren dem Königlichen Oberbergamt in Clausthal vorzulegen. Mahnend schloss die Arbeitsordnung: „Ueberschreitet der Arbeiter-Ausschuß seine (…) begrenzte Zuständigkeit, so kann er nach fruchtloser Verwarnung (…) aufgelöst werden." Doch der Damm war gebrochen: 1912 beteiligten sich an einem 14-tägigen, aber erfolglosen Streik für höhere Löhne mit über 1700 Bergleuten immerhin fast drei Viertel der Gesamtbelegschaft. Im Revolutionsjahr 1919 schließlich setzten die Kumpel erstmals erfolgreich ihre Lohnforderungen durch, zudem musste der langjährige Bergwerksdirektor wegen der herablassenden Behandlung der Bergleute seinen Hut nehmen.

HISTORISCHE BERGWERKSTOLLEN IM DEISTER

Während der Bergbauära wurden im Deister etwa dreißig Stollen aufgefahren und etwa zwanzig Schächte abgeteuft. Spuren davon finden sich an vielen Stellen des Gebirgszuges. Manche Stolleneingänge sind heute allerdings von der Vegetation überwuchert und nur mit detektivischem Spürsinn zu entdecken. Einige aber liegen in der Nähe von gut begehbaren Waldwegen.

SAMMANNSTOLLEN

Die Gewinne, die Johann Egestorff aus seinem Bergwerk am Bröhn zog, bewogen ihn, 1831 gemeinsam mit seinem Sohn Georg und dem Steinhauermeister August Wilhelm Blume aus Barsinghausen

im Barsinghäuser Klosterforst das Klosterbergwerk mit einem Förderstollen im Fuchsbachtal zu errichten. Wenig später fuhren sie den benachbarten Sammannstollen auf, benannt nach zwei Neffen Blumes, die in die Gesellschaft eintraten. Das Klosterbergwerk belieferte Kunden in einem Umkreis von bis zu drei Stunden Fahrt mit dem Pferdefuhrwerk, so Betriebe und Haushalte im hessischen Amt Rodenberg, die Saline Egestorffshall bei Badenstedt oder eine Ziegelei in Wülfel, beides vor den Toren Hannovers gelegen. Von seinen Anfängen mit 26 Beschäftigten (1835) entwickelte sich das Klosterbergwerk bis zu den frühen 1860er-Jahren mit 225 Beschäftigten und einer jährlichen Fördermenge von 42 000 Tonnen zum damals bedeutendsten Steinkohlenbergwerk des Königreichs Hannover. Seit 1864 zogen Pferde mit einer schmalspurigen Grubenbahn die geförderten Kohlen zur Halde, die unmittelbar über Barsinghausen lag. Das heute vermauerte Mundloch des Sammannstollens zeigt als Inschrift die Jahreszahl 1922, das Jahr seiner endgültigen Stilllegung.

▶ Barsinghausen, oberhalb des Parkplatzes am Sporthotel „Fuchsbachtal", Bergstraße 54.

TRIEBFEDER DER INDUSTRIALISIERUNG: WERTVOLLE ROHSTOFFE

Eingang zum Sammannstollen

▸ Für das Auffinden empfiehlt sich der Gebrauch einer topografischen Karte.
▸ Stadtbus Barsinghausen, Linie 501, Haltestelle Barsinghausen/Sporthotel.

HOHENBOSTELER STOLLEN

Mit den einsetzenden 1830er-Jahren intensivierte neben privaten Investoren auch der hannoversche Staat sein Engagement im Deisterbergbau. Ab 1831 ließ er unter anderem den Hohenbosteler Stollen auffahren und unterstellte ihn der 1835 eingerichteten Königlichen Bergwerks-Administration am Deister. Kohle wurde von 1841 bis 1896 gefördert. Die baulichen Reste des Stollens stehen heute unter Denkmalschutz.
▸ Barsinghausen-Hohenbostel.
▸ Für das Auffinden empfiehlt sich der Gebrauch einer topografischen Karte.
▸ Bahnhof Winninghausen (S 1, S 2), ab dort ca. 2 km Fußweg vom Ortskern über die Straße Zur Heisterburg. Der Stollen liegt am Bachlauf ca. 500 m oberhalb des Wanderparkplatzes beim Sportplatz.

EGESTORFER STOLLEN

Der seit einiger Zeit unter Denkmalschutz stehende Egestorfer Stollen war 1874 als „Neue Anlage" im Stockbachtal angesetzt und 1882 zum Klosterstollen durchgebrochen worden. Um den Arbeitsweg der Bergleute aus Egestorf, Wennigsen und Nienstedt zum Klosterstollen zu verkürzen, führte oberhalb des Egestorfer Zechenhauses ein treppenartiger Einstieg 124 Meter in die Tiefe. Über diese sogenannte Egestorfer Rutsche gelangten die Bergleute auf die ersten beiden Tiefbausohlen der Barsinghäuser Schachtanlage. Der Egestorfer Stollen galt den Zeitgenossen „in seiner Ausführung" als „der schönste aller vorhandenen Stolln am Deister" (Windhorn). Außerdem zeichnete sich die hier geförderte Kohle aus, weil sie von höherer Qualität als andere Deisterkohle war.
▸ Barsinghausen-Egestorf, am Stockbach unterhalb der Straße zum Nienstädter Pass.
▸ Für das Auffinden empfiehlt sich der Gebrauch einer topografischen Karte.
▸ Bahnhof Egestorf (Deister) (S 1, S 2), ab dort ca. 1,5 km Fußweg über die vom Bahnhof ausgehenden Waldwege (Richtung Nordmannsturm, am Betriebshof „Kniggenbrink" die steile Halde entlang und anschließend dicht am Stockbach weiter).

Eingang zum Egestorfer Stollen

KLOSTERSTOLLEN UND ZECHE BARSINGHAUSEN

Auf Betreiben von August Friedrich Wilhelm Stopp (gest. 1869), dem Leiter der Bergwerks-Administration, setzte das Königliche Finanzministerium ab 1856 den am Südostrand von Barsinghausen gelegenen Klosterstollen an. Er sollte als Hauptförderstollen die in der näheren Umgebung bereits im Abbau befindlichen Kohlevorkommen erschließen. Wegen starker Wasserzuflüsse und matter Wetter zog sich der Vortrieb des knapp 1 500 Meter langen Stollens zum Hauptflöz bis 1869 hin. In der Folgezeit wurden von dem neuen Stollen aus Durchbrüche zu den anderen staatlichen Stollen geschaffen. Diese unterirdische Vernetzung verbesserte nicht nur die Wasserhaltung, die Bewetterung und den Abtransport von Abraum und Kohle, sondern schuf auch die Grundlage einer modernen, industriellen Kohleförderung im Deister. Mit seiner ausgedehnten Zechenanlage über Tage entwickelte sich der Klosterstollen zum Herzstück des Deisterbergbaus.

Nach der 1957 erfolgten Stilllegung wurden viele Gebäude auf dem Zechengelände abgerissen. Für einige Objekte allerdings fand sich eine sinnvolle Nachnutzung, die ihren baulichen Fortbestand bis in unsere Tage sichert. Hervorzuheben ist in erster Linie das Besucherbergwerk an der Hinterkampstraße. Ehrenamtliche Mitarbeiter, unter ihnen ehemalige Bergleute, wältigten ab 1986 in Hunderten von Arbeitsstunden den nach seiner Stilllegung aus Sicherheitsgründen verfüllten Stollen wieder auf. Seit 1998 ist eine Zufahrt durch das Mundloch des Klosterstollens bis zum Kohlenflöz wieder möglich. Im ehemaligen Zechensaal ist zudem ein Museum mit Bergwerksutensilien entstanden. Auch die angrenzende Waschkaue ist erhalten. Hohe Rundbogenfenster und Zierfriese weisen für diese Backsteingebäude eine Entstehung im ausgehenden 19. Jahrhundert aus. Sichtlich jünger ist das Pförtnerhaus unmittelbar nördlich der Waschkaue mit seinen Mansarddächern. Die Bauformen dieses Objektes sind typisch für die späten 1920er-Jahre.

Östlich des Besucherparkplatzes steht noch der zweigeschossige Backsteinbau des Zechenkraftwerks mit angebauter, eingeschossiger Tischlerei. Während letztere noch die im 19. Jahrhundert beliebten Rundbogenfenster aufweist, stammt das ehemalige Kraftwerk mit seinen hohen Rechteckfenstern sehr wahrscheinlich aus der Zeit zwischen den beiden Weltkriegen. Das Gebäude beherbergt heute eine Wellpappenfabrik. In den Stahlbetonbauten der 1935 in Betrieb genommenen Kokerei hat sich ein Schrotthandel etabliert. Eine Metallwarenfabrik nutzte über lange Jahre hinweg den großen Backsteinbau der nahe gelegenen Gasfernversorgung. Am Südrand des Areals schließlich, entlang der Langenkampstraße, stehen noch die Beamtenwohnhäuser des Bergwerkes mit einigen reizvollen Zierdetails wie den Eingangsvorbauten oder den hölzernen Schnitzereien im Giebeldreieck.

▶ Barsinghausen, Hinterkampstraße 6.
▶ Die Einfahrt in das Besucherbergwerk ist nach Voranmeldung ganzjährig von Montag bis Sonnabend möglich (Tel. 05105 / 514187). Die Ausstellung im Zechensaal ist dienstags bis sonntags von 14 bis 17 Uhr zugänglich. Die übrigen erhaltenen Zechengebäude lassen sich auf öffentlichen Wegen gut von außen besichtigen.
▶ Buslinien 540, 560, 561, Haltestelle Barsinghausen / Klosterstollen oder zu Fuß ab Barsinghausen / Bahnhof. Das Areal liegt vom Bahnhof aus ungefähr 650 m in südöstlicher Richtung.

ZECHE „ANTONIE" IN BARSINGHAUSEN-BANTORF

Am östlichen Rand der Ortschaft Bantorf, heute ein Stadtteil Barsinghausens, markiert in landschaftsbeherrschender Lage ein großer Gebäudekomplex den Standort eines weiteren Kohlebergwerkes im Norden des Deisters. Es handelt sich um die Überreste der ehemaligen Zeche „Antonie".

1856 hatte eine private Gesellschaft in Bantorf mit der Erschließung des Karlsschachtes, dem ersten Tiefbauschacht am Deister überhaupt begonnen, stellte ihre Arbeit jedoch schon 1863 wegen Unwirtschaftlichkeit ein. Sieben Jahre später errichtete die neu gegründete Bantorfer Kohlenzechen AG die Zeche „Antonie", die ebenfalls im Tiefbau das lokale Kohlevorkommen förderte. 1872 erhielt Bantorf zusammen mit Barsinghausen einen Schienenanschluss an die jüngst eröffnete Deisterbahn, die über ihre Endpunkte Weetzen und Haste an das überregionale Eisenbahnnetz angebunden war. Das Anschlussgleis führte in stetiger Steigung von Westen her zur Zeche hinauf, ein Drahtseil mit Haspelantrieb zog die Güterwagen über die Gleise. Wegen der günstigen Abtransportmöglichkeiten florierte der Betrieb; für das Jahr 1906 ist eine Belegschaft von 531 Mann nachgewiesen. 1907 übernahm der preußische Staat das Bantorfer Bergwerk und vereinigte es unmittelbar danach mit dem Barsinghäuser Werk. Bereits 1928 wurde daher die Zeche „Antonie" stillgelegt, der Abbau der Vorkommen erfolgte nun vom Klosterstollen aus. Ein Jahr später wurde das Anschlussgleis demontiert, 1938 der 60 Meter hohe Schornstein gesprengt. Die im gleichen Jahr abgetragene Berghalde diente als Baumaterial für die unweit errichtete Autobahn.

Von niedrigeren Nebengebäuden flankiert, hat sich das Zechengebäude des Bantorfer Bergwerkes bis heute erhalten. Es wird nunmehr als reines Wohnhaus genutzt. Zwei zweieinhalbgeschossige Seitenflügel mit Rundbogenfenstern, gegliedert durch schwach vorspringende, pfeilerartige Mauerstreifen (Lisenen), rahmen in symmetrischer Anordnung einen viergeschossigen Mittelbau ein. Während die ebenfalls rundbogigen Fenster der einzige Schmuck des Mitteltraktes sind, haben die Seitenflügel unterhalb der Traufen aufwendig gestaltete Zahnfriese und in der Zone darunter kleine Rundfenster zur Belichtung des Halbgeschosses über den Wohnbereichen. Eine historische Aufnahme der Zeche „Antonie" lässt

TRIEBFEDER DER INDUSTRIALISIERUNG: WERTVOLLE ROHSTOFFE

Zechenpark Barsinghausen: Spazierweg an der Halde, „Wohnzimmer" im Freien Kunstprojekt auf dem Haldenkegel, Förderturm, Eingangsbereich

TRIEBFEDER DER INDUSTRIALISIERUNG: WERTVOLLE ROHSTOFFE

Zeche „Antonie"

erkennen, dass der östliche Seitenflügel und der Mittelteil zu Zeiten des Bergwerkbetriebes höher waren. Die heutige symmetrische Gestalt geht also sehr wahrscheinlich auf den Umbau zu Wohnzwecken nach der Stilllegung der Grube zurück. Der graufarbene Außenputz dürfte jedoch älteren Ursprungs sein, denn auch andere Gebäude des hannoverschen Rundbogenstils, die wie die Bantorfer Zeche um 1870 entstanden, sind oftmals noch als Putzbauten ausgeführt worden.

Westlich des zentralen Zechengebäudes liegen zwei später hinzugefügte rote Backsteingebäude, die aber auch noch aus der Betriebszeit des Bergwerks stammen. Neben einem zweigeschossigen Backsteinwohnhaus mit beidseitigen Quergiebeln findet sich eine eineinhalbgeschossige Halle, die heute von einem Kfz-Reparaturbetrieb genutzt wird. Die verwaschene Inschrift „Glückauf!" über dem zugemauerten Osteingang macht deutlich, dass es sich dabei um ein altes Zechengebäude, in diesem Fall die Waschkaue, handelt.
▶ Barsinghausen-Bantorf, Alte Zeche 13–17.

▶ Die erhaltenen Gebäude lassen sich auf öffentlichen Wegen gut von außen besichtigen.
▶ Bahnhof Bantorf (S1, S 2). Von dort nach Überquerung der B 65 in südöstlicher Richtung auf der Straße „Am Goldenen Eck" bis zur Weggabelung, dann weiter bergauf in östlicher Richtung auf dem Weg „Alte Zeche". Das Ziel ist nach ca. 750 m Fußweg erreicht.

EINE REGION IM KALIFIEBER

DIE SALINE „EGESTORFFSHALL"

Auf einem Sonntagsausflug hatte der Gartenbauinspektor von Herrenhausen, Friedrich Ehrhart (1742–1795), eine außergewöhnliche Beobachtung gemacht, die er 1779 im „Hannoverschen Magazin" beschrieb: „Vorigen Sommer fand ich (…) am Wege von Linden nach Davenstedt einige Pflanzen, die ich zuvor nur bey Salzquellen und

TRIEBFEDER DER INDUSTRIALISIERUNG: WERTVOLLE ROHSTOFFE

am Seestrande oder (…) nur da, wo das Kochsalz einen Bestandtheil des Erdreiches ausmachte, gefunden habe. (…) Da ich nun keine von diesen Pflanzen vorher um hiesige Stadt angetroffen hatte, so stutzte ich bei Erblickung derselben gewiß nicht wenig (…)." Als Ehrhart der Sache auf den Grund ging, stieß er auf Schwefelquellen. Sie speisten bis 1961 ein als „Limmerbrunnen" bekanntes Badehaus im heutigen hannoverschen Stadtteil Limmer, das insbesondere im 19. Jahrhundert betuchte Hannoveraner zur „Brunnenkur" lockte. Übrigens finden sich an einigen Stellen der Uferböschungen der Fösse noch immer Salzpflanzen. Die Bauern von Badenstedt, das inzwischen ebenfalls nach Hannover eingemeindet ist, teilten Ehrharts Begeisterung kaum. Die versalzenen Böden bescherten ihnen kümmerliche Ernten, doch fehlte es an einer Idee, aus diesem Missstand einen Nutzen zu ziehen. Eine solche hatte Georg Egestorff (1802–1868), nachdem er um 1830 von Ehrharts Beobachtung erfahren hatte. Er ließ sich von Badenstedts Gemeindeschäfer die Tümpel zeigen, deren Wasser salzig schmeckte, nahm den Salzniederschlag auf ausgetrockneten Pfützen in Augenschein und witterte ein gutes Geschäft: Salz war für die Konservierung von Lebensmitteln überaus bedeutsam. Der kostbare Bodenschatz musste oft über lange Handelswege bezogen werden, sodass er nicht von ungefähr „weißes Gold" genannt wurde.

1831 sicherte sich Egestorff das Exklusivrecht, auf Badenstedter Gemeindegebiet eine Saline zu errichten. Selbstbewusst benannte er diese nach sich selbst: „Egestorffshall". Im Gegenzug zahlte er den Grundeigentümern, aus deren Boden er das Salz hervorholen ließ, Pacht und verpflichtete sich, bevorzugt Ortsansässige für alle notwendigen „Fuhren und Handleistungen" in Dienst zu nehmen. Außerdem übernahm Egestorff fünf Jahre lang die Hälfte der Ausbesserungskosten für Straßen und Wege. Das kleine Bauerndorf Badenstedt mit seinen damals etwa 300 Einwohnern machte damit ein glänzendes Geschäft.

Für die Probebohrungen musste Egestorff fachkundiges Personal und notwendiges Gerät aus Sachsen und England heranholen. Statt den Aufbau eigener Industrien zu unterstützen, förderte die königlich-hannoversche Wirtschaftspolitik zu diesem Zeitpunkt durch niedrige Einfuhrzölle den Bezug von Kolonialwaren, Bergbauprodukten und Industrieerzeugnissen aller Art aus dem Ausland, insbesondere aus dem weit entwickelten England. Das importierte Bohrgerät war vergleichsweise simpel: Mithilfe von Winden wurde das Gestänge mit dem Bohrer an der Spitze in die Höhe gehievt, um danach in das Bohrloch fallengelassen zu werden. Auf diese Art und Weise waren keine großen Teufen möglich. Als erstmals in 35 Meter Tiefe, also relativ oberflächennah, Salzwasser gefunden wurde, wies dieses nur eine schwache Konzentration auf. Deshalb entstand auf dem Salinengelände neben Bohrloch und Pumpe sowie einem Schuppen mit einer Siedepfanne auch ein Gradierwerk. In dieser hallengroßen Anlage wurde die schwach konzentrierte Sole nach oben geleitet, um von dort langsam über Wände aus geflochtenem Schwarzdorn herunterzurieseln. In den Dornen verfingen sich Kalk-, Gips- und Schmutzteilchen, außerdem verdunstete ein Teil des Wassers. In mehreren Rieselvorgängen wurde so die Sole gereinigt und konzentriert, bis sich das Anheizen der großen Siedepfanne lohnte, um das restliche Wasser verdunsten zu lassen und das reine Salz zu gewinnen.

Für eine erste Tiefbohrung ließ Egestorff erfahrene Arbeiter aus sächsischen Salzbergwerken kommen. 1838 stießen sie nach 130 Metern auf eine hochgesättigte Sole mit 27-prozentiger Konzentration, die sofort eingedampft werden konnte und damit das Gradierwerk überflüssig machte. Zur Mitte des 19. Jahrhunderts hatte

Güterwaggon der Saline „Egestorffhall", 1907

sich „Egestorffshall" zur größten Saline des Fürstentums Calenberg entwickelt, knapp einhundert Jahre später, 1936, war sie die zweitgrößte Deutschlands. Aus mittlerweile fünf Tiefbohrungen, die zum Teil mehr als 200 Meter hinabreichten, förderte sie bis 1965 Sole – täglich um die 200 Tonnen Kochsalz! Weitaus bedeutender für die Industrialisierung der Region Hannover wurden jedoch Kalisalze.

VOM ABFALLPRODUKT ZUM EXPORTSCHLAGER

In Staßfurt südlich von Magdeburg wurde seit 1851 Steinsalz bergmännisch abgebaut und zu kostbarem Tafelsalz aufbereitet. Wie bei jedem Bergwerk erhob sich auch hier eine Halde für das zwangsläufig mit abgebaute „taube Gestein", in welches das wertvolle Salz eingeschlossen war. Um 1860 entdeckte der Chemiker Adolph Frank (1834–1916), dass dieser Abraum Kalisalze enthielt. Gerade zwanzig Jahre vorher hatte ein anderer Chemiker, Justus von Liebig (1803–1873), in seinem Kampf gegen Missernten und dadurch verursachtes Massenelend herausgefunden, dass Pflanzen diese Salze für ihr Wachstum brauchen. Man kannte Kali als Bestandteil von Pottasche, die mühselig aus Holzasche gewonnen und bislang zur Herstellung von Seife oder Glas verwandt wurde.

Ab 1861 wurden die Staßfurter Kalisalze bergmännisch abgebaut und industriell zu Düngemitteln veredelt. Die Landwirtschaft rief nach diesem neuen mineralischen Zaubermittel, das die Ernteerträge vervielfachte (und auch den Anbau der Zuckerrübe und ihre Verarbeitung in Zuckerfabriken im Calenberger Land zwischen Leine und Deister lukrativ machte). Die Nachfrage wuchs rasch – weltweit, denn außerhalb Deutschlands waren keine Kalivorkommen bekannt. Auf der Suche nach weiteren Abbaumöglichkeiten erinnerte man sich gegen Ende des 19. Jahrhunderts der Salzvorkommen in der Umgebung von Hannover, die um die Jahrhundertmitte entdeckt worden waren.

Die Entstehung dieser Salzvorkommen reicht 250 bis 300 Millionen Jahre zurück, als weite Teile des heutigen europäischen Festlands vom sogenannten Zechsteinmeer überspült waren. Im Laufe der Zeit schufen Bodenbewegungen eine Felsbarriere, die ein Binnenmeer vom offenen Ozean abtrennte. Jenes sehr salzhaltige Gewässer dehnte sich unter anderem über das Gebiet des heutigen Niedersachsen und Mitteldeutschland bis nach Heidelberg aus, bis es allmählich verdunstete. Im Laufe seines Bestehens setzte sich schwer löslicher, schwefelsaurer Kalk (Anhydrit) am Boden ab, darauf legten sich das Steinsalz und obenauf schließlich leicht lösliche Kalisalze. Dieser Prozess wiederholte sich einige Male, sodass mehrere mächtige Salzschichten entstanden. In der Folge überdeckten andere Schichten das Salz, bis schließlich vor etwa 200 Millionen Jahren der Vulkanismus im Erdinneren mit unvorstellbarer Energie die ursprünglich akkurat übereinanderliegenden Bodenschichten

Werbung des Kalisyndikats Berlin für den Gebrauch von Kali in der Landwirtschaft

schob, wellte und faltete. Hier türmten sie sich zu Bergen hoch, dort wurden sie unter dem Druck der Erdbewegung auseinandergerissen und gegeneinander versetzt. In diesen Verwerfungen drängten aus der Tiefe des Untergrunds die leicht formbaren Salze bis auf 100, 200 Meter unter die Erdoberfläche vor. Das größte Salzablagerungsbecken auf deutschem Gebiet befindet sich im norddeutsch-mitteldeutschen Raum. Allein im sogenannten nordhannoverschen Kalibezirk, der sich in Nord-Süd-Richtung von der Aller bis zum nördlichen Harzrand erstreckt und der im Westen etwa von der Linie Hildesheim–Wunstorf–Verden, im Osten von der Linie Wolfsburg–Wolfenbüttel begrenzt wird, befinden sich siebzehn Salzstöcke, vier davon auf dem Gebiet der Region Hannover. Die ersten Bohrungen hier setzte 1893 die Kalibohrgesellschaft „Gustavshall" in Wehmingen in der Nähe von Sehnde an. Bis zum Beginn des 20. Jahrhunderts folgten verschiedene Gesellschaften in der gesamten Provinz Hannover mit insgesamt 613 Bohrungen auf Kalisalz.

HOCHPROZENTIGE VERHANDLUNGEN UM KALIGRUND

Das hannoversche Grundeigentümerbergbaurecht („Calenberger Bergrecht") blieb auch im Anschluss an die Eingliederung nach Preußen gültig. Deshalb bestimmte hier nicht der Staat, sondern der jeweilige Grundeigentümer, wer zu welchen Konditionen unter seinem Land Bodenschätze abbauen durfte. Weil sich die hohen Kosten für Probebohrungen und Bergwerkbau für eine Bohrgesellschaft nur rentierten, wenn sie große Areale von bis zu mehreren Hundert Hektar ausbeuten konnte, verhandelte sie stets mit mehreren Grundbesitzern – Landwirten sowie Vertretern der politischen und der Kirchengemeinde – gleichzeitig. Um sich auf den Pachtpreis zu einigen, beraumten die Abgesandten der Bohrgesellschaft die Verhandlungen zumeist im Dorfkrug an und spendierten generös Hochprozentiges. Nach erfolgreicher Probebohrung wandelte sich die Bohr- zu einer Aktiengesellschaft oder weitaus häufiger zu einer bergrechtlichen „Gewerkschaft", die nicht mit einer Arbeitnehmerorganisation verwechselt werden darf. Um ein Kaliwerk zu finanzieren, gab die Gewerkschaft Anteile (Kuxe) an ihre Mitglieder, die Gewerken, aus. Diese waren pro Kux zu einer bestimmten Zahlung, zur Zubuße, verpflichtet und dafür an den Gewinnen des Kaliwerks beteiligt.

REGE BAUTÄTIGKEIT ÜBER UND UNTER TAGE

Zunächst wurde ein Schacht mit etlichen Metern im Durchmesser senkrecht mehrere Hundert Meter niedergebracht. Für das Abteufen und den Ausbau des Schachts benutzten die Arbeiter je nach dem Gestein, das sie durchdrangen, und den Grundwassermengen, die einzufließen drohten, unterschiedliche Methoden und Materialien. Der Schacht war die Hauptschlagader des Untertagebaus. Durch ihn fuhren die Bergleute ein und aus, gelangten auch alle zum Abbau benötigten Gerätschaften und Materialien in die Tiefe, während das gewonnene Rohsalz und ein Teil des nicht verwertbaren Abraums in die Gegenrichtung ans Tageslicht befördert wurden. Die Frischluft, die durch den Schacht an die unterirdischen Arbeitsplätze strömte, war für die Bergleute überlebenswichtig. Größere Kaliwerke verlagerten eine oder mehrere der genannten Funktionen vom Haupt- auf einen bis mehrere Nebenförderschächte.

Vom Schacht aus erschlossen die Bergleute die kalihaltigen Flöze auf verschiedenen Sohlen, quasi Stockwerken. Dazu trieben sie ein verzweigtes Netz sogenannter Strecken in das Gestein. Das anstehende Salz lösten sie vor allem durch Schießarbeit, wie Sprengungen im Bergbau genannt werden. Das herausgesprengte Salzgestein, das Haufwerk, gelangte über Schüttelrinnen in Förderwagen. Grubenpferde, später Benzol-Lokomotiven, schafften diese vom Abbauort zum Füllort am Schacht, wo das Salz nach oben befördert wurde. Der Hohlraum eines leergeförderten Abbaus maß im Kalibergbau etwa 8 Meter Breite, 180 Meter Höhe und 80 Meter Länge. Diese „Dome" wurden mit etwa drei Viertel des Abraums und mit Rückständen aus der oberirdischen Kaliverarbeitung verfüllt. Der restliche Abraum kam über Tage auf die Halde. Über dem Schacht stand die Schachthalle, über der sich wiederum ein mächtiges stählernes Fördergerüst erhob. Der im

Werk benötigte Strom wurde in einem Kesselhaus mit Dampfmaschine, einem Fördermaschinenhaus und einer elektrischen Zentrale erzeugt. Er diente als Antriebskraft für die Beförderung der Lasten im Schacht und die Pumpen, die gegen das einfließende Grundwasser kämpften. Die Kaliwerke bereiteten das gewonnene Material vor Ort auf. Deshalb gehörten auch eine Salzmühle, die das Rohsalz zerkleinerte, und eine Chlorkaliumfabrik, wo das begehrte Kaliumchlorid in sehr heißem Wasser aus dem Salz gelöst wurde, zu den Tagesanlagen. Komplettiert wurden sie durch einen Wasserturm mit Hochbehälter, die Kaue genannten Wasch- und Umkleideräume der Bergleute, Verwaltungsgebäude, Werkstätten, Lagerschuppen sowie einen Bahnanschluss mit Verladestation. Vielfach entstanden auf dem Werksgelände oder in unmittelbarer Nähe auch eine Direktorenvilla, Wohngebäude für die Bergbeamten, also die leitenden Angestellten, Arbeiterhäuschen für Familien sowie ein Ledigenheim für alleinstehende Bergleute.

In seinen Anfangsjahren war der Salzbergbau in der Provinz Hannover technisches Neuland. Deshalb warben die Gewerkschaften für die anspruchsvollen Tätigkeiten unter Tage Abteufarbeiter, Steiger und Hauer aus dem Kalibergbau um Staßfurt oder aus den Kohlerevieren im Harz, im Ruhrgebiet und in Oberschlesien an. Darüber hinaus boten die Werke viele Arbeitsplätze für ungelernte Kräfte, die der besitzlosen Landbevölkerung entstammten. Die Arbeit im Erdinneren bei Temperaturen bis zu 45 Grad Celsius war zwar körperlich äußerst anstrengend, doch dafür dauerte eine Schicht damals luxuriös kurze acht Stunden. Außerdem überstieg der Verdienst im Bergwerk den landwirtschaftlichen Tagelohn bis um das Doppelte. Die Ausbildung für die Arbeit unter Tage beschränkte sich auf ein Minimum. Noch in den 1920er-Jahren ließ mancher Grubeninspektor Bewerber auf dem Zechenplatz antreten und drückte den kräftigsten ohne viele Worte eine Schaufel in die Hand.

VOM BAUERNDORF ZUM INDUSTRIESTANDORT

Eine Gemeinde, in der ein Förderbetrieb entstanden war, wuchs gemeinsam mit den umliegenden Dörfern rasch durch den Zuzug von Arbeitskräften. Die Einwohnerzahlen von Bokeloh bei Wunstorf, Hänigsen bei Uetze, Sehnde und anderen Kaliwerk-Standorten verdoppelten sich innerhalb einer Generation nahezu. Die erklecklichen Steuerzahlungen der Werke füllten die Gemeindekassen. Außerdem erhielten die mit einem Werk vertraglich verbundenen Grundeigentümer ohne jeglichen Arbeitsaufwand als zweites Einkommen einen sogenannten Förderzins in beträchtlicher Höhe. Neu zuziehende Handwerker und Einzelhändler fanden unter diesen Umständen gute Verdienstmöglichkeiten. Auch von dem Anschluss des Kaliwerks an das Eisenbahnnetz profitierte das gesamte Dorf. Das Werk „Sigmundshall" lieferte ab 1906, als im nahe gelegenen Wunstorf noch keine hundert Haushalte elektrifiziert waren, sogar Strom in die kleinen Ortschaften Bokeloh und Mesmerode, die heute Stadtteile von Wunstorf sind. So wandelten sich Bauerndörfer in kurzer Zeit zu beinahe städtischen Industrieorten. Die Alteingesessenen betrachteten diese Entwicklung oft skeptisch. Stellvertretend für viele hielt der Hänigser Pastor Hermann Meyer 1934 fest: „Mit dem Aufkommen des (...) Kalibergbaus ging das alte Hänigsen unter. (...) Die alte Weltabgeschiedenheit wurde durch den Bau der Grubenbahn beseitigt; die Einfachheit der Lebenshaltung schwand, die alten Sitten kamen ab, die von den Vätern ererbte Kirchlichkeit ging sehr zurück."

Kaliabbau, Aufnahme aus einer 1921 erschienen Festschrift

Die Bergleute schlossen sich nach dem Vorbild ihrer „Kumpel" im Kohlebergbau in Bergmannsvereinen zusammen und pflegten dort eine eigene Geselligkeit. Dennoch fühlten sie sich nicht als Industriearbeiter. Nur ein geringer Teil organisierte sich gewerkschaftlich; Streiks gab es im hannoverschen Revier nur wenige und sie blieben erfolglos. Ein großer Teil der Bergmannsfamilien betrieb auf gepachtetem Land im Nebenerwerb eine kleine Landwirtschaft und hielt Schweine oder Ziegen, die sogenannten Bergmannskühe. Dies war ein willkommenes Zubrot, da viele Kaliwerke in Anpassung an den landwirtschaftlichen Jahreszyklus nur saisonal förderten.

EINE BEDEUTUNGSSCHWERE GESETZESLÜCKE

Obwohl der deutsche Kalibergbau allein einen weltweiten Markt belieferte, machten sich die vielen Anbieter Konkurrenz. Um einem Überangebot von Kaliprodukten zu Schleuderpreisen entgegenzuwirken, schlossen sich die Werke 1884 mit Billigung des Staates zu einem Syndikat zusammen, das Förderquoten sowie Absatzpreise festlegte. Dennoch zeichnete sich um die Wende zum 20. Jahrhundert quer durch alle Kalireviere ab, dass viele Werke bald in die roten Zahlen geraten würden. Hand in Hand stellten sich das Kalisyndikat und der Staat dieser Situation entgegen und setzten erstmals 1905 für eine befristete Zeit die Inbetriebnahme neuer Förderbetriebe aus. Das Bergamt als staatliche Aufsichtsbehörde achtete verschärft auf die Einhaltung der 1903 erlassenen Zweischachtverordnung. Sie besagte, dass jeder Betrieb für eine verbesserte Wetterführung und als möglichen Rettungsweg zwei miteinander verbundene Schächte haben musste. Damit verband der Gesetzgeber die Sorge um die Sicherheit der Bergleute mit der Hoffnung, die damit verbundenen Kosten würden regulierend auf die Zahl der Kaliwerke wirken. In dieser Situation fanden Investoren im Calenberger Bergrecht, das dem Staat keinerlei Mitspracherechtsmöglichkeiten gewährte, ein weit klaffendes Schlupfloch. Zeitgenossen zufolge brach in der Provinz Hannover ein wahres „Kalifieber", ja geradezu eine „Kaliwut" aus. Bald tummelten sich hier mehrere Hundert Gesellschaften mit ihrem Bohrgerät. Ein erfolgreiches Werk bauten nur die wenigsten auf. Einige brachten das notwendige Kapital nicht zusammen, andere hatten es von vornherein nur auf das Geld der Anleger abgesehen. Nichtsdestotrotz verdoppelte sich zwischen 1910 und 1914 die Zahl der Kalibergwerke in der Provinz auf etwa fünfzig, was rund einem Viertel aller 194 deutschen Kalibergwerke entsprach. Erst das generelle Verbot, neue Schächte abzuteufen, gebot 1916 dem „Kalifieber" wirkungsvoll Einhalt. Das alte Calenberger Bergrecht gilt im Übrigen bis heute auf dem Gebiet der ehemaligen preußischen Provinz Hannover, allerdings mussten Grundbesitzer es bis 1984 ausdrücklich geltend gemacht haben. Aktuell dürften in Niedersachsen zwischen 200 000 und 500 000 Salzabbaugerechtigkeiten vergeben sein.

Nach dem Ersten Weltkrieg verlor Deutschland seine Monopolstellung im Kaliabbau. Die elsässischen Kalireviere waren an Frankreich gefallen, zudem waren die begehrten Salze in anderen europäischen Ländern entdeckt worden. Per Gesetz begrenzte der Staat die Zahl der fördernden Schächte; bis 1927 mussten im hannoverschen Revier 55 von zuletzt 73 Kaliwerken die Förderung einstellen. Die betroffenen Ortschaften verödeten zumeist wieder. In den verbliebenen Standorten waren Entlassungen, Feierschichten und Kurzarbeit an der Tagesordnung. Dennoch förderte das hannoversche Revier nach wie vor etwa ein Viertel des deutschen Kalis, denn technische Verbesserungen der untertägigen Abbau- und Produktionsanlagen steigerten die Produktivität der erhaltenen Betriebe. Zusätzlich entstanden über Tage weitere Veredelungsfabriken. So ergänzte das Bergwerk „Friedrichshall" in Sehnde seine Chlorkaliumfabrik 1929 um eine Mischdüngererzeugung, die Kalium mit Phosphat verschnitt.

Mit den nationalsozialistischen Kriegsvorbereitungen wuchsen ab 1933 die Belegschaften in den verbliebenen Werken, ohne jedoch wieder den Stand der frühen 1920er-Jahre zu erreichen. Stillgelegte Schächte weckten das Interesse der Wehrmacht. Viele davon baute sie ab 1935 zu Heeresmunitionsanstalten („Muna") aus, um hier scharfe Munition in großer Menge einzulagern. Allein im hannoverschen Revier befanden sich zwölf „Munas", unter ihnen Schacht „Hohenfels" bei Sehnde-Wehmingen, Schacht „Hugo" bei Sehne-Ilten und Schacht „Riedel" bei Uetze-Hänigsen.

In den Wirtschaftswunderjahren blühte die niedersächsische Kaliindustrie erneut auf, da jetzt die einst produktivsten deutschen

Belegschaft von „Friedrichshall"

Kaliwerke „Friedrichshall", 1907

Historische Innenaufnahme

Kaliriviere jenseits des Eisernen Vorhangs lagen. Im hannoverschen Revier hatten sieben Werke den Zweiten Weltkrieg produktionsbereit überstanden. Zügig wurden auch stillgelegte oder als „Munas" zweckentfremdete Schächte wieder in Betrieb genommen. Angesichts der großen Nachfrage gingen alle Werke zur Ganzjahresproduktion über und die Bergleute gaben ihren landwirtschaftlichen Nebenerwerb auf. Im Vergleich zu 1939 verdoppelte sich die Zahl der Beschäftigten: Die Kaliindustrie leistete einen wichtigen Beitrag zur wirtschaftlichen und sozialen Eingliederung von Kriegsflüchtlingen und Vertriebenen. Hunderte neu errichteter Werkswohnungen und finanzielle Hilfen für den Bau von Eigenheimen in Sehnde, Ronnenberg und dem mittlerweile dahin eingemeindeten Weetzen, in Wunstorf-Bokeloh und anderen Ortschaften banden Arbeitskräfte an ihre Werke und linderten spürbar die Wohnungsnot der Nachkriegsjahre.

Auf Anregung des Oberbergamtes in Clausthal, der Aufsichtsbehörde des Landes Niedersachsen für den Bergbau, bildete „Friedrichshall" seit 1952 Bergknappen und Bergmaschinenmänner in einer privaten bergmännischen Berufsschule aus. 1966 allerdings stellte das Werk den Schulbetrieb wieder ein.

NIEDERGANG EINER INDUSTRIE

Zu dieser Zeit reduzierten alle Werke trotz steigender Produktion ihre Belegschaften. Millionenschwere Technisierungen und Automatisierungen über und vor allem unter Tage machten dies möglich. Angesichts der damaligen Vollbeschäftigung stellte dies kein volkswirtschaftliches Problem dar. Selbst die erhaltenen Arbeitsplätze konnten nur nach Anwerbungen im Ausland besetzt werden. 1962 kamen 94 griechische Kumpel nach „Friedrichshall", bei „Riedel" arbeiteten seit 1968 Italiener und bald auch Türken. Doch am Ende der 1970er-Jahre begann die endgültige Stilllegungswelle. Eine Reihe von Schächten musste wegen gravierender Probleme in der Wasserhaltung, dem Kampf gegen das Grundwasser durch spezielle Ausbauten oder aufwendiges Pumpen, aufgegeben werden. Andernorts schränkten hohe Produktionskosten – die Salzstöcke des hannoverschen Reviers sind kompliziert gefaltet und steil gelagert – die Konkurrenzfähigkeit ein. Zuletzt wurde 1994 Schacht „Hugo" in Ilten stillgelegt. Die zugehörige Fabrik verarbeitet noch einen Teil der Förderung von „Sigmundshall" bei Bokeloh, dem letzten niedersächsischen Kalischacht in Betrieb. An die einstige Kaliindustrie der Region mit mehreren Tausend Arbeitsplätzen erinnern vielerorts neben einigen Baudenkmälern nur die Rückstandshalden. Sie bergen nicht befriedigend gelöste ökologische Probleme: Regen wäscht die in den Halden enthaltenen Salze aus, wodurch sie in den natürlichen Wasserkreislauf gelangen. Um einer weiteren Versalzung der Gewässer entgegenzuwirken, werden einzelne Halden seit einigen Jahren begrünt. Eine dichte Vegetationsdecke soll bewirken, dass nur ein Bruchteil der Niederschläge den Haldenkörper durchdringt.

Kalihalde „Sigmundshall" in Bokeloh, im Vordergrund das Steinhuder Meer

TRIEBFEDER DER INDUSTRIALISIERUNG: WERTVOLLE ROHSTOFFE

Schweres Gerät in einem Stollen des Werks „Sigmundshall"

DIE SALZSTÖCKE DER REGION HANNOVER

SALZSTOCK WUNSTORF

1895 hatte eine „Kalibohrgesellschaft Wunstorf" mit den Einwohnern von Bokeloh und Mesmerode einen Abbauvertrag geschlossen, 1905 nahm ihr Werk „Sigmundshall" die Förderung auf. Die Stilllegungsnovelle der Weimarer Jahre brachte 1931 das Aus für „Sigmundshall" und seine damals 350 Beschäftigten. Einige fanden Arbeit im Werk „Hansa-Silberberg" in Ronnenberg-Empelde, andere nach einiger Zeit im Autobahnbau, viele blieben erwerbslos. Bokeloh war wieder – wie vor dem Bau des Kaliwerks – die ärmste Gemeinde des Umkreises. Als die Vereinigten Kaliwerke Salzdetfurth AG mit dem Ende des Zweiten Weltkriegs ihren mitteldeutschen Besitz verloren hatten, errichteten sie das teilweise bereits demontierte Werk ab 1949 wieder neu. Heute fördert es als letztes seiner Art in Niedersachsen. Seine in Bokeloh liebevoll „Kalimandscharo" genannte Abraumhalde hat mittlerweile die stolze Höhe von 140 Metern erreicht.

Unterirdisches Streckennetz des Kaliwerks „Sigmundshall"

SALZSTOCK BENTHE

Südwestlich von Hannover erstreckt sich etwa von Davenstedt bis Weetzen der Salzstock Benthe. Zwischen 1894 und 1900 wurden hier acht Tiefbohrungen zur Auffindung von Kalisalzen vorgenommen, woraufhin mehrere Kalibergwerke entstanden. Sämtliche Bohrungen und Schächte im Benther Salzstock hatten mit Wassereinbrüchen zu kämpfen. Doch die Reichhaltigkeit und besondere Qualität des Salzlagers rechtfertigte zunächst einen erhöhten Aufwand für die Wasserhaltung.

Ab 1899 brachte die Gewerkschaft „Wallmont" in Benthe den Schacht „Hermann" nieder. Auch hier brachen während der Abteufarbeiten große Wassermengen ein. Um den Schacht gegen das umgebende Gestein abzuschließen, wurde er mit großen, aufeinandergesetzten Metallringen ausgekleidet. Nicht weniger als 70 dieser sogenannten Tübbinge mit einem Gesamtgewicht von etwa 100 000 Kilogramm mussten aus Düsseldorf herangeschafft werden. Mit dem Transport vom Ronnenberger Bahnhof zum Schacht quälten sich pro einzelnem Stück zehn Pferde. Kurz nach Aufnahme des Förderbetriebs drang erneut Sole ein. Mit einer Sättigung von

Abraumhalde des Kaliwerks

27 bis 30 Prozent war sie so hoch konzentriert, dass „Wallmont" die aufgrund der Wassereinbrüche unrentable Kaliförderung einstellte und stattdessen 1902 eine Saline aufbaute. Diese war bis 1953 in Betrieb.

Die „Alkaliwerke Ronnenberg AG" teuften nach erfolgreichen Probebohrungen in der Empelder Feldmark von 1898 bis 1905 den Schacht „Albert" ab. Dabei behinderten erst Schwimmsand, dann eindringende Steinsalzlauge die Arbeiten. Bei einer Schachtteufe von zunächst 650 Metern begann 1908 die Förderung. Seit 1909 veredelte zusätzlich eine Chlorkaliumfabrik das gewonnene Rohsalz; nach dem Ersten Weltkrieg wurde zusätzlich Glauber- und Bittersalz hergestellt.

Noch vor dem Ersten Weltkrieg übernahm die Ronnenberg-Werksgruppe die Kuxenmehrheit der Gewerkschaft „Deutschland", die ab 1904 in Weetzen ihren gleichnamigen Schacht abgeteuft und 1908 eine Chlorkaliumfabrik in Betrieb genommen hatte. Ein Querschlag von Schacht „Albert" zu Schacht „Deutschland" auf der 450-Meter-Sohle erfüllte die Zweischachtverordnung. 1937 wurde Schacht „Albert" auf über 1 000 Meter zum seinerzeit tiefsten Kali- und Salzschacht Deutschlands abgeteuft. Hier enthielt das Erdreich teilweise bis zu 39 Prozent Reinkali. Ab 1958 förderten die Bergleute auf der 850-Meter-Sohle, seit Mitte der 1960er-Jahre auf der 1 050-Meter-Sohle. Damals wurde, um der harten Arbeit in tropischen Temperaturen Rechnung zu tragen, eine verkürzte Arbeitszeit bei vollem Lohn festgelegt. 1975 soff der Schacht nach dem Einbruch von Sole ab. Es kam in der Umgebung zu Erdrutschen und die Behörden evakuierten viele Familien aus ihren vom Einsturz bedrohten Häusern. Die Stilllegung des Werks war nicht mehr zu verhindern. Auch die Förderung in Schacht „Deutschland" war unmöglich geworden. Gut ein Viertel der Ronnenberger Bergleute fand einen neuen Arbeitsplatz im Sehnder Kaliwerk „Friedrichshall".

Von den Tagesgebäuden an Schacht „Albert" blieben die Kaue, das Verwaltungsgebäude, einige Werkstattbauten, das Direktorenhaus und Werkswohnungen für Arbeiter erhalten. Das zweigeschossige Verwaltungsgebäude aus Backstein zählt unter den in historisierender Form erstellten Gebäuden der Kaliindustrie zu den architektonisch gelungensten. Die daneben liegende Kaue nimmt die Fassadengliederung des Verwaltungsgebäudes und den ästhetisch gelungenen Schmuck der Fassadenfläche

Gelände vom Schacht „Albert" in Ronnenberg

TRIEBFEDER DER INDUSTRIALISIERUNG: WERTVOLLE ROHSTOFFE

Schacht „Albert", ehemaliges Verwaltungsgebäude in Ronnenberg

Kaliwerk „Hansa-Silberberg", heute Niedersächsisches Museum für Kali- und Salzbergbau in Ronnenberg-Empelde

Auch das Kaliwerk „Hansa-Silberberg" in Ronnenberg-Empelde hatte gegen das Wasser zu kämpfen. Der erste Schacht soff während der Abteuf- und Ausbauarbeiten von 1896 bis 1908 fünfmal ab. In den ab 1933 in Bau genommenen Schacht III lief während des Abteufens Lauge – 10 Millionen Liter innerhalb von drei Tagen! Etwa 300 Meter hoch stand damals die Wassersäule im Schacht.

„Hansa-Silberberg" förderte zuletzt aus über 1 000 Meter Tiefe und zählte zu seinen Höchstzeiten in den frühen 1950er-Jahren über 1 000 Belegschaftsangehörige. 1973 ließ sich das Werk aufgrund der hohen Förderkosten nicht mehr halten. Die Grubenbaue sind mit 6,5 Millionen Kubikmeter Salzlauge verfüllt, die ab 1978 bei der Ausspülung tiefer gelegener Kavernen mit Süßwasser entstanden. Die Kavernen nutzen die hannoverschen Stadtwerke gemeinsam mit anderen Unternehmen als Speicher für Erdgas. Anlagen über Tage fielen größtenteils der Abrissbirne zum Opfer,

Abraumhalde des Schachts „Albert"

durch verputzte Flächen auf. Alle Tagesanlagen des Schachts „Deutschland" wurden in den ausgehenden 1970er-Jahren abgebrochen.

In der Stadt Ronnenberg sind aus der Frühphase des Kalibergbaus Arbeiterhäuser in der Theodor-Heuss-Straße und der Glück-Auf-Straße erhalten. Werksgeförderte Wohngebäude aus den 1950er-Jahren befinden sich in der Staßfurter, Stettiner und Magdeburger Straße, in der Friedrich-Ebert-Straße, dem Weetzer Kirchweg sowie dem Kali- und Salzweg. Mehrere doppelstöckige Vierfamilienhäuser, die für Bergleute von Schacht „Deutschland" errichtet worden waren, stehen im Ronnenberger Stadtteil Weetzen in der Steinkamp-, Bergmann- und Bröhnstraße. Die noch immer mächtige Rückstandshalde des Werks Ronnenberg wurde zwischen 1995 und 2004 gut zur Hälfte abgetragen. Mit diesem Versatz sind Abbauhohlräume des Forschungsbergwerks Asse bei Wolfenbüttel verfüllt, in dem radioaktive Abfälle lagern.

Stromabnehmer einer Lokomotive, Exponat des Museums für Kali- und Salzbergbau

Raum im Niedersächsischen Museum für Kali- und Salzbergbau in Ronnenberg-Empelde

lediglich einige Gebäude an Schacht III übernahm die Stadt Ronnenberg als Büroräume.

Das ehemalige Steigerbüro teilt die Verwaltung sich mit dem Niedersächsischen Museum für Kali- und Salzbergbau, das hier seine Ausstellungsräume hat. Neben diesem Gebäude steht ein dreigeschossiger Ziegelbau, in dem ursprünglich die Lampenstube untergebracht war. Hier holten sich die Bergleute vor jeder Einfahrt in die unterirdische Welt eine voll aufgeladene, akkubetriebene Helmlampe ab.

▸ Ronnenberg-Empelde, An der Halde 8.
▸ Das Museum zeigt auf 250 Quadratmetern die Entstehung und Geologie der Salzlager sowie die Gewinnung und Verarbeitung der Salze über und unter Tage. Außerdem gibt es einen industrie- und sozialgeschichtlichen Überblick über den Kalibergbau.
▸ Öffnungszeiten: sonntags 10–14 Uhr, Eintritt für Einzelbesucher frei, für Gruppen 10 €, mit Haldenführung 15 €, Tel.: 0511/434074.
▸ Buslinie 510, Haltestelle Empelde/Rathaus, alternativ zu Fuß vom Endpunkt der Stadtbahnlinie 9 Empelde oder vom S-Bahnhof Empelde (S1, S2).

Temporäre Kunstinstallation auf der Kalihalde Ronnenberg-Empelde, 2009

TRIEBFEDER DER INDUSTRIALISIERUNG: WERTVOLLE ROHSTOFFE

Gebäudekomplex des heutigen Straßenbahn-Museums in Sehnde-Wehmingen

Maschinenhaus des einstigen Schachts

Direktorenvilla „Friederike"

SALZSTOCK SARSTEDT-SEHNDE

Von Sarstedt-Hotteln über Sehnde-Wehmingen bis nach Lehrte erstreckt sich auf einer Länge von gut 25 und einer Breite von 2 bis 7 Kilometern ein zusammenhängendes, über 1 000 Meter mächtiges Salzvorkommen, der Salzstock Sehnde-Sarstedt. Bis 1914 entstanden an jener Stelle insgesamt acht Kaliwerke mit dreizehn Schächten.

Bergwerk Hohenfels bei Sehnde-Wehmingen

1892 sicherte sich ein Berliner Konsortium bei den Gemeinden rund um Wehmingen die Bohrrechte und traf schon ein Jahr später bei 600 Meter Tiefe auf Steinsalz. Die Bohrgesellschaft wandelte sich zur „Gewerkschaft Hohenfels", ihr gleichnamiges Kalibergwerk ging 1902 als erstes im Raum Lehrte/Sehnde in Betrieb. Am Rande des Roten Berges befinden sich in Nord-Süd-Ausrichtung ein Fördermaschinenhaus mit einem Förderturm, nördlich davon das Maschinenhaus und südlich die Salzmühle. Das Kesselhaus wurde gegenüber errichtet. Westlich des Werks entstanden 1897 die Direktorenvilla „Friederike", ein Wasserturm und 1910 eine Siedlung für das leitende Personal. Ein normalspuriges Gleis zum Bahnhof Algermissen schloss das Werk an die Bahnstrecke Lehrte–Hildesheim an. 1926 wurde es stillgelegt. Ab 1937 baute die Wehrmacht das Gelände zu einer Heeresnebenmunitionsanstalt aus. Sie errichtete ein Wachgebäude, Fertigungshallen, kleinere Arbeiterhäuser sowie ein Arbeitslager mit einfachen Unterkünften. Unter Tage befanden sich Munitionslager; wahrscheinlich wurden hier auch Granaten befüllt. Die zunächst deutschen Arbeitskräfte wurden nach Kriegsbeginn zunehmend durch Zwangsarbeiterinnen und Zwangsarbeiter ersetzt. Nach Kriegsende nutzte bis 1966 die britische Armee das Werksgelände, danach bis 1973 die Bundeswehr. Die Baracken des einstigen Arbeitslagers dienten in dieser Zeit als Kasernen. Dann bezog das Hannoversche Straßenbahn-Museum die Flächen und Gebäude. Der aus Kostengründen nicht zu erhaltende Förderturm wurde 1984 abgerissen. Nahezu alle anderen Tagesanlagen des einstigen Bergwerks sind gut erhalten und stehen unter Denkmalschutz. Die Untertageanlagen wurden 1985 geflutet.

▸ Sehnde-Wehmingen, Hohenfelser Straße 16.
▸ Ein umfassender Überblick über die erhaltenen Gebäude des Bergwerkes ist im Rahmen eines Besuchs des Straßenbahn-Museums möglich (Öffnungszeiten: April bis Oktober an Sonn- und Feiertagen von 11–17 Uhr). Im Übrigen kann das Gelände bedingt auf öffentlichen Wegen von außen eingesehen werden.
▸ Buslinien 330, 390, Haltestelle Wenningen

Doppelschachtanlage „Bergmannssegen-Hugo" in Sehnde-Ilten

1909 nahm das östlich von Ilten gelegene Kaliwerk „Hugo" den Betrieb auf, 1913 ein Kilometer nördlich die Gewerkschaft „Bergmannssegen" in Lehrte. Hier wurden zu dieser Zeit in Sichtweite auch die Schächte „Ottoshall" und „Erichssegen" abgeteuft. Um der bergpolizeilichen Zweischachtverordnung nachzukommen, erfolgten 1916 die untertägigen Durchschläge von „Bergmannssegen" zu „Ottoshall" und von „Hugo" zu „Erichssegen". Alle Schächte gehörten zu diesem Zeitpunkt – wie auch Hohenfels – zum Sauer-Konzern. „Hugo" betrieb ab 1926 eine Chlorkaliumfabrik, die nach der Stilllegung von Hohenfels im gleichen Jahr zentral für alle Kaliwerke des Konzerns das geförderte Rohsalz aufbereitete. Im Folgejahr wurde die Förderung auf „Ottoshall" und „Erichssegen" eingestellt; beide Schächte dienten fortan als Wetterschächte. „Bergmannssegen" wurde zum Hauptförderschacht des Konzerns ausgebaut. Eine übertägige Seilbahn transportierte das geförderte Rohkali zur Veredelung nach „Hugo". Hier wurde es zu Fischerei-, Häute-, Auftau-, Industrie-, Gewerbe- und Speisesalz und für die Weiterverwendung in Kupferhütten aufbereitet. „Hugo" hingegen versorgte „Bergmannssegen" über ein Kabel mit Kraftstrom. Infolge einer Absatzkrise stellte die Werkleitung 1932 den Förderbetrieb auf „Bergmannssegen" ein und führte auf „Hugo" nur werkserhaltende Maßnahmen durch. Als im Zuge der nationalsozialistischen Kriegsproduktion die Nachfrage nach Chlorkalium stieg, nahmen Förderschacht und Fabrik 1938 wieder ihre Arbeit auf. Bereits 1935 errichtete die Wehrmacht auf dem Gelände von „Erichssegen" und in den unterirdischen Anlagen von „Hugo" die Heeresnebenmunitionsanlage Ilten. Gegen Kriegsende sollten zusätzlich im Schacht

TRIEBFEDER DER INDUSTRIALISIERUNG: WERTVOLLE ROHSTOFFE

„Bergmannssegen" Kompasse gefertigt werden. KZ-Häftlinge führten für dieses Vorhaben mit dem Decknamen „Lama" Baumaßnahmen durch, zur Aufnahme der Kompassproduktion kam es jedoch nicht mehr. Nach einem Streckendurchschlag zwischen den Schächten „Hugo" und „Bergmannssegen" wurde 1947 die übertägige Seilbahn abgerissen. „Hugo", jetzt Hauptförderschacht, wurde fortlaufend modernisiert, sodass in den 1980er-Jahren die auf die Hälfte des einstigen Höchststands reduzierte Belegschaft die doppelte Rohsalzmenge förderte. „Bergmannssegen" diente bis zu seiner Stilllegung 1962 im Wesentlichen für die Seilfahrt genannte Ein- und Ausfahrt der Bergleute sowie als Material- und Wetterschacht. Die Förderung auf „Hugo" wurde 1994 eingestellt, der Schacht 1998 geflutet. Seitdem verarbeitet das Werk einen Teil der im Kaliwerk „Sigmundshall" bei Wunstorf-Bokeloh geförderten Salze.

Auf dem Gelände von „Bergmannssegen" steht noch isoliert eine dichte Reihe unterschiedlicher Bauten aus der Entstehungszeit: ein Wasserturm, der einen Schornstein umschließt, das Kessel- und Maschinenhaus der elektrischen Zentrale, ein Fördermaschinen-

Förderturm des Schachts „Bergmannssegen" bei Lehrte

Schacht „Hugo", Förderanlage

haus und eine Schachthalle mit Fördergerüst. Folgt man von „Bergmannssegen" aus dem Markscheiderweg in Lehrte weiter Richtung Süden, stößt man auf das Kaliwerk „Hugo". Inmitten ihrer platten Umgebung erhebt sich eine gewaltige Abraumhalde zu einem weithin sichtbaren Merkzeichen. Davor befindet sich ein Komplex unterschiedlichster Zweckbauten. 1909 entstanden der Schornstein des Kesselhauses mit einem offenem Unterbau, einem sogenannten Fuchs, sowie etwas zurückgesetzt der gemauerte Schaft des Wasserturms. Auf seinen gewaltigen Konsolen und Rundbögen ruht ein verputzter und hellgrau gestrichener Aufsatz. Aus dem Jahr 1909 stammen auch das stählerne Fördergerüst, die Rohsalzschuppen, die Rohsalzmühle und das Verwaltungsgebäude. Auf dem Schachtgelände von „Erichssegen" stehen nur noch die Gebäude des ehemaligen Arbeitslagers der Munitionsanstalt. Sie beherbergen ein Seniorenheim.

▸ Kalibergwerk „Bergmannssegen", Lehrte, Kaliwerk „Hugo", Sehnde.
▸ Buslinie 371 oder 962, Haltestelle Ilten/Im Steinkamp, zu Fuß die Glückaufstraße ca. 1,2 km in Richtung Osten.
▸ Fahrplanauskunft unter www.gvh.de

SALZSTOCK HÄNIGSEN

Kaliwerk „Riedel" bei Uetze-Hänigsen

Vom Parkplatz an der Wathlinger Straße aus erblickt man eine Reihe imposanter Bauten: Einen kirchturmartig aufsteigenden Wasserturm, eine Schachthalle mit stählern-filigranem Förderturm sowie ein Maschinen- und Kesselhaus zeugen vom ehemaligen Kaliwerk „Riedel". Im Nordwesten an der Salzstraße ragen zwei grasüberdeckte Abraumhalden auf.

Ab 1908 förderte das Werk die umfangreichen Kalivorkommen des Hänigser Salzstocks, zwischen 1911 und 1926 betrieb es auf seinem Gelände zusätzlich eine Chlorkaliumfabrik. Zu seinen besten Zeiten um 1925 arbeiteten unter und über Tage mehr als 400 Personen. Dennoch stellte der letzte Besitzer, der in Hannover ansässige Gumpel-Konzern, zum Ende des Jahres 1927 die Förderung ein und verkaufte die Werksanlagen an die Magdeburger Burbach-Kaliwerke AG. Diese hatten auch das nahe gelegene Kaliwerk „Niedersachsen" in Wathlingen übernommen. Obwohl „Riedel" im Vergleich zu „Niedersachsen" auf einem besseren technischen Stand war, ließ die Burbach AG den Förderbetrieb ruhen.

Knapp zehn Jahre später wurde „Riedel" von ganz anderer Seite unliebsam aus seinem Dornröschenschlaf geweckt. Ab Frühsommer 1936 testete das Oberkommando des Heeres hier die Auswirkungen von unbeabsichtigten Explosionen unterirdisch gelagerter Munition. Ein Jahr später begann der Ausbau zur Heeresmunitionsanstalt. Bergleute des Schachts „Niedersachsen" legten in den Untertageanlagen von „Riedel" Lagerkammern für 5 000 Tonnen Munition an. Oberirdisch entstanden am Celler Weg, für die feindliche Luftaufklärung im Wald verborgen, Produktionsanlagen, in denen zunächst dienstverpflichtete Frauen arbeiteten. Weil die „Muna" Hänigsen eine sogenannte Musteranstalt werden sollte, wurden alle oberirdischen Anlagen, auch die Sozialräume, mit außergewöhnlichem Aufwand errichtet. So erhielten beispielsweise die Unterkünfte der Arbeiterinnen fließend warmes Wasser, Duschen und Badewannen. Die Wohnungen und Häuser von Offizieren und Feuerwerkern – unter ihnen eine Reihe von Doppelhäusern in der Glück-Auf-Straße – waren nach modernstem städtischem Standard ausgestattet und blieben bis weit in die 1950er-Jahre hinein begehrter Wohnraum. Die Zahl der zu-

TRIEBFEDER DER INDUSTRIALISIERUNG: WERTVOLLE ROHSTOFFE

Schacht „Riedel", Förderturm

nächst 60 dienstverpflichteten Arbeiterinnen, die aus allen Teilen Deutschlands kamen, stieg mit Kriegsbeginn. Zunehmend setzte die Wehrmacht Zwangsarbeiterinnen und Kriegsgefangene ein, bis in der „Muna" zuletzt mehr als 1500 Menschen unter Tage Munition und Waffen herstellten. Schließlich wurden ab Herbst 1943 auch noch große Mengen verschiedener Kampfgase eingelagert. Nach Kriegsende ließen die britischen Besatzungsbehörden ca. 20 000 Tonnen konventioneller und chemischer Munition aus der Tiefe holen.

Während der Bergungsarbeiten erschütterte im Juni 1946 eine immense Explosion im Munitionsdepot den Ort. Eine mehrere Hundert Meter hohe, weiß glühende Feuersäule stieg aus der Erde empor; Einbauten aus dem Schacht wurden bis zu 1500 Meter weit durch die Luft geschleudert. Über achtzig Arbeiter fanden den Tod. Nachdem noch monatelang böse Wetter, also giftige Luft, im Schacht standen, erfolgte erst im Oktober 1947 die weitere Räumung des einstigen Munitionslagers. Etliche tausend Granaten und zig Fässer wurden zur Vernichtung an die Oberfläche gebracht; vieles blieb unter der Erde. Die Briten ordneten an, die Strecken zu den ehemaligen Waffendepots mit Gestein zu verfüllen und die Zufahrten zuzumauern. Bis heute ist unklar, welches Gemisch sich dort in welchen Mengen noch unter Tage befindet.

Die Burbach AG nahm Schacht „Riedel" 1950 mit den ersten 60 Bergleuten wieder in Betrieb. 650 Meter unter Tage legte sie eine über 60 Meter hohe Fabrik mit einer Flotationsanlage an. Hier wurde das gemahlene Rohsalz mit bestimmten Chemikalien in einer Lauge angesetzt und in Flotationszellen kräftig durchgerührt. Die wertvollen Kaliumchloridkristalle lagerten sich oben auf der Lauge ab und konnten abgeschöpft werden. Ungeachtet aller Lobeshymnen in der Presse als „Wolkenkratzer-Fabrik unter der Erde" und „modernste Fabrik Europas" wurde die Anlage nach fünf Jahren Betriebsdauer wegen technischer Probleme stillgelegt. Der Förderbetrieb ging jedoch weiter.

Nach kontinuierlichem Ausbau über und unter Tage gewann und veredelte „Riedel" neben Kali- auch Steinsalz und exportierte es in die ganze Welt. Das Geschäft brummte, die Firmenleitung suchte in großen Anzeigen gelernte und ungelernte Arbeiterinnen und Arbeiter, ab 1968 warb sie Gastarbeiter an. Mittlerweile im Besitz der Kasseler Kali und Salz GmbH, fraß sich der Schacht seit den frühen 1970er-Jahren immer tiefer in die Erde. 1987 erreichte er mit einer Endabbaustufe von 1525 Metern, gemessen ab Schachtansatzpunkt, den bis heute weltweit tiefsten Punkt im Kalibergbau. Hier herrscht eine Temperatur von 62 Grad Celsius, die eine geschickte Bewetterung auf 45 Grad senkte. Alle Superlative hielten den Lauf der Zeit nicht auf: Die moderne Ernährungslehre propagierte die salzarme Küche; der Umweltschutz gebot, Sand statt Salz auf winterlich vereiste Straßen zu streuen; mit der deutschen Wiedervereinigung entstanden Überkapazitäten auf dem jetzt gesamtdeutschen Kali- und Salzmarkt. Arbeitsplatzabbau und Modernisierungsinvestitionen in dreistelliger Millionenhöhe machten den sinkenden Absatz nicht wett, seit 1991 stand die Schließung von Schacht „Riedel" im Raum. Gleichzeitig wurden Pläne des niedersächsischen Umweltministeriums bekannt, „Riedel" zu einer Sonderabfalldeponie umzubauen und so einen Teil der Arbeitsplätze zu erhalten. 1996 stellte „Kali und Salz" die Förderung auf „Riedel" endgültig ein. Die im Schacht geplante Deponie entfachte eine jahrelange, heftige und kontroverse Diskussion, in deren Verlauf Befürworter und Kritiker kiloschwere Gutachten erstellen ließen. 2003 gaben die Niedersächsische Gesellschaft zur Endablagerung von Sonderabfall mbH (NGS) und die Kali und Salz Entsorgung GmbH aufgrund veränderter rechtlicher Rahmenbedingungen und eines verschärften wirtschaftlichen Wettbewerbs ihre Pläne auf. Das ehemalige Bergwerk wird seitdem geflutet.

▸ Uetze-Hänigsen, Wathlinger Straße 53/55.
▸ Unzugängliches Werksgelände, aber die Gebäude lassen sich auf öffentlichen Wegen (Riedelweg, Kasparsweg, Salzweg) gut von außen besichtigen.
▸ Buslinie 910, Haltestelle Hänigsen/Riedel.

MIT FÜSSEN GETRETEN: ASPHALT

In den Höhenzügen, die sich vom heutigen hannoverschen Stadtteil Limmer über Ahlem westlich bis zum Heisterberg und nach Seelze-Döteberg erstrecken, war im Laufe von Millionen Jahren Mineralöl durch Verwerfungen der Erdschichten in die oberen Gesteinsschichten gedrungen und dort zu bitumenhaltigem Naturasphalt verharzt. Aufmerksam auf den Rohstoff wurde um 1842 der Gastwirt vom „Limmerbrunnen", D. H. Henning, der binnen kürzester Zeit vor Ort die erste deutsche Asphaltfabrik gründete. 1860 kaufte der Lindener August Egestorff ebenfalls Asphaltlagerstätten in Limmer und errichtete eine Fabrik. Beide Werke gemeinsam beschäftigten gut 70 Arbeiter.

1864 taten Henning und Egestorff sich zusammen und erwarben zusätzliche, ergiebigere Asphaltgruben in Vorwohle bei Stadtoldendorf (Landkreis Holzminden). 1871 verkauften sie ihre Lagerstätten und ihre Asphaltwerke an eine Gruppe englischer Investoren. Umbenannt in „The United Limmer and Vorwohle Rock Asphalte Company (Limited)", beutete das Unternehmen bald auch bedeutende Asphaltvorkommen auf Sardinien aus und belieferte Kunden in ganz Europa. Geschäftsführer Richard Lattorf (1864–1959) lenkte von Ahlem aus die Geschicke der Firma. Atemlos jagte er kreuz und quer durch die Welt, um die Verwaltung der deutschen und italienischen Asphaltgruben, die Aktionäre in London sowie die internationale Kundschaft im Griff zu behalten. 1905 gründete er für Inlandsgeschäfte das Tochterunternehmen Deutsche Naturasphalt-Gesellschaft m. b. H. Hannover-Linden, denn die deutsche Kundschaft stieß sich mittlerweile am englischen Namen der Muttergesellschaft. In Konkurrenz zur United Limmer Co. erschloss die „Deutsche Asphalt Aktien Gesellschaft" seit 1873 Asphaltvorkommen in Ahlem und Vorwohle.

TRIEBFEDER DER INDUSTRIALISIERUNG: WERTVOLLE ROHSTOFFE

1956 übernahm sie The United Limmer and Vorwohle Rock Asphalte Company (Limited).

Der bitumenhaltige Kalkstein wurde zunächst im Tagebau mit Hacke und Schaufel abgebaut und auf Pferdewagen zur Fabrik transportiert. Tiefer liegende Vorkommen erschlossen die Arbeiter etwa seit der Wende zum 20. Jahrhundert im bergmännischen Untertagebau. In der Fabrik pulverisierten große Steinbrechmaschinen das Gestein zu Asphaltmehl. Dieses wurde, um die Konsistenz des Endprodukts zu verbessern, zusammen mit reinem Asphalt von der Karibikinsel Trinidad bei 200 Grad Celsius gekocht. In eiserne Formen gestrichen, entstanden sogenannte Mastixbrote, Gussasphalt für den Hoch-, Tief- und Wasserbau. Diese Mastixbrote waren den Juroren der Londoner Weltausstellung von 1851 eine Medaille wert. Stampfasphalt hingegen wurde nach dem Kochen mit heißen Walzen als Straßenbelag aufgebracht. 1879 erhielten in Hannover die Bahnunterführung an der Königstraße, 1881 die Karmarschstraße die ersten Oberflächen aus „Rutschasphalt", wie böse Zungen die neue Straßendecke nannten. Sie fürchteten, dass Pferdehufe hierauf keinen sicheren Halt fänden. Bald eines Besseren belehrt, forderten die Anwohner mehrerer innerstädtischer Straßen, auch in den Genuss der staubfreien Straßendecke zu kommen. Seit den 1890er-Jahren ließ die Stadt alle Fußwege mit Stampfasphalt der United Limmer Co. belegen. Bald verbesserte dieser die Straßenverhältnisse in allen deutschen Großstädten von Rang. Mit der Wende zum 20. Jahrhundert fand er seinen Weg sogar bis nach St. Petersburg und New York. Die Arbeiter der United Limmer Co. forderten vergeblich ihren Teil an den guten Geschäften. Als sie um 1900 mehrfach für höhere Löhne streikten, entließ Lattorf sie kurzerhand und ersetzte sie durch eine Kolonne von 25 italienischen Arbeitern.

Mit dem Ersten Weltkrieg kam das Aus für die Asphaltgruben. Es fehlte an Kohlen für die Dampfmaschinen, die das in die Stollen eindringende Grundwasser abpumpten. Eine weitere Ausbeute der bereits weitestgehend erschöpften Vorkommen war nach Kriegsende nicht mehr rentabel. 1925 stellten alle hiesigen Unternehmen den Abbau vor Ort ein.

Ahlem aber hatte sich durch die Asphaltgruben mächtig verändert. Viele Bauern waren durch den Verkauf ihrer Ländereien an die Asphaltwerke wohlhabend geworden und investierten einen Teil ihres Geldes in neue Unternehmen wie zwei Ziegeleien, eine Wollwäscherei und ein Kalkwerk. Bis zum beginnenden 20. Jahrhundert versechsfachte sich die Bevölkerung, das ehemalige Bauerndorf veränderte mit neuen Wohnhäusern für Arbeiter sein Gesicht und dehnte sich beträchtlich aus. Während des Zweiten Weltkriegs mussten KZ-Häftlinge die abgesoffenen Stollen wieder nutzbar machen, weil das NS-Regime einen Teil der kriegswichtigen Produktion der Continental-Gummiwerke hierher auslagern wollte. Untergebracht waren sie in Baracken auf dem Heisterberg als Außenlager des KZ Neuengamme. Unter den menschenunwürdigen Arbeits- und Lebensverhältnissen starben innerhalb von sechs Monaten 800 Häftlinge.

▶ Mahn- und Gedenkstätte, Heisterbergallee 8, Hannover-Ahlem.
▶ Direkt neben dem Englischen Friedhof befindet sich das Mahnmal. Es symbolisiert den Eingang zum Asphaltstollen in Ahlem.
▶ Stadtbahnlinie 10, Haltestelle Erhardtstraße.

VERBANDSMATERIAL UND BAUSTOFF AUS DEM MOOR: TORF

Zwei große Moorgebiete befinden sich in der Region Hannover: das Tote Moor, das sich von Neustadt am Rübenberge bis zum Steinhuder Meer hinzieht, und das Altwarmbüchener Moor, das zwischen Burgdorf-Beinhorn, Lehrte-Kolshorn und den beiden Isernhagener Ortsteilen Altwarmbüchen und Kirchhorst liegt. Schon im 14. Jahrhundert hatten die hannoverschen Stadtväter einen Kanal, den Schiffgraben, anlegen lassen, um Torf aus dem Altwarmbüchener Moor heranzuschaffen. Dieser war zwar billig, erreichte aber nicht die Brenn- und Heizeigenschaften von Holz. Deshalb blieb er Brennstoff der kleinen Leute in der Stadt und der Selbstversorger in der Nachbarschaft der Moore. Dies änderte sich im 18. Jahrhundert, als der Raubbau an den Holzvorkommen Heizmaterial spürbar verknappte. Nun wurde der wenig gepflegte Schiffgraben wieder auf Vordermann gebracht. Der Landesherr verbot den unkontrollierten Torfstich in den Mooren und führte einen planmäßigen Abbau unter den wachsamen Augen eines Königlich Hannoverschen Moorkommissars ein – mit mäßigem Erfolg. Torf verkaufte sich weiterhin schlecht in der Stadt und bereits am Ende des 18. Jahrhunderts wurde der Fährbetrieb auf dem verschlammten Schiffgraben wieder eingestellt. Bis in das 20. Jahrhundert hinein blieb Torf außerhalb der Moorgebiete nur Lückenbüßer in Krisen- und Kriegszeiten.

Die Bewohner der an das Altwarmbüchener Moor angrenzenden Ortschaften stachen Torf für den eigenen Verbrauch und für den Verkauf auf eigene Rechnung. Hier kam es nie zu einer industriellen Ausbeutung. Anders verlief die Entwicklung im Toten Moor. Nachdem gegen Ende des 19. Jahrhunderts die Verwendbarkeit der oberen, Weißtorf genannten Schichten als Streu oder Bodenlockerungsmittel, als heilendes Präparat sowie als geeigneter Rohstoff für die Herstellung von Pappen, Matratzen oder Sprengstoff bekannt geworden war, gründeten der hannoversche Rechtsanwalt Eduard Ubbelohde (1827–1894), seine Ehefrau Amelie (1844–1938) und Roderich von Bandel (1830–1913) im Jahr 1882 die Hannoversche Torfwerke AG. Ihr Unternehmen siedelten sie auf dem Gelände der ehemaligen Neustädter Hütte an. Obwohl Bandel, der in Hannover bereits in den 1850er-Jahren ein Maschinenbauunternehmen ge-

Am Altwarmbüchener Moor

gründet hatte, über technisches und kaufmännisches Know-how verfügte, war der neue Betrieb am Ende des folgenden Jahres zahlungsunfähig. In der Zwangsversteigerung kaufte Amelie Ubbelohde durch Mittelsmänner große Teile der Konkursmasse und baute die Hannoverschen Torfwerke A. Ubbelohde auf. Auf der Suche nach immer neuen Verwendungszwecken und Verarbeitungsmethoden forschte und experimentierte sie mit dem Torf und ließ spezielle Maschinen bauen. 1885 und 1886 ließ sie für Torfverarbeitungsmaschinen ihre ersten Patente anmelden. Dennoch rentierte sich das Unternehmen nicht, sodass sie es 1888 verkaufte. Seine Käufer führ-

TRIEBFEDER DER INDUSTRIALISIERUNG: WERTVOLLE ROHSTOFFE

ten es unter dem Namen Rohdachpappen-Fabrik, Torfstreu- und Torfmull-Werk Sittig & Joch zum Erfolg. Auch nach ihrem Weggang aus Neustadt beschäftigte Amelie Ubbelohde sich weiter mit der Torfverarbeitung; 1933 erhielt sie als 89-Jährige ihr letztes Patent für ein Verfahren zur Herstellung von Düngemitteln aus Torf.

Erfolgreicher war Eduard Dyckerhoff, der 1908 vom preußischen Staat 1 200 Hektar Moorfläche im Toten Moor kaufte, um Torf im großen Stil industriell abzubauen. In Poggenhagen, das seit 1974 zu Neustadt am Rübenberge eingemeindet ist, gründete er die Torfverwertung Poggenmoor, um den in Jahrtausenden aus zersetzten Pflanzen gewachsenen Werkstoff weiterzuverarbeiten. Selbst als die Firma 1921 die ersten großen Maschinen einsetzte, blieb die Arbeit im Moor anstrengend, schlecht entlohnt und damit unattraktiv, sodass die Firma auf Wanderarbeiter und während beider Weltkriege auf Zwangsarbeiterinnen und -arbeiter zurückgriff.

Auf einer Feldbahn, deren Gleise sich mit dem fortschreitenden Torfabbau immer weiter in das Moor fraßen (und auf denen heute Besucherinnen und Besucher in den Klosterstollen Barsinghausen einfahren), zogen seit den 1920er-Jahren Dieselloks Loren mit Torfsoden zu einer Seilbahn-Verladestation. Bis 1951 beförderte die Seilbahn jährlich bis zu 500 000 Kubikmeter Soden in das sechs Kilometer entfernte Werk nahe dem Poggenhagener Bahnhof. Dort wurde der Torf für den Verkauf im In- und Ausland aufbereitet, aber auch zu antiseptischer Watte für Verbandszwecke, Textilgewebe oder Isolierplatten für den Baubedarf weiterverarbeitet. Anfang der 1980er-Jahre übernahm ein baden-württembergisches Blumenerdewerk Dyckerhoffs Moorflächen und Abtorfrechte. Der Einsatz eines umfangreichen Maschinenparks, der innerhalb kürzester Zeit weite Moorflächen verödete und den Lebensraum vieler Tier- und Pflanzenarten bedrohlich eingrenzte, rief scharfe Proteste von Naturschützerinnen und -schützern hervor. Heute bauen zwei Werke den Torf des Toten Moores maschinell ab und vertreiben ihn zu Gartenbauzwecken.

▸ Torfmuseum im Schloss Landestrost, Schlossstraße 1, Neustadt am Rübenberge.

▸ Öffnungszeiten Di, Sa, So 14–17 Uhr, Mi, Do, Fr 10–12 Uhr. Telefon: 05032/899-158.

▸ Bahnhof Neustadt am Rübenberge (R2, S2), ab dort ca. 10 Min. Fußweg bis Schloss Landestrost.

Totes Moor in Neustadt am Rübenberge

Torfwerk Neustadt am Rübenberge

ZERBRECHLICHES GUT FÜR DIE GANZE WELT: GLASHÜTTE STEINKRUG

EINE VERWUNSCHENE WELT IM WALD

Inmitten des bewaldeten Deisters trifft der interessierte Wanderer oberhalb der 1970 zu Wennigsen eingemeindeten Ortschaft Steinkrug auf ein weitläufiges Areal mit unterschiedlichsten Gebäuden, den Überrest einer einstmals florierenden Glashütte. Sie wurde 1809 von Freiherr Wilhelm Carl Ernst Knigge (1771–1839), dem Eigner des benachbarten Guts Bredenbeck, gegründet und verpachtet, um die gewerbliche Entwicklung in seinem Gutsbezirk zu fördern. Den Ausschlag für die Anlage einer Glashütte gaben kleinere Rohstofflager im Besitz derer von Knigge. Die Familie konnte zunächst Holz aus ihren Wäldern, dann Deisterkohle aus ihrem dicht bei der Hütte gelegenen Stollen als Brennmaterial für die Glasschmelze verkaufen. Tatsächlich war die Glashütte in der ersten Hälfte des 19. Jahrhunderts Hauptabnehmer von Knigges Kohlen. Quarzsand, der bedeutendste Grundstoff der Glasherstellung, stammte anfangs ebenfalls aus Kniggeschen Steinbrüchen sowie aus dem nahe gelegenen Holtensen bei Wennigsen. Mit steigenden Qualitätsansprüchen der Abnehmer verarbeitete die Hütte besonders feinen Sand aus der Lüneburger und der Nienburger Heide. Als weitere Ingredienzien bezog sie Glasscherben aus Hannover, Kalk aus Völksen bei Springe und Unsen bei Hameln sowie Salz aus Barmen (heute in Wuppertal aufgegangen) und dem sachsen-anhaltischen Staßfurt. Sulfat kam aus Linden bei Hannover und dem jetzt zu Goslar gehörenden Oker, Braunstein aus Thüringen. 1859 erwarb der Bremer Kaufmann Caspar Hermann Heye (1792–1864) die Hütte. Er betrieb bereits im Schaumburgischen bedeutende Glashütten und errichtete wenige Jahre später weitere in Nienburg und der Niederlausitz.

Ältestes noch erhaltenes Gebäude der ehemaligen Anlage auf dem Steinkrug ist der markante Bruchsteinkegel des etwa 1839 erbauten „englischen Turmes" mit einer Höhe von circa 13 Metern und einem etwas geringeren Durchmesser am Fuß. Seine gehauenen Sandsteine stammen aus den nahe gelegenen Steinbrüchen derer von Knigge. Mittig in dem früher mit einem hohen Schornstein versehenen Rauchgaskegel befand sich der Glasofen. Die in England erfundene Bauweise des Turmes ermöglichte durch unterirdisch gelegenen Schürkanäle einen besonders guten Luftzug für die Befeuerung. Deutschlandweit gibt es nur noch in Petershagen an der Weser (nahe Minden) solch einen Kegel. Er gehörte zur ehemaligen Glashütte Gernheim und wird heute als Standort des Westfälischen Industriemuseums museal erhalten. Am Außenmauerwerk des Turmes auf dem Steinkrug lässt sich an den Spuren der Dachschrägen noch gut die Größe einstiger Anbauten für die Glasverarbeitung ablesen.

Mit steigendem Absatz, insbesondere durch die aufstrebende chemische Industrie mit ihrem großen Bedarf an Gefäßen und Laborgeräten, entstand 1864 ein zweiter Glasofen, die „Neue Hütte". Dieser Bau hat die Gestalt eines lang gestreckten, rechteckigen Bruchsteingebäudes mit Rundbogenfenstern. Ursprünglich trug er ebenfalls einen mittig stehenden, hohen Schornstein und mehrere zusätzliche Schornsteine über den Kammerkühlöfen an den beiden Stirnwänden. Die gemauerten Backsteinbögen dieser Kühlöfen sind

Kegelturm der früheren Glashütte Steinkrug von außen und innen (links)

im Inneren der Halle noch vorhanden. In etlichen steinernen und hölzernen Nebengebäuden rings um die Glasöfen waren die Verwaltung der Glashütte, die Gemengemacherei zur Anmischung der späteren Schmelze sowie eine Schleiferei zum Einschleifen von Glasstöpseln in Flaschen untergebracht, andere dienten als Rohstoff-, Kohlen- und Warenlager, Pferdestall oder Wagenschuppen.

Die Glashütte beschäftigte über 50 Personen, in Spitzenzeiten um die Wende zum 20. Jahrhundert sogar rund 100. Außer den eigentlichen Glasbläsern zählten Schürer, Schmelzer und Gemengemacher sowie meist jugendliche Einträger dazu. Darüber hinaus standen einige Handwerker – unter ihnen zwei Schleifer, sicher aber auch Korbflechter –, Tagelöhner und Fuhrknechte auf der Lohnliste. Glasbläser und Gemengemacher brauchten neben außerordentlichen Fachkenntnissen auch ein hohes Maß an handwerklichem Geschick und viel Erfahrung. Da sie ihr Wissen sorgsam hüteten, entstammten die Glasmacher meist einem kleinen Kreis von Familien, in den nur wenige Außenstehende vordringen konnten. Dies bedeutete, dass sie oft nicht aus der unmittelbaren Umgebung einer neu gegründeten Hütte kamen, sondern von außerhalb zuzogen. Weil die meisten Glashütten – wie auch die auf dem Steinkrug – außerhalb der bäuerlichen Siedlungen, oft tief im Wald, lagen, entstanden in nächster Nähe eigene Glasarbeitersiedlungen. Sie bildeten eine Welt für sich, besonders, wenn ihre Bewohner durch Wirtschaft, Kramladen und Schule auch ihre alltäglichen Bedürfnisse vor Ort stillen konnten. Auch die Glasmacher vom Steinkrug bildeten solch eine kleine Gemeinschaft. Viele waren aus dem Lipper Land zugezogen, einem alten Zentrum der Glasherstellung, in dem ab 1830 viele Hütten wegen Brennstoffmangels aufgaben und ihre Arbeitskräfte entließen. Am Steinkrug bezogen sie mit ihren Familien eine Wohnung in den beiden lang gestreckten Arbeiterhäusern auf einer Anhöhe südlich der Produktionsstätten. Zu diesen Putzbauten mit erhöhtem Mittelteil gehörten kleine Backsteinnebengebäude und Nutzgärten hinter den Häusern. Die Kinder besuchten ab 1866 eine neu eingerichtete, einklassige Schule auf dem Steinkrug. Regelmäßig lobte der Holtenser Pfarrer in seinen Kirchen- und Schulberichten das vorbildliche Familienleben der Glasmacher. Zwischen den Zeilen gelesen offenbart dieses Lob, wie skeptisch die Einheimischen den Orts-

Glashütte Steinkrug zu Zeiten der Produktion

fremden gegenüberstanden, die außerhalb der dörflichen Gemeinschaft(skontrolle) lebten. Doch die „Hüttjers" wussten sich Sympathien in den umliegenden Dörfern zu verschaffen: Als Mitglieder des Holtenser Gesangsvereins verhalfen sie diesem dank ihrer trainierten Lungen zu guten Platzierungen bei Sängerfesten.

MIT VOLLER LUNGENKRAFT

Ein großes Lungenvolumen war unabdingbare Voraussetzung für die Arbeit der Glasbläser. Mittags heizten die Schürer die Öfen an, bis die Glasschmelze bei Temperaturen von 1 400 bis 1 800 Grad Celsius die richtige Konsistenz erreicht hatte. Wenn dies mitten in der Nacht soweit war, weckten die Lehrlinge oder Hilfsarbeiter die Glasbläser – und mit ihnen die ganze Siedlung – durch lautes Rufen. Die Glasmacher entnahmen mit hohlen Eisenstangen von etwa eineinhalb Meter Länge, sogenannten Pfeifen, etwas Schmelze und bliesen diese in die gewünschte Gestalt. Das ausgeformte Gefäß schnitten sie mit einer speziellen Schere vom Pfeifenkopf; dem Flaschenkopf gaben sie mithilfe eines besonderen Mundstücks seine Form. Einträger brachten die noch glühenden Gefäße in den Kühlofen. Hier mussten sie, um später nicht zu schnell zu zerspringen, über drei Tage hinweg allmählich abkühlen. Auf diese Weise entstand auf dem Steinkrug vor allem Hohlglas – Wein-, Bier- und Korbflaschen, Tafel- und Arzneigläser und Ballonflaschen, sogenannte Demijohns –, aber auch grünes und weißes Flachglas für Fensterscheiben. Seit den 1860er-Jahren war die Hütte insbesondere für ihre Säureballons mit einem Volumen von 50 Litern und perfekt eingeschliffenen Stöpseln bekannt. Um Ballons dieser Größe herzustellen, bliesen die Glasmacher Wasser in die glühende Glasblase, das diese beim Verdampfen auseinandertrieb.

Gläser vom Steinkrug gingen rund um den Globus. Für die Kunden in Mittel- und Südamerika wurden sie mit Kobalt blau eingefärbt, die Abnehmer in Afrika bevorzugten braune Glaswaren. Dank ihrer Hafenöfen, die zwölf tönerne Häfen (Tiegel) für verschiedene Glasschmelzen fassten, konnte die Hütte verschiedene Glasqualitäten parallel fertigen. Deshalb erhielt sie manchen Sonderauftrag, den ein großer Industriebetrieb mit seinen riesigen Wannenöfen nicht befriedigen konnte.

Die fertige Ware wurde, sorgfältig mit Stroh umhüllt, auf großen Leiterwagen zum Bahnhof in Hannover gebracht und dort in Waggons umgeladen. Als 1872 die Bahnstrecke Hannover–Hameln eröffnet wurde, konnten die fertigen Glaswaren in der nahe gelegenen Station Bennigsen, heute ein Stadtteil Springes, umgeladen werden. Außerdem ließ sich nun auch der Deisterkohle qualitativ überlegene auswärtige Kohle mit vertretbarem Aufwand auf Pferdefuhrwerken vom zwei Kilometer entfernten Bahnhof herbeitransportieren. Die Produktionsleistung auf dem Steinkrug zog spürbar an; 1873/74 verließen über 1,5 Millionen Flaschen und Ballons die Hütte.

Alle zwei Jahre mussten die Häfen für die Glasschmelze ausgetauscht werden. Die neuen Gefäße stellten „Häfenbäcker" aus Ton, den sie aus der Nähe des nordhessischen Witzenhausens bezogen, her. Bei der Platzierung der neuen Häfen gaben die Bläser genaue Anweisungen, denn sie wussten am besten, wo genau sie im Ofen zu stehen hatten. Dann mussten die neuen Häfen eine Schutzschicht aus langsam erhitzten Glasscherben ansetzen. Dieser Vorgang dauerte etwa drei bis vier Wochen, die die Glasbläser für ihre kleine Nebenerwerbslandwirtschaft nutzten.

DIE NATUR EROBERT TERRAIN ZURÜCK

Seit dem frühen 20. Jahrhundert modernisierte die Firma Heye ihre Hütten. Eine Gasfeuerung ersetzte das Kohlenfeuer, die Flaschen wurden nicht mehr mundgeblasen, sondern mit selbsttätig arbeitenden Glasblasemaschinen geformt. Die Hütte auf dem Steinkrug warb mit ihrer „Dampfschleiferei". Nach dem Ersten Weltkrieg arbeiteten zwar noch 55 Mann in der „Neuen Hütte", doch den „englischen Turm" heizten sie nicht wieder an. Innerhalb weniger Jahre verlor die Hütte ihre Konkurrenzfähigkeit: Die kostengünstigen Rohstoffvorkommen der näheren Umgebung versiegten, die Transportkosten waren durch einen fehlenden direkten Bahnanschluss hoch,

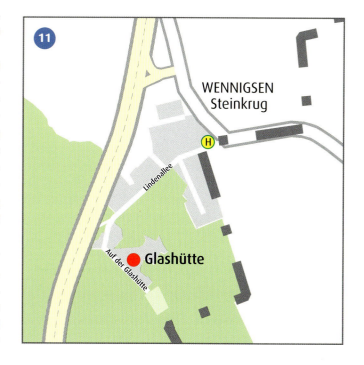

Mitbewerber boten die gleichen Produkte maschinell gefertigt und damit billiger an. 1928 gab Heye den Standort Steinkrug auf; viele Glasbläserfamilien suchten woanders neue Arbeit in ihrem Beruf. In der „Neuen Hütte" richteten die Freiherrn von Knigge vorübergehend ein Sägewerk ein, heute nutzt ein Gartenbaubetrieb die Halle. Im Direktorenhaus der Glashütte war ab 1947 zeitweise die staatlich anerkannte Vogelschutzwarte Niedersachsen untergebracht.

Rasch eroberte die Natur die nicht mehr genutzten Teile des weitläufigen Areals zurück. Nur historische Fotos vermitteln heute noch einen Eindruck vom Aussehen des Betriebs zu seiner Blütezeit, die in den Übergang von vorindustriellen Formen der Arbeit zur industriellen Massenfertigung fiel. Die baulichen Überreste der Glashütte stehen heute als besonders eindrucksvolles Relikt der früheren Glasproduktion unter Denkmalschutz.

▸ Wennigsen-Steinkrug, Auf der Glashütte.
▸ Gut begehbare Waldwege führen an den wichtigsten baulichen Zeugnissen der ehemaligen Glashütte vorbei. Eine Innenbesichtigung der Gebäude ist in der Regel nicht möglich.
▸ Buslinie 382, Haltestelle Steinkrug, weiter zu Fuß der Lindenallee in südliche Richtung folgen, am Eichenweg einbiegen auf das Glashüttengelände.

DER BAUSTIL EINER REGION VERÄNDERT SICH: TON UND LEHM

Jahrhundertelang war die Herstellung von Backsteinen und Dachziegeln mühevolle Handarbeit, angefangen vom Hauen und Aufbereiten des Tons über das Streichen in Formen bis hin zum Brennen in immer wieder neu anzuheizenden Öfen. Zudem war der Umgang mit dem frostempfindlichen Ton eine in der Regel auf die Monate März bis November beschränkte Saisonarbeit. Entsprechend teuer waren die Endprodukte. Deshalb prägten lange Zeit Fachwerkhäuser mit billiger herzustellenden Lehmausfachungen und Reetdeckungen das Bild der Bauerndörfer in hiesiger Region. Um die Mitte des 19. Jahrhunderts revolutionierten dann zwei kurz nacheinander gemachte Erfindungen das Ziegeleiwesen: die 1854 patentierte Schneckenstrangpresse Carl Schlickeysens und der 1858 patentierte Ringofen Friedrich Eduard Hoffmanns (1818–1900), der auch in Kalkbrennereien zum Einsatz kam.

Die ähnlich wie ein Fleischwolf arbeitende Strangpresse lieferte ein gleichmäßiges, gut verdichtetes Tongemisch als endloses Band, von dem die Backsteinrohlinge nur noch abgeschnitten werden mussten. Während ein Arbeiter 150 bis 200 Steine pro Stunde per Hand in die Formen strich, verdoppelte die Strangpresse den Produktionsausstoß auf einen Schlag. Der Hoffmannsche Ringofen optimierte den anschließenden Brennvorgang. Gab es zuvor nur Öfen mit einer oder allenfalls zwei abwechselnd aufgeheizten Brennkammern, hatte der Ringofen einen Brennkanal in Form eines Kreises oder Ovals. In ihm wurden durch bewegliche Schieber immer neue, kontinuierlich durch den Ofen wandernde Brennkammern abgeteilt. So konnten die Ziegeleiarbeiter, war der Prozess erst einmal in Gang gekommen, an einem Ende des Brennkanals fertig gebrannte Backsteine oder Dachziegel entnehmen, während sie gleichzeitig am anderen Ende getrocknete Rohlinge nachfüllten. Die Restwärme der fertigen Produkte heizte die Verbrennungsluft für den Ofen vor und die Rauchgase des Feuers dienten zur Erwärmung der neuen Rohlinge. Ein solcher Ofen benötigte selbstverständlich ein durchdachtes System an Feueröffnungen und Luftkanälen. Er brannte die ganze Arbeitssaison über durch, verbrauchte aber weniger Heizmaterial als herkömmliche Öfen. Das Brennmaterial wurde von oben eingefüllt und die Tonrohlinge waren im Inneren des Ofens so aufgeschichtet, dass sie selbst die nötigen Heizschächte bildeten.

Die automatisierten Abläufe erlaubten es, kontinuierlich größere Mengen des begehrten langlebigen Baumaterials günstig herzustellen. Obwohl sie wegen der hohen Anschaffungskosten erst seit dem ausgehenden 19. Jahrhundert Einzug in die hiesigen Ziegeleien hielten, verdrängte die Massivbauweise bereits ab 1860 auch im Raum Hannover die traditionelle Fachwerkarchitektur. Begünstigt wurde dies durch die Tone und Lehme aus verschiedenen erdgeschichtlichen Zeitaltern, die hier an vielen Stellen mit einer Mächtigkeit von ein bis vier Metern vorkamen. Karten aus dem späten 19. Jahrhundert zeigen, verstreut im ganzen Regionsgebiet, et-

TRIEBFEDER DER INDUSTRIALISIERUNG: WERTVOLLE ROHSTOFFE

wa 30 dicht bei solchen Lagerstätten errichtete Ziegeleien. Dank des Baubooms, den die rasant wachsende Bevölkerung auslöste, aber auch durch neue Vorschriften für feuersichere Bauweisen florierten sie prächtig.

Viele Ziegeleien warben für ihren Saisonbetrieb Wanderarbeiter, die bis zu den 1920er-Jahren besonders aus dem Lipper Land kamen und deren Unterkünfte deshalb „Lipperhäuser" hießen. Oftmals brachte ein Meister eine Gruppe von Arbeitern mit, die er selber in seiner Heimat zusammengestellt hatte. Die Männer waren Allroundkönner, die nicht nur etwas vom Umgang mit Ton verstanden, sondern fachkundig auch alle Bauarbeiten an den Ziegeleigebäuden und den Öfen versahen.

Mit Beginn des 20. Jahrhunderts gingen die Ziegeleien allmählich unter. Rohstoffvorkommen versiegten, manche Betriebe wurden nach Bombentreffern des Zweiten Weltkriegs nicht wieder aufgebaut. Andere waren aufgrund veralteter technischer Anlagen nicht mehr konkurrenzfähig, denn um 1955 setzte sich der sogenannte Tunnelofen durch, bei dem das Brenngut auf feuerfesten Wagen die einzelnen Zonen (Vorwärmen, Brennen und Abkühlen) durchfährt. Allmählich erleichterten auch Eimerkettenbagger und Loren den schweißtreibenden Abbau und Transport des Tons aus der Lehmkuhle. Darüber hinaus verdrängten neue Baumaterialien, zum Beispiel Beton, die traditionellen Tonprodukte. Heute künden häufig nur noch Straßennamen von der einstigen Existenz der Ziegeleien.

ZIEGELEI IN NEUSTADT-NÖPKE

Eine der letzten, noch weitestgehend erhaltenen Ziegeleien in der Region Hannover, die frühere Kruse OHG, steht am westlichen Ortsrand von Neustadt-Nöpke. Der Betrieb geht auf eine bereits 1829 an einen Privateigentümer verkaufte Gemeindeziegelei zurück, die in unmittelbarer Nachbarschaft eines ergiebigen Tonvorkommens gegründet worden war. Der einfache Ziegelofen mit nur einer Brennkammer wich nach dem Eigentümerwechsel bald einem Ofen mit zwei Brennräumen, die in kontinuierlichem Wechsel beschickt wurden. Der ihm nachfolgende Ringofen ist in wesentlichen Teilen noch erhalten und findet sich im Zentrum der Anlage, verborgen unter einem weit herabgezogenen Ziegeldach. Er

Ziegelei Nöpke

wurde 1883 errichtet und in der Folgezeit mehrmals erweitert und modernisiert. Eine Dampfmaschine kam ab dem späten 19. Jahrhundert zum Einsatz.

In der ersten Hälfte des 20. Jahrhunderts erfolgten kontinuierliche bauliche Verbesserungen, so die Errichtung neuer Trockenschuppen (nach Übernahme des Betriebs durch Familie Kruse im Jahr 1920) oder des Arbeiterwohnhauses „Zu den Teichen 3" (1937). Nach dem Zweiten Weltkrieg entstanden eine Feldbahn für den Transport des Tons von der Abbaustätte bis zur Ziegelei und eine Aufbereitungsanlage für das Rohmaterial. Mittlerweile stellte man auch moderne Hochlochziegel her. 1956 erfolgte als letzte Baumaßnahme die Errichtung von 37 automatisch beschickten Trockenschuppen südlich des Ofens, die auf jeweils drei Meter hohen Backsteinpfeilern ruhen – heute, nach Aufgabe der Nutzung, ein geheimnisvoll wirkender Säulenwald.

Zuletzt produzierte die Kruse OHG mit 20 Mitarbeitern jährlich drei Millionen Ziegel. Absatzmarkt war stets die nähere Umgebung im Umkreis von etwa 50 Kilometern. Als die werksnahen Tonvor-

TRIEBFEDER DER INDUSTRIALISIERUNG: WERTVOLLE ROHSTOFFE

Ofen der noch zu großen Teilen erhaltenen ehemaligen Ziegelei in Neustadt-Nöpke

heitsgründen vor einigen Jahren abgetragen werden. Außerdem zog das Sturmtief „Kyrill" Anfang 2007 die Trockengestelle stark in Mitleidenschaft.

▸ Neustadt-Nöpke, Zu den Teichen 1–2.
▸ Unzugänglicher Privatbesitz, teilweise einsturzgefährdet! Gute Einblicke sind jedoch vom Weg Rodewiesen, der nördlich am Grundstück entlangführt, möglich.
▸ Buslinie 840, Haltestelle Roter Weg, weiter zu Fuß etwa 100 m in südliche Richtung, dann in den Weg Rodewiesen einbiegen.

kommen erschöpft waren, wurde der Betrieb 1966 stillgelegt. Heute wirkt die ehemalige Ziegelei, in ihren baulichen Anlagen noch weitgehend komplett erhalten, wie in einen Dornröschenschlaf verfallen. Die fehlende wirtschaftliche Grundlage macht ihren Erhalt, trotz der zwischenzeitlich erfolgten Ausweisung als Baudenkmal, sehr schwierig. So musste der hohe Schornstein aus Sicher-

TRIEBFEDER DER INDUSTRIALISIERUNG: WERTVOLLE ROHSTOFFE

ZERMAHLEN, GEBRANNT, GELÖSCHT: KALK

Bereits in vorindustrieller Zeit wurden lokale Kalkvorkommen über Tage in Steinbrüchen abgebaut und verarbeitet. Das Gestein war äußerst vielfältig einsetzbar. Als Werkstein oder Schotter fand es Verwendung im Gebäude- und Straßenbau. Fein zermahlen diente es als Zuschlagsstoff in der Bauindustrie, in Glashütten, in der Gerberei und Seifensiederei, später auch in der Stahlindustrie. In Öfen gebrannter Kalk, auch ungelöschter Kalk genannt, wurde vor allem Mörtel beigemischt, als mineralisches Düngemittel an die Landwirtschaft geliefert oder in der Zuckerindustrie zum Ausfällen unerwünschter Bestandteile aus dem Rübenrohsaft genutzt. Mit Wasser versetzten Branntkalk, sogenannten Löschkalk, setzte die Bauindustrie als Kalkmörtel sowie die chemische und Lebensmittelindustrie als Kalkmilch ein.

Seit dem 18. Jahrhundert standen handwerklich betriebene Meiler dort, wo Kalkstein und Brennmaterial in ausreichender Menge vorhanden waren: in unmittelbarer Nähe Hannovers rund um den Lindener Berg sowie in Misburg und Ahlem, in der Nähe Springes vor allem in dessen heutigem Ortsteil Völksen. Als Brennmaterial für die fünf bis acht Meter hohen Einzelöfen, die dicken Schornsteinen ähnelten, diente ursprünglich Holz oder Holzkohle, später Deisterkohle. Kalkarbeiter füllten schichtweise Gestein und Brennstoff ein und leerten einen Ofen erst, wenn er nach dem Brand wieder erkaltet war.

Im Raum Hannover betrieb zuerst Johann Egestorff (1772–1834) die Kalkbrennerei in namhaftem Umfang. In seiner Gesellenzeit bei einem Böttcher lieferte er Fässer an den Pächter der gräflichen Steinbrüche am Lindener Berg, der gleichzeitig eine Kalkbrennerei und einen Kalkhandel betrieb. Dadurch erhielt er mit der Zeit guten Einblick in das Metier. Als der Betreiber 1803 in Konkurs geriet, griff Egestorff zu. In den nächsten vier Jahren pachtete er zwei weitere Kalksteinbrüche mit angeschlossenen Brennereien am Tönniesberg im heutigen hannoverschen Stadtteil Ricklingen und in Ronnenberg sowie ein Bergwerk am Bröhn, der höchsten Erhebung im Deister. So konnte er seine Kalköfen mit Deisterkohle feuern, denn Holz wurde durch den steigenden Verbrauch in Kalköfen und Ziegeleien zunehmend knapper und teurer. Weil Branntkalk in Bremen höhere Preise erzielte als in Hannover, ließ Egestorff ihn über Ihme, Leine, Aller und Weser auch zu einer dort von ihm betriebenen Verkaufsstelle verschiffen. Eine Zuckersiederei, die Egestorff mit Leopold Hurtzig (1796–1858), dem Vater seines Schwiegersohns, betrieb, reinigte ihren Rübensaft mit Kalkmilch aus den Egestorffschen Kalkwerken. In seinem Todesjahr betrieb der „Kalkjohann" 224 Kalköfen.

Bis zur Mitte des 19. Jahrhunderts stieg durch wachsende Industrien und rege Bautätigkeit die Nachfrage nach Kalk dermaßen, dass neben den von Egestorff aufgebauten Kalkwerken in vielen Orten der Region weitere Brennereien entstanden. Viele blieben der vorindustriellen Produktionsweise verhaftet. Die Betriebe um Springe herum beschäftigten in Steinbruch und Brennerei meist zehn, selten bis zu zwanzig Arbeitskräfte und brannten kaum mehr als dreißig Öfen im Jahr. Deutlich mehr Betrieb herrschte in der Völksener Kalkbrennerei, die zweimal wöchentlich frischen Branntkalk verkaufte. In und um Linden gab es neben etlichen kleinen auch drei große Kalkbrennereien mit insgesamt neunzig Arbeitern. Sie waren wahrscheinlich schon mit einem Hoffmannschen Ringofen ausgestattet. Er erlaubte einen kontinuierlichen Brennvorgang und damit die industrielle Massenproduktion von Kalk.

Die Arbeitsabläufe in den einstigen Kalkbrennereien lassen sich äußerst anschaulich am jüngst wiederhergestellten Ringofen in Hannover-Ahlem studieren.

KALKOFEN IN HANNOVER-AHLEM

Versteckt hinter villenartigen Wohnbauten an der Ahlemer Mönckebergallee ragt aus einer Senke ein 34 Meter hoher Fabrikschornstein auf, an den ein breit gelagertes Ziegeldach stößt. Beide zusammen bildeten den zentralen Teil einer Kalkbrennerei, die hier von 1850 bis 1930 betrieben wurde.

Das flache, ausladende Dach schützt einen Ringofen aus dem Jahre 1925 und überkragt die umlaufende Arbeitsbühne, die seinerzeit auf dem Niveau der Kammeröffnungen lag. Dieser Hoffmannsche Ringofen misst 35,4 x 13,4 Meter und besteht aus einem ellipsenförmig umlaufenden Brennkanal, gedämmt von einer

TRIEBFEDER DER INDUSTRIALISIERUNG: WERTVOLLE ROHSTOFFE

Kalkofen in Hannover-Ahlem nach der Restaurierung

meterdicken Hülle aus Ziegelmauerwerk und Sand. Jede der vierzehn Einkarrtüren erschließt eine im Inneren abgeteilte Brennkammer, in der Kalk bei 1 200 Grad Celsius gebrannt wurden. Einfließende Zuluft kühlte die bereits gebrannten Steine, versorgte das Feuer mit Sauerstoff, wärmte als Abluft die frisch gestapelten Kalksteine und gelangte schließlich durch Rauchkanäle über den Schornstein ins Freie. Vom Dachraum aus beschickten die Kalkbrenner durch Heizlöcher den Feuerraum mit Kohle, die sie über eine hölzerne Brücke herankarrten.

Nach der Stilllegung des Ahlemer Kalkofens im Jahr 1930 ließ das Ehepaar Emilie und Willy Spahn das steil abfallende Gelände für eine Obstplantage terrassieren und stellte im Gebäude des ehemaligen Brennofens Obstsäfte und Brause her. In den 1960er-Jahren gaben sie ihren Betrieb auf. Einige Zeit wurde noch Obst an Selbstpflücker verkauft, dann lag das Gelände brach, bis das Ehepaar Spahn es 1996 als Stiftung an die Landeshauptstadt Hannover übertrug. Diese ließ den letzten komplett erhaltenen Ringofen in der Region unter erheblicher finanzieller Beteiligung der Regionsverwaltung restaurieren und das Gelände neu gestalten. Der so entstandene Willy-Spahn-Park dient heute der Naherholung und ist durch seine Lage am Grünen Ring das Ziel zahlreicher Fahrradausflügler.

▸ Hannover-Ahlem, Mönckebergallee 20.
▸ Der Kalkofen ist durch den tagsüber geöffneten Willy-Spahn-Park erreichbar (Zugang von der Wunstorfer Landstraße). Eine Ausstellung im Dachraum wird vorbereitet.
▸ Buslinie 581, 700, Haltestelle Willy-Spahn-Park.

TRIEBFEDER DER INDUSTRIALISIERUNG: WERTVOLLE ROHSTOFFE

KALKWERK IN WENNIGSEN-BREDENBECK

Bis 1925 betrieben die Freiherren von Knigge am Rande des Deisters südlich des heute zu Wennigsen gehörenden Ortes Bredenbeck ein Kalkwerk. In unmittelbarer Nähe gelegene Steinbrüche und ein Kohlenbergwerk in direkter Nachbarschaft bildeten seine Rohstoffgrundlage. Westlich des Kniggeschen Ritterguts Bredenbeck und des Nachbardorfes Evestorf führte ein Gleisanschluss vorbei, der am Bahnhof Weetzen in die 1872 eröffnete Strecke Hannover–Hameln mündete. Von hier aus wurde der gebrannte Kalk bis nach Hamburg abgesetzt.

Die Belegschaft in Steinbruch und Kalkwerk wuchs von 30 Beschäftigten um 1860 auf 250 Mann im Jahr 1900. Eine Feldbahn transportierte den im Fiehrbruch gewonnenen Stein bis zu einer Förderrampe (Bremsberg) oberhalb des Kalkwerks. Dort wurden fünf bis acht volle Loren an ein endlos umlaufendes Drahtseil gekoppelt, das über Holzrollen zwischen doppelspurigen Gleisen lief. Ein Arbeiter oben am Bremsberg schlug mit einem Eisen an ein Stück Schiene, das in einem Baum hing. Damit bereitete er seine Kollegen im Kalkwerk auf die bergab donnernde Fracht vor. Unten warteten, ebenfalls an das Drahseil gekoppelt, entladene Loren darauf, von der Kraft der herabrauschenden Loren wieder nach oben gezogen zu werden. Lange Zeit herrschte ein Arbeiter namens Bantelmann über den improvisierten Gong am Bremsberg. Nach ihm nannte das Dorf den gesamten Waldbezirk um den Bremsberg „bi Bantelmanne".

Bis 1910 waren die traditionellen Öfen durch zwei Ringöfen ersetzt worden, deren Schornsteine 90 bzw. 110 Meter in die Höhe ragten. Spätestens jetzt reichte die Heizkraft der Bredenbecker Kohle nicht mehr aus, stattdessen wurde höherwertige westfälische Kohle eingesetzt. Für das ununterbrochen brennende Feuer war ein Brennmeister verantwortlich, der am Geruch des Rauchs und am Feuer ablesen konnte, wann der Ofen ausgeräumt werden musste, damit der Kalk nicht „totbrannte". Das Ein- und Ausräumen der Öfen oblag den Setzern. Unterbrochen von insgesamt zwei Stunden Pause fuhren sie die Steine von sechs Uhr morgens bis sechs Uhr abends mit Karren ein und aus. Nasse Säcke, die sie über Kopf und Schultern legten, sollten sie vor der großen Hitze schützen, die dennoch die Augenbrauen und die Haare auf den Armen absengte.

Seit 1880 brachte der zunehmende Zementverbrauch in der Bauwirtschaft viele Kalkwerke in wirtschaftliche Bedrängnis. Vielerorts schlossen sie sich zu Kartellen zusammen, um überlebensfähig zu bleiben. Auch die Kalkbrennerei in Bredenbeck meisterte die Krise, indem sie mit den Brennereien von Osterwald (Teil der Samtgemeinde Neuenhaus im Landkreis Grafschaft Bentheim), Salzhemmendorf (Landkreis Hameln-Pyrmont), Marienhagen (Landkreis Hildesheim) und Völksen gemeinsame Mindestpreise absprach. Nach dem Ersten Weltkrieg konnte sich der Betrieb nicht mehr behaupten. 1925 wurden die beiden hohen Schornsteine gesprengt. Auch die Anschlussbahn und die Ringöfen sind seit Langem verschwunden. Heute markieren nur noch zwei große Wohngebäude, errichtet aus roten Backsteinen und an den nach Süden und Osten weisenden Seiten mit einem Zementputz versehen, die ehemalige Produktionsstätte. Eines von ihnen beherbergte die Waschkaue, in der die Kalkbrenner sich nach der Arbeit wuschen, und die Verwaltung, das andere diente als Maschinenwerkstatt. Das rings-

Gebäude des ehemaligen Kalkwerks Wennigsen-Bredenbeck

um gelegene Gelände weist deutliche Spuren der einstigen Abbautätigkeit auf: steile, inzwischen mit Bäumen zugewachsene Halden wie auch tief in den Berghang eingeschnittene Gruben.

▸ Wennigsen-Bredenbeck, unmittelbar bei dem im Wald gelegenen Wanderparkplatz.
▸ Gut begehbare Waldwege führen an den Gebäuden, Steinbrüchen und Halden vorbei. Die Gebäude sind Privatbesitz.
▸ Buslinien 382, 520, Haltestelle Bredenbeck / Denkmal, weiter zu Fuß über die Deisterstraße bis zum ca. 600 m im Wald liegenden Wanderparkplatz.
▸ Fahrplanauskunft unter www.gvh.de

GÜNSTIG, DAUERHAFT UND FORMBAR: ZEMENT

VOM BAUERNDORF ZUM ZENTRUM DER DEUTSCHEN ZEMENTINDUSTRIE

Zement ist ein fein gemahlenes Pulver, das im Wesentlichen Kalkstein, Ton, Sand und Eisenerz enthält. Aufgrund seiner chemischen Zusammensetzung härtet es nach dem Anrühren mit Wasser dauerhaft und formbeständig aus. Im Vergleich zu anderen Baustoffen ist Zement günstig und unverzichtbar für die Herstellung von Mörtel oder Beton. Bereits vor der Zeitenwende verwendeten römische Baumeister einen „opus caementitium" genannten, wasserdichten Mörtel aus gebranntem Ton oder vulkanischer Erde. Mit seiner Hilfe ließen sich nicht nur Bauwerke großen Ausmaßes schaffen, sondern auch Bauten unter Wasser wie Kanalisationen, Hafenanlagen und Schwimmbecken sowie gewölbte Bauteile. Nach jahrzehntelangen Versuchen, die hydraulischen Eigenschaften (die Fähigkeit, unter Wasser zu erhärten) zu verbessern und Zement in gleichbleibender Qualität herzustellen, erkannte 1844 der Engländer Isaac Charles Johnson (1811–1911), dass neben einem optimalen Mischungsverhältnis der einzelnen Komponenten deren Verschmelzen bei hohen Temperaturen, das Sintern, ausschlaggebend für eine hohe Qualität war. Um 1850 entstand in der Nähe Stettins die erste deutsche Portlandzementfabrik. Portlandzement ähnelt in Festigkeit und Farbe dem in England vorkommenden Portlandstein. Diese hochwertigste Zementart wurde als erstes deutsches Erzeugnis bereits 1878 genormt.

Den Grundstein für die Zementindustrie im Raum Hannover legten die Unternehmer Friedrich Kuhlemann und Albrecht Meyerstein, die schon Kalköfen in Völksen betrieben. Sie kauften 1873 in dem industriell noch unberührten Dorf Misburg eine schlecht florierende Kalkbrennerei, die Düngekalk produzierte. Kuhlemann erprobte hier die Herstellung von Portlandzement. 1878 warb er aus Stettin den Fachmann Hermann Manske (1839–1919) ab, rüstete sein Unternehmen auf die Zementherstellung um und nannte es Hannoversche Portland-Cementfabrik (HPC). Bald hieß es in der Umgebung nur „Die Alte Fabrik", denn bis zur Jahrhundertwende

TRIEBFEDER DER INDUSTRIALISIERUNG: WERTVOLLE ROHSTOFFE

Zementabbau in der Grube HPC II bei Misburg

Ansichtskarte der Wunstorfer Portland-Cementwerke, um 1900

Mergelgrube Wunstorf mit Bagger und Feldbahn

entstanden in und um Misburg sechs weitere Zementwerke. 1881 gründete Manske mit der Commanditgesellschaft Germania H. Manske & Co. in Lehrte ein eigenes Werk, fünf Jahre später errichtete er in Misburg ein zweites Germania-Werk. Sein Unternehmen beteiligte sich 1893 an der Weltausstellung in Chicago und errichtete dort aus Beton eine allegorische Figur der Germania. Die Aussteller belohnten das Unternehmen mit zwei ersten Preisen für seinen Zement. Des Weiteren entstanden in Misburg 1889 die Portland-Cementfabrik Kronsberg, 1897 das Teutonia Misburger Portland Cementwerk und 1898 die Norddeutsche Portland-Cementfabrik Misburg A.G. Von 1899 bis 1901 schließlich baute die Manske-KG in der Nähe des Anderter Bahnhofs ein weiteres Werk, das bei den Einheimischen „Dreischornsteinanlage" hieß. Die drei von Manske geführten Werke bildeten gemeinsam das seinerzeit größte Portlandzementunternehmen Europas.

TRIEBFEDER DER INDUSTRIALISIERUNG: WERTVOLLE ROHSTOFFE

Mergelgrube Sehnde, im Hintergrund die Kalihalde

1889 ließ sich am Stadtrand von Wunstorf in der Gemarkung Luthe die Portland-Cement-Fabrik Schmidt, Brosang & Co. nieder. Dieses erste Industrieunternehmen des Städtchens nannte sich seit 1900 Wunstorfer Portland-Cementwerke. Es wurde – wie auch die 1907 gegründete Portlandzementfabrik Alemannia A.-G. in Höver (die den Zement für den Bau der Hindenburgschleuse in Anderten lieferte) und weitere Werke außerhalb Niedersachsens – zwischen 1929 und 1931 von der Misburger Norddeutschen Portland-Cementfabrik aufgekauft, die jetzt zu den größten deutschen Zementproduktionsstätten zählte.

EIN MEER VON SCHORNSTEINEN

Die Gründer all dieser Werke hatten ein ausgeprägtes Gespür für gute Geschäfte: Hand in Hand mit der wachsenden Erfahrung von Architekten und Bauarbeitern setzte Beton sich als günstiger, langlebiger, schnell verbaubarer, vielseitig formbarer, feuer- und wasserfester Baustoff im Brücken- und im Hochbau durch. Zwischen 1878 und 1914 verachtzehnfachte sich der Zementverbrauch in Deutschland! Misburger und Lehrter Zement wurde vor allem in und um Hannover verbaut, ein Teil gelangte in den Export bis nach

Übersee. Allerdings war die Errichtung der mächtigen Produktionsanlagen – riesige Steinbrüche, große Hallen, imposante Silos, lange Hängebahnen – äußerst kapitalintensiv. Gute Gewinne erreichten die Werke nur durch große Produktionsmengen. Entscheidend war zudem die unmittelbare Nähe zur Rohstofflagerstätte: Um eine Tonne Zement herzustellen, mussten immerhin 1,5 Tonnen Kalkmergel ins Werk transportiert werden, aber nur 0,25 Tonnen Kohle. Um sich nicht gegenseitig im Preiskampf zu vernichten, traten die bei Hannover gelegenen Unternehmen einem bereits 1878 gegründeten Zementkartell bei.

Der Raum zwischen Misburg und Lehrte entwickelte sich zu einer der größten Zementproduktionsstätten Deutschlands, weil hier – ebenso wie südöstlich von Wunstorf – dicht unter der Erdoberfläche 65 bis 100 Millionen Jahre altes, tonhaltiges Kalkgestein aus der Oberen Kreidezeit in mehreren Hundert Metern Mächtigkeit anstand. Seine Zusammensetzung war ideal für die Herstellung von Portlandzement und nach seiner Trocknung ließ es sich leicht zermahlen – ein großer Vorteil für das sogenannte Trockenverfahren, mit dem alle hiesigen Werke ihre Zemente herstellten. Ein weiterer Pluspunkt für den Standort war seine gute Verkehrsanbindung, denn das schwere Massengut Zement verschlang hohe Frachtkosten. Eigene Gleisanschlüsse verbanden die Werke über den Misburger Güterbahnhof mit der dicht vorbeiführenden Ost-West-Linie der Eisenbahn. Die „Alemannia" aus Höver transportierte ihre Fässer und Säcke mit dem Güterverkehr der hannoverschen Straßenbahngesellschaft bis zum Bahnhof Sehnde und ließ sie dort auf die Eisenbahn umladen.

Ein Zementwerk beeinträchtigte seine Nachbarschaft in erheblichem Maße und unterlag deshalb strikten amtlichen Auflagen. Dennoch legte sich bis in die zweite Hälfte des 20. Jahrhunderts hinein eine weißgraue Staubschicht auf die Hausdächer im weiteren Umkreis der Werke. Das Mahlen der Rohmühlen war kilometerweit zu hören. Den häufigen Klagen über Ruß und Rauch begegnete man mit immer höheren Schornsteinen. Über 90 ragten allein in den Misburger Zementwerken gen Himmel.

„SCHWEINEIGELS" RISKIEREN IHRE GESUNDHEIT

Bis in das 20. Jahrhundert hinein folgte die Zementproduktion saisonalen Schwankungen. Im Winter, wenn das Baugewerbe weitgehend ruhte und Frost die Arbeit im Steinbruch erschwerte, verblieb im Werk nur eine Stammbelegschaft mit einer täglichen Arbeitszeit von etwa sieben Stunden bei reduziertem Lohn. Von Mitte März bis Mitte November stellten die Werke meist osteuropäische Wanderarbeiter als Saisonarbeitskräfte ein. Die tägliche Arbeitszeit stieg in diesen Monaten auf bis zu 15 Stunden; oft wurde im Akkord gearbeitet.

In den ersten Jahrzehnten beruhte die Produktion bei geringem Maschineneinsatz vor allem auf harter Knochenarbeit. Entsprechend groß waren die Belegschaften. Um 1900 standen während der Saison allein bei den drei Germania-Werken 2 000 Mann in Lohn und Brot. Neben einer Handvoll sogenannter Betriebsbeamter, zu denen Chemiker in den werkeigenen Labors, Bruch-, Maschinen-, Brenn-, Pack- und Verlademeister sowie Obermüller zählten, handelte es sich dabei überwiegend um ungelernte Arbeiter. Sie bauten den Kalkmergel im Tagebau von Hand ab und transpor-

Ansichtskarte der Portland Cement Höver, um 1907

tierten ihn in großen Loren zur Brecheranlage. Das dort entstehende Rohmehl vermischten sie mit Eisenerz und pressten anschließend Ziegel. Damit beschickten die Arbeiter dann die Öfen, zunächst einfache Schachtöfen, bald schon Tag und Nacht betriebene Ringöfen. Auch Drehöfen kamen zum Einsatz, schräg gelagerte Röhren von bis zu 170 Meter Länge und 4 Meter Durchmesser, in denen Ziegel bei über 1400 Grad Celsius zu körnigen, blauschwarzen Zementklinkern gebrannt wurden. Diese Klinker kamen in hohe Silos, bevor sie im letzten Schritt unter Zusatz von Rohgips zum eigentlichen Zement vermahlen wurden. Dieser musste aufgrund seiner Feuchtigkeitsempfindlichkeit möglichst schnell zu seinen Abnehmern gelangen, abgefüllt in Holzfässer oder Jutesäcke. Zur Fassherstellung unterhielt die Germania in Schweden ein eigenes Sägewerk und in Lehrte und Misburg eigene Böttchereien. Nach dem Ersten Weltkrieg setzten sich Papiersäcke durch.

Der technische Leiter eines Zementwerks in Hemmoor (Landkreis Cuxhaven) malte um die Jahrhundertwende ein graues Bild von der Arbeit, die aller gesetzlichen Auflagen zum Trotz gesundheitsgefährdend war: „Die Arbeiter in diesem staubgeschwängerten Inferno hatten Nasen und Mund mittels großer, ehemals bunter Taschentücher vermummt und mußten ebenso wie die damaligen Zementmüller in regelmäßigen Abständen durch den Arzt von den Versteinerungen befreit werden, die sich in den Ohren ablagerten, damit sie nicht taub wurden." Neben dem Staub setzte den Werktätigen besonders die Hitze zu. An den Öfen waren sie Temperaturen von bis zu 50 Grad Celsius ausgesetzt, abrupte Temperaturwechsel beim Herausfahren der gefüllten Karren und Zugluft führten zu rheumatischen Beschwerden. Als typische Berufskrankheiten galten Entzündungen der Atmungsorgane, durchlöcherte Nasenscheidewände, Hautreizungen („Zementkrätze") und Bindehautentzündungen. Zudem lag das Unfallrisiko überdurchschnittlich hoch. Besonders gefährlich war das Brechen sogenannter Gewölbe von den Ofenwänden. In diesen Blasen aus versintertem Rohmaterial konnten sich Gase ansammeln, die beim Abbrechen in oft meterlangen Stichflammen austraten. Eine weitere Unfallgefahr waren Transmissionsriemen auf dem Erdboden, die die Arbeiter übersteigen mussten.

Gewerkschaftlich organisiert hatte sich um die Jahrhundertwende allenfalls jeder zehnte Zementarbeiter. Dementsprechend gab es selten Streiks, auf die die Unternehmensleitungen mit sofortiger Entlassung der wenigen Streikenden reagierten. Dabei hatten die Zementarbeiter trotz Löhnen, die in den meisten Werken über dem Reichsdurchschnitt lagen, manchen Grund zur Klage: Der Portier und der Kantinenwirt der Germania sollen sie mit einem Gummischlauch geprügelt haben. Laut dem „Proletarier", Organ der Gewerkschaft „Verband der Fabrikarbeiter Deutschlands", beschimpften Aufseher die Arbeiter als „Spitzbubenbande", „Schweineigels", „Affen" oder „dummes Vieh". In vielen Werken war das Kantinenessen „schweinemäßig", die Zahl der Waschmöglichkeiten und Spinde zu gering, Aborte liefen über. Das Gewerbeaufsichtsamt bemängelte 1911, bei der Hannoverschen Portland-Cementfabrik seien die vorhandenen Badeeinrichtungen mit zwei Wannen und vier Brausen zu knapp bemessen. Ein Einschreiten erachtete das Amt gleichwohl für unnötig, da die überwiegend aus Ost- und Südosteuropa stammenden Arbeiter angeblich „noch kein Badebedürfnis" hätten. Eine gewerkschaftliche Erhebung schlussfolgerte 1912: „Die Arbeit in den Zementfabriken erfordert mit geringer Ausnahme mehr eine robuste Gesundheit und starke Knochen als Denkfähigkeit, so daß Intelligenz nur in geringem Umfange unter den Zementarbeitern zu finden ist. Für geistig regsame Arbeiter ist die Zementindustrie mit ihrer sozialen Rückständigkeit nur eine Durchgangsstation, sofern sie nicht durch besondere Umstände festgehalten werden."

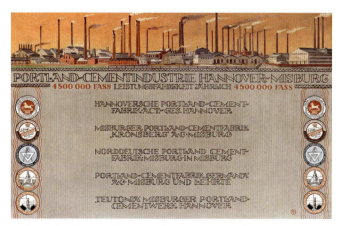

Werbeanzeige der Portland-Cementindustrie Hannover-Misburg, 1911

Die Stammbelegschaft immerhin erhielt freiwillige Sozialleistungen, die je nach Unternehmensleitung unterschiedlich ausfielen. Während Pensionsfonds oft nur leitenden Angestellten und Betriebsbeamten zugute kamen, versicherten nahezu alle Werke ihre fest angestellten Arbeiter bei Betriebskrankenkassen, die bei geringeren Beiträgen höhere Leistungen als die Ortskrankenkassen erbrachten. Betriebsbeamte und Stammarbeiter mit Familie fanden zu einem äußerst niedrigen Mietzins Unterkunft in werkseigenen Doppelhäusern mit Stallungen bzw. in Mehrfamilienhäusern. Einige Werke verpachteten zusätzlich günstig Grün- und Ackerland. Die Germania unterhielt eine eigene „Konsumanstalt", in der ihre Beschäftigten günstig Lebensmittel einkaufen konnten. Für Alleinstehende und Saisonkräfte entstanden Ledigenheime.

Einige aus Osteuropa stammende Wanderarbeiter ließen sich mit ihren Familien dauerhaft in Misburg nieder. Für ihr Seelenheil wurde auf einer kleinen Anhöhe die 1905 geweihte Herz-Jesu-Kirche errichtet. Sie erhob sich als „katholischer Tempel" inmitten einer neu entstehenden Arbeitersiedlung für die Zugezogenen, die die protestantischen Einheimischen deshalb „Jerusalem" nannten. Ihr altes Dorf bezeichneten sie als „Bethlehem".

EIN STÄNDIGES AUF UND AB

Während des Ersten Weltkriegs füllten Bestellungen des Militärs zwar die Auftragsbücher, aber es mangelte wie allerorts an Kohle, Transportmitteln und Ersatzteilen, um die Produktion auf Vorkriegsniveau fortsetzen zu können. Die zum Militär eingezogenen Stammarbeiter wurden durch Zwangsarbeiter, später auch durch Kriegsgefangene ersetzt, außerdem stellten die Werke vorübergehend Frauen ein. Bei der Hannoverschen Portland-Cementfabrik war 1918 jede vierte Arbeitskraft weiblich.

Nach desolaten Kriegs- und Nachkriegsjahren konsolidierte sich die Lage der Zementwerke in der zweiten Hälfte der 1920er-Jahre und die Unternehmen investierten in ihren Maschinenpark. Spätestens jetzt ersetzten Ring- und Drehöfen die alten Schachtöfen. Die modernen und teuren Maschinen bedienten zunehmend gelernte und angelernte Facharbeiter; die Zahl der Ungelernten sank auf etwa 50 Prozent. Rohmühlen, Trockenanlagen und Öfen wurden jetzt Tag und Nacht im Zweischicht-Betrieb in Gang gehalten.

Einen wesentlichen Aufschwung erfuhr Misburg, seit es 1927 über einen Stichkanal und einen eigenen Hafen mit dem Mittellandkanal verbunden wurde. Auf dem neuen Wasserweg gelangte Ruhrkohle zu erschwinglichen Transportkosten in die Werke, ebenso günstig konnte der fertige Zement nun verschifft werden. Die verbesserte Verkehrslage veranlasste weitere Industrien wie die Ölraffinerie Deurag-Nerag, sich in Misburg niederzulassen.

Nach kurzzeitigen Umsatzeinbußen am Ende der krisengeschüttelten Weimarer Jahre belebte sich mit der nationalsozialistischen Machtübernahme die Konjunktur: Das Regime brauchte große Mengen Zement für Autobahnen, Heeres- und Wehrbauten. In diese Ära fiel auch eine Ausweitung der Sozialleistungen und -einrichtungen für die zu den „Volksgenossen" gerechneten Beschäftigten. Die Werke führten einen gesetzlich geregelten Mindesturlaub ein und zahlten Weihnachtsgelder. Sie errichteten neue Kantinen, Badeanstalten sowie Werksbüchereien und bezuschussten Reisen ihrer Mitarbeiter mit der nationalsozialistischen Freizeitorganisation „Kraft durch Freude" (KdF). Zweck dieser Anstrengungen war es, die Identifikation der Beschäftigten mit Unternehmen und Staat zu fördern und ihre Produktivität zu steigern.

Viele Werke ließen sich jetzt elektrifizieren und investierten in energiesparende Lepolöfen, in denen die Zementklinker vor dem eigentlichen Brennvorgang bereits angewärmt und vorgetrocknet wurden. Durch zunehmende Automatisierung sanken die Beschäftigtenzahlen, in der Hannoverschen Portland-Cementfabrik beispielsweise auf 270 Arbeiter im Jahr 1935 (1900: 700 Arbeiter). Durch standardisierte Produktionsabläufe konnten im Zweiten Weltkrieg deutsche Zementarbeiter leichter als im vorangegangenen Krieg durch Zwangsarbeiter und Kriegsgefangene ersetzt werden.

In den letzten Kriegsmonaten legten alliierte Bombenangriffe, die der Raffinerie Deurag-Nerag galten, die Misburger Zementwerke in Schutt und Asche. Das Stammwerk der Norddeutschen Portland-Cementfabrik wurde so stark zerstört, dass der Konzern an seiner Stelle nach Kriegsende sein Werk „Alemannia" in Höver ausbaute. In den anderen Werken nahmen zunächst kleine Belegschaften von wenigen Dutzend Leuten wieder die Arbeit auf. Auf-

TRIEBFEDER DER INDUSTRIALISIERUNG: WERTVOLLE ROHSTOFFE

grund von Kohlemangel stellten sie zunächst nur Baukalk und Düngemergel her. Die Belegschaft der Hannoverschen Portland-Cementfabrik wuchs bis 1951 wieder auf 150 Mann, die im Juni jenes Jahres die ersten Waggons mit Zement beluden.

Obwohl alle hannoverschen Werke mit dem Ende des Zweiten Weltkriegs ihre Absatzgebiete im sowjetisch besetzten Teil Deutschlands verloren, bescherte ihnen der 1948 einsetzende Bauboom für die kommenden Jahrzehnte gute Bilanzen. Durch den Ausbau bestehender Sozialprogramme, vor allem durch die Schaffung von Wohnraum und zusätzliche Altersversorgungen, hatten auch die Belegschaftsangehörigen teil am Aufschwung. Die Tariflöhne stiegen deutlich, wobei sich die Einkommensspanne zwischen den niedrigsten und den höchsten Lohngruppen reduzierte. Die Wochenarbeitszeit fiel schrittweise von 49 Stunden (1950) auf 40 Stunden im Jahr 1971.

Modernisierungen hielten die Werke konkurrenzfähig. In den Steinbrüchen und zwischen Bruch und Werk ersetzten mobile Transportsysteme die älteren gleisgebundenen, die Produktionsanlagen wurden vergrößert. Filteranlagen entlasteten die Umwelt von Staub und Abgasen, die zuvor in großen Mengen freigesetzt worden waren; neue Öfen senkten den Energieverbrauch und den Abgasausstoß; Lärmschutzmaßnahmen schluckten vor allem die Geräusche der Rohmühlen. Bei sinkender Mitarbeiterzahl stieg die Jahresleistung eines Arbeiters von etwa 1 200 Tonnen im Jahr 1960 kontinuierlich auf fast 3 800 Tonnen im Jahr 1989 – um 1900 hatte sie gerade einmal 140 Tonnen betragen.

Mitte der 1970er-Jahre war der bundesdeutsche Nachholbedarf im Wohnungsbau gedeckt. Zudem geriet Beton gegenüber anderen Baustoffen wie Holz, Stahl, Glas oder Ziegeln ins Hintertreffen. Vor allem kleinere Unternehmen konnten sich nicht mehr auf dem Markt behaupten. In der Region Hannover produzieren heute nur noch zwei Zementwerke: das aus der Norddeutschen Portland-Cementfabrik AG hervorgegangene Werk in Höver, das jetzt zu einem Schweizer Konzern gehört, und die Teutonia Zementwerk AG in Misburg. Mehrere große, offene Gruben, in denen einst Kalkstein abgebaut wurden, prägen noch immer den östlichen Stadtrand Hannovers. Einige sollen in Kooperation der Teutonia mit der Stadt rekultiviert und teils zu Bauland für Einfamilienhäuser, teils zu einem Naherholungsgebiet mit Badesee und Naturpark werden.

ZEMENTWERK TEUTONIA IN HANNOVER-MISBURG

1897 errichteten Berthold Lange und Gerhard Bolze südlich des Misburger Verschiebebahnhofs das Portland Cementwerk Teutonia als Aktiengesellschaft. Schon anderthalb Jahre später verließ der erste Zement das Werk. Nach einer beträchtlichen Erhöhung des Aktienkapitals im Jahr 1899 entstanden unter anderem 14 neue Schachtöfen. Eine eigene Böttcherei stellte Fässer her, in denen Zement nach Übersee, vor allem nach Nordamerika, verschifft wurde. Nachdem 1908 ein Brand den größten Teil der Werksgebäude mit ihren hölzernen Tragwerken zerstört hatte, erfolgte der Wiederaufbau mit Tragwerken aus Stahl. Neuer Mittelpunkt der Produktionsanlagen wurden zwei Drehöfen von je 50 Meter Länge, die täglich 400 Tonnen Zementklinker brennen konnten. Dank weiterer Ausbauten stieg die Jahresproduktion bis auf etwa 200 000 Tonnen Zement, um nach dem Ersten Weltkrieg auf den Tiefststand von 6 000 Tonnen abzusinken. Erst nach 1923 erfolgten neue Investitionen, vor allem zur Erhöhung der Mühlenkapazität. 1927 nahm die Teutonia im Misburger Hafen hinter dem Steinbruch ein eigenes Becken mit Lagerplatz und Laufkran in Betrieb, um Kohlen, Zement und Klinker umzuschlagen.

Zementfabrik Wunstorf, um 1960

TRIEBFEDER DER INDUSTRIALISIERUNG: WERTVOLLE ROHSTOFFE

Nach verheerenden Bombentreffern musste das Werk im November 1944 stillgelegt werden. Schon im Sommer 1946 hätte es wieder Zement herstellen können, doch die britische Besatzungsmacht verweigerte angesichts des Kohlenmangels ihre Erlaubnis. Zudem stand das Werk auf der Liste der Produktionsanlagen, die als Kriegsentschädigung demontiert werden sollten. Ende 1947 strichen die Briten die Teutonia von der Demontageliste und erlaubten im Frühjahr 1948 die Wiederaufnahme der Zementproduktion. Bis dahin waren Kalkprodukte gefertigt worden.

Wie in den anderen Misburger Zementwerken ging der Wiederaufbau mit einer umfassenden Modernisierung einher. So wurden der gesamte Betrieb elektrifiziert, neue Drehöfen in Betrieb genommen und die Dampfbagger des Steinbruchs durch Dieselbagger ersetzt. Größere Vorratsräume ermöglichten es, auch bei geringerer Nachfrage eine täglich gleichbleibende Menge zu produzieren, um die Anlagen rentabel auszunutzen. Als erstes Unternehmen in Niedersachsen ließ das Werk durch die eigens gegründete Tochtergesellschaft Hannoversche Silo-Gesellschaft m. b. H. losen Zement in Spezialfahrzeugen ausliefern. 1953 begann der Bau eines größeren und näher gelegenen Werkshafens, den ein Stichkanal mit dem Misburger Hafen verband. Sein besonderer Vorteil war eine Sackstapelanlage, die Zementsäcke vollautomatisch im Schiffsrumpf verstaute. Rationalisierungen des Werks in jener Zeit zielten darauf, den bisherigen Drei- auf einen Ein-Schicht-Betrieb umzustellen.

Heute ist der Betrieb auf dem Gelände des ehemaligen Stammwerks eingestellt. Allerdings zeugen die mächtigen Silobauten nebst anderen Fabrikgebäuden von dem „mit fast amerikanischer Schnelligkeit entstandenen Industrieplatz", wie es der Misburger Heimatforscher Anton Scholand (1890?–1973) bildhaft ausdrückte.

▸ Hannover-Misburg.
▸ Das Gelände ist über einen Stichweg einsehbar, der nördlich des Güterbahnhofs parallel zur Güterumgehungsbahn verläuft.
▸ Bahnhof Hannover-Anderten/Misburg (S 3) oder Stadtbahn Linie 5 (Richtung Anderten), Haltestelle Anderten,
▸ Bus Linie 125, Haltestelle Hartmannstraße, alternativ zu Fuß vom Bahnhof Hannover-Anderten-Misburg (S3, S7).

Firmenlogo des früheren Zementwerks Teutonia in Hannover-Misburg

ZÄHMUNG VULKANISCHER KRÄFTE: DIE METALLINDUSTRIE

EIN GANZ BESONDERER STOFF

Metall ist in der Geschichte der Menschheit ein besonderer Stoff. Die Kunst, Metalllegierungen zu gewinnen und daraus unterschiedlichste Produkte herzustellen, von Schmuck über Haushaltswaren und Werkzeuge bis hin zu Waffen, leitete das Ende der Steinzeit ein. In der nordischen, griechischen und römischen Sagenwelt schmiedeten Wieland, Hephaistos bzw. Vulcanus – übrigens die einzigen Handwerker in den alten europäischen Götterhimmeln – prachtvolle, Macht repräsentierende Gegenstände mit zum Teil magischen Eigenschaften.

Auch im Industrialisierungsprozess nahm die Metallbearbeitung eine herausgehobene Rolle ein. Die zunehmend vervollkommnete Herstellung und Weiterverarbeitung großer Mengen Gusseisen und Stahl ermöglichte den Bau von Werkzeug- und Textilmaschinen sowie landwirtschaftlichen Be- und Verarbeitungsmaschinen. Vor diesem Hintergrund wandelte sich in Deutschland etwa von 1835 bis 1873 in nahezu allen Gewerben die traditionelle Hand- zur maschinengestützten Industriearbeit. Im Umkehrschluss sorgte die zunehmende Nachfrage aller Wirtschaftszweige nach den neuartigen Arbeitsmitteln für einen immensen Aufschwung des Maschinenbausektors. In noch höherem Maße bescherte der Eisenbahnbau den Betrieben der Metallindustrie randvolle Auftragsbücher. Die Region Hannover gehörte in Deutschland zu den Standorten mit einer überdurchschnittlichen Dichte von „Maschinenbauanstalten".

„ALTE SCHMIEDE" IN NEUSTADT-HELSTORF (HUFSCHMIEDE-MUSEUM FREHRKING)

Innenansicht der Schmiede Helstorf

Im ländlichen Raum rings um Hannover hatten vorindustrielle Formen der Arbeit noch bis weit in das 20. Jahrhundert hinein Bestand. Ein anschauliches Beispiel hierfür ist neben einer Vielzahl von erhalten gebliebenen Windmühlen auch die kleine Dorfschmiede im alten Ortskern von Helstorf. Der heutige Ortsteil von Neustadt am Rübenberge war ein typisches Dorf von Bauern, Handwerkern und Landarbeitern, bis – wie vielerorts – seit den 1950er-Jahren die zunehmende Ansiedlung verschiedener Gewerbe das landwirtschaftliche Gepräge überlagerte. Für historisch Interessierte und die Denkmalpflege ist es ein Glücksfall, dass die seit Ende des 19. Jahrhunderts am Ort existierende Schmiedewerkstatt nach dem Tod des letzten Dorfschmiedes lange Zeit fast unangetastet stehen geblieben ist. So war es dem Heimatverein Helstorf e. V. möglich, die zwischenzeitlich aufgetretenen Gebäudeschäden zu reparieren und die Schmiede mit ihrer kompletten originalen Ausstattung 1989 als Museum in Betrieb zu nehmen.

Schmiede gehörten zu den wenigen Handwerkern, die schon vor der Einführung der Gewerbefreiheit im Jahr 1869 ihre Tätigkeit außerhalb der Städte ausüben durften. Sie brachten es – anders als Schneider oder Schuster auf dem Land – zu einem gewissen Wohlstand, denn ihre Gerätschaften waren zu teuer und ihre Kenntnisse zu speziell, als dass ländliche Haushalte sich diese selber hätten aneignen können.

Die Helstorfer Schmiede ist in einem 1889 errichteten Backsteinbau untergebracht, der durch seinen markanten Schornstein und die alten Metallgitterfenster schon aus der Ferne als Werkstattgebäude auszumachen ist. Die ortsansässige Familie Frehrking erledigte hier alle im Umkreis anfallenden Schmiedearbeiten, vom Beschlagen der Pferde (hierbei half ein überdachter hölzerner „Zwangsstall" auf dem Außengelände) über das Anfertigen und Aufziehen eiserner Radreifen bis hin zur Reparatur der landwirtschaftlichen Geräte. In der ersten Hälfte des 20. Jahrhunderts arbeiteten außer Vater und Sohn zeitweise bis zu drei Gesellen und zwei Lehrlinge in der Schmiede. Mit dem Tod von Wilhelm Frehrking wurde der Betrieb 1965 aufgegeben. Seit Beginn der 1950er-Jahre war es für die klassischen Landhandwerke zunehmend schwieriger geworden, ihr Auskommen zu finden. Landwirte ersetzten Pferd und Ackerwagen zunehmend durch Schlepper und „Gummiwagen".

Bei einem Besuch des Museums, in dem gelernte Schmiede und Hufschmiede das alte Handwerk authentisch vorführen, lohnt sich auch eine Besichtigung der benachbarten Scheune mit einer großen Sammlung heimatgeschichtlicher Exponate.

▸ Neustadt am Rübenberge-Helstorf, Walsroder Straße 16.
▸ Geöffnet von März bis Oktober am jeweils 3. Sonntag im Monat von 10–17 Uhr.
▸ Buslinie 870 (Sonn- und Feiertags als RufBus, Anmeldung unter Tel. 05032 / 809 300), Haltestelle Helstorf / Walsroder Straße oder Buslinie 460, Haltestelle Helstorf / Wienhöfer.

DIE NEUSTÄDTER HÜTTE IN NEUSTADT AM RÜBENBERGE

SPRUNGHAFTES WACHSTUM EINES LANDSTÄDTCHENS

Seit 1843 die erste Lokomotive durch das Königreich Hannover schnaufte, grassierte auch hier das „Eisenbahnfieber". Der Bau von Gleisen und Lokomotiven verschlang Unmengen von Stahl und Eisen. Die 1856 gegründete Neustädter Hütten-Gesellschaft wollte mit der Produktion von Eisenbahnschienen an dem lukrativen Geschäft teilhaben. Neustadt am Rübenberge bot sich als Standort an: Weil es seit 1847 an die Eisenbahnlinie Hannover–Bremen angeschlossen war, konnte die Hüttengesellschaft ihren wichtigsten Rohstoff, das Eisenerz, per Bahn aus dem Raum Salzgitter heranschaffen. Die reichen Torfvorkommen des nahe gelegenen Toten Moores sollten als billiges Feuerungsmittel für die Schmelzöfen die-

nen, wenngleich der Abbau und die Trocknung des Torfs sehr personalintensiv waren.

Auf freiem Feld, etwa 15 Gehminuten westlich des einstigen Residenzstädtchens mit seinen knapp 1 500 Einwohnern, entstand eine große Anlage zur Eisenverhüttung mit zwei Hochöfen, einem Puddelwerk zur Herstellung von Schmiedeeisen und Stahl sowie einem Walzwerk. Bald führte die Hüttengesellschaft über 1000 Männer auf ihrer Lohnliste, die teils im Moor, teils im Werk arbeiteten. Sie kamen größtenteils aus Westfalen und Schlesien, etliche brachten ihre Familien mit. Als Unterkunft dienten unter anderem Wohngebäude, die sich zwischen zwei Koppelwegen erstreckten und rasch „Langer Jammer" hießen. Die Obrigkeit fürchtete, dass sich unter den vielen Zugezogenen „eine große Menge mindestens zweifelhafter Leute" befände. Um sie unter Kontrolle zu behalten, befristete der Neustädter Magistrat ihre Arbeits- und Aufenthaltserlaubnis auf jeweils ein Jahr. Landgendarmen überwachten, dass sich niemand unbefugt in Neustadt aufhielt. Zusätzlich sorgte ein Reglement der Landdrostei (der Vorläuferbehörde des Regierungspräsidenten) „über die polizeiliche Beaufsichtigung der Arbeiter der Neustädter Hüttengesellschaft" für Ruhe und Ordnung in Werk und Stadt. Streiks waren streng verboten; auch Trunkenheit, Schlägereien, Trägheit, „Unbescheidenheit", Ungehorsam oder leichtsinniges Schuldenmachen rechtfertigten eine fristlose Kündigung. Zerbrochene Fensterscheiben und ähnliche Schäden wurden auf Kosten sämtlicher Arbeiter des betroffenen Arbeitsbereiches repariert, wenn sich der Verursacher nicht fand. Die Direktion durfte das Reglement jederzeit einseitig verändern.

Zur Betreuung der oft katholischen Schlesier und Westfalen entsandte das Generalvikariat in Hildesheim, zu dessen Bistum Neustadt gehörte, einen Vikar, der die kleine Gemeinde betreute und ihre Kinder unterrichtete. Für seinen Unterhalt kamen das Hüttenwerk und die vor Ort lebenden Katholiken auf. Als 1859 ein Brand das Werk teilweise zerstört hatte, konnte das Unternehmen nicht mehr verhehlen, dass es um seine Liquidität schon vorher schlecht bestellt und ein Konkurs unabwendbar war. Die ersten Gläubiger schafften bereits Materialien vom Werksgelände, Geld zur Entlohnung der Arbeiter war nicht mehr vorhanden. Bürgermeister, Landdrostei und Gendarmerie ließen aus Furcht vor Unruhen vorsorglich in Wunstorf Militär bereitstellen. Parallel verhandelten sie mit der Hütte über den Kauf von fertiggestellten Eisenblechen und Bahnanlagen. So konnten die Arbeiter schließlich doch ausgezahlt werden und verließen Neustadt, ohne dass Blut vergossen wurde.

DER „EISENBAHNKÖNIG" WAGT EINEN NEUANFANG

Zehn Jahre später, kurz nach seinem Erwerb der Egestorffschen Maschinenfabrik in dem heute hannoverschen Stadtteil Linden (der späteren Hanomag) ersteigerte der „Eisenbahnkönig" Bethel Henry Strousberg (1823–1884) das stillgelegte Hüttenwerk. Es sollte unter anderem die Bleche für die in Linden gebauten Lokomotivkessel liefern. Als Facharbeiter kamen knapp 500 Männer aus dem Rheinland, Westfalen und Schlesien, fast die Hälfte davon mit Ehefrau und Kindern. Für sie errichtete das Werk zwischen 1870 und 1875 100 Wohnungen am Liebfrauenkamp, am Zehnmorgenplatz und zwischen Hütte und Bahnhof. Hier sollte jeweils eine Familie das Erdgeschoss bewohnen und die Kammern in den Obergeschossen untervermieten. So konnten die Hauptmieter ihre Mietbelastung senken und, so hoffte das lokale Bürgertum, ihre zumeist ledigen Untermieter zu einem geregelten Tagesablauf und gemäßigtem Freizeitverhalten anhalten.

Die katholische Gemeinde lebte wieder auf und das Bistum sandte erneut einen Vikar. Der berichtete seinem Bischof von unerwarteten Schwierigkeiten: „Ein Übelstand beim sonntäglichen Gottesdienste war der alle Erbauung zerstörende Gesang. Denken sich Ew. Excellenz 60 kräftige Männerstimmen, von denen die einen dasselbe Lied nach schlesischer, die anderen nach rheinländischer, die dritten nach westfälischer Melodie singen, und jeder bemüht sich, seine Weise zur Geltung zu bringen – und Sie haben einen schwachen Begriff von unserem Kirchengesange." – Der Kauf einer alles übertönenden Orgel löste das Problem.

Strousberg stellte die Hütte auf die Nutzung ergiebigerer und günstigerer Steinkohle um. In den ersten beiden Jahren unter seiner Leitung verdreifachte sich die Produktion von Roheisen, Blechen, Gusswaren und Halbfabrikaten durch die Einführung eines erhöhten Arbeitstempos und einer differenzierten Arbeitsteilung innerhalb

ZÄHMUNG VULKANISCHER KRÄFTE

des Werks. Ungeachtet dieser Erfolge brachte die Konjunkturkrise des Jahres 1873 den Betrieb ein Jahr später zum Erliegen. Strousberg investierte: Er legte den Hochofen still und stellte abermals die Energieversorgung der Hütte um. Jetzt machte er sich die von Friedrich Siemens (1826–1904) erfundene regenerative Torfgasfeuerung zunutze, bei der Generatoren Torf zu Gas umwandelten.

Das erneuerte Werk, bei dessen Umbau kaum eine Wand des alten Betriebs stehen geblieben war, war auf 17 Puddelöfen, 16 Schweißöfen, einen Blechglühofen, einen Panzerplattenofen und 26 Dampfkessel erweitert worden. Es stand gerade wieder richtig unter Dampf, als Strousberg 1875 in Moskau wegen illegaler Geschäftspraktiken verhaftet wurde. 1878 meldete die Hütte Konkurs an. Auf der nachfolgenden Zwangsversteigerung erhielt eine Gruppe naher Verwandter und Geschäftsfreunde Strousbergs den Zuschlag. Nach seiner Haftentlassung verkauften sie ihm die Hütte zu einem überzogenen Preis. Diesen ließen sie als Hypothek auf Werk und Grundstück eintragen, um die Anlage vor dem Zugriff von Strousbergs Gläubigern zu schüt-

Turm auf dem einstigen Hüttengelände

zen. Trotz dieser Hilfsaktion konsolidierte sich der gefallene „Eisenbahnkönig" finanziell nicht mehr. Als er in ärmlichen Verhältnissen starb, endete auch die Geschichte der Neustädter Hütte.

1882 übernahmen die Hannoverschen Torfwerke AG das Gelände, bis es 1888 in die Hände der Firma Sittig und Joch und 1935 in die Hände von Robert Kuhlmann überging. Bis zur Betriebsaufgabe in den 1970er-Jahren entstanden hier Rohdachpappen, dann wurden die meisten Werksbauten abgerissen. Zurück blieben eine chemikalien- und schwermetallbelastete Industriebrache und wenige Gebäude.

Historische Ansicht der Neustädter Hütte

Die einstige Größe des Unternehmens spiegelt noch heute die stattliche Direktorenvilla direkt hinter dem Torgebäude am Straßenzug „Landwehr" wider, ein hell verputzter, zweigeschossiger Bau im Stil eines italienischen Renaissance-Palazzos mit rundbogigen Fensternischen und in den Putz eingearbeiteter Scheinquaderung im Bereich des Obergeschosses. An der westlichen Schmalseite erhebt sich ein Aussichtsturm, den gotisierende Ecktürmchen krönen. Der repräsentative Bau wird der ersten Phase der Neustädter Hütte, also vor der Übernahme durch Strousberg, zugeschrieben und dürfte kurz vor 1860 entstanden sein. In seinen Architekturformen zeigt er sich als typischer Vertreter des hannoverschen Rundbogenstils jener Jahre. Das Objekt steht seit einiger Zeit leer und harrt – wie das gesamte Gelände – einer ungewissen Zukunft.

Im deutlichen Kontrast zur Villa stehen das Torhaus sowie die noch vorhandenen Reste der Hüttengebäude, die unzugänglich im südlichen Teil des Grundstückes liegen. Bei ihnen handelt es sich um streng gegliederte Zweckbauten aus rotem Backstein. Das Torhaus und die Ruine des Maschinenhauses besitzen niedrige Halbgeschosse unter den Dachtraufen, wie sie auch in der italienischen Renaissance beliebt waren, und passen sich damit trotz des anderen Materials ihrer Außenhaut und ihrer nahezu rechteckigen Fenster mit extrem flachen Segmentbögen stilistisch der Direktorenvilla an. Den überwiegenden Teil der einstigen Werkshallen muss man sich mit hohen Rundbogenfenstern versehen ganz ähnlich der ersten Lokrichthalle vorstellen, deren Reste noch am Westrand des früheren Eisenbahnausbesserungswerkes in Hannover-Leinhausen zu sehen sind.

▸ Neustadt am Rübenberge, Hüttenplatz 1.
▸ Das frühere Hüttengelände und das Innere der Villa sind unzugänglich, jedoch bestehen gute Einblicke vom öffentlichen Fußweg aus.
▸ Buslinie 804 (abends, Sonn- und Feiertags als RufBus, Anmeldung unter Tel. 05032 / 809 300), Haltestelle Neustadt / Landwehr / F. Kuhlmann.

MASCHINENFABRIK HANOMAG IN HANNOVER-LINDEN

SELBSTBEWUSSTE INDUSTRIEARCHITEKTUR

Gleich hinter dem Deisterplatz im heutigen hannoverschen Stadtteil Linden-Süd begann der Aufstieg der hannoverschen Großindustrie. Hier setzt sich die kantige Kanonenwerkstatt der Hanomag aus dem Jahre 1916 mit einem aufwendigen (Triumph-)Bogen aus farbigen Kacheln, glasierten, tönernen Majolika-Quadraten und Produktdarstellungen selbstbewusst in Szene. Zwei männliche Figuren, „Industrie" und „Arbeit", ausgeführt von den Bildhauern Werner Hantelmann (1871–1939) und Georg Herting (1872–1951), flankieren die oberen Gebäudeecken. Die Seitenflügel an der Göttinger- und der Hanomagstraße sind zeitgleich mit vereinfachenden Pfeilerfassaden der neuen Industriearchitektur fortgeführt, über die sich noch ein Attikageschoss legt. Der Kopfbau bildet den Auftakt einer komplexen Gruppe unterschiedlicher Industriebauten – und diese sind doch nur ein kleiner, aber eindrucksvoller Rest des einst ausgedehnten Hanomag-Areals, das sich nach Osten bis zur Bornumer Straße und nach Süden bis zur Güterumgehungsbahn erstreckte.

ZÄHMUNG VULKANISCHER KRÄFTE

Fassade der früheren Hanomag-Fabrik

An einem Vorplatz an der Hanomagstraße bildet das von Georg Philips 1903 entworfene Verwaltungsgebäude ein repräsentatives Entree zum Werksgelände. Der Mittelbau zeugt mit der dreibogigen Säulenhalle, darüberliegenden hohen Fensteröffnungen mit Huldigungsbalkon und der großen Glockenkuppel mit dekorativer Laterne, wie sie auch das fast zeitgleich entstandene hannoversche Neue Rathaus schmücken, vom Drang nach aufwertender Selbstdarstellung. An der Ostseite fasst ein 1908 vom selben Architekten entworfenes Beamtenwohnhaus den Schmuckplatz ein. Dessen Fassade wurde erst 1922 verputzt, neu gegliedert und mit leicht barockisierenden Volutengiebeln versehen. Den ausgedehnten Trakt entlang der Göttinger Straße, 1939/40 nach Plänen des Kölner Architekten Emil Rudolf Mewes (1885–1949) gebaut, beherbergte beiderseits des breiten Werktors unter anderem Sozial-, Wasch-, Werksluftschutz- und Feuerwehrräume. Mit monumentaler Wirkung begleitet diese Gruppe klar unterschiedener Baukörper den engen Straßenraum. Vor dem Tor bilden flankierende, turmartig aufsteigende Bauten einen Hof. Ihre monumentale Vertikalgliederung wird durch Plastiken der vier Elemente Feuer, Luft, Wasser und Erde verstärkt, die aus der Fassade hervorstoßen. Das links der Einfahrt aufgestellte heroisierende Arbeiterstandbild „Beherrscher der Elemente", das Georg Herting 1941 schuf, verschleierte die realen Arbeitsbedingungen unter dem nationalsozialistischen Regime. 1943 wurde die südlich anschließende Halle für die Produktion von Flugabwehrkanonen errichtet. Die dreischiffige Stahlkonstruktion war ursprünglich als U-Boot-Halle in Wilhelmshaven gedacht, dann aber nach Hannover überführt und nach Plänen von Mewes mit Ziegelwänden ummantelt worden. Die Belichtung der Halle erfolgt über Oberlichtkästen und seitliche Fensterschlitze.

VOM KOCHTOPF ZUR LOKOMOTIVE

Die Hanomag entwickelte sich aus der 1835 gegründeten „Eisen-Giesserey und Maschinen-Fabrik von Georg Egestorff zu Linden vor Hannover". In der Fabrik, die einst den gesamten Standort Linden dominierte, fertigten anfangs 20 Arbeiter ein buntes Sortiment von Kleineisenguss und Schmiedewaren, unter anderem Maschinenteile, Kochtöpfe, Ambosse, Ofentüren, Uhrengewichte, Zahnräder und Grabkreuze. Doch Egestorff (1802–1868) hatte ein sicheres Gespür für den Markt der Zukunft. Bereits 1836 lieferte das Werk die ersten zwei Dampfmaschinen von jeweils 6 PS aus. Wichtigster Abnehmer für solche Maschinen waren ländliche Branntweinbrennereien oder Mühlen in der näheren Umgebung, ab den 1850er-Jahren zunehmend auch Tuchfabriken, Brauereien, Buchdruckereien, Sägewerke oder die staatlichen Eisenbahnwerkstätten. Außerdem erzeugte die Hanomag Werkzeugmaschinen wie Drehbänke oder Bohrmaschinen.

Aus dem Ausland, vor allem aus England, Frankreich, Holland und Belgien, warb Egestorff auch hochbezahlte Facharbeiter, Konstrukteure und Ingenieure an. Diese lernten dann einheimische Arbeiter an. Männer mit dem begehrten Know-how konnten sich ihren Arbeitgeber aussuchen und wechselten häufig die Stelle. So war der Aufbau eines Stammes von Maschinenfacharbeitern teuer. Egestorff zahlte ihnen 1857 mehr als doppelt so viel wie den Arbeitern in seiner Chemischen Fabrik und mehr als dreimal so viel

ZÄHMUNG VULKANISCHER KRÄFTE

wie seinen Kalkbrennern. Außerdem war es unter den Pionieren der Industrialisierung üblich, sich inkognito über die Produktionsweisen von Konkurrenten kundig zu machen. So bat Egestorff seinen Schwiegersohn in spe, vor dem Eintritt in seine Maschinenfabrik bei Mitbewerbern in Esslingen oder Karlsruhe zu arbeiten.

Um 1845 gehörten zu den Fabrikationsanlagen unter anderem eine Dreherei mit einer Dampfmaschine von 20 PS für den Antrieb von etwa 50 verschiedene Hilfsmaschinen wie Bohr- und Hobelmaschinen oder Drehbänken, eine Schlosserwerkstatt, eine Montagewerkstatt, eine Schmiede mit 24 Essen, eine Kesselschmiede sowie eine Tischlerwerkstatt. Doch Egestorff verfolgte weitreichendere Ziele. Seit 1842 bemühte er sich um einen Auftrag der Königlich Hannoverschen Eisenbahndirektion zum Bau einer Lokomotive. Sein in Eigeninitiative gebautes Erstlingswerk, die nach dem Landesvater benannte „Ernst August", übergab er der hannoverschen Staatsbahn im Juni 1846. Die Eisenbahngesellschaft setzte sie noch im gleichen Monat zur Jungfernfahrt auf der Strecke Lehrte–Hildesheim ein. Obwohl die illustre Festgesellschaft unterwegs wegen eines technischen Defekts der Lok auf eine Ersatzmaschine warten musste, begründete die „Ernst August" eine für Egestorff fruchtbare neue Geschäftsverbindung; Pannen waren in der Anfangszeit der Eisenbahn an der Tagesordnung. In den 1850er-Jahren stellte er den Werkzeugmaschinenbau ein und spezialisierte sich – als einziger Anbieter in Nordwestdeutschland – auf den Bau von Lokomotiven und Tendern. Bis 1866 bezog die hannoversche Bahn fast drei Viertel ihrer Lokomotiven aus Linden. Außerdem hatte Egestorff mit dem Beitritt des Königreichs Hannover zum Zollverein (1854) Kundschaft für seine Dampfrösser und sonstiges Eisenbahnmaterial weit über Hannovers Grenzen hinaus gewonnen. Lediglich der Absatz von Dampfmaschinen blieb auf den hiesigen Raum beschränkt.

Die Auslieferung einer Lokomotive war ein besonderes Schauspiel. Sie wurde auf einen Wagen geladen, den 24 Pferde zum hannoverschen Bahnhof zogen. Ein Begleitwagen führte das notwendige Werkzeug mit, um unterwegs auftretende Schwierigkeiten zu meistern. Hunderte von Menschen begleiteten den ungewöhnlichen Konvoi, dem Polizisten einen Weg durch die Menge bahnten. Besondere Aufregung herrschte bei allen Beteiligten, wenn die langen, sperrigen Wagen durch die verwinkelten Straßen der hannoverschen Altstadt manövriert werden mussten. Nach Eröffnung der Eisenbahnlinie Hannover–Altenbeken im Jahr 1872 wurden die neuen Lokomotiven dann ohne viel Aufsehen auf ein firmeneigenes Anschlussgleis gesetzt, das zum Bahnhof Linden-Fischerhof führte.

Mosaikdetail am Deisterplatz

ARBEIT IN DER „CYKLOPEN-WERKSTATT"

Fasziniert beschrieb ein 1847 erschienener Stadtführer, wie in Egestorffs neuartiger Produktionsstätte die Hämmer schlugen, die Maschinen brausten und „dicker Dampf aus der Cyklopen-Werkstatt emporwirbelt". Inmitten dieses Höllenspektakels rackerten die Arbeiter bei zwei Stunden Pause im Sommer von 5 Uhr bis 19 Uhr, im Winter von 6 Uhr bis 18 Uhr. Egestorff hielt das Gros seiner Kräfte „von ziemlich roher Natur" und erließ deshalb ein Arbeitsreglement. Es sah Geldstrafen für „Nichtstun" und „Zanksucht", aber auch Prämien für gute Leistungen vor. Außerdem bedienten seine Beschäftigten nicht – wie etwa die Arbeiterinnen und Arbeiter in der hannoverschen Textilindustrie – mechanisch Maschinen, die den Arbeitsrhythmus vorgaben. Stattdessen arbeiteten bei ihm hochqualifizierte Meister und Gesellen verschiedener Gewerke, die ihre Ausbildung zumeist noch in einer Zunft erfahren hatten, „aus freier Hand", sodass der ganze Betrieb wie „eine zusammengesetzte Werkstatt" anmutete, wie Egestorff in seinen Memoiren stolz hervorhob.

Aufgrund ihrer Qualifikation und ihrer zahlenmäßigen Stärke entwickelten die Metallarbeiter in Linden wie anderenorts ein außerordentliches Selbstbewusstsein, das sich bis in das späte 20. Jahrhundert hinein durch eine breite gewerkschaftliche Organisation und einen ausgesprochenen Widerstandsgeist ausdrückte. Bereits in den Unruhen der Revolutionsjahre 1848/49 nahmen die Lindener Maschinenbauer eine tragende Rolle ein. Allerdings war ihrem ersten Streik im März 1848 für eine Verkürzung der Arbeitszeit kein Erfolg beschieden. Militär und Bürgerwehr verhinderten ein „Eindringen des Lindener Mobs, namentlich der Egestorffschen Arbeiter" in die Stadt Hannover; etliche Streikende sollen sich laut Polizeibericht daraufhin frustriert bis zur Ohnmacht betrunken haben. Auch ein Folgestreik im Oktober, in dem die Arbeiter ihre Forderungen wiederholten, wurde nach drei Tagen niedergeschlagen.

„DER KERL WIRD NÄCHSTENS DEUTSCHER KAISER"

Nach Egestorffs Tod 1868 boten seine Erben das Werk zum Verkauf an. „Eisenbahnkönig" Bethel Henry Strousberg griff zu. Er hatte ein Vermögen gemacht, indem er in Preußen als Generalunternehmer mehr als 1 000 Kilometer Eisenbahnstrecke erbaut hatte, und eben erst den Zuschlag erhalten, in Rumänien ein Schienennetz von 900 Kilometer Länge zu verlegen. „Der größte Mann in Deutschland ist unbedingt Strousberg. Der Kerl wird nächstens deutscher Kaiser. Überall, wohin man kommt, spricht alles nur von Strousberg", berichtete Friedrich Engels (1820–1895), Mitverfasser des „Kommunistischen Manifests", seinem Freund Karl Marx (1818–1883). Anlass für den Kauf der Egestorffschen Maschinenfabrik war ein Zerwürfnis Strousbergs mit dem Berliner Fabrikanten Albert Borsig (1829–1878), dem Marktführer im europäischen Lokomotivbau. „Diese Beleidigung empörte mich auf's Äußerste", hielt Strousberg darüber für seine Nachwelt fest. „Man war damals auf Borsig angewiesen, und da ich mich entschlossen, nie wieder etwas bei ihm zu bestellen, so blieb mir nichts übrig, als mir selbst eine Locomotiv-Fabrik anzulegen." In kürzester Zeit kaufte Strousberg in ganz Deutschland Berg- und Hüttenwerke, Stahl- und Walzwerke. Die Maschinenfabrik in Linden war neben einer Hütte in Dortmund das Herzstück des Ganzen, „alles später Acquirirte war zur Completierung dieser Anlagen bestimmt". Planvoll entstand ein vertikal gegliederter Konzern, dessen einzelne Teilunternehmen sich von der Gewinnung der Rohstoffe über ihre Veredelung bis zur Fertigung des kompletten Endprodukts – in diesem Fall Schienen, Waggons, Lokomotiven und Brückenbaumaterial – ergänzten. Die unternehmerische Logik hinter Strousbergs Vorgehen, heute weltweit praktiziert, erkannten seine Zeitgenossen noch nicht; kopfschüttelnd nannten sie ihn „den Mann, der alles kauft". Strousberg war's egal; er setzte seine Produkte unter Ausschaltung jeglichen Zwischenhandels äußerst profitabel ab.

Unter Strousbergs Leitung verfünffachte sich bis 1871 die Zahl der in Linden hergestellten Lokomotiven auf 200 pro Jahr. Damit war Borsig deutlich überrundet. Die Produktionssteigerung gelang Strousberg, indem er über 2 000 Arbeiter aus ganz Preußen anwarb und die Werkhallen erweiterte. Darüber hinaus ließ er nicht mehr Einzelstücke nach den speziellen Wünschen ihrer Besteller, sondern nur noch festgelegte Typen von Lokomotiven oder Waggons in Serie bauen. In einer eigens errichteten Montagehalle von 113 Meter Länge und 73 Meter Breite, die von fast 300 Säulen getragen wurde, schraubten und hämmerten Arbeiter an bis zu 36 Lokomotiven und 24 Tendern gleichzeitig und schoben sie mithilfe von Laufkränen und Schiebebühnen von einer Fertigungsstufe zur nächsten – eine der ersten Fließbandproduktionen in Deutschland.

Neben dieser innovativen Arbeitsorganisation steigerte Strousberg die Effizienz seiner Arbeiter durch die Verkürzung ihrer täglichen Arbeitszeit. Dies brachte ihm in der öffentlichen Meinung große Sympathien ein – sogar bei Friedrich Engels, der wohl nur eine entsprechende Bekanntmachung Strousbergs unhinterfragt zur Kenntnis nahm: „In Folge (...) wird die Arbeitszeit der Maschinenfabrik und Eisengießerei von heute ab von 11 Stunden pro Tag auf 10 Stunden pro Tag reducirt, und bringen wir mit Vergnügen diese Bestimmung, als ein Zeichen des Wohlwollens unseres Chefs für seine Arbeiter, hierdurch zur allgemeinen Kenntniß (...)." Tatsächlich jedoch zwackte die Direktion die besagte Stunde von den Pausenzeiten der Arbeiter ab. Ihre Arbeitszeit erstreckte sich jetzt an sechs Tagen in der Woche von 6 bis 18 Uhr, unterbrochen von einer halbstündigen Pause am Vormittag und einer eineinhalbstündigen Mittagspause. Weggefallen war eine Vesperpause am Nachmittag. Zu häufig hatten Fabrikarbeiter die Pausen für „unverhältnismäßig theueres und unmäßiges Essen und Branntweintrinken" genutzt, „so daß vielfach für den ganzen Tag der Kopf umnebelt und die Energie erschlafft sei". So jedenfalls hatte Moritz Rühlmann (1811–1896), der als Professor an der höheren Gewerbeschule in Hannover und Redakteur der „Mittheilungen des Gewerbe-Vereins für das Königreich Hannover" tätig war, bereits 1866 in einem Vortrag vor dem hannoverschen Lokalgewerbeverein für kürzere Pausen agitiert. Weiterhin sorgte Strousberg mit einer Kontrollmarke als früher Form der Stechuhr für Disziplin am Arbeitsplatz. Jeder Arbeiter musste seine Marke bei Arbeitsbeginn in seiner Werkstatt an eine Nummerntafel hängen. Fehlte nach Schichtbeginn eine Marke wiederholt, wurde ihrem Besitzer vom nächsten Lohn eine Ordnungsstrafe abgezogen.

Bei allen disziplinarischen Maßnahmen war Strousberg sich der Not und Missstände der Arbeiterfamilien bewusst: „Man beschwert sich über die Arbeiterverhältnisse, über Streiks und verdammt die verschiedenen Bewegungen, die den Arbeiter von Genossenschaften bis zum Sozialismus aufmuntern, aber man fragt sich nicht, woher dies alles entsteht. (...) Diejenigen, die nur die Fehler der arbeitenden Klasse sehen, vergessen (...) wieviel der große Fabrikant an ihnen gesündigt hat. Der Arbeiter wird rücksichtslos entlassen, wenn man ihn nicht mehr braucht, sein Lohn wird soweit als thunlich reducirt, und bis vor kurzem hat man sich nie darum gekümmert, wie er wohnt und was aus ihm wird, und dann wundert man sich, daß er der Demagogie anheimfällt", rechnete Strousberg 1876 in seinen Memoiren mit dem Gros der Un-

Grafik „Die Trinker" aus der Serie „Deutscher Bilderbogen für Jung und Alt", um 1870

ZÄHMUNG VULKANISCHER KRÄFTE

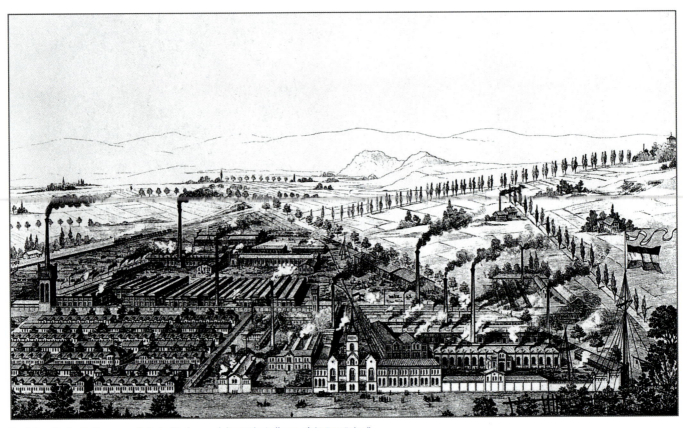

Betriebsgelände der Hanomag, links im Vordergrund die Werkssiedlung „Klein-Rumänien"

ternehmer ab. Dabei war er weit von sozialistischem Gedankengut entfernt: „Man würde irren, wenn man glaubt, daß ich meinen Arbeitern etwas geschenkt oder mir etwas Ungebührendes gefallen gelassen hätte. In meinen Fabriken war ich Herr, und nach mir und meinem Director mußte sich alles richten; der Arbeiter hatte für seinen Lohn sein Tagwerk zu leisten, und was ich für ihn schaffte, mußte er bezahlen oder entsprechend verzinsen." Auch seine Arbeiter waren sich des Interessengegensatzes durchaus bewusst: Unter ihrer maßgeblichen Beteiligung entstand 1868 in Hannover die Allgemeine Deutsche vereinigte Metallarbeiterschaft, eine Vorgängerin der IG Metall.

„KLEIN-RUMÄNIEN" MITTEN IN LINDEN

Für die angeworbenen Arbeiter ließ Strousberg an der Göttinger Straße eine im Volksmund „Klein-Rumänien" genannte Werkssiedlung errichten. Der Name spielte darauf an, dass ein großer Teil der hergestellten Lokomotiven nach Rumänien gehen sollte. Genauso schwingt mit, dass hier von außerhalb Zugezogene wohnten. Wie seine Lokomotiven standardisierte Strousberg auch die Grundrisse seiner Werkswohnungen in Linden und anderswo. Der am Reißbrett entstandene Siedlungsgrundriss für „Klein-Rumänien" sah zwischen der Göttinger Straße und dem Werktor sieben Häuserzeilen vor, die sich, Rückfront an Rückfront, an drei Straßenzügen aufreihten. Eine Erschließungsstraße durchquerte die Siedlung in ganzer Länge und band sie an die Göttinger Straße, also die Außenwelt, und das Werkstor an.

Eine der Straßenkreuzungen, der Brunnenplatz, wurde zum Zentrum der Siedlung ausgebaut. Hier befanden sich eine Wirtschaft und Geschäfte, deren Verkaufspreise die Werksleitung überwachte. Außerdem stand hier ein Brunnen, aus dem sich die Haushalte mit Wasser versorgten. In den Querstraßen reihten sich nach den Plänen der hannoverschen Architekten Ferdinand Wallbrecht (1841–1905) und Georg Hägemann (1844–1892) 144 zweigeschossige Häuser mit 228 Wohnungen zu je 66 Quadratmetern aneinander. Hinter den Rückfronten der Häuserzeilen lagen kleine Höfe mit den Aborten. Außerdem verlief hier, parallel zur eigentlichen Straße, ein kleiner Weg. Im Erdgeschoss der Häuser befanden sich jeweils eine Küche, eine Stube und eine Kammer für den Hauptmieter mit seiner Familie, im Obergeschoss waren drei bis vier weitere Kammern. Der Mietvertrag verpflichtete den Hauptmieter, diese Kammern an mindestens zwei und höchstens sieben Kostgänger unterzuvermieten. 1874 waren die Wohnungen nicht, wie ursprünglich geplant, mit durchschnittlich zehn, sondern fünfzehn Personen belegt. Lange hielten die Untermieter dies nicht aus: Fast ein Drittel zog nach weniger als einem Monat wieder aus, nur jeder siebte Schlafgänger blieb länger als ein Jahr im gleichen Haus.

An den Kopfenden der langen Hauszeilen lagen geräumigere Zweifamilienhäuser für Werksangehörige in herausgehobener Position wie Aufseher oder Kontoristen. Damit setzten sich Hierarchie und Kontrollfunktion des Werks im privaten Wohnumfeld fort, denn die Bewohner der Eckhäuser konnten von ihren Fenstern aus sehen, was sich auf der Straße tat. Die kleinen Wege entlang der Rückfronten hingegen blieben ihren Blicken verborgen. Gerade die hier gelegenen Hauseingänge aber benutzten die Bewohnerinnen und Bewohner anstelle der an der Straße gelegenen Eingänge. Weil die Mieterinnen und Mieter von „Klein-Rumänien" keine Memoiren hinterlassen haben, lässt sich über die Gründe dieser „Drehung des Hauses" (Wolfgang Voigt) nur spekulieren. Setzten sie die auf dem Land verbreitete Gewohnheit fort, den Hauseingang an der Vorderfront nur zu außergewöhnlichen Anlässen zu benutzen, oder widersetzten sie sich der Beaufsichtigung des Straßenraums durch die Bewohner der Eckhäuser? Auf jeden Fall zeigt sich, dass die Planer der Siedlung und ihre späteren Bewohner unterschiedlichen Welten angehörten. 1937 fiel „Klein-Rumänien" den Abrissbirnen zum Opfer, um Platz für die 1943 errichtete U-Boot-Halle zu schaffen.

EIN SCHWERER START

Bei der Vorfinanzierung der rumänischen Bahn hatte Strousberg sich hoffnungslos verkalkuliert. Um liquide zu bleiben, verkaufte er 1871 die Maschinenfabrik in Linden an ein hannoversches Bankenkonsortium. Dieses überführte die Firma in eine Aktiengesellschaft, die Hannoversche Maschinenbau AG, kurz Hanomag. Zunächst verließen weiterhin 200 Lokomotiven jährlich das Werk, daneben auch Dampfmaschinen und Kesselanlagen. Ab 1874 gingen die Bestellungen aus dem Eisenbahnsektor drastisch zurück; 1880 wurden gerade einmal zehn Dampfrösser verkauft. Die Hanomag reduzierte in diesen Jahren ihre Belegschaft schrittweise von 2750 Arbeitern auf 460. Vermutlich nutzte die Direktion diese Entlassungswelle auch, um politisch unliebsame Arbeiter aus dem Betrieb zu entfernen. 1887 vermeldete das Amt Linden jedenfalls an die übergeordnete Behörde, dass die Hanomag-Arbeiter sich durch die „Fernhaltung sozialdemokratischer Bestrebungen" auszeichneten.

Die verbleibenden Arbeitskräfte mussten Lohnkürzungen bis zu 40 Prozent und Kurzarbeit hinnehmen. In „Klein-Rumänien", ja in ganz Linden-Süd herrschte Hunger. Insbesondere ältere Arbeiter und kinderreiche Familien waren davon betroffen; die meisten jüngeren waren weggezogen. Das Amt Linden stellte im Dezember 1879 besorgt fest: „Sorgfältig eingezogene Erkundigungen ergeben, daß etwa 300 bis 350 Familien von den nothwendigsten Substistenzmitteln, an Victualien [Lebensmitteln], Feuerung, Kleidung und Betten (von welchen letzteren Gegenständen das nur irgend Entbehrliche versetzt ist) völlig entblößt sind und daß es diesen Leuten (...) an Gelegenheit fehlt, irgendetwas zu verdienen und durch den Winter hindurch sich und ihre Familien auch nur in eingeschränktester Weise aus eigenen Mitteln durchzubringen."

Der Kleinwagen Hanomag 2/10 PS wurde wegen seiner Form auch „Kommissbrot" genannt. Werbefoto um 1925

Auslieferung der Städtischen Lagerbierbrauerei mit einem Hanomag WD-Radschlepper, um 1924

An der Wende zum 20. Jahrhundert konsolidierte sich das Werk wieder. 1899 beschäftigte es 2 200 Mitarbeiter und zahlte den Aktionären eine Rekorddividende von 28 Prozent. Bis 1907 wurden die Produktionsstätten und Maschinen erneuert und Verwaltungsgebäude erweitert bzw. neu errichtet. Eine eigene Kraftzentrale versorgte fortan das gesamte Werk mit Elektrizität. In diesen Jahren begann die Herstellung von Kraftfahrzeugen mit Dampfbetrieb, 1912 wurde der erste Motorpflug gefertigt. Die Belegschaft forderte, durch Lohnerhöhungen am Erfolg beteiligt zu werden. 1905 fand mit gewerkschaftlicher Unterstützung der erste große Streik bei der Hanomag statt. Drei Wochen lang standen die Maschinen still, allerdings erreichten die Arbeiter ihr Ziel nicht. Dennoch gewann der Deutsche Metallarbeiter-Verband (DMV), der die Streikenden aus seiner Kasse unterstützt hatte, rund 2 000 neue Mitglieder aus den Hanomag-Reihen. In den Folgejahren tobten weitere mehrwöchige Arbeitskämpfe, in deren Verlauf die Unternehmensleitung auch die Werkswohnungen von Streikenden räumen und Streikbrecher nach Hannover kommen ließ. Immerhin errangen die Arbeiter Teilerfolge im Hinblick auf Arbeitszeitverkürzungen und Lohnerhöhungen, außerdem etablierte sich der DMV als Verhandlungspartner der Direktion in Tariffragen. Mit der Rüstungsproduktion im Vorfeld des Ersten Weltkriegs stieg die Beschäftigtenzahl 1913 auf 4 300 an, im Krieg sogar auf fast 8 000, darunter bis zu 2 300 Frauen. Die Hanomag erzeugte jetzt Seitengewehre, Zünder, Granaten und Geschützrohre.

VOM BEINAHE-KONKURS ZUM „KRIEGSMUSTERBETRIEB"

Nach Ende des Ersten Weltkriegs wurden die traditionellen Produktsparten unwirtschaftlich. 1931 endete mit Auslieferung der 10 765. Lokomotive die Ära der Schienenfahrzeuge, ein Jahr später stellte die Hanomag den Bau von Dampfkesseln ein. Stattdessen weitete sie ihre Produktion verstärkt auf Raupen- und Radschlepper, Zugmaschinen, Kleinautos und Dieselmotoren für

Hanomag, seitliche Fassadenansicht

unter 1 900 (1933); 1931 entging das Unternehmen um ein Haar dem Konkurs.

Erst die Aufrüstung der Nationalsozialisten brachte die Hanomag wieder aus der Verlustzone. Seit 1935 wurden neben zivilen Kraftwagen und landwirtschaftlichen Geräten erneut Geschütze, Geschosse, Zünder und Bomben gefertigt, deren Verkauf nun fast die Hälfte des Umsatzes ausmachte. Mit steigender Rüstungsproduktion wuchs die Zahl der Beschäftigten bis zum Ende des Zweiten Weltkriegs auf fast 14 000 Personen, darunter mehr als ein Fünftel Frauen. Der Anteil von Zwangsarbeitern (die in einem sogenannten Fremdarbeiterlager auf dem in Hannover-Ricklingen gelegenen Tönniesberg interniert waren), russischen Kriegsgefangenen und KZ-Häftlingen aus dem Lager Mühlenberg betrug gegen Ende des Krieges 45 Prozent.

1942 erhielt die Hanomag für ihren Anteil an der Rüstungsproduktion die Auszeichnung als „Kriegsmusterbetrieb".

SPIELBALL VON INVESTOREN

Der Bombenhagel des Zweiten Weltkriegs hatte nur die Hälfte der Produktionsanlagen zerstört, sodass die Hanomag bereits im Juni 1945 mit 3 500 Beschäftigten Handkarren, Fahrzeuge und Motoren baute. Zudem setzte sie Lastwagen der britischen Besatzungsarmee instand. Diesem Umstand verdankte das Unternehmen wahrscheinlich, dass es nicht auf die Demontagelisten der Alliierten kam. Seit den 1950er-Jahren eroberte die Hanomag mit ihren Lkws, Pkws und Schleppern für Landwirtschaft und Baugewerbe bedeutende Marktanteile im In- und Ausland. Die Belegschaft wuchs bis 1960 wieder auf etwa 10 000 Beschäftigte.

Auf der Suche nach finanzkräftigen Investoren wurden zwischen 1952 und 1961 schrittweise Aktien an die Rheinstahl-Union in Essen verkauft. Diese entledigte sich allerdings bis 1973 aller Teilbereiche, die nicht zur Baumaschinensparte gehörten. Der Lastwagen- und Motorenbau wurde zunächst in die Hanomag-Henschel-Fahrzeugwerke GmbH (eine Rheinstahl-Tochter) ausgelagert und 1970 an Daimler-Benz verkauft. Damit hatte Daimler-Benz einen unliebsamen Konkurrenten, dessen Dieselmotoren

Schiffe aus. 1924 kam das „Kommissbrot" auf den Markt. Täglich liefen bis zu 80 dieser günstigen Kleinstwagen vom Band. Spötter unkten: „Ein Kilo Blech, ein Kilo Lack, fertig ist der Hanomag". Ungeachtet dieser Umstellungen machte das wirtschaftliche Auf und Ab der Zwischenkriegsjahre auch vor der Hanomag nicht halt: Die Zahl der Arbeiter sank von etwa 6 300 (1923 / 24) auf

als die besten auf dem europäischen Markt galten, elegant geschluckt. Die Produktion von Getrieben, Acker- und Sattelschleppern sowie die Gießerei, die Schmiede und das Hammerwerk wurden nach und nach aufgegeben. Die Belegschaft reagierte mit Streiks und Demonstrationen. Ein Mitarbeiter erinnerte sich: „Das war damals die besondere Situation, weil es damals noch diese Warmbetriebe gab: die Gießerei und das Hammerwerk. Das waren Kumpels, die haben nicht lange geredet, die sind losmarschiert, wenn irgendwas war, durch's ganze Werk, und haben die anderen Kollegen hinter den Schränken vorgezogen, wenn sie nicht mitgemacht haben."

Die Spitze von Kommunalpolitik und Verwaltung solidarisierte sich mit den Protesten, die SPD Linden/Limmer forderte die Übergabe des Betriebs an seine Beschäftigten, Vertreter von Bund und Land versuchten, am Verhandlungstisch auf die Rheinstahl einzuwirken. Vergebens: Drei Viertel der Belegschaftsmitglieder verloren ihren Arbeitsplatz. Rheinstahl fusionierte Ende 1973 mit der August Thyssen-Hütte AG, das neue Unternehmen verkaufte die Hanomag 1974 an einen kanadischen Bau- und Landmaschinenkonzern. Trotz millionenschwerer Investitionen, einer wieder erweiterten Produktpalette und steigender Umsätze schrieb die Massey-Ferguson-Hanomag Inc. rote Zahlen. 1980 wechselte sie den Besitzer und kam zur Industrie-Beteiligungs-Holding (IBH) von Horst-Dieter Esch. Schnell stellte er die öffentliche Hand vor die Alternative, seinen offensichtlich angeschlagenen Konzern mit Subventionen und Bankbürgschaften zu unterstützen oder die Hanomag verloren zu geben. Der Konkurs der IBH Ende 1983 entband Stadt und Land von der Entscheidung. Dem Management der Hanomag gelang es, vor Ort mittelständische Unternehmer als Investoren zu gewinnen und nach radikalen Umstrukturierungen im Frühjahr 1984 im bescheidenen Maßstab die Produktion wieder aufzunehmen. Um die Wettbewerbsfähigkeit am Markt auf Dauer zu erhalten, war jedoch ein finanzkräftiger Partner vonnöten. Diesen fand die Hanomag 1989 mit dem japanischen Unternehmen Komatsu, das alle Hanomag-Aktien übernahm. Unter dem Namen Komatsu Hanomag GmbH werden in Linden bis heute Baumaschinen produziert – im letzten erhaltenen Industriewerk Hannovers, das seine Wurzeln in der ersten Hälfte des 19. Jahrhunderts hat.

▸ Hannover-Linden, Göttinger Straße/Hanomagstraße.
▸ Die Gebäude lassen sich auf öffentlichen Wegen gut von außen besichtigen.
▸ Buslinie 100/200, 500, Haltestelle Deisterplatz/Bornumer Straße oder Buslinie 300, Haltestelle Deisterplatz/Allerweg.

MASSENPRODUKTE FÜR DEN ALLTAG: DIE KONSUMGÜTERINDUSTRIE

GLEICHBLEIBENDE QUALITÄT ZU GÜNSTIGEN PREISEN

Mit der aufblühenden Metallindustrie hielten verschiedenste Maschinen für jeden denkbaren Be- und Verarbeitungsprozess Einzug in die weiteren produzierenden Gewerbe. Hand in Hand mit den Ergebnissen intensiver technischer Forschungen und Entwicklungen wurden zunehmend Alltagsgegenstände zum Gebrauch in Haushalt und Arbeitswelt industriell hergestellt. Die neuartige Massenproduktion lieferte die sogenannten Leicht- oder Konsumgüter im Vergleich zur handwerklichen Herstellung deutlich günstiger und mit gleichbleibender Qualität. Allerdings beraubte die industrielle Fertigung den einzelnen Gegenstand seiner Unverwechselbarkeit.

Lkw mit Continental-Werbung

HANNOVER, DIE „STADT DES GUMMIS"

HOHER BLUTZOLL FÜR EIN NEUES PRODUKT

Die Entdecker Nord- und Südamerikas brachten am Ende des 15. Jahrhunderts die Kunde nach Europa, dass die dort lebenden Völker mit äußerst geschmeidigen Bällen spielten, die aus dem Saft bestimmter Bäume hergestellt waren. Aus dem gleichen Material fertigten die Ureinwohner Südamerikas auch wasserdichte Kleidung, Flaschen und Ähnliches. Mit der mitgebrachten Gummimilch konnte man hier zunächst nichts anfangen, da sie während des langen Transports verdarb. Im ausgehenden 18. Jahrhundert begann der lange Forschungs- und Entwicklungsprozess, Gummi fernab seiner Ursprungsländer nutzbar zu machen. Seit 1820 wurden Strumpf- und Miederbänder, Hosenträger und Regenmäntel hergestellt. Letztere waren nur leidlich wasserdicht, aber sehr klebrig, sobald das Benzin verdunstet war, mit dem das harte Rohgummi gelöst worden war. Erst die Entdeckung des Vulkanisierens, bei dem Schwefel dem erhitzten Rohgummi zugesetzt wird, machte Gummi dauerhaft geschmeidig, ohne dass es klebte. Mit der Patentreife des Kaltvulkanisierverfahrens begann in der Mitte des 19. Jahrhunderts in Europa und Nordamerika der Siegeszug des Gummis. Die Produktpalette reichte von Bekleidung über Artikel für die Gesundheits- und Krankenpflege und Bälle bis zu technischen Schläuchen für Wasser- und Dampfleitungen sowie Dichtungen; die größten Mengen Gummi wurden für die Bereifung von Fahrrädern und Kraftwagen verbraucht. Zunächst ersetzten vor allem in den Großstädten Vollgummireifen die bis dahin üblichen, polternden Eisenräder der Droschken; das erste Patent für Luftreifen wurde 1844 in Frankreich erteilt. Allen Fortschritten zum Trotz blieb Kautschuk ein widerspenstiger Rohstoff, dessen qualitativ gleichbleibende Verarbeitung arbeits- und kostenintensiv ist. Aus diesem Grund produzierte die in Hannover ansässige Continental AG noch in den 1970er-Jahren die fünffache Zahl der Reifen, die die Automobilbranche für die Ausrüstung von Neuwagen bei ihr bestellte, um daraus die besten auszuliefern.

In ihren Anfangsjahren bezog die Gummiindustrie ihren Rohstoff aus Südamerika, vor allem aus Brasilien. Dort rodeten Kautschuksammlerinnen und -sammler Schneisen in die Urwälder zu den wild wachsenden Gummibäumen. Vorsichtig kerbten sie die in der Baumrinde verlaufenden Milchröhren an und fingen den austretenden Saft in angehängten Sammelgefäßen auf. Anschließend entzogen sie der Gummimilch über Feuer vorsichtig die Feuchtigkeit, sodass transportfähige Rohgummiballen von bis zu 25 Kilogramm Gewicht entstanden. Einheimische Unternehmer warben die Kautschuksammler und -sammlerinnen an und stellten gegen Schuldverschreibung das Arbeitsgerät. Bei großem Arbeitskräftebedarf zählten auch Vergewaltigungen und Kidnapping zu den „Anwerbe"methoden. Auf meist tagelangen Bootsfahrten wurden die Männer und Frauen in die Sammelgebiete gebracht. Dort verhinderten bewaffnete Wächter, dass die Arbeitskräfte vor Abarbeitung ihrer Schulden flohen. Allein im Nordosten Brasiliens kamen bis 1914 schätzungsweise eine halbe Million Menschen für die Kautschukprodukte der westlichen Welt ums Leben. Viele Sammlerinnen und Sammler erlagen Seuchen und Sumpffieber, und alle fielen sie als Arbeitskräfte in der einheimischen Landwirtschaft aus, sodass weite Teile der Bevölkerung an Hunger starben.

Um den immensen Gummibedarf der westlichen Welt zu decken, legten die europäischen Kolonialherren in den 1880er-Jahren besonders auf dem heutigen Sri Lanka sowie in Afrika im großen Stil Plantagen an. Die belgischen Kolonialherren im Kongo bestraften Arbeiter und Arbeiterinnen, die ihr Sammelsoll nicht erfüllten, mit Verstümmelungen. Auch die deutschen Kolonialherren in Deutsch-Ostafrika (heute: Tansania, Burundi und Ruanda), Kamerun und Togo zwangen Einheimische mit Gewalt zur Arbeit auf den Plantagen.

Seit dem letzten Drittel des 19. Jahrhunderts verarbeiteten etliche Fabriken in Hannover den vielseitigen Werkstoff. Vor allem die größeren Werke zahlten im Vergleich zu anderen Werken der Chemiebranche hohe Löhne. Die Arbeit war allerdings auch riskant, denn der beim Vulkanisieren erforderliche Umgang mit Chlorschwefel und Schwefelkohlenstoff gefährdete die Gesundheit. Die Gewerbeaufsicht forderte deshalb, verheiratete Frauen von Vulkanisierarbeiten auszuschließen; alle übrigen Beschäftigten mussten sich ab 1902 regelmäßigen ärztlichen Untersuchungen unterziehen.

Neben den weltbekannten Werken Continental und Excelsior mit ihren Zigtausend Arbeiterinnen und Arbeitern trugen etliche

Werbeanzeige der Firma Hannoversche Actien-Gummiwaaren-Fabrik Linden-Hannover, 1911

kleinere, heute kaum noch bekannte Fabriken Hannover in den 1920er-Jahren den Beinamen „Stadt des Gummis" ein. Zu diesen zählte unter anderem die Neue Hannoversche Gummiwaren- und Patent-Packung-Fabrik Lennartz u. Co. in der Stärkestraße in Linden-Nord. 1920, im Jahr der Eingemeindung Lindens nach Hannover, benannte sich die besonders für Puppen und Spielwaren bekannte Fabrik in Mittelland Gummi-Werke AG um. Gleichfalls in Linden produzierten die Hannoversche Caoutchouc-, Guttapercha- und Telegraphen-Werke Isolierungen für Kabel, Schläuche, Dichtungen und ähnliche technische Artikel. Das im Firmennamen erwähnte Guttapercha ist ein dem Gummi ähnliches Roherzeugnis aus Pflanzenmilch, auf das europäische Reisende im frühen 19. Jahrhundert in Asien aufmerksam wurden. Es ist weniger dehnbar als Gummi, lässt sich aber sehr dünn auswalzen. Benutzt wurde es zur Ummantelung der ersten Unterseekabel, die um 1850 zwischen England und Frankreich verlegt wurden; es setzte sich aber bei Weitem nicht in dem Maße wie Gummi durch.

Eine frühe Form von Recycling betrieben die Hannoverschen Gummi-Regenerier-Werke Luttermann u. Co. GmbH in Wunstorf und die Deutsche Gummi-Regenerier-Fabrik Haas u. Co. in Hannover-Wülfel im Ersten Weltkrieg. Angesichts der unvorstellbaren Materialknappheit versuchten sie, ausrangierte Gummiartikel für die Produktion neuer Waren aufzuarbeiten.

DAS CONTINENTAL-GUMMIWERK IN HANNOVER-LIMMER

VON DER KAMMFABRIK ÜBER EXCELSIOR ZUR „CONTI"

1862 gründete Johann Louis Martiny unweit des Klagesmarktes mit der Hannoverschen Gummi-Kamm-Compagnie eine der ersten Gummifabriken Deutschlands. Martiny war vom Fach, denn er hatte zuvor in Hainholz, das seinerzeit noch vor den Toren Hannovers lag, aber schon seinen bäuerlichen Charakter verloren hatte, eine Kammsägerei betrieben. Diese verarbeitete neben Horn auch Ebonit, einen Hartkautschuk. Kurz nach Gründung der Gummi-Kamm-Compagnie stießen Otto Stockhardt, Moritz G. Meyer und Ferdinand Meyer als Gesellschafter hinzu. Die Kompanie stellte bald fast 350 000 Dutzend Kämme jährlich her, daneben Schmuck und technische Artikel, insbesondere zur Verwendung im telegrafischen Bereich. Die „Mittheilungen des Gewerbe-Vereins für Hannover" zählten die Kompanie „zu den vorzüglichsten Gewerbe- und Fabrikbetrieben" auf dem Gebiet des ehemaligen Königreichs, die ihre Artikel immerhin auf der Pariser Weltausstellung von 1867 präsentiert hatte. Mit der Umwandlung in eine Aktiengesellschaft wurde 1883 das Werk vergrößert und die Produktpalette um Puppen, Bälle, Zubehör für die Chirurgie und massive Fahrradreifen, aber auch um Batteriekästen, Schreibmaschinenwalzen und Bodenbeläge erweitert. Dies machte die in den 1870er-Jahren getroffene Absprache mit der gleichfalls in Hannover ansässigen Continental-Caoutchouc- und Guttapercha-Compagnie, keine Weichgummiwaren herzustellen, hinfällig.

1891 hatte sich die Gummi-Kamm-Compagnie mit 1 000 Arbeitern und 2,5 Millionen Mark Umsatz als größtes deutsches Ebonitwerk internationale Achtung verschafft. Ein Jahr später setzte sie als eine der ersten deutschen Gummifabriken eine spektakuläre Erfindung in die Praxis um: Mit dem „Excelsior-Pneumatic" bot sie eine aus Decke und Schlauch bestehende Fahrzeugbereifung an, die schnell Landstraßen und Rennbahnen eroberte. In den nächsten Jahren konzentrierte sich das Unternehmen auf die Herstellung von Ballon-, Fahrrad-, Motorrad-, Auto- und Lkw-Reifen. Folgerichtig benannte es sich 1912, zum 50-jährigen Firmenjubiläum, in Hannoversche Gummi-Werke Excelsior um. Nach dem Ersten Weltkrieg schafften Neubauten Raum für moderne Produktionsstätten und eine neue Vulkanisieranlage; die Belegschaft wuchs bis 1922 auf knapp 6 000 Beschäftigte. Allerdings war es um die finanzielle Lage der deutschen Gummiwerke zu dieser Zeit nicht rosig bestellt: Während des Kriegs hatten sie ihre ausländischen Märkte an die internationale Konkurrenz verloren, sie litten unter den instabilen wirtschaftlichen Verhältnissen der Weimarer Jahre und liefen Gefahr, sich mit ihren mittlerweile ähnlichen Angebotspaletten gegenseitig das Wasser abzugraben. Selbst die zunehmende Zahl von Autozulassungen bescherte kein nennenswertes Wachstum, weil die Reifen aufgrund kontinuierlicher technischer Verbesserung länger hielten. Die Fusion mehrerer kleinerer Firmen zu einem großen,

MASSENPRODUKTE FÜR DEN ALLTAG: DIE KONSUMGÜTERINDUSTRIE

Werbeplakat der Firma Continental, um 1930

kapitalkräftigen Unternehmen bot einen Ausweg aus der Krise. Zwischen 1921 und 1923 übernahm die „Conti" drei Viertel der Excelsior-Aktien und entsandte 1926 zwei eigene Führungskräfte in den Aufsichtsrat der „Ex". 1928 schließlich gingen die Excelsior und drei auswärtige Firmen den Zusammenschluss unter dem Dach der Continental ein. Die Mittelland Gummi-Werke AG, das dritte große hannoversche Unternehmen der Branche, schloss sich nicht an. Die „Conti" übernahm 1929 seine Konkursmasse.

EIN WAHRZEICHEN FÜR LIMMER

Bereits 1897 hatte die Gummi-Kamm-Compagnie das zu eng gewordene Firmengelände am Rande der hannoverschen Innenstadt zugunsten eines Neubaus in der Feldmark von Limmer aufgegeben. Durch seine unmittelbare Nachbarschaft zu Linden war aus dem einstigen Bauerndorf mit weniger als 400 Einwohnern (1825) ein Arbeiterwohnort mit mehr als 2 300 Einwohnern (1885) geworden, der 1909 schließlich nach Linden eingemeindet wurde. Wo heute die Wunstorfer Straße zur Brücke über den Stichkanal Linden ansteigt, entstand 1898 in den Formen neugotischer Rathausarchitektur ein repräsentativer Verwaltungsbau mit zwei fialengeschmückten Eckgiebeln. Dahinter verdeckte der lange Registraturtrakt aus dem gleichen Jahr, mit Uhr und Staffelgiebel sakral aufgewertet, sechs kammartig ausgerichtete Produktionshallen, deren pfeilerverstärkte Außenwände und gusseiserne Innenstützen der Zweckmäßigkeit industrieller Logik entsprachen. Die einst dreigeschossigen, parallel ausgerichteten Produktionsbauten wurden von 1895 bis 1897 einfach und schmucklos ausgeführt. Nur die Abmessungen des konstruktiven Rasters zeigen sich nach außen im dichten Rhythmus der kräftigen Pfeilervorlagen. Dazwischen spannen sich ebene Wandfelder aus rotem Backstein, die wiederum durch große Fensteröffnungen unterbrochen werden. Im Detail binden das Fugennetz des Ziegelmauerwerks, das sich in der Sprossenteilung der Fenster fortsetzt, und die Abfolge von Segmentbögen und schrägen Sohlbänken das Äußere zu einer Einheit zusammen. Gemäß dem damals neuesten Stand der Technik ersetzten im Inneren der neuen Produktionshallen elektrische Einzelantriebe für die verschiedenen Maschinen das ältere, starre Antriebssystem der Transmission. Um 1912 wurden die Lichthöfe der sechs ursprünglich getrennt stehenden Produktionsbauten mit Glas überdacht, sodass sie sich im Erdgeschoss zu weitläufigen Hallen verbanden und den Erfordernissen des kräftig gewachsenen Betriebs anpassten.

Bereits ab 1905 verlängerte ein zweites Direktionsgebäude, das nur einen torartigen Durchgang freiließ, die Bebauung an der Straßenfront. Im Anschluss an die Fertigstellung der Wasserstraße vom Mittellandkanal zum Lindener Hafen im Jahr 1917 ergänzte eine

MASSENPRODUKTE FÜR DEN ALLTAG: DIE KONSUMGÜTERINDUSTRIE

Das ehemalige „Conti"-Werk heute

„Conti"-Werk Limmer, Fassade

Überreste einstiger Geschäftigkeit

monumentale Pfeilerfront nach Bauplänen des Architekten Franz Lutz den Rand entlang des Kanalufers. 1920 entstand hier das erste von zwei fünfgeschossigen Fabrikationsgebäuden, deren monumentale Pfeilerfront am Wasser zum unverwechselbaren Erkennungszeichen der Excelsior wurde: Rot-blaue Klinkerpfeiler von 1,05 Meter Breite ragen bis zum Gebälk über vier Geschosse 17 Meter weit hinauf, wo sie in einem Kapitell mit Deckplatte auf Zahnschnitt enden. Mit dieser reduzierten klassizistischen Architekturform sowie den Stützen und Balken in monumentalisierter Form dokumentierte das Unternehmen seinen Willen zur repräsentativen Selbstdarstellung. Die zwischen 1920 und 1922 errichtete imposante Wand mit sparsamem Fassadenschmuck aus Speichenrädern und Voluten bildet noch heute zusammen mit dem zum Wasserturm umgebauten Schornstein einen unverwechselbaren Blickfang.

1999 gab die Continental den Produktionsstandort in Limmer auf. Zurzeit wird auf dem 170 000 Quadratmeter großen Firmengelände der Bau des Wohnquartiers „Wasserstadt Limmer" vorbereitet. Die Planungen verzögern sich durch Konflikte um den Erhalt von historischer Bausubstanz und durch die stellenweise starke Schadstoffbelastung des Bodens.
▸ Hannover-Limmer, Wunstorfer Landstraße 130.
▸ Das ehemalige Betriebsgelände ist derzeit nicht zugänglich, kann aber von der Wunstorfer Straße aus gut eingesehen werden.
▸ Buslinie 700, Haltestelle Steinfeldstraße.

CONTINENTAL-GUMMIWERK IN HANNOVER-VAHRENWALD

STATIONEN DES AUFSTIEGS

Nordöstlich der hannoverschen Innenstadt liegt der 1891 eingemeindete Stadtteil Vahrenwald. Die in der Mitte des 19. Jahrhunderts gerade einmal 17 Bauernhöfe zählende Siedlung wandelte ihr Gesicht durch Kasernen, Industriebetriebe und Arbeiterwohnhäuser innerhalb weniger Jahrzehnte grundlegend. Bereits 1864 gründete hier das Ehepaar Luise und Conrad Hartmann eine kleine Kammfabrik. Nach dem Tod des Mannes betrieb seine Witwe das kleine Etablissement weiter, ohne es in die Gewinnzone zu führen. Völlig unbeschlagen in der Gummibranche, übernahm der hannoversche Bankier Moritz Magnus die Konkursmasse. Unter Beteiligung der vier Gesellschafter der Hannoverschen Gummi-Kamm-Compagnie, Martiny, Stockhardt und Gebrüder Meyer, gründete er 1870 die Aktiengesellschaft Continental-Caoutchouc- und Guttapercha-Compagnie. Diese erwarb zur Erweiterung von Gebäuden und Produktionsanlagen umfangreiches, an das Firmengelände grenzendes Areal. Um nicht in Konkurrenz zur Gummi-Kamm-Compagnie mit ihrem Hartgummisortiment zu treten, spezialisierte sich das neue Werk auf Weichgummiwaren. Die Gründerkrise des Jahres 1873, geringe Sachkunde und kaufmännische Fehler des ersten Fabrikleiters bescherten dem jungen Unternehmen zunächst massive Verluste. Erst mit den ausklingenden 1870er-Jahren begann ein außergewöhnlicher Aufschwung. Spielbälle, Hufpuffer, Dichtungen und Schläuche für Dampf-, Wasser- und Gasleitungen, gummibezogene Stoffe für Ballone, Luftschiffe und Flugzeuge, wasserdichte

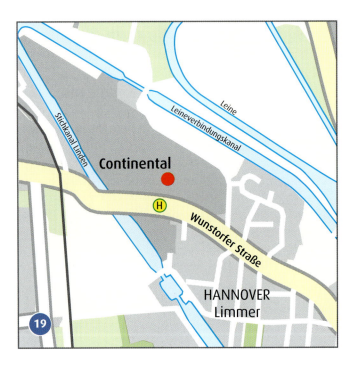

MASSENPRODUKTE FÜR DEN ALLTAG: DIE KONSUMGÜTERINDUSTRIE

Kleidung, Walzenbezüge für Pressen, Schreib- und Wringmaschinen, Reifen für Kinderwagen, Rollstühle und Fahrräder, Luftblasen für Bälle aller Art, Schuhabsätze, Gummiwaren für die Gesundheits- und Krankenpflege, Förderbänder für industrielle Zwecke und vieles mehr entstanden in Vahrenwald. Seine außerordentliche Expansion aber verdankte das Werk dem „Continental-Pneumatic", einem seit 1891 produzierten Luftreifen für Fahrräder. Er wurde seit der Jahrhundertwende auch für Automobile hergestellt – als weltweit erster Reifen mit einem Profil. Bis zum Beginn des 20. Jahrhunderts war die „Conti" durch kontinuierliche Forschungsarbeit im eigenen Labor sowie durch die Eintragung etlicher Patente und geschützter Gebrauchsmuster im In- und Ausland international in die vordersten Reihen der Branche vorgestoßen. Ein Patent hielt sie für die „abnehmbare Felge", die den Reifenwechsel bedeutend vereinfachte. Die Belegschaft wuchs von 246 Arbeitskräften (1874) auf mehr als 11 000 im Jahr 1913, darunter etwa ein Viertel Frauen. Von 1903 bis 1931 unterhielt die „Conti" ein Zweigwerk in Seelze, in dem bis zu 400 Arbeitskräfte den in Altgummi enthaltenen Kautschuk wieder aufarbeiteten. Trotz ihres mäßigen Erfolgs kam diesen Bemühungen im Ersten Weltkrieg eine wichtige Rolle zu, als die Rohgummilieferungen aus Übersee stockten und die Vorräte gestreckt bzw. durch Kunstgummi ergänzt werden mussten. Darüber hinaus war das Gelände in Seelze ein wichtiges Faustpfand in allen Verhandlungen mit Hannover über den Ausbau des innerstädtischen Firmenareals, denn die Stadt hätte die wirtschaftlich außerordentlich bedeutsame „Conti" ungern verloren. Auch weltweit zählte das Unternehmen jetzt zu den bedeutendsten Gummiwerken. Es unterhielt rund um den Globus Niederlassungen und gründete Zweigwerke in anderen europäischen Ländern.

Während des Ersten Weltkriegs produzierte die „Conti" nur noch kriegswichtige Güter, nämlich Reifen für Fahrräder, Krafträder, Kraftwagen und Flugzeuge sowie Gasmasken. Nach Kriegsende verbesserte sich allmählich die Rohstoffsituation, doch fehlte es zunächst an Kohlen für eine geordnete Wiederaufnahme der Produktion. Um Abhilfe zu schaffen, kaufte das Unternehmen ein Kohlenbergwerk bei Unna. Nach und nach eröffnete es seine Auslandsniederlassungen von Neuem. 1920 ging es eine bereits 1914 angebahnte, aber durch den Krieg unterbrochene enge Kooperation mit dem US-

Werbeplakat für den „Continental-Pneumatic"

amerikanischen Reifenhersteller Goodrich ein. Die Nummer vier auf dem Reifenmarkt übernahm ein Viertel der „Conti"-Aktien. Im Gegenzug war sie bei der Rohstoffbeschaffung in Übersee behilflich und gewährte den Ingenieuren aus Hannover großzügige Blicke in ihre Forschungslabors; die amerikanischen Gummiwarenfabrikanten wussten, dass Teamwork mehr Erfolg brachte als Geheimniskrämerei. Die Zusammenarbeit verschaffte der „Conti" auf dem deutschen Markt in der Tat einen solchen technologischen Vorsprung, dass sie hier zum führenden Reifenhersteller wurde. Daneben fertigte sie zunehmend Konstruktionselemente wie beispielsweise Fender, Spiralen und Dichtungen aus Gummi. Nach der 1928 erfolgten Fusion mit der Excelsior stammten zwei Drittel der deutschen Gummifabrikation aus dem Haus mit dem springenden Sachsenross im Firmenzeichen.

Allerdings zeichnete sich ab, dass das weit gespreizte Sortiment mit dem breiten Angebot verschiedener Produkttypen rationellen und kostensparenden Arbeitsabläufen entgegenstand. Alarmiert durch eine immense Verschwendung von Energie und Material sowie durch Leerlaufzeiten von bis zu einem Drittel der Arbeitszeit, die auf schlecht geplante Produktionsabläufe zurückgingen, führte die Geschäftsleitung an etwa 60 Prozent aller Arbeitsplätze, auch in den Schreibsälen mit ihren zig Reihen von jungen Frauen an Schreibmaschinen, ungeachtet der ablehnenden Haltung der Belegschaft das Arbeitsmessverfahren des amerikanischen Ingenieurs Charles Bedaux (1888–1944) ein. Über einen garantierten Stundenlohn hinaus spornten Prämien, also ein flexibler Akkordlohn, die Mitarbeiterinnen und Mitarbeiter zur effizienten Arbeit an. 1929 vermeldete die Firma zufrieden ihre erste Bedauxbilanz: Leistungssteigerungen um 40 bis 50 Prozent, Verdienststeigerungen der Arbeiter und Arbeiterinnen um 18 Prozent und Lohnkosteneinsparungen des Werks von 25 bis 30 Prozent. Kosten von 0,5 Millionen Reichsmark für die Einführung des Bedaux-Systems standen Einsparungen in mehr als zehnfacher Höhe gegenüber. Durch Umstrukturierungen innerhalb der Produktionsstätten wurde weiter rationalisiert: Das Werk in Limmer beschränkte sich auf die Herstellung von technischen Gummiwaren, das Werk in Vahrenwald spezialisierte sich auf Autoreifen, großtechnische Artikel wie Transportbänder, Treib- und Keilriemen sowie Schuhsohlen und -absätze.

Die nationalsozialistische Aufrüstung, zu der die „Conti" unter anderem schwere Bereifungen für Kettenfahrzeuge sowie technische Gummiwaren wie Keilriemen und Transportbänder beisteuerte, machte Erweiterungsbauten an beiden Standorten notwendig. 1938 wurde der Grundstein zu einem dritten hannoverschen Werk am Nordhafen in Stöcken gelegt. Da das Regime die Einfuhr ausländischer Rohstoffe rigide einschränkte, forschte die „Conti" verstärkt, jedoch wenig zufriedenstellend nach Ersatzstoffen für Kautschuk, Baumwolle und Ruß, die wichtigsten Komponenten ihrer Produktion. Alle Proteste des Unternehmens gegen die Einfuhrbestimmungen halfen nicht, seine Produkte verloren (wie die der gesamten deutschen Gummiindustrie) ihren technischen Vorsprung.

Während des Zweiten Weltkriegs hielten neben nicht eingezogenen Stammarbeitern und einem steigenden Anteil von weiblichen Arbeitskräften an die 5 500 Zwangsarbeiterinnen, -arbeiter, Kriegsgefangene und KZ-Häftlinge aus 20 Nationen die kriegswichtige Produktion der „Conti" aufrecht. 1944 richtete die SS unmittelbar neben dem limmerschen Werk ein Außenlager des Konzentrationslagers Neuengamme für Frauen ein und wandelte in der Nähe des Stöckener Werks ein bestehendes Zwangsarbeiterlager in ein KZ um. Zudem wältigten Kriegsgefangene und Zwangsarbeiter auf Weisung des Berliner Rüstungsamtes die abgesoffenen Asphaltstollen in Ahlem bei Hannover wieder auf, ohne dass es noch zur geplanten Verlagerung der Flugzeugreifen- und Gasmaskenproduktion nach dort kam. Seit 1987 erinnert in Limmer ein Gedenkstein an der Ecke Stockhardtweg/Sackmannstraße an das Konzentrationslager für Frauen.

Zu Beginn der 1960er-Jahre standen die ersten Griechen, Italiener und Spanier an den Bändern und Reifenwickelmaschinen, ein Jahrzehnt später war die Zahl der Gastarbeiterinnen und -arbeiter auf über 3 000 gestiegen. Etwa die Hälfte von ihnen wohnte gegen eine geringe Miete in Zwei- und Mehrbettzimmern in insgesamt zwölf Wohnheimen, die die „Conti" inner- und außerhalb Hannovers errichtet oder angemietet hatte. Die Werksleitung schrieb ihren Vorarbeitern und Meistern ins Pflichtenheft, die ausländischen Kolleginnen und Kollegen ungeachtet des seinerzeit stark ausgeprägten Rückkehrwillens in die Heimatländer und der großen Sprachschwierigkeiten so gut wie möglich in die Belegschaft zu integrieren.

MASSENPRODUKTE FÜR DEN ALLTAG: DIE KONSUMGÜTERINDUSTRIE

Ankunft spanischer Gastarbeiter der Hanomag am Hauptbahnhof Hannover, 1961

Zu diesem Zeitpunkt offenbarte sich, dass die „Conti" in einer schweren Krise steckte. Hohe Kosten, wenig Aufmerksamkeit auf Innovationen, eine in viele Typen zersplitterte Produktpalette, überkommene Organisationsstrukturen, ein die gesamte deutsche Wirtschaft treffender Konjunkturabschwung seit den späten 1960er-Jahren – das sind nur einige der Gründe, die die „Conti" 1971 haarscharf in den Ruin gerissen hätten und für deren Überwindung das Unternehmen zehn Jahre brauchte.

KAFFEEKÜCHEN UND PFIFFIGE WERBUNG

Wie alle großen Industrieunternehmen offerierte auch die „Conti" ihren Arbeiterinnen und Angestellten bis in die Weimarer Jahre hinein einen breiten Katalog von freiwilligen Sozialleistungen. Neben einer früh gegründeten Betriebskrankenkasse, ab 1885 abgeschlossenen Lebensversicherungen für langjährige Betriebsangehörige und einer 1903 errichteten Pensions-, Witwen- und Waisenkasse zählte dazu auch ein Wohnungsbauprogramm. Um die Jahrhundertwende und nochmals zu Beginn der 1920er-Jahre entstand eine kleine Zahl von Wohnblocks mit grünen Innenhöfen, für ledige Arbeiter ein Junggesellenheim. Die 1905 gegründete Werkbücherei wuchs bis zum Beginn der 1920er-Jahre auf 10 000 Bände und wurde mit insgesamt 80 000 Entleihungen im Jahr reichlich benutzt. Außergewöhnlich waren das werkseigene „Beamten"-Erholungsheim in Seelze, in dem die höheren Angestellten der Firma günstig ihre Sommerfrische verbringen konnten, und die 1913 eingerichtete, staatlich anerkannte Werkschule. Vor allem für Arbeiter von 14 (!) bis 18 Jahren gedacht, durften sich auch Ältere in Bürger- und Lebenskunde, Schriftverkehr, hauswirtschaftlicher Buchführung, Fach- sowie Wirtschaftskunde und Turnen unterweisen lassen. Während des Ersten Weltkriegs unterstützte das Werk die Familien der eingezogenen Arbeiter finanziell, in den Nachkriegsjahren schickte es jährlich mehrere Hundert Kinder im Sommer in Erholungsheime. Jetzt konnten sich die bald 10 000 Arbeiterinnen und Arbeiter in Kaffeeküchen an den einzelnen Arbeitsstellen kostenlos mit dem schwarzen Muntermacher und in heißen Monaten auch mit Mineralwasser erfrischen. Im Verwaltungsgebäude versorgte eine großzügig subventionierte Kantine mittags an die 1 000 Angestellte mit „kräftiger bürgerlicher Kost und Kaffee". Die Sozialleistungen zeigten den gewünschten Erfolg: 1921 gehörten immerhin 2 300 Angestellte und Arbeiter, also fast ein Viertel der Belegschaft, 10 Jahre und länger der „Conti" an.

Nach außen hin sorgte das Unternehmen durch seinerzeit außergewöhnliche Werbemaßnahmen für Renommee. Von 1903 bis 1937 gab das in hohen Auflagen erschienene „Continental-Handbuch für Automobilisten und Motorradfahrer" dem Kraftfahrer neben Adressen von Reifenhändlern und Reparaturwerkstätten Stadtpläne, Gasthofverzeichnisse und eine Liste von Sehenswürdigkeiten an die Hand. Eine eigene Auskunftei erarbeitete Reiserouten für den motorisierten Individualreisenden (auch wenn dessen Gefährt auf Reifen der Konkurrenz rollte). Von 1913 bis in den Zweiten Weltkrieg hinein unterhielt die Zeitschrift „Echo-Continental" ihre Leserinnen und Leser in Wort und Bild mit Reportagen über das Auto im Allgemeinen, den Motorsport – der damals faszinierte wie heute die Fußball-Bundesliga – oder die Dame am Steuer. Renommierte Grafiker und Redakteure, unter ihnen der später durch seinen 1929 erschienenen Roman „Im Westen nichts Neues" bekanntgewordene Schriftsteller Erich Maria Remarque (1898–1970), sorgten für ein hohes Niveau des „Echos".

MARKANTE BAUWERKE

Als Demonstration des weltweiten Erfolges entstand zwischen 1912 und 1920, unterbrochen durch den Ersten Weltkrieg, das monumentale Verwaltungsgebäude an der Vahrenwalder Straße. Die Pläne dazu lieferte der Berliner Architekt Peter Behrens (1868–1940). Der breit gelagerte Baukörper legt sich um eine große, glasgedeckte Halle und zwei seitliche Lichthöfe. Er zeigt in der Werksteinfassade in langgestreckter Reihung ein klares, einfaches System aus Stützen und Balken. Die monumentale Wirkung dieser Massenarchitektur bewirkt ein leicht zurückspringender Mittelbau, dessen hohe, kantige Pfeiler die horizontale Geschossgliederung unterbrechen. Das kräftige Kranzgesims des erhöhten Mittelbaus verstärkt den „Zug ins Große." Die Sachlichkeit im Äußeren spiegelt

MASSENPRODUKTE FÜR DEN ALLTAG: DIE KONSUMGÜTERINDUSTRIE

die rationelle Organisation der Büroräume, die mit der modernsten Technik ihrer Zeit wie Paternoster, Rohrpost und selbsttätigen Fernsprechern ausgestattet wurden. Nach Bombentreffern im Zweiten Weltkrieg wieder aufgebaut, beherbergt das Gebäude seit 1985 das Technologie-Centrum (TCH), das Existenzgründerinnen und -gründer auf ihrem Weg in die Selbstständigkeit begleitet.

Weniger repräsentativ, aber ebenso markant sind die sechsgeschossigen Produktionshallen an der Philipsbornstraße, deren großzügig geschwungener Verlauf die rationale Fassadengliederung des Verwaltungsgebäudes aufnimmt, hier in rotem Klinker. Diese Bauten wurden 1923 begonnen, um Raum für notwendige technische Modernisierungen zu schaffen, und 1938/39 fortgesetzt.

Fabrikgebäude Vahrenwalder Straße 7

MASSENPRODUKTE FÜR DEN ALLTAG: DIE KONSUMGÜTERINDUSTRIE

Die hohen, ehemals 600 Meter langen Fabrikationshallen entlang der Bahnlinie (erbaut 1908, 1923 und 1938) wurden zwischenzeitlich auf die Hälfte reduziert.

Die prosperierende Entwicklung der Wirtschaftswunderjahre symbolisiert das 16-geschossige Gebäude für die Zentralverwaltung, das nach den Plänen von Ernst Zinsser (1904–1985) und Werner Dierschke (1906–1983) am Rand der hannoverschen Innenstadt am Königsworther Platz entstand. Es setzte der in allen Produktionsstätten verstreuten Büroarbeit ein Ende. Anlässlich einer Feierstunde zur Einweihung des seinerzeit modernsten Büro-

hauses der jungen Bundesrepublik im Jahr 1953 erhielten alle Werksangehörigen drei halbe belegte Brötchen, was dem neuen Gebäude den Beinamen „Drei-Brötchen-Hochhaus" eintrug. Zu Beginn der 1990er-Jahre übernahm die Universität Hannover das unter Denkmalschutz stehende Objekt mit seinen Nebengebäuden.

▸ Hannover-Vahrenwald, Vahrenwalder Straße 7.
▸ Das Betriebsgelände ist nicht zugänglich, kann aber auf öffentlichen Wegen gut eingesehen werden. Das ehemalige Verwaltungsgebäude (heute TCH) ist während der Bürozeiten zugänglich.
▸ Stadtbahnlinien 1, 2, Buslinie 128, Haltestelle Werderstraße.

(FAST) SPURLOS VERSCHWUNDEN: DIE HANNOVERSCHE TEXTILINDUSTRIE

KINDERGARTEN STATT PROSTITUTION

Innerhalb der Konsumgüterindustrie des 19. Jahrhunderts war die Textilbranche der mit Abstand größte Industriezweig. Hannover und Linden zählten etwa 15 Textilfabriken mit jeweils ein paar Hundert Beschäftigten sowie etliche kleinere Betriebe. Die zwei mit Abstand bedeutsamsten Werke befanden sich in Linden.

Dort entstand als erste Aktiengesellschaft des Königreichs Hannover überhaupt 1853 die Hannoversche Baumwollspinnerei und Weberei. Ihre Auftragsbücher waren prall gefüllt, denn zu diesem Zeitpunkt wurde erst ein Fünftel des Bedarfs an Twist und Baumwolle im Inland hergestellt, den restlichen Verbrauch deckten teure Importe. Bis zu 900 Arbeitskräfte (1890) bedienten außer zahlreichen Webstühlen bis zu 80 000 Spindeln. Das Werk bestand bis zu den 1930er-Jahren; auf seinem Gelände erhebt sich heute das Ihmezentrum.

Weltruhm erlangte die 1837 gleichfalls im Norden Lindens gegründete Mechanische Weberei, die 1858 zur Aktiengesellschaft umgewandelt wurde. Der Qualität des hier aus Baumwolle gewebten Samts (Velvet) überragte die ansonsten führenden englischen Textilprodukte und erlangte als „Lindener Samt" Weltruhm. Mit ihren bis zu 3 100 Arbeiterinnen und Arbeitern und bis zu 1 500 Webstühlen (1884/95) war die Mechanische Weberei zeitweise eine der größten auf dem europäischen Kontinent. 1961 wurde der Betrieb aufgegeben.

Angesichts der geringen Löhne und der relativ gleichförmigen Tätigkeit in der Textilbranche arbeiteten hier deutlich mehr Frauen als in anderen Industriezweigen. Immer wieder konfrontierten die

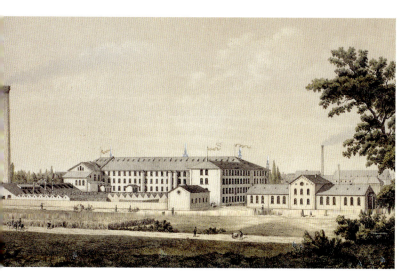

hannoverschen Behörden die Unternehmer mit ihrer Furcht, dass durch die wachsende Schar ihrer jungen, ledigen Arbeiterinnen die Prostitution zunehmen würde. Um nicht auf billige Frauenarbeit verzichten zu müssen, umwarb die Mechanische Weberei verheiratete Arbeiterinnen. 1873 eröffnete sie den ersten Kindergarten weit und breit. In einem eigens errichteten, viergeschossigen Gebäude wurden unter der Leitung von Diakonissen des hannoverschen Henriettenstifts um die 200 Kinder von Betriebsangehörigen im Alter von wenigen Wochen bis zu 14 Jahren aufmerksam betreut. Allerdings mussten alle Zöglinge ehelich geboren sein, denn – so stellte der in der Inneren Mission Hannovers wirkende Pastor Wilhelm Rothert (1842–1915) klar – aus einer „Wohltätigkeitsanstalt" sollte schließlich kein „Beförderungsmittel der Unzucht" werden.

Im scharfen Kontrast zu ihrer einstigen Bedeutung haben sich kaum bauliche Relikte der hannoverschen Textilwerke selbst erhalten. Immerhin zeugt noch fast ein ganzer hannoverscher Stadtteil von ihrer früheren Größe: Viele Straßenzüge in Linden-Nord mit ihren mehrstöckigen Miethäusern (unter anderem die Velvetstraße) errichteten die Lindener Baumwollwebereien einst für ihre Beschäftigten.

DÖHRENER WOLLWÄSCHEREI UND -KÄMMEREI IN HANNOVER-DÖHREN

DIE ERSTE DEUTSCHE WOLLWÄSCHEREI

Bald nach Webereien und Spinnereien entstanden auch mechanische Wollwäschereien. Das erste deutsche Unternehmen dieser Art gründete der fast 60-jährige George Stelling, ein erfahrener Mann in der Textilbranche, 1868 unter dem Namen Stelling, Gräber & Breithaupt auf dem Mühlenhof an der Döhrener Leineinsel. 1872 verkaufte er seinen kleinen Betrieb an eine just von hannoverschen Geschäftsleuten gegründete Aktiengesellschaft, die ihn um eine Kämmerei erweiterte. Im seinerzeit noch bäuerlich geprägten Dorf vor den Toren Hannovers benutzte niemand den neuen Firmennamen Döhrener Woll-Wäscherei und Kämmerei. Die Erwachsenen sagten „die Wolle" oder „WWuK", die Kinder „Wauwau- und Katzenfabrik". Das Werk wuchs rasch: 1874 beschäftigte es 220, 1884

Historische Ansichten der Hannoverschen Baumwollspinnerei (oben) und der Mechanischen Weberei (unten)

MASSENPRODUKTE FÜR DEN ALLTAG: DIE KONSUMGÜTERINDUSTRIE

Gesamtansicht der Wollwäscherei und -kämmerei in Döhren, um 1900

schon 1 000 und 1910 schließlich 2 000 Personen. Darunter waren auch Schlosser, Dreher, Tischler, Zimmerleute, Sattler, Fassbinder und später Elektriker zur Instandhaltung der Gebäude und Maschinen. Etwa 40 Prozent der Arbeitsplätze besetzten Frauen. Mit der Ausdehnung des Geschäftsbetriebes wuchs schrittweise auch das Firmenareal, bis es sich schließlich östlich der Linie Fröbesestraße–Am Lindenhofe–Wiehbergpark bis zur Leine und auf der gesamten Leineinsel auf einer Fläche von 740 000 Quadratmetern erstreckte.

„Die Wolle" hatte Zukunft in Deutschland. Die wollproduzierenden Länder Australien, Neuseeland, Südafrika, Südamerika und Ungarn verkauften die Vliese geschorener Schafe unbehandelt nach Europa. Bislang bereiteten auf dem Kontinent französische Wollwäschereien diese Vliese auf und stellten daraus den sogenannten Kammzug her, den Spinnereien zu Garn weiterverarbeiteten. Auch die deutschen Kammgarnspinnereien bezogen den Kammzug aus Frankreich. Jetzt bot sich die Döhrener Wollwäscherei und -kämmerei als einheimisches Lohnunternehmen für Wollhändler und Spinnereien an. Auf eigene Rechnung kaufte sie Rohprodukte nur, wenn die Aufträge Dritter die Produktionskapazität nicht auslasteten.

Die Rohwolle kam in Ballen von bis zu 450 Kilogramm Gewicht ins Werk, wobei Verunreinigungen wie Staub, Wollfett, Pflanzenreste und Kot bis zu 70 Prozent des Gewichts ausmachten. In großen Sortiersälen wurden die haarigen Bündel vom gröbsten Dreck befreit, nach der Feinheit ihrer Fasern sortiert und zu Partien von jeweils mehreren Tausend Kilogramm zusammengestellt. Die einzelnen Partien wurden mit Seifenwasser in voluminösen Bottichen gewaschen, in Trockenapparaten getrocknet und durch große Rohre zu Krempelmaschinen geblasen. Hier richteten an Walzen angebrachte Drahtbürsten die Wollfasern zu einem breiten Florband aus, das über verschiedene Zwischenstationen in Kammmaschinen lief. Nochmals gespült und getrocknet, wurde die Wolle gestreckt, zu Wickeln gepresst und zu großen Ballen verpackt an die Spinnereien versandt.

Die Bedienung der meisten Maschinen war keine ausgesprochene Knochenarbeit, aber dennoch anstrengend. Bei einer täglichen Arbeitszeit von anfangs zwölf Stunden im Zwei-Schicht-Betrieb konnte angesichts des monotonen Rhythmus der Maschinen, ihrem Lärm, den hohen Temperaturen bis zu 45 Grad, dem süßlichen Geruch und der feuchten Luft die Konzentration schnell nachlassen. Unfälle blieben nicht aus. So gerieten Arbeiterinnen trotz der angebrachten Schutzbleche mit den Fingern in die nebeneinander und übereinander angebrachten Kämme, die jeweils mit bis zu 140 spitzen Nadeln besetzt waren, wenn sie einen verhedderten Faden daraus lösen wollten. Weil sich keine Maschine einzeln abstellen ließ, war die Hand der Arbeiterin oft noch nicht befreit, wenn der herbeigerufene Krankenwagen bereits vor dem Tor stand.

Die werkseigene Fettfabrik entzog dem Waschwasser auf mechanischem und chemischem Weg das ausgewaschene Rohwollfett und gewann daraus Lanolin für die Pharma- und Kosmetikindustrie sowie andere Fettsorten. Zurück blieb ein sogenannter Wollschlamm, den die Bauern der Umgebung als Düngemittel schätzten; getrocknet und pulverisiert wurde er auch auf amerikanische Tabakplantagen exportiert. Aus der eingedickten Waschlauge, die den sogenannten Wollschweiß und Anteile von Wollfett enthielt, stellte die Fettfabrik Pottasche her. Eine Seifensiederei produzierte die Seife zum Waschen der Wolle. Die nicht weiter verwertbaren Abwässer leitete die Fabrik – wie viele andere auch – in die Leine ein. Damit rief sie bereits 1925 die Vereinigung gegen Verhärtung und Verchlorung der Leine und ihrer Zuflüsse e. V. auf den Plan, die die Politik zum Einschreiten bewegen wollte. Wenig später gab das Werk die Fabrikation von Seife und Pottasche als unrentabel auf.

In den 1920er-Jahren, auf dem Höhepunkt der Firmenentwicklung, verarbeitete die Wäscherei täglich 50 Tonnen Rohwolle, die Kämmerei 90 Tonnen. Daraus entstanden Tag für Tag 44 Tonnen Kammzug und Kämmling (aus dem feinen Kammzug entstanden glatte Kammgarne; aus dem kurzfaserigen Kämmling Filz oder gröbere Streichgarne), 25 Tonnen gewaschene Wolle, 8 Tonnen Wollabfälle, 10 Tonnen Rohwollfett, 2 Tonnen Rohpottasche sowie 8 Tonnen Wollschlammdünger. Dafür brauchte das Werk – wiederum täglich! – 5 000 Kubikmeter Wasser, 8 Tonnen Seife, 80 Tonnen Kohle, 750 Kilogramm Benzin, 9 600 Kilogramm Schwefelsäure und 500 Kilogramm Ätznatron. Zur An- und Auslieferung dieser immensen Mengen bediente sich „die Wolle" anfangs einer Schmalspurbahn, die über die Wiehberg-, die Hildesheimer und die Eichelkampstraße zum Bahnhof Wülfel verlief. Sie wurde 1907 durch eine Normalspurbahn abgelöst, die nach Überquerung der Hildesheimer Straße durch Felder zum Bahnhof führte.

Wehr der Döhrener „Wolle"

Die benötigte Energie lieferten hauptsächlich mit Deisterkohle befeuerte Kessel. Zusätzlich trieb erst das aus dem 17. Jahrhundert stammende und noch heute erhaltene Leinewehr, dann ein unter dem Brückenhaus in der Leine errichtetes Wehr Turbinen an. Die gewonnene Kraft setzte über Transmissionsriemen alle Maschinen gleichzeitig in Bewegung. Einen Gruppen- und Einzelantrieb erlaubte erst die 1934 vorgenommene Modernisierung der Kraftzentrale.

ARBEITSKRÄFTE VON WEIT HER

Die Arbeiterinnen und Arbeiter stammten zunächst aus Döhren und der engeren Umgebung, aber auch aus Ronnenberg, Arnum bei Hemmingen, Grasdorf bei Laatzen und Pattensen. Den bis zu zehn Kilometer langen Weg zur „Wolle" legten sie zu Fuß zurück. Doch das Werk suchte seit den 1880er-Jahren händeringend weitere Arbeitskräfte. Erfolgreich schickte es Werber in das Eichsfeld zwischen Harz und Werra und später nach Westpreußen, zwei wirtschaftlich unterentwickelte Regionen mit schlechten Verdienstmöglichkeiten. Viele Arbeiter mieteten bei einheimischen Bauern eine Schlafkammer; ein mit Betten vollgestelltes Stallgebäude in der Wiehbergstraße hieß bald „Kammerun". Zur Unterbringung von insgesamt 150 ledigen Arbeiterinnen entstanden um 1887 zwei Mädchenwohnheime. Sozialpflegerinnen leiteten diese Heime, unterbanden strikt jeglichen Männerbesuch und bereiteten die jungen Frauen in unentgeltlichen Hauswirtschaftskursen auf ihre spätere Rolle als Ehefrau und Mutter vor. Zwischen 1872 und 1925 baute „die Wolle" eine Werkssiedlung mit 250 Wohnungen für Arbeiter, leitende Angestellte („Beamte") und Meister. Als Erstes wurden elf Reihenhäuser östlich der späteren Richartzstraße in unmittelbarer Grenzlage zum Werksgelände bezogen. Je eine Familie bewohnte im Erdgeschoss eine Küche und zwei Kammern mit insgesamt 28 Quadratmetern. Zwei Kammern im Obergeschoss sollte sie an sechs bis acht Beschäftigte der „Wolle" untervermieten. Zu jeder Wohnung gehörten Gartenland und Stallungen für Kleinvieh, damit die Arbeiterfamilien ihren Speiseplan angesichts des üblicherweise schmalen Verdienstes in der Textilindustrie aufbessern konnten. Ab 1890 entstanden neun Sechsfamilienhäuser in der Werrastraße. Die Mietverträge verpflichteten alle männlichen Siedlungsbewohner, ohne Vergütung der 1881 gegründeten Werksfeuerwehr beizutreten. Diese löschte nicht nur im Werk, sondern in ganz Döhren. 1900 bezogen „Beamte" mit ihren Familien neu errichtete Werkswohnungen in der Rheinstraße. Der langjährige Generaldirektor Heintze residierte mit seiner Frau, „der Generalin", in einer stattlichen Direktorenvilla in der Wiehbergstraße. Die unterschiedlichen Gebäude der Werkssiedlung zeigen noch heute plastisch, wie sich die sozialen Unterschiede in der Belegschaft auch in ihrem Wohnumfeld spiegelten. Der den Arbeiterfamilien vorbehaltenen Teil der Siedlung hieß im Volksmund bald „Döhrener Jammer". Der Auslöser für diese Namensgebung ist heute strittig: War das Leben hier so erbärmlich, wie alteingesessene Döhrener meinten, oder wäre es ein Jammer, Arbeit und Wohnung hier wieder aufgeben zu müssen, wie die Zugewanderten behauptet haben sollen? Die Einheimischen begegneten den neuen Nachbarn jedenfalls misstrauisch: Sie waren zugezogene Fremde, sie hatten, sofern sie aus dem katholischen Eichsfeld stammten, das falsche Gesangbuch, sie waren arm und sie unterstützten zumeist die (von 1878 bis 1890 reichsweit verbotene) Sozialdemokratische Partei.

Mit steigenden Belegschaftszahlen richtete das Werk eine Kantine ein. Selbstversorger konnten in der fabrikeigenen Konsumanstalt günstig einkaufen. Ein Vertragsarzt behandelte an mehreren Vormittagen in der Woche in komplett eingerichteten Untersuchungsräumen auf dem Firmengelände die Werksangehörigen und ihre Familienmitglieder kostenlos; darüber hinaus war ganztags eine Sanitätskraft für Erste Hilfe und Rat bei leichteren Erkrankungen anwesend. Eine Betriebskrankenkasse, eine Unterstützungs- und eine Sterbekasse ergänzten den sozialen Schutz der Arbeitnehmerinnen und -nehmer. Unter der Obhut eines Jugendpflegers entstand ein Vereinshaus mit angeschlossener Bücherei. Eine „Warteschule" (Kindergarten) betreute die Kinder, wenn beide Elternteile auf der „Wolle" arbeiteten.

Die im Zweiten Weltkrieg eingezogenen Arbeiter ersetzte „die Wolle" durch Zwangsarbeiterinnen und -arbeiter sowie Kriegsgefangene aus Frankreich, Italien, Polen und der Ukraine. Darunter waren auch polnische Schülerinnen im Alter von 14 Jahren, die

MASSENPRODUKTE FÜR DEN ALLTAG: DIE KONSUMGÜTERINDUSTRIE

Arbeitersiedlung der Mechanischen Weberei, um 1911

Wollwäscherei und -kämmerei in Hannover-Döhren, historische Postkarte

deutsche Einsatzkräfte auf dem Nachhauseweg von der Schule verschleppten, ohne ihnen auch nur Gelegenheit zur Benachrichtigung ihrer Familien zu geben. Als Unterkunft dienten zwei Holzbaracken auf dem Werksgelände. Fabrikdirektion und Lagerführung belehrten die Verschleppten: Sie seien „freiwillig zur Arbeit" nach Deutschland gekommen und dürften ihren Aufenthaltsort nicht verlassen. Bei Arbeitsverweigerung drohte die Einweisung in ein Konzentrationslager. „Geselliger Verkehr mit der deutschen Bevölkerung" war streng verboten. Männer und Frauen aus Polen und der Ukraine mussten sich durch Abzeichen auf ihrer Kleidung als „Ostarbeiter" zu erkennen geben. Über all diese Bestimmungen durften sie weder sprechen noch nach Hause schreiben. Zunächst standen ihnen an den arbeitsfreien Sonntagen besonders gekennzeichnete Gaststätten offen. Bald verhießen dort Schilder: „Für Juden, Polen und Hunde verboten" und die Zwangsarbeiterinnen und -arbeiter durften die Baracken sonntags nicht mehr verlassen. Schikanen der Vorgesetzten erschwerten ihr Leben zusätzlich.

AUSSICHTSLOSER KAMPF GEGEN MARKTVERÄNDERUNGEN

Mehrere Bombenangriffe zerstörten den größten Teil der Produktionsmaschinen. Mitte der 1950er-Jahre zählte die Belegschaft erneut 2 000 Männer und Frauen, „die Wolle" erreichte wieder die Fertigungszahlen der Vorkriegszeit. Nun übernahm sie auch die 1852 gegründete Leinenspinnerei George Stelling, Gräber und Co. Allerdings musste das Unternehmen sich jetzt mit tief greifenden Strukturveränderungen in der Textilbranche auseinandersetzen. Bessere Zuchten und Weideflächen in den wollproduzierenden Ländern sowie neuerdings vor Ort vorgenommene Vorsortierungen machten die Sortierungen in europäischen Werken überflüssig. Synthetikfasern begannen den Markt zu erobern, sodass die Wollwäscherei und in Folge auch die Fettfabrik nicht mehr voll ausgelastet waren. Streichgarne, die rauer und ungleichmäßiger als Kammgarne sind, kamen aus der Mode; 1968 gab „die Wolle" die Streichgarnerzeugung auf. Obwohl das jetzt in Kämmerei Döhren AG umfirmierte Unternehmen schon seit dem Ende der 1950er-Jahre in der Hoffnung auf neue Absatz-

MASSENPRODUKTE FÜR DEN ALLTAG: DIE KONSUMGÜTERINDUSTRIE

märkte auch ungewebte Vliesstoffe herstellte, musste es bis 1972 die Belegschaft auf 820 Beschäftigte reduzieren.

Im Frühjahr jenes Jahres erwarb eine Gruppe von Investoren um einen Münchener Textilkaufmann 75 Prozent der Aktien. Schnell aufkommenden Gerüchten, dass „die Wolle" an die Küste verlegt oder ganz aufgelöst werden sollte, traten die neuen Mehrheitsbesitzer zunächst entgegen und stellten lediglich sozial verträgliche Sanierungen in Aussicht. Gegen Jahresende schritten sie jedoch zum kompletten Ausverkauf. Die Neue Heimat, ein Wohnungsunternehmen des Deutschen Gewerkschaftsbundes, übernahm für etwa 50 Millionen DM sämtliche Grundstücke mit allen Bebauungen. Produktionsmaschinen und Warenlager kaufte die einstige Konkurrenz günstig auf. Als Firma blieb „die Wolle" bis zu ihrem Konkurs 1979 bestehen. Der Coup rief ein bundesweites Medienecho hervor. Eine Gruppe von Arbeitern, Lehrlingen, Schülern und Studenten besetzte 1973 aus Protest gegen dieses Spekulationsgeschäft zwei leer stehende Direktorenvillen in der Wiehbergstraße.

Die Neue Heimat planierte das Werksgelände nahezu vollständig und errichtete darauf ein neues Wohnquartier mit über tausend Wohneinheiten. Von der Geschichte des Areals zeugen außer einigen Straßennamen – Am Uhrturm, Wollkämmerei, Am Brückenhaus – wenige, heute unter Denkmalschutz stehende Gebäude: Der dominante Uhrturm von 1909 symbolisiert Zeit (Pünktlichkeit) und Raum (Werkszutritt) industrieller Produktion. Gebraucht wurde er als Schlauchturm der Werksfeuerwehr. Durch Ecktürmchen, Zinnen und Wehrgang erhielt er ein festungsartiges Aussehen, das der spielerischen Gestaltung des Turmschafts mit hohen Fensteröffnungen und Schmuckfeldern entgegenstand. Auch das gegenüberliegende Pförtner- und Eingangsgebäude blieb nach neuerlicher Aufstockung einschließlich des Pförtnerhäuschens mit Glockendach erhalten. Das Turbinenhaus über der Leine ist saniert und wird als Brücke genutzt. Über die ehemals werkseigene Eisenbahnbrücke, die 1908 in Stahlfachwerk erstellt wurde, gelangen heute Fußgänger und Radfahrer in die Leineaue.

Ursprünglich sollte auch der „Döhrener Jammer" modernen Wohnbauten weichen. Nach Entmietung, langem Leerstand und zunehmendem Verfall erreichten engagierte Bürgerinnen und Bürger Anfang der 1980er-Jahre, dass die Neue Heimat die Häuser an

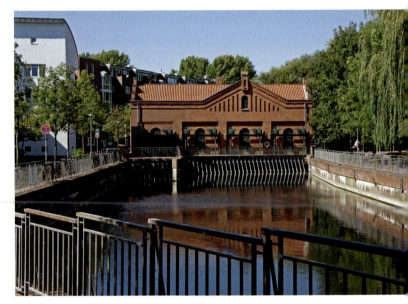

Döhrener „Wolle", Gesamtansicht

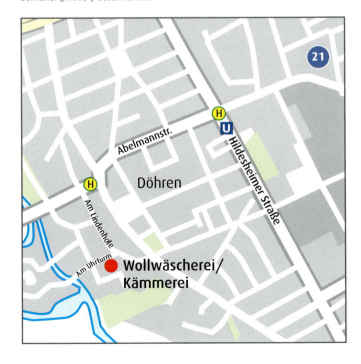

MASSENPRODUKTE FÜR DEN ALLTAG: DIE KONSUMGÜTERINDUSTRIE

Das einstige Werksgelände in Hannover-Döhren wird seit den 1970er-Jahren zu Wohnzwecken genutzt.

private Interessenten verkaufte. Diese setzen sie unter Beachtung der Denkmalschutzauflagen wieder instand und bewohnen jetzt die älteste erhaltene Industriearbeitersiedlung Hannovers.

▸ Hannover-Döhren, Am Uhrturm.
▸ Die noch erhaltenen Bauwerke lassen sich auf öffentlichen Wegen gut von außen besichtigen.

▸ Stadtbahnlinien 1, 2, 8, Buslinien 123, 128, 134, 363, 366, Haltestelle Peiner Straße, ab dort zu Fuß der Hildesheimerstraße in südlicher Richtung folgen, in die Rheinstraße abbiegen und über Werrastraße (ehemalige Werkssiedlung „Döhrener Jammer"), Richartzstraße, Neckarstraße und Am Lindenhofe zum ehemaligen Werksgelände. Alternativ: Buslinien 363, 366, Haltestelle Am Lindenhofe.

PELIKANWERKE IN HANNOVER-LIST

MIT PFENNIGBETRÄGEN ZUM MILLIONENUMSATZ

1838 gründete der Chemiker Karl Hornemann (1811–1896) in einem aufgegebenen Bauernhaus im Örtchen Groß Munzel bei Barsinghausen eine Fabrik für Künstlerfarben, die er 1842 in die hannoversche Nordstadt verlagerte. Hornemann war von klein auf mit der Materie vertraut, denn sein Vater betrieb einen Farbenhandel und sein Bruder arbeitete als Kunstmaler. Wenn es ihm gelänge, Farben von mindestens der Qualität zu entwickeln, die bislang nur englische Fabrikate erreichten, gab er seinem Vorhaben gute Chancen. Bald verkauften Reisende für ihn die in dem kleinen Etablissement produzierten Farben bis in die Schweiz und nach Österreich. 1863 stellte Hornemann den Chemiker Günther Wagner (1842–1930) als Werkführer ein, 1871 verkaufte er ihm seine Firma. Wagner bahnte, mit dem Musterkoffer in der Hand, Geschäftskontakte in Italien, Russland und Belgien an und gründete 1877 ein Zweigwerk in Österreich. Er bürgte als einer der ersten Unternehmer mit einem einprägsamen Markenzeichen auf den Produkten für deren Qualität: Auf jedem Artikel aus seinen Werken prangte der Pelikan aus dem Familienwappen. 1878 ließ Wagner diese Bildmarke als eines der ersten deutschen Warenzeichen amtlich registrieren. 1881 trat Fritz Beindorff (1860–1944) als Handelsvertreter in das Unternehmen ein. Er baute Geschäftskontakte in Osteuropa und im Vorderen Orient auf. 1887 erhielt er Prokura, heiratete ein Jahr später Wagners älteste Tochter Elisabeth und wurde 1895 Alleininhaber des Unternehmens, das weiterhin den Namen seines Schwiegervaters trug.

Unter Beindorff setzte die Entwicklung zum Großbetrieb ein. Gezielt erweiterte er das Sortiment um solche Artikel, die Wirtschaft und Verwaltung für die zunehmend modernisierte und maschinisierte Büroarbeit brauchten. So nahm das Unternehmen ab 1904 mit der Herstellung von Farbbändern und Kohlepapier am Siegeszug der Schreibmaschine teil. Ein ausgebautes Farbensortiment für den Schulunterricht unterstützte die Reformpädagogik, die sich seit Ende des 19. Jahrhunderts gegen die traditionelle

Pelikanwerbung

„Paukschule" wandte und stattdessen die musischen Fähigkeiten von Kindern förderte. Eine 1897 auf den Markt gekommene Schreibtinte überflügelte die bislang führenden englischen Produkte. Mit dem wirtschaftlichen Erfolg wuchs die Belegschaft. Hatte sie 1891 noch aus 39 Arbeitern und Angestellten bestanden, waren 1900 bereits 236 Personen für die Pelikanwerke tätig. Ein Jahr später erreichte der Umsatz einen Umfang von 1 Million

MASSENPRODUKTE FÜR DEN ALLTAG: DIE KONSUMGÜTERINDUSTRIE

ydeckel mit dem Pelikanemblem

Historische Ansicht des Pelikan-Werksgeländes

WIE EIN VATER …

Das Firmengelände platzte nach mehreren Erweiterungsbauten aus allen Nähten, sodass das Unternehmen 1906 eine neue, auf der grünen Wiese erbaute Fabrik bezog. Sie lag an der Celler Chaussee, der heutigen Podbielskistraße, in dem Bauerndorf Klein-Buchholz, das 1907 nach Hannover eingemeindet wurde. Anders als in der Stadt bot sich hier zu einem günstigen Grundstückspreis ausreichend Platz für expandierende Industrieunternehmen. Zudem war Buchholz durch die Straßenbahnlinie Hannover–Großburgwedel an das Verkehrs- und Stromnetz angebunden.

Nach der geltenden Bauordnung waren die Fabrikbauten 80 Meter von der Straßenflucht zurückgesetzt. Die dreigeschossigen Fabrikationsgebäude in Stahlbetonskelettbauweise – seinerzeit der größte Eisenbetonbau Deutschlands – bildeten einen zur Straße hin offenen, u-förmigen Hof, in dem sich unter anderem das (inzwischen veränderte) zentrale Heiz- und Maschinenhaus befand. Bestimmt wird die heutige Situation von den mächtigen, pavillonartigen Kopfbauten mit Kreuzdach und glockenförmigem Dachreiter. Malerische Torbauten im Landhausstil vervollständigten den schlossähnlichen Charakter. Von der Straße aus erweckte die Anlage eher den Eindruck eines landwirtschaftlichen Guts als den eines Industriebetriebs, dessen Ausmaße – 21 000 Quadratmeter Arbeitsfläche – von Passanten nicht zu erahnen waren.

Für die Konstruktion der Gebäude zeichnete der Ingenieur Otto Taaks (1849–1924) verantwortlich, die Außenhülle gestaltete der Architekt Paul Johann, die Inneneinrichtung entwarf sein Berliner Kollege Theodor Paeth (1871–1940). Auf den Architekten Otto Lüer (1865–1947) gehen ein an der Straße liegendes Wohnhaus für leitende Angestellte und das Haupttor des Werks zurück. Gepflegte Grünanlagen, die der städtische Gartendirektor Julius Trip (1857–1907) plante, fassten sämtliche Gebäude auf dem Fabrikgelände zu einem Ensemble zusammen. Hier konnten die Mitarbeiterinnen und Mitarbeiter ihre Pausen verbringen.

Auch im Inneren der Gebäude sollten sich die Angestellten wohlfühlen und dadurch bessere Leistungen erbringen. Der Schriftsteller und Journalist Hermann Löns (1866–1914) lobte in seiner zum Firmenumzug verfassten Festschrift: „Durch die hüb-

Mark – und das bei Artikelpreisen wie 15 Pfennig für ein Glas Tinte oder 1,35 Mark für einen Farbkasten mit zwölf Farben! Ein gutes Drittel der Umsätze erwirtschaftete das Unternehmen im Exportgeschäft.

sche Ausstattung aller Arbeitsräume, die sich in der Kaufmännischen Abteilung bis zur behaglichen Wohnlichkeit steigert, gewinnt das ganze Arbeitsgetriebe einen hohen Grad von Einheitlichkeit und harmonischer Geschlossenheit. Man empfindet nicht, wie vielfach in Fabriken, die Kluft, die die Leitung von den Angestellten und diese von der Arbeiterschaft trennt, es ist ein allmählicher, teils durch die Stellung, teils durch die Art der Arbeit bedingter Uebergang zwischen allen Abteilungen, der sich naturgemäß in der allgemeinen Stimmung widerspiegelt, so daß nirgendwo jener Zug der inneren Unzusammenzugehörigkeit zwischen den verschiedenen, bei dem Hause Günther Wagner beschäftigten sozialen Klassen hervortritt, der sich in großen Betrieben leicht bemerkbar macht."

Durch große Fensteröffnungen gelangte viel Licht in die 4,80 Meter hohen Arbeitsräume. Bei Bedarf wurden sie durch elektrisches Licht erhellt und durch eine Lüftungsanlage klimatisiert. Ornamente schmückten selbst die Wände der Kellerräume. Die Direktion spendete Topfblumen für die Fensterbänke und prämierte diejenige Abteilung, die ihre Pflanzen zur schönsten Blüte brachte. Bei der Gestaltung der Fabrikräume verwirklichte Beindorff, der auch ein bedeutender Kunstmäzen war, nicht nur seine ästhetischen Vorstellungen. Vielmehr sollte die angenehme Atmosphäre am Arbeitsplatz die Belegschaft vorbildhaft ermutigen, ihre Wohnungen als anheimelnden Mittelpunkt für ein harmonisches Familienleben zu gestalten.

Bereits 1913/14 wurde die Fabrikanlage für die mittlerweile über 1 000 Mitarbeiterinnen und Mitarbeiter nach Norden auf eine Gesamtarbeitsfläche von 46 000 Quadratmetern erweitert. Dabei nahmen die Pläne des hannoverschen Architekten Karl Siebrecht (1875–1952) die bestehende Fassadengliederung für die Neubauten auf, passte diese aber durch ihre Klarheit und sachliche Einfachheit an den Zeitgeschmack an. Die künstlerische Innenausstattung stammt von dem Bildhauer Ludwig Vierthaler (1875–1967), der in enger Zusammenarbeit mit Siebrecht ein überaus gelungenes Beispiel für die Kooperation von Kunst und Industrie schuf.

Zu den 1906 angelegten und 1913 erweiterten Sozialräumen gehörten unter anderem ein Beamtenkasino und eine Arbeiterkantine, eine Kinderkrippe und ein Ruhesaal mit Liegen für den Mittagsschlaf älterer Arbeiterinnen. Die werkseigene Badeanstalt mit 40 Wannen und Duschen durften die Beschäftigten – getrennt nach Frauen und Männern sowie nach Arbeiterschaft und Bürobediensteten – einmal pro Woche unentgeltlich während ihrer Arbeitszeit benutzen. Ein „Sozialsekretariat", die vermutlich erste Einrichtung ihrer Art in einer hannoverschen Fabrik, koordinierte und organisierte die Arbeit sämtlicher Sozialeinrichtungen. Sozial- und Fabrikpflegerinnen standen vor allem Arbeiterinnen in persönlichen An-

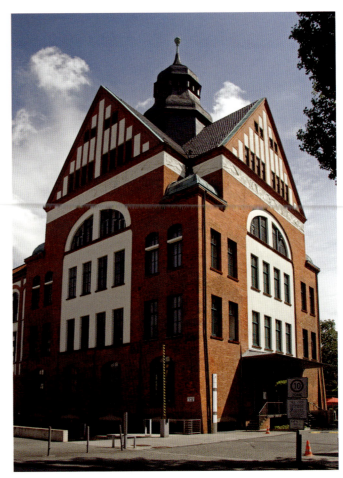

Teil des Pelikanverwaltungsgebäudes in Hannover-List

MASSENPRODUKTE FÜR DEN ALLTAG: DIE KONSUMGÜTERINDUSTRIE

Zum Restensemble des Pelikan-Werks zählt neben dem einstigen Verwaltungsgebäude der Turm des Maschinenhauses.

gelegenheiten tatkräftig zur Seite, organisierten für erkrankte Frauen die Kinderversorgung und unterstützten Wöchnerinnen. Gleichfalls einzigartig war, dass das Werk größere Partien Fahrräder kaufte und sie zu dem dabei erzielten günstigen Einkaufspreis auf der Basis von Ratenzahlungen an die Belegschaftsangehörigen weitergab. Kurios mutet heute allerdings an, dass Arbeiterschaft und „Beamte" ihre Drahtesel in getrennten Fahrradschuppen abstellen mussten.

GELUNGENE WIEDERBELEBUNG EINER INDUSTRIEBRACHE

Zum Ende der Zwischenkriegszeit zog die Erfolgskurve erneut steil an. Nachdem das Unternehmen das Patent des ungarischen Ingenieurs Theodor Kovács für den Kolbenfüller erworben hatte, stellte es ab 1929 den Pelikan-Füllhalter her. Dieser machte zuverlässig ein Ende mit tintenverschmierten Fingern und eroberte rasch den

Markt. Pelikan gründete Fabriken und Niederlassungen in verschiedenen deutschen und europäischen Städten und sogar in New York, in den 1930er-Jahren auch in Südamerika. Im Zweiten Weltkrieg trugen die Werksanlagen keine größeren Schäden davon. Die Produktionsstätten und Handelsniederlassungen im Ausland aber gingen verloren. Mit Ausnahme Osteuropas fasste das Unternehmen bald wieder Fuß auf dem Kontinent sowie in Nord- und Südamerika. Auch im Inland profitierte es vom Wirtschaftswunder. Es war insbesondere bei jungen Frauen ein beliebtes Werk, in dem sie sich vor ihrer Eheschließung ihre Mitgift verdienten. In den 1960er-Jahren übernahm erstmals ein bestellter Manager statt eines Familienmitglieds die Geschäftsführung. Mit einer deutlich ausgeweiteten Produktpalette versuchte das Unternehmen den verschiedenen speziellen Bedürfnissen für Büro, Schule, Freizeit und Hobby sowie technische Zeichnungen gerecht zu werden. Zunächst war diese Strategie erfolgreich und als sich das hannoversche Werk auf der vorhandenen Fläche nicht mehr vergrößern ließ, wurde die Produktion von Schreibgeräten 1971 nach Vöhrum bei Peine ausgelagert. 1978 erfolgte die Umwandlung in eine Aktiengesellschaft, wobei alle Anteilsscheine im Besitz der Familie Beindorff blieben. Am Beginn der 1980er-Jahre allerdings meldete das Unternehmen Insolvenz an und veräußerte 1984 seine Aktien an eine Schweizer Firma. Diese stieß Beteiligungen der Pelikan AG ab, reduzierte die Belegschaft und straffte das Sortiment. 1989 verlegte sie die Produktion komplett nach Peine-Vöhrum und verkaufte das Stammwerk in Hannover. Unter Beteiligung des Stadtplanungsamtes entstand ein mit mehreren Preisen ausgezeichneter Masterplan, um eine neue, attraktive Nutzung für die innerstädtische Industriebra-

che mit ihrem historischen, zum Teil denkmalgeschützten Baubestand zu gewährleisten. Nach behutsamer Modernisierung und Ergänzung durch Neubauten entstanden im neuen „Pelikanviertel" Wohnungen, Restaurants, ein Hotel und Büroflächen.

▶ Hannover-List, Podbielskistraße 139.
▶ Die Gebäude lassen sich auf öffentlichen Wegen gut von außen besichtigen.
▶ Stadtbahnlinien 3, 7, 9, Haltestelle Pelikanstraße.

FÜR LEIB UND SEELE: AGRAR- UND LEBENSMITTELINDUSTRIE

EINE WACHSENDE BEVÖLKERUNG MUSS SATT WERDEN

Im Laufe des 19. Jahrhunderts nahmen auch Feldbau und Viehzucht industrielle Züge an. Ein Begründer der sogenannten rationellen Landwirtschaft war Albrecht Daniel Thaer (1752–1828). Sein oberstes Ziel war, aus allen landwirtschaftlichen Betrieben einen „möglichst reinen Gewinn unter allen Verhältnissen" zu ziehen. Nach einer Tätigkeit als Leibarzt von König Georg III. (1738–1820) gründete er 1802 in Celle ein „Landwirtschaftliches Lehrinstitut", um bestmögliche Verfahren zur Erreichung seines Zieles zu erproben. Dank solch modernen Denkens konnte sich das Agrarwesen den Herausforderungen des neuen Zeitalters stellen. Immerhin musste es eine sprunghaft wachsende Bevölkerung – 1800 lebten in den deutschen Ländern 24,5 Millionen Menschen, 1913 waren es 67,8 Millionen – bei nur beschränkt erweiterbaren Nutzflächen ernähren. Erschwerend kam hinzu, dass Arbeitskräfte zunehmend in die neuen Industriezentren abwanderten, in denen sie höhere Löhne erhielten und sich größere persönliche Freiheiten als in der engmaschigen Dorfgesellschaft erträumten.

Drei vollkommen verschiedene Faktoren wirkten bei der Steigerung der landwirtschaftlichen Erträge zusammen. Wichtige Voraussetzung waren grundlegende rechtliche Neuordnungen des Agrarsektors, die unter dem Etikett „Bauernbefreiung" oder „Agrarreformen" im Wesentlichen in der ersten Hälfte des 19. Jahrhunderts umgesetzt wurden. Ablösungsgesetze erlaubten den Landmännern, sich von ihren Dienstverpflichtungen den Grundherren gegenüber freizukaufen sowie selber Grund und Boden zu erwerben. In Gemeinheitsteilungen erhielten die einzelnen Bauernstellen einen Anteil der vorher gemeinsam genutzten und jetzt aufgelösten Gemeindeflächen, der Allmenden; anschließende Flurbereinigungen fassten zersplitterten Landbesitz zu größeren, wirtschaftlicher zu bearbeitenden Flächen zusammen. Neue Erkenntnisse zur Bedeutung von Dünger ergänzten die Umgestaltung der Landwirtschaft auf der praktischen Ebene. Chilesalpeter und Guano wurden seit den 1840er-Jahren importiert, bahnbrechend war die Entdeckung von Kali als Mineraldünger. Jetzt konnte die Dreifelderwirtschaft, bei der jeweils ein Teil der Ländereien brachlag, zugunsten einer Fruchtwechselwirtschaft ohne Brache aufgegeben werden, in der, besonders im hannoverschen Raum, Hackfrüchte wie Kartoffeln oder Zuckerrüben einen großen Stellenwert einnahmen.

Die Entwicklung im Maschinenbau unterstützte diese Entwicklung. Seit der Mitte des 19. Jahrhunderts fertigten nicht mehr Dorfhandwerker wie Wagner, Schmiede oder Stellmacher Einzelstücke auf Bestellung. Stattdessen boten Maschinenbaubetriebe zunehmend se-

Kartoffelernte in Uetze heute

riengefertigte Landmaschinen für Bodenbearbeitung, Saat und Ernte. Sie wurden teilweise von kompakten, an den Feldrand transportierten Dampfmaschinen, sogenannten Lokomobilen, angetrieben. Obwohl Missernten und dadurch steigende Lebensmittelpreise immer noch sporadisch dramatische Hungersnöte auslösten, gelang es der Landwirtschaft langfristig, nicht nur die zunehmende Bevölkerung zu ernähren, sondern deren Versorgung sogar noch zu verbessern.

		1800	1883	1900	1913
Getreide	(kg)	380	400	430	450
Kartoffeln	(kg)	90	62	75	71
Zuckerrüben	(kg)	–	23	25	26
Fleisch	(kg)	15,9	29,5	44,4	53,9
Milch	(kg)	184	272	345	361
Eier	(Stück)	40	61	69	81

Gesamterzeugung landwirtschaftlicher Produkte pro Kopf der Bevölkerung
Quelle: Herrmann, Klaus: Pflügen, Säen, Ernten. Landarbeit und Landtechnik in der Geschichte. Reinbek bei Hamburg 1985, S. 161.

Zu den herkömmlichen Nebenerwerbsbetrieben, die Bier und Schnaps herstellten, und den traditionellen Ernährungshandwerken der Bäcker, Konditoren und Schlachter gesellten sich bald industrielle Betriebe, die landwirtschaftliche Erzeugnisse im großen Maßstab verarbeiteten. Zunächst auf einen gut betuchten städtischen Markt ausgerichtet, eroberten sie durch die immense Zeitersparnis bei der Zubereitung von Speisen zunehmend auch Arbeiter- und ländliche Haushalte.

VOM BÜRGERLICHEN NEBENERWERB ZUR INDUSTRIE: BIERBRAUEREIEN

VOLKSGETRÄNK MIT LANGER TRADITION

Traditionell brauten viele städtische und ländliche Haushalte das seit Jahrtausenden bekannte Bier für den eigenen Verbrauch. Für den Verkauf herstellen durften es nur landesherrliche Brauereien, Adlige auf ihren Gütern sowie Hausbesitzer in Städten und Flecken, deren Grundstück mit einer Braugerechtigkeit verbunden war. Dieses Vorrecht besaß eine festgelegte Zahl von Bürgern unter anderem in Bredenbeck bei Wennigsen, Eldagsen bei Springe, Gehrden, Hannover, Neustadt am Rübenberge, Pattensen oder Springe. Sie zahlten aus ihren Erlösen eine Biersteuer, die Akzise, an den Landesherrn. Doch immer wieder missachteten sogenannte Winkelbrauer in den Dörfern das Privileg der Brauer und verkauften ebenfalls ihren Gerstensaft. Die 1848 liberalisierte Gewerbeordnung des Königreichs Hannover erlaubte dann, dass das Bierbrauen auch auf dem Land frei ausgeübt werden durfte.

Bis in das 18. Jahrhundert hinein hatte Bier seinen festen Platz auf dem Speisezettel: morgens als Warmbier, mittags als Biersuppe, abends als Getränk. Dann verdrängte die Kartoffel Biersuppen; als Getränk trat das goldfarbene Nass, je nach Einkommen der Konsumenten, hinter Tee, Kaffee, Schokolade, Wein oder Branntwein zurück. Dies lag insbesondere an seiner sinkenden Qualität. Wegen steigender Getreidepreise sparten die Brauer nämlich an der Gerste für den Brau. Ergebnis war ein „kraft- und geschmackloses Getränk", wie Friedrich Freiherr von Reden (1804–1857), Generalsekretär des „Hannoverschen Gewerbe-Vereins", 1839 feststellte. Es fand seine Abnehmer fast nur noch in den „geringeren Volksclassen" und musste selbst dort gegen die zunehmende Konkurrenz von Kaffee und Branntwein kämpfen, deren Preise fortwährend sanken. Selbst das 1526 von Cord Broyhan († 1570) erstmals gebraute und nach ihm benannte Bier, das Hannovers Gerstensaft einst weit über die Stadtgrenzen hinaus überaus begehrt gemacht hatte, geriet in Verruf. Doch bis zum frühen 19. Jahrhundert gelang es den hannoverschen Brauern, ihren Ruf wiederherzustellen, insbesondere dadurch, dass sie jetzt das ursprünglich aus Bayern stammende untergärige Bier brauten, zu dem Pilsener zählt. Im Lauf des 19. Jahrhunderts steigerte dieses seinen Marktanteil beträchtlich zu Lasten der nach einheimischer Tradition gebrauten obergärigen, nur wenige Wochen haltbaren Arten. Allerdings hatten die bessere Qualität und die längere Haltbarkeit des sogenannten Lagerbiers aufgrund der höheren Produktionskosten ihren Preis.

In den Grundzügen unterscheiden sich heutige Brauverfahren kaum von den historischen Wurzeln. Ausgangsbasis war schon da-

Ansicht der Wülfeler Brauerei, um 1905

mals eine spezielle Gerste, die zum Keimen gebracht wurde. Dieses sogenannte Grünmalz bildete, gedörrt und geschrotet, unter Zusatz von Wasser die Maische, die im Sudhaus zur Würze aufgekocht wurde. Sie wurde gefiltert, mit Hopfendolden oder anderen speziellen Bierwürzen in der Würzepfanne nochmals gekocht und durch Zugabe von Hefe zum Gären gebracht. Obergäriges Bier entstand, wenn im Gärbottich eine Temperatur von 21 Grad Celsius herrschte. Für untergärige Biere musste der Bottich mit Eis auf 8 Grad Celsius heruntergekühlt werden. Qualitätssteigernd erwies sich in jedem Fall die Verwendung von speziellen Bierhefen, die sich infolge von Erkenntnissen des französischen Chemikers Louis Pasteur (1822–1895) seit den 1870er-Jahren züchten ließen. Durch die Gärung bildeten sich Alkohol und Kohlensäure. Untergäriges Bier gärte schließlich bei knapp über 0 Grad Celsius mehrere Monate nach.

Dafür kam es in spezielle, dick isolierte Eiskeller mit Schleusentüren, die mit Natureis kühl gehalten wurden. Aus Skandinavien oder den Alpen herbeigeschaffte Eisblöcke ergänzten die heimische Eisernte im Winter. Die in den 1870er-Jahren entwickelten Kunsteismaschinen des Ingenieurs Carl von Linde (1842–1934) setzten sich rasch in den Brauereien durch, erleichterten sie doch eine höhere Produktion von Lagerbier.

Nicht nur chemisch-technische Neuerungen und geschmackliche Pluspunkte bewirkten, dass sich das Brauwesen schließlich zu einer blühenden Industrie entwickelte. Maßgeblichen Anteil daran hatte die Einführung der Gewerbefreiheit im Jahr 1868, mit der die letzten Vorrechte der Brauer fielen. Bis zum Ende des 19. Jahrhunderts entstand eine ganze Reihe neuer Betriebe. Dazu zählten in Hannover neben etlichen kleinen Unternehmen beispielsweise die Lindener

Aktien-Brauerei, die Brauerei Wölffer und Wedekind (die in der Vereinsbrauerei Herrenhausen aufging), die Hannoversche Aktienbrauerei sowie die Unions-, die Kaiser- und schließlich die Germania-Brauerei. Sie alle fanden ihre Kundschaft, weil die Bevölkerung der Stadt Hannover rapide wuchs. Zudem profitierte der Bierkonsum von einer saftigen Erhöhung der Branntweinsteuer im Jahr 1887. Die Einführung des einfach zu transportierenden und zu lagernden Flaschenbiers am Ende des 19. Jahrhunderts tat ein Übriges.

In der ersten Dekade des 20. Jahrhunderts allerdings wehte den Brauereien ein härterer Wind ins Gesicht. 1906 und 1909 wurde die Biersteuer erhöht, die Mäßigkeitsbewegung wetterte jetzt nicht nur gegen Branntwein, sondern auch gegen Bier, viele fanden Geschmack an Milch und Limonade. In der Folge gaben Brauereien auf oder schlossen sich zusammen. Vorreiter in diesem Konzentrationsprozess waren die Hannoversche Aktienbrauerei und die Vereinsbrauerei Herrenhausen, die 1906 zur Herrenhäuser Brauerei fusionierten. Obwohl am Ende der Weimarer Jahre nur noch fünf Brauereien in Hannover existierten, war die Stadt immer noch die Biermetropole Niedersachsens. Doch angesichts deutschlandweiter Überproduktionen wurde der Preiskampf für die Unternehmen härter. In den 1970er-Jahren setzte eine nächste Konzentrationswelle ein. Die Hamburger Holsten-Brauerei kaufte die Kaiser-Brauerei auf und schloss sie wenige Jahre später; die Lindener Gilde-Bräu AG übernahm die finanziell angeschlagene Wülfeler Brauerei, die 1994 dennoch aufgeben musste. An ihre Produktionsstätte an der Hildesheimer Straße/Ecke Wilkenburger Straße in Hannover-Wülfel erinnern nur noch die Mauerreste der Grundstückseinfriedung. Von der ursprünglichen Markenvielfalt ist wenig übrig. In der Region behauptete sich bis 2010 die Herrenhäuser Brauerei im gleichnamigen hannoverschen Stadtteil als unabhängige, private Brauerei.

Fassabfüllung in Linden, vor 1914

DIE GILDE BRAUEREI AG IN HANNOVER

1322 gewährte der Landesherr den Bewohnern der Stadt Hannover mit vollen Bürgerrechten das Privileg, ihr bislang für den Eigenverbrauch gebrautes Bier auch tonnenweise in der Stadt und ihrem Umland zu verkaufen. Dieses Recht war nicht an eine Person, sondern an den Besitz eines brauberechtigten Grundstücks geknüpft, deren Zahl im frühen 17. Jahrhundert auf 317 festgeschrieben wurde. Die Häuser der Brauberechtigten mussten aus Feuerschutzgründen über einen gemauerten Kamin und ausreichend Platz für das Brauen verfügen. Im Gegenzug für ihr besonderes Vorrecht hatten die Brauberechtigten einen erhöhten Steuersatz an den Rat der Stadt abzuführen.

Ähnlich wie Handwerker schlossen sich die Brauer in einer eigenen Gilde (Zunft) zusammen, die erstmals 1546 urkundlich erwähnt ist. 1609 erkannte der Rat die Brauergilde als eigenständige Rechtsperson an, die ihren Mitgliedern gegenüber und nach außen die Wahrung aller Rechte und Pflichten der Brauer überwachte. Damit ist ihr Rechtsnachfolger, die heutige Gilde Brauerei AG, das älteste Unternehmen in der Stadt und Region Hannover. Anfangs brauten alle Brauer im Nebenerwerb, und zwar nur die von ihrer Gilde genehmigten Mengen. 1642 errichtete diese in der Osterstraße ein prächtiges Amtshaus. Unter seinem Dach befanden sich Versammlungsräume, ein großer, auch von Nichtmitgliedern gerne angemieteter Festsaal sowie ein Brauhaus, das Gildemitglieder nutzen konnten, wenn sie nicht in den eigenen vier Wänden brauen wollten.

Wie in den anderen brauberechtigten Städten und Ortschaften hatten sich auch die Brauer Hannovers im 17. Jahrhundert auf den sogenannten Reihe- oder Riegebrau verständigt. Damit entfiel auf den Einzelnen etwa alle eineinhalb Jahre ein Brau. Angesichts dieser geringen Verdienstmöglichkeiten verkauften viele Berechtigte ihre Braulose an andere Gildemitglieder, sodass allmählich eine Professionalisierung des Bierbraus einsetzte. Mitte des 18. Jahrhunderts gründeten 104 Brauberechtigte eine Sozietät. Angestellte Braumeister und -knechte stellten in ihrem Auftrag zweimal wöchentlich Bier von gleichbleibend guter Qualität her. Daneben nahm immer noch eine Anzahl Gelegenheitsbrauer ihr Braurecht wahr, deren Produkt allerdings mangels Erfahrung oft nicht überzeugte. Gegen Ende des Jahrhunderts errichtete die Brauergilde in der Köbelingerstraße ein zweites, technisch auf dem neuesten Stand eingerichtetes Brauhaus. Als das untergärige Lagerbier den norddeutschen Raum eroberte, beschloss der Magistrat 1832 auf Initiative der Brauergilde die Einrichtung einer „Städtischen Lagerbier-Brauerei" im alten Amtshaus. In der Köbelingerstraße entstand weiterhin das traditionelle Broyhan.

Mit der Freigabe des Brauhandwerks für die ländliche Bevölkerung im Jahr 1848 schrumpfte die Bannmeile um Hannover und die auswärtige Konkurrenz rückte der Brauergilde dicht auf den Pelz. Ihr Verkaufsmonopol in der Stadt selbst behielt sie bis zur nächsten Reform der Gewerbeordnung (1868). Nun wandelte sich die einst genossenschaftlich organisierte Gilde in ein gewerbliches Unternehmen, an dessen Vermögen und Gewinn jeder alte Braurechtsinhaber gleichen Anteil hatte.

Um sich der neuen Konkurrenz erfolgreich stellen und gleichzeitig die steigende Nachfrage nach Lagerbier befriedigen zu können, erwarb die Gilde 1870 ein Grundstück am damaligen Stadtrand, nämlich an der Chaussee nach Hildesheim. Bis 1875 entstand nach Plänen des Hofbaurats Heinrich Gottlieb Louis Frühling (1834–1906), einem bedeutenden Vertreter der hannoverschen Architekturschule, ein Gebäudekomplex im neogotischen Stil. Seine historisierende Hülle verwies auf die Tradition der Brauerei; im Inneren waren die großzügigen Betriebsräume technisch auf der Höhe ihrer Zeit. Während der Verkauf von Lagerbier sprunghaft anstieg – 1895/96 lag er bei fast 210 000 Hektolitern –, wurde die Broyhan-Brauerei in der Köbelingerstraße 1919 verkauft.

1925 erwarb die Gilde die Mehrheit am Grundkapital der Lindener Aktien-Brauerei; beide zusammen stießen jährlich fast 500 000 Hektoliter Bier aus. Doch Produktion und Gewinn gingen in den Folgejahren deutlich zurück: Die wachsende Zahl der Arbeitslosen sparte an ihrem abendlichen Getränk, zusätzlich schlug die 1930 verdoppelte Biersteuer zu Buche. Nach Ende des Zweiten Weltkriegs waren die Anlagen der Brauerei zu drei Vierteln zerstört. Wegen des

Historische Ansicht der Städtischen Lagerbierbrauerei, Hildesheimer Straße

138 FÜR LEIB UND SEELE: AGRAR- UND LEBENSMITTELINDUSTRIE

Gilde-Brauerei Hannover, Hildesheimer Straße

FÜR LEIB UND SEELE: AGRAR- UND LEBENSMITTELINDUSTRIE

Rohstoffmangels der Nachkriegszeit untersagten die Alliierten bis Sommer 1949 das Brauen mit Stammwürze. Stattdessen brachte die Gilde ein Bier auf der Grundlage von Molke auf den Markt. Daraufhin fiel der im Krieg ohnehin gesunkene Bierkonsum von 82 Litern pro Kopf und Jahr (1939) weiter auf 25 Liter (1948/49).

Mit dem Wirtschaftswunder floss schließlich wieder deutlich mehr Bier durch die Kehlen, bis der Absatz in den 1960er-Jahren bei steigenden Herstellungskosten und Löhnen erneut stagnierte. Viele Brauereien gerieten in die roten Zahlen, eine erneute Konzentration in der Branche begann. 1968 fusionierten die mittlerweile zur Gilde-Brauerei umfirmierte Städtische Lagerbier-Brauerei und die Lindener Aktien-Brauerei zur Lindener Gilde Bräu AG, die 1988 in Gilde Brauerei AG Hannover umbenannt wurde. Hauptaktionärin war die Brauergilde, die sich 1970 als Brauergilde Hannover AG ebenfalls zur Aktiengesellschaft wandelte. Anteilsscheine erhielten nur die Besitzer der 317 brauberechtigten Grundstücke, zu denen mittlerweile auch die Stadt Hannover und das Land Niedersachsen gehörten; jeder Verkauf bedurfte der Zustimmung des Aufsichtsrats. Zwischen 1971 und 1975 modernisierte die Brauerei ihre Betriebsgebäude an der Hildesheimer Straße grundlegend und schuf mit Automatisierungen und neuester Technik eine der modernsten Brauereien der Welt. 1997 wurde die Bierherstellung vom Gelände der ehemaligen Lindener Aktien-Brauerei komplett in das Südstädter Stammhaus verlegt; auf dem ehemaligen Brauereigelände in Linden entstand eine Reihenhaussiedlung. Ihren Traditionsreichtum versinnbildlichte die Gilde-Brauerei bis zum Ende der 1990er-Jahre im hannoverschen Straßenbild mit den Pferdefuhrwerken, die die Gastronomie belieferten.

Im Laufe der Zeit erwarb die Gilde-Brauerei unter anderem Anteile an einem Getränkevertrieb, einer Malzfabrik, dem Braunschweiger Hofbrauhaus Wolters AG und der Brauerei Wülfel AG. Bis zum Jahr 2000 hatte sie sich zu den Marktführern der deutschen Bierwirtschaft emporgearbeitet. Ungeachtet großer Proteste vor Ort verkaufte die Mehrheit der Gilde-Aktionäre, unter ihnen die Stadt Hannover selbst, drei Jahre später ihre Anteile an einen international tätigen Bierkonzern. Die Befürchtungen, dass dieser die hannoverschen Traditionsmarken allmählich vom Markt nehmen würde, scheinen sich zu bestätigen: Seit Anfang 2008 können Hannovers Kneipiers kein Lindener Spezial mehr vom Fass zapfen.

Bierkutscher der Gilde-Brauerei, wie sie bis Ende der 1990er-Jahre fuhren

FÜR LEIB UND SEELE: AGRAR- UND LEBENSMITTELINDUSTRIE

Bei der Modernisierung der 1970er-Jahre blieben nur an der Hildesheimer Straße die Fassaden einiger Gebäude aus dem 19. Jahrhundert erhalten. Auffällig ist das an der Ecke zum Altenbekener Damm liegende Gebäude, bei dem es sich allerdings um einen historisierenden Neubau aus dem Jahre 1970 handelt. In der Empfangshalle der Brauerei in der Alten Döhrener Straße ist der Wappenstein des ersten Brauhauses von 1642 erhalten.

▸ Hannover-Südstadt, Hildesheimer Straße 132.
▸ Die Gebäude lassen sich auf öffentlichen Wegen gut von außen besichtigen.
▸ Stadtbahnlinie 1,2 und 8, Haltestelle Altenbekener Damm.
▸ Fahrplanauskunft unter www.gvh.de

BRAUEREI SCHEELE IN HANNOVER-ANDERTEN

Anderten, das erst 1974 nach Hannover eingemeindet wurde, gehörte mit 13 anderen Dörfern im Städtedreieck von Hannover, Hildesheim und Peine zum sogenannten Großen Freien. Dessen Einwohner hatten dem Landesherrn seit dem 13. Jahrhundert eine Reihe von Sonderrechten abgerungen. So durften sie unter anderem Bier brauen und verkaufen. Wie überall brauten auch in dem Bauerndorf Anderten die 49 dazu befugten Hofbesitzer abwechselnd in ihren Häusern. 1727 holten sie die landesherrliche Erlaubnis zum Bau eines Brauhauses ein. Wegen der damit verbundenen Feuergefahr entstand es außerhalb des Dorfes auf einem Grundstück, auf dem heute Oisseler Straße, Rischweg, Am Tiergarten und An der Brauerei zusammentreffen. Steine fassten die beiden hier befindlichen, stark sprudelnden Wasserquellen zum Brauereibrunnen ein. Aufgrund der schwankenden Qualität der verschiedenen Braue stellten die Brauberechtigten 1765 einen Braumeister an. 1818 schließlich verpachteten sie ihr Brauhaus an Heinrich Ludwig Scheele, der sein Metier als ehemaliger hannoverscher Braumeister bestens kannte. Er spezialisierte sich auf die Herstellung von Bitterbier, das geschmacklich dem englischen Ale ähnelte und seine Abnehmer auch in Hannover sowie umliegenden Dörfern fand; zu Scheeles Stammkunden zählte neben vielen hoch gestellten Bürgern und Militärpersonen auch ein hannoverscher Minister. In den 1860er-Jahren kaufte sein Sohn das Brauhaus. Er stellte bald auch Lagerbier her und errichtete dafür einen Eiskeller. Das dafür verwendete Kühlmaterial wurde in strengen Wintermonaten geerntet, wenn die Eisdecke auf einem eigens angelegten Teich in der Breiten Wiese, die in alten Flurkarten auch „Nasse Wiese" heißt, am heutigen Wartheweg mindestens zwölf Zentimeter stark war. Für Freibier und Eintopf nach getaner Arbeit schnitten die Einwohner Andertens mit speziellen Werkzeugen große Tafeln mit einer Seitenlänge von bis zu zwei Metern aus dem Eis, schoben sie über Bohlen ans Ufer, zerkleinerten sie dort auf Lagergröße und brachten sie mit Pferdefuhrwerken schließlich zum Eiskeller. Dieser befand sich wegen des hohen Grundwasserstands in unmittelbarer Nähe der Brauerei zunächst im Oberdorf an der heutigen Sehnder Straße.

Der Enkel des ersten Braumeisters, Heinrich Scheele (1856–1939), errichtete nach 1885 auf dem Grundstück seiner Brauerei zwei jeweils 1000 Tonnen fassende Eis„keller", die dreigeschossig in die Höhe ragten. Im obersten Stockwerk wurde das Eis eingela-

Ehemaliges Verwaltungsgebäude der Brauerei Scheele in Hannover-Anderten

gert. Die nach unten sinkende Kaltluft kühlte den Gärkeller im mittleren und den Lagerkeller im Erdgeschoss, das Schmelzwasser lief durch einen Entwässerungsgraben ab. Nach der Installation einer Dampfmaschine von 25 PS, eines Dampfkessels und einer 1895 angeschafften Kühlmaschine war die kleine Brauerei auf dem neuesten technischen Stand. Sie florierte so gut, dass Scheele die angegliederte Gastwirtschaft 1890 aufgab. Vier Fuhrwerke brauchte er, um seine Kunden beliefern zu können. Schrittweise legte Scheele einen separaten Gärkeller mit hölzernen Gärbottichen und eisernen Gärtanks an, dazu eine Malzschroterei, ein Kühlschiff und zwei Sudhäuser. 1910 machte eine zweite Kühlmaschine die mühsame Beschaffung von Natureis überflüssig. Ein Jahr zuvor hatte Scheele die Ahltener Brauerei gekauft. Das 1974 nach Lehrte eingemeindete Ahlten, das bis zum beginnenden 20. Jahrhundert bäuerlich geblieben war, gehörte ebenfalls zum Großen Freien und seine Brauerei war die letzte von einst fünf Konkurrentinnen im bis 1974 bestehenden Landkreis Burgdorf, in dem ein Teil des Großen Freien aufgegangen war. Während des Ersten Weltkriegs wurden Scheeles Sohn Heinrich Ernst (1896–1954), seine Arbeiter und seine Pferde zum Militär eingezogen. Der Brauereibetrieb ruhte. Zahlreiche Kupfer- und Messingteile der Brauanlagen mussten Stück für Stück an die Rüstungsindustrie abgeliefert werden. Um seine Kunden nicht zu verlieren, übertrug Scheele sein Braukontingent der Lindener Aktien-Brauerei und beauftragte sie mit der Belieferung seiner Kundschaft. Nach Kriegsende waren auch die Holzbottiche verfallen und die Maschinen und Eisenbottiche verrostet. Bis 1920 setzte Heinrich Ernst Scheele die Brauerei wieder instand – und machte den hannoverschen Großbrauereien einen Strich durch die Rechnung, die gehofft hatten, den Betrieb günstig schlucken zu können. Zur Beschickung seines Eiskellers baute er 1924 einen elektrisch betriebenen Elevator, dessen stählerner Aufbau sich über dem Gebäude erhob. Wenig später ließ er einen neuen Brunnen bohren, da der alte versiegt war, nachdem der Bau des Mittellandkanals den Grundwasserspiegel abgesenkt hatte. Weitere Modernisierungen folgten: die Anschaffung von Lastkraftwagen zur Auslieferung, die Anlage eines Maschinenhauses sowie die Installation einer neuen Dampfmaschine mit 100 PS und einer neuen Eismaschine. Sie produzierte täglich bis zu 200 Zentner. Ein Drehstromgenerator versorgte jetzt den ganzen Betrieb mit

Brauerei Scheele, Fassadendetail

Energie. Bei einem Betriebsausfall brauchte nur ein Hebel umgelegt zu werden, um den notwendigen Strom aus dem Netz der Überlandwerke und Straßenbahnen Hannover AG zu beziehen. 1927, zum 200-jährigen Jubiläum der Brauerei, wurde neben zwei Werkwohnungen und Schlafräumen für Arbeiter ein neues Verwaltungsgebäude errichtet. Während Scheeles Großvater vier und sein Vater zwölf Personen beschäftigt hatte, zählten jetzt dreißig Arbeiter zur Belegschaft, unter ihnen Handwerker zur Wartung der Maschinen. Darüber hinaus kaufte Scheele – wie seine Vorfahren – kontinuierlich Land zu der vom Urgroßvater erworbenen Hofstelle hinzu. Hier mästete er mit den Abfallstoffen der Brauerei Großvieh. Nachdem der Betrieb im Zweiten Weltkrieg erneut eingestellt worden war und bis 1948 geruht hatte, kletterte die jährliche Produktion bis 1955 wieder auf fast 17 000 Hektoliter. In diesem Jahr verstarb der Braumeister in vierter Generation. Seine Erben gaben den Betrieb auf, verkauften dessen Kontingent an die Peiner Härke-Brauerei und die Gebäude an eine hannoversche Fleischwarenfabrik. 1981 blieb nur das zweigeschossige Verwaltungsgebäude von 1927 vom Abbruch verschont. Es ist in der zeittypischen Formensprache gehalten und steht heute unter Denkmalschutz. Sein breiter, risalitartiger Vorbau mit Treppengiebel betont die Hauptfassade des Klinkerbaus, die zur Straße Am Tiergarten zeigt. Eine mit drei Spitzbögen geöffnete Arkade an der südöstlichen Gebäudeecke bildet eine Vorhalle zum Hauptportal.

Über den beiden Arkaden der Hauptfassade zeigt eine Reliefplatte Gambrinus. Er soll der Legende nach ein germanischer Königssohn und Erfinder des Biers gewesen sein.

▸ Hannover-Anderten, Am Tiergarten 2.
▸ Das ehemalige Verwaltungsgebäude kann von öffentlichen Wegen gut eingesehen werden.
▸ Stadtbahnlinie 5, bis Haltestelle Ostfeldstraße. Zu Fuß ca. 900 m in östlicher Richtung durch die Straße „Am Tiergarten".

HOCHPROZENTIGES AUS GRUNDNAHRUNGSMITTELN: BRANNTWEINBRENNEREIEN

WIDER DEN „BRANNTWEINTEUFEL"

Die Herstellung von Branntwein aus Getreide oder Kartoffeln ist wie die Bierbrauerei ein Gewerbe mit einer jahrhundertealten Geschichte. In der ländlichen Umgebung Hannovers gab es in fast jeder größeren Gemeinde eine Branntweinbrennerei, die den lokalen Markt versorgte. Brennereien wurden in der Regel im Nebenerwerb betrieben, beispielsweise durch (Klein-)Bauern, die auch den Ausgangsstoff der Schnapsherstellung produzierten, häufig aber auch durch Bäcker oder Gastwirte. Alle Betriebe brauchten eine Konzession der Obrigkeit, die auf die produzierten Mengen Branntweinsteuer erhob. Weil man nur wenige Gerätschaften benötigte, wurde Branntwein allerdings auch schwarz gebrannt und verkauft. Insbesondere in Krisenzeiten war er ein äußerst begehrtes Tauschmittel auf dem Schwarzmarkt.

Zunächst wurde die stärkehaltige, gründlich zerkleinerte oder geschrotete Grundsubstanz wie Getreide, vor allem Roggen, Kartoffeln oder Zuckerrüben mit Wasser und Hefe zum Gären gebracht. War der Gärprozess dieser Maische nach einigen Tagen abgeschlossen, wurde sie in einem von unten befeuerten Kessel – dies konnte beim illegalen Hausbrand auch ein simpler Waschkessel sein – zum Sieden gebracht. Ein in den Deckel eingepasstes Kupferrohr wurde, ebenso wie der Deckel selbst, mit Lehm oder einem Roggen-Wasser-Brei sorgfältig abgedichtet, damit die Alkohol enthaltenden Dämpfe nur durch das Rohr abziehen konnten.

FÜR LEIB UND SEELE: AGRAR- UND LEBENSMITTELINDUSTRIE

Dieses wurde durch eine Kühlanlage geführt oder von außen mit Wasser gekühlt, sodass sich die Dämpfe als flüssiger Alkohol niederschlugen und in einen Auffangbehälter liefen. Aus fünfzehn Kilogramm Rohstoff erhielt man etwa fünf Liter reinen Alkohols, der mit abgekochtem Wasser zu einem genießbaren Schnaps verdünnt wurde. Destillateure verfeinerten diese Grundsubstanz durch einen zweiten Brand unter Zugabe verschiedenster Essenzen oder Aromen zu edleren Tropfen oder Likören. Zur Befeuerung der Destillieranlagen diente im Raum Hannover neben Holz und Stroh auch Deisterkohle. Mit dem nach dem Brennen zurückbleibenden, sehr eiweißreichen Rückstand, der Schlempe, wurden Schweine und Ochsen gemästet. Allerdings entzog die Branntweinbrennerei dem Markt beträchtliche Mengen an Grundnahrungsmitteln, sodass die Obrigkeit in Jahren schlechter Ernten das Brennen von harten Spirituosen verbot.

Der Mitbegründer und Generalsekretär des Hannoverschen Gewerbe-Vereins Freiherr Friedrich Wilhelm von Reden (1804–1857), ein hervorragender Kenner der Wirtschaft des Königreichs, stellte 1839 fest, dass die hiesigen Destillen ihre Brennverfahren mittlerweile vervollkommnet und ihre Betriebe durch die Anschaffung neuer Apparaturen – zu denen vornehmlich Dampfmaschinen zählten – gänzlich umgestaltet hatten. Der Dampfkesselbetrieb hatte den Vorteil, dass die Brennereien das benötigte Mehl selber schroten und die Maische, die sehr leicht ansetzte, gleichmäßiger erhitzen konnten.

Zu diesem Zeitpunkt schien der Konsum harten Alkohols so sehr zuzunehmen, dass alarmierte Bürger von einer „Branntweinpest" sprachen und sich, zumeist auf Initiative von Pastoren, in Mäßigkeitsvereinen zusammenschlossen, um gegen den „Branntweinteufel" ins Feld zu ziehen. In der Tat fiel der Preis von Hochprozentigem zwischen 1820 und 1850 deutlich, seit auch Kartoffeln zu Schnaps vergoren wurden, während Bier sich aufgrund steigender Getreidepreise spürbar verteuerte und Wein in Norddeutschland sowieso Luxus war. Deshalb setzte sich Branntwein als Getränk der ärmeren Schichten durch. Zudem galt Schnaps, der bis zum 17. Jahrhundert als Arzneimittel in kleinen Quantitäten beim Apotheker getrunken oder für den Hausgebrauch gekauft wurde, als stärkend bei anstrengenden Arbeiten und als Schutz gegen Kälte. Im 17. und 18. Jahrhundert verabreichte das Militär seinen Soldaten Branntwein in kleinen Rationen – zu wenig, um sie zu berauschen, aber genug, um sie für ihr reibungsloses Funktionieren zu betäuben. Es wurde in allen gesellschaftlichen Gruppen gängig, Schnaps in kleinen Mengen als Kraftspritze und bei Feiern in größerer Runde in erklecklichen Mengen zu trinken. Doch auch wenn man Handwerkern, Arbeitern und Gesinde einen „stärkenden Schluck" gönnte, wurde der steigende Schnapsverbrauch als bedrohlich empfunden und verantwortlich gemacht für Armut und Not der unteren Schichten. Landesherrliche Verordnungen drohten – letztmals 1838 – zunehmend schärfere Strafen gegen den übermäßigen Branntweinkonsum an, die von drei Tagen Gefängnis bei Wasser und Brot bis zu mehrjährigen Zucht- und Werkhausstrafen bei wiederholter Trunkenheit in der Öffentlichkeit reichten; ab 1841 übergab die Obrigkeit an die Wirte Listen mit ortsbekannten Trinkern, denen sie keinen Branntwein mehr ausschenken durften. Ein weitaus größerer Teil der Verordnungen befasste sich aber mit der Erhebung der Branntweinsteuer, die mit jährlich Zigtausend Talern einen Gutteil der Staatseinnahmen ausmachte.

Geräte der früheren Brennerei in Wedemark-Brelingen

Nach Angaben der Mäßigkeitsbewegung sprach um 1850 jeder 50. Bewohner des Königreichs Hannover über Gebühr dem Branntwein zu. Angesichts der Informationen aus Polizeiakten, Sterberegistern und der Presse scheint dies drastisch übertrieben zu sein, auch wenn sich mangels amtlicher Statistiken keine verlässliche Zahl ermitteln lässt. Ob die moralisierenden Zeitgenossen den Alkoholkonsum überbewerteten, ist schwer zu sagen. (Der durchschnittliche Pro-Kopf-Verbrauch von 100-prozentigem Branntwein betrug in Deutschland damals 4,7 Liter pro Jahr, 1998 lag er bei 10,5 Litern reinem Alkohol.) Auf jeden Fall war unbekannt, dass Alkoholismus eine Suchtkrankheit und keine moralische Schwäche ist. Zudem wollten die Feinde des Branntweins nichts an der sozialen Lage ihrer Zielgruppe, der entstehenden Industriearbeiterschaft, ändern.

SCHNELLER RAUSCH IN EINER BESCHLEUNIGTEN ARBEITSWELT

Tatsächlich wandelte sich unter den veränderten Lebensbedingungen des neuen Industriezeitalters auch das traditionelle Trinkverhalten. Tagsüber verlangte die Fabrik mit ihren zumeist lauten, staubigen und heißen Arbeitsplätzen und oft auch monotonen Arbeitsabläufen eine disziplinierte Unterordnung. Abends machten viele, insbesondere ledige Männer den Schankraum zwangsläufig zu ihrem Wohnzimmer: Viele hatten als Schlafgänger nur ein Bett in einer zumeist überbelegten Wohnung gemietet; das Wirtshaus erfüllte den Wunsch nach Geselligkeit. Andere Freizeitvergnügen gab ihr schmaler Geldbeutel nicht her. Bis heute scheiden sich die Geister, ob Branntwein angesichts der miserablen Arbeits- und Wohnverhältnisse in den Industriezentren als „Sorgenbrecher" diente (womit die Lebensverhältnisse der alten Agrargesellschaft, die für viele ebenfalls von existenziellen Nöten gezeichnet war, verklärt werden) oder für eine neue Form von Geselligkeit stand. Dem gemeinsamen Trinken frönten fast ausschließlich Männer, doch – anders, als es zeitgenössische Darstellungen vermitteln wollten – nicht nur Angehörige der unteren Einkommensschichten, sondern im gleichen Maß auch Bessergestellte. Bei ihnen gehörte die Teilnahme am Trinkgelage (bei dem in der Regel edlere Tropfen

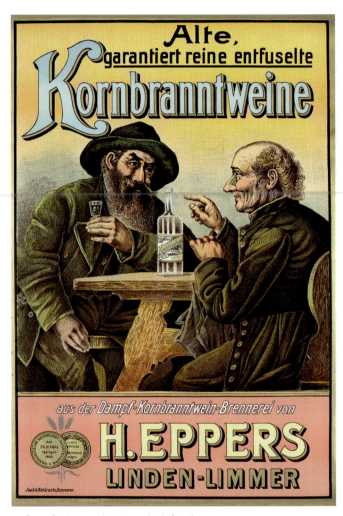

Werbung der Brennerei H. Eppers in Linden-Limmer

als Branntwein flossen) gewissermaßen zum guten Ton, solange der Alkoholkonsum nicht ihre Existenzgrundlage gefährdete. Dagegen waren sich Obrigkeiten und Fabrikherren in ihren Vorurteilen zum Trinkverhalten der Arbeiter einig. Arbeitsordnungen der Fabriken untersagten ab Mitte des 19. Jahrhunderts auch in der Pause jeglichen Alkoholgenuss. Die Lindener Gemeindevertretung verbot

FÜR LEIB UND SEELE: AGRAR- UND LEBENSMITTELINDUSTRIE

1861 auf Wunsch der „Directionen und Eigentümer der hiesigen größeren und kleineren Fabrik-Etablissements" ein Schützenfest, „weil ihre Arbeiter und Arbeiterinnen durch das Schützenfest zum mehr als achttägigen Müssiggange und zu unnöthigen Ausgaben verleitet würden, zur Arbeit selbst in längerer Zeit nicht aufgelegt seien (...). Die Nähe der Residenz mit ihren mannigfachen Lustbarkeiten so wie die vielen Schützenfeste in der nächsten Umgebung von Hannover und Linden gebe der Bevölkerung von Linden Gelegenheit genug, um derartigen Vergnügungen beizuwohnen (...), wodurch solche Leute noch mehr zur Verschwendung ihres Lohnes und ihrer sonstigen Habe forciert würden, das städtische Leihhaus so wie die Privat-Pfandleiher haben in den letzten Jahren davon genugsam Berichte geliefert (...)." Amtliche Statistiken der Zeit zeichnen ein ganz anderes Bild: Armut beruhte zu 88,8 Prozent auf Invalidität, Krankheit, Altersschwäche, großer Kinderzahl oder Arbeitslosigkeit. Trunksucht des Ernährers war nur in jeder 50. finanziell unterstützten Familie der Grund für ihre Bedürftigkeit.

Ob Plage oder Politikum, im Branntwein spiegelten sich die Wesenszüge der industriellen Gesellschaft und ihre sozialen Gegensätze. Der preiswerte, hastig gekippte und schnell berauschende Branntwein entsprach der beschleunigten Arbeit im Takt der neuen Maschinen und den verbilligten Industrieprodukten. Wie das Bürgertum seit dem 17. Jahrhundert den Kaffee für sich entdeckte, der gleichsam für Nüchternheit, Disziplin und Effizienz stand, und sich nur noch im privaten Kreis berauschte, versinnbildlichte Branntwein die Lebensbedingungen des entstehenden Proletariats. Folgerichtig mahnten führende Köpfe der erstarkenden Arbeiterbewegung zur Mäßigkeit, da sich nur mit nüchternem Kopf ein Wandel der sozialen Verhältnisse herbeiführen ließe. „Der Schnaps, das ist der Feind", warnte der Sozialdemokrat Karl Kautsky (1854–1938) 1891. Wein und Bier allerdings schienen ihm unverzichtbar für die Revolution: „Für den Proletarier bedeutet in Deutschland der Verzicht auf den Alkohol den Verzicht auf jedes gesellige Beisammensein überhaupt; er hat keinen Salon zur Verfügung, er kann seine Freunde und Genossen nicht in seiner Stube empfangen; (...) will er mit ihnen die Angelegenheiten besprechen, die sie gemeinsam berühren, dann muß er ins Wirtshaus. Die Politik der Bourgeoisie kann desselben entbehren, nicht aber die Politik des Proletariats."

Fass in der Kornbrennerei Bredenbeck

Mit dem ausgehenden 19. Jahrhundert änderten sich die Trinkgewohnheiten erneut. Die Branntweinsteuer wurde ab 1887 in mehreren Schritten kräftig angehoben. Im Gegenzug stieg der Konsum von Bier, das sich Arbeiter aufgrund gestiegener Reallöhne häufiger leisten konnten, um so – zumindest im Hinblick auf die Trinkgewohnheiten – die höher gestellten Schichten zu imitieren.

FÜR LEIB UND SEELE: AGRAR- UND LEBENSMITTELINDUSTRIE

Auf bürgerlicher Seite engagierten sich neu gegründete Abstinenzvereine mit Worten und Taten gegen den „Branntweinteufel", der Frauenverein Volkswohl beispielsweise betrieb bis zum Ersten Weltkrieg in Linden und den ärmeren Stadtteilen Hannovers neun alkoholfreie Speisewirtschaften. Vor allem aber schufen sich Arbeiter mit eigenen Sport- oder Gesangsvereinen und Schrebergärten alternative Freizeitmöglichkeiten zum Wirtshaus, die ihren finanziellen Möglichkeiten entsprachen und in denen sie – im Gegensatz zu bürgerlichen Vereinen und Kulturveranstaltungen – wohlgelitten waren. Mit zunehmendem gesellschaftlichem Wohlstand verdrängten andere Alkoholika den Schnaps. Viele Brennereien stellten ihren Betrieb ein. Die wenigen übrig gebliebenen Brennereien, etwa Ostermeier im Wennigser Ortsteil Degersen oder Cölle in Springe-Alferde, produzieren heute größtenteils Rohsprit für die Deutsche Kornbranntwein-Verwertungsstelle in Münster oder Alkohole für pharmazeutische Zwecke.

Destillierapparat, Kornbrennerei Warnecke

KORNBRENNEREI WARNECKE IN WENNIGSEN-BREDENBECK

Die Ursprünge der letzten Destille in der Region Hannover, die bis heute eigene Brände herstellt und vertreibt, liegen in Holtensen, das mittlerweile ein Wennigser Ortsteil ist. Von hier aus versorgte die Familie Kösel ab 1826 die Umgebung mit Hochprozentigem, bevor sie in das heute ebenfalls nach Wennigsen eingemeindete, gut einen Kilometer entfernte Bredenbeck zog. Die wirtschaftlichen Aktivitäten der dort ansässigen Freiherren von Knigge im Kohlebergbau und in der Rohstoffgewinnung machten das einstige Bauerndorf auch für Gewerbetreibende interessant. Die Familie, die in der Mitte des 19. Jahrhunderts durch Heirat den Namen Warnecke annahm, brennt inzwischen in der vierten Generation auf ihrem Anwesen an der Deisterstraße nach alten Brennrechten Korn. 1990 gab sie ihre Landwirtschaft auf und brachte knapp 50 Hektar Ackerland in eine landwirtschaftliche Betriebsgemeinschaft ein. Diese baut besonders stärkehaltigen Weizen an, von dem die Brennerei an jährlich 100 Brenntagen rund 80 Tonnen in Alkohol umwandelt. In Tagesmengen zu etwa 850 Kilo wird der Weizen zu grobem

Schrotmehl gemahlen, bevor er in den Maischebottich kommt. Nach zweimaligem Brennen entstehen daraus jährlich 300 Hektoliter 95-prozentigen Alkohols.

▸ Wennigsen-Bredenbeck, Deisterstraße 4.
▸ Der Betrieb ist montags bis samstags von 9–13 Uhr und freitags auch von 15–18 Uhr geöffnet. Sonderführungen für Gruppen ab 15 Personen sind nach Voranmeldung möglich (Tel. 05109/6232).
▸ Buslinie 382 oder 520, Haltestelle Bredenbeck/Denkmal

EHEMALIGE BRENNEREI IN WEDEMARK-BRELINGEN

Bereits 1732 gab es auf dem Hof der in Brelingen ansässigen Familie Martens nachweislich eine Brennerei, in der Kartoffeln und Getreide von eigenen Äckern zu Schnaps verarbeitet wurden. In dem damals knapp 500 Seelen zählenden Bauerndorf errichtete die Familie 1887 gegenüber ihrem Wohnhaus ein massiv aus Backsteinen gemauertes Brennereigebäude, zu dem sich bald danach in unmittelbarer Nachbarschaft noch ein – ebenfalls als Massivbau ausgeführtes – Lagergebäude gesellte. Die neue Brennerei besaß ursprünglich einen dreieckigen, zur Hoffläche hin gewandten Steilgiebel; der Kessel für die zugehörige Dampfmaschine wurde in einem seitlich angeschleppten Anbau untergebracht. Mit ihrer Energie wurde die Maische erhitzt und gerührt, die dann bis zum Brand etwa drei Tage lang in großen Holzfässern im Keller der Produktionsstätte gärte. Weil sich die Rückstände der Maische gut als Viehfutter eigneten, wurde nachträglich ein Kuhstall an das Brennereigebäude angefügt, wodurch es seinen Steilgiebel verlor und sich seine Firstrichtung um 90 Grad drehte. Dabei hat es viel von seiner früheren optischen Dominanz verloren.

Zur Blütezeit des Brennereibetriebes arbeiteten während der Ernte bis zu 16 Helfer in Wechselschichten eine ganze Woche hindurch an der Herstellung hochprozentigen Rohalkohols, der anschließend im Keller des benachbarten Lagergebäudes durch Mischen mit Brunnenwasser zum überregional bekannten „Brelinger Korn" verschnitten wurde. Ende der 1970er-Jahre hätte der über 60 Jahre alte Maschinenpark grundlegend erneuert werden müssen, was wirtschaftlich nicht mehr zu vertreten war. Deshalb ver-

Backsteinbau der ehemaligen Brennerei in Wedemark-Brelingen

pachtete die Familie ihre Brennrechte. Seitdem kauft sie den zur Herstellung des Korns benötigten Rohalkohol und verarbeitet ihn nach den alten Rezepten weiter. Dank des Traditionsbewusstseins der Familie Martens blieb die technische Ausstattung der Brennerei jedoch bis heute erhalten – über ein Vierteljahrhundert praktisch in einen Dornröschenschlaf verfallen. Mittlerweile stellen die historischen Gerätschaften ein hochkarätiges Denkmal der Technikgeschichte dar. Der Dampfzylinder mit dem großen Schwungrad, das über breite Lederriemen unter anderem die Rührwerke für das Ansetzen der Maische antrieb, ist eine besonders altertümliche Konstruktion, die noch dem 19. Jahrhundert angehören dürfte. Darauf lässt der Fliegkraftregler mit seinen markanten Kugelgewichten schließen. Hersteller des Zylinders war die Firma K. + Th. Möller im westfälischen Brackwede (heute ein Stadtteil Bielefelds). Nicht weit davon entfernt, nämlich in Beckum, hatten die Gebr. Becker die Destillen für die Brelinger Brennerei gefertigt. Hingegen stammt der Dampfkessel im seitlichen Anbau der Brennerei aus der Nähe Hamburgs, nämlich von den Bergedorfer Eisenwerken,

FÜR LEIB UND SEELE: AGRAR- UND LEBENSMITTELINDUSTRIE

Türmonogramm in der Kornbrennerei der Familie Martens

wo er 1917 gebaut wurde. Davon zeugt ein erneuertes Fabrikschild, das dieses Unternehmen kostenfrei zur Verfügung stellte, nachdem der TÜV bei der letzten Kesselprüfung vor Aufgabe des Brennereibetriebs sein Fehlen moniert hatte – so außergewöhnlich war der Betrieb einer stationären Dampfmaschine geworden.

▸ Wedemark-Brelingen, Eichendamm 32.
▸ Führungstermine sind bei Familie Martens (Tel. 05130/2263) zu erfragen.
▸ Buslinie 696 bzw. an Wochenenden und Feiertagen mit RufTaxi 696 (Benutzung ist nach telefonischer Anmeldung unter Tel. 05031/175 500 möglich), Haltestelle Brelingen/Kirche. Von dort über die westlich der Kirche nach Süden von der Hauptstraße abzweigende Martin-Müller-Straße bis in den Eichendamm.

UNABHÄNGIGKEIT VON TEUREN IMPORTEN: DIE ZUCKERINDUSTRIE

VON DER „RÜBENQUETSCHE" ZUR „BAUERNFABRIK"

Seit dem ausgehenden 15. Jahrhundert brachten die europäischen Seefahrer von ihren Entdeckungs- und Eroberungsfahrten mit Tee, Kaffee, Gewürzen und Kakao auch den aus Zuckerrohr gewonnenen Zucker nach Europa – als unermesslich teure Kolonialware. 1747 entdeckte der Chemiker Andreas Sigismund Marggraf (1709–1782), dass auch heimische Rüben Zucker enthalten. Die technischen Verfahren zur Zuckergewinnung entwickelte sein Schüler Franz Carl Achard (1753–1821). 1801 ging in Schlesien die von ihm geplante erste deutsche Zuckerfabrik in Betrieb. Insbesondere der preußische König zeigte großes Interesse an dieser Entwicklung. Sie versprach die teuren Importe der begehrten Ware zu verringern, sodass das dafür ausgegebene Geld im Land blieb. Skeptisch zeigten sich hingegen die Fachleute aus der Landwirtschaft. „Es wird für das Rindvieh gewiß sehr wohltätig seyn", urteilte Albrecht Daniel Thaer 1799, „wenn viele Runkelrüben – die jedoch nie so erträglich wie Kartoffeln oder Möhren sind – gebaut werden; aber Zucker wird man vorerst außerhalb Berlin noch nicht daraus machen." Thaer sollte sich gründlich täuschen.

FÜR LEIB UND SEELE: AGRAR- UND LEBENSMITTELINDUSTRIE

Den Anstoß für die Zuckerindustrie im Kurfürstentum Hannover, das seit 1803 unter französischer Besetzung stand, gab die 1806 von Napoleon I. (1769–1821) gegen Großbritannien verfügte Kontinentalsperre. Sie schnitt nicht nur die Briten vom Handel mit dem europäischen Festland ab, sondern auch den Kontinent von den Rohrzuckerlieferungen aus den britischen Kolonien. Deshalb befahl der französische Kaiser, in seinem Herrschaftsgebiet geeignete Ackerflächen großflächig mit Runkelrüben zu bestellen. Zögerlich befolgten die Landwirte dieses Dekret. Risikobereite Kaufleute errichteten in Erwartung hoher Gewinne die ersten Fabriken. Ehe diese aus dem Stadium von Versuchsküchen hinauskamen, stürzte Napoleon 1814. Jetzt gelangte wieder „echter" Zucker ins Land und die junge deutsche Zuckerindustrie fiel in sich zusammen. Auch in den 1830er-Jahren gegründete „Rübenquetschen" behaupteten sich vielfach noch nicht am Markt. Erst mit verbesserten Anbaumethoden und dem Einsatz mineralischen Düngers steigerte sich der Zuckergehalt der Rübe und machte ihren Einsatz zur Zuckergewinnung lohnenswert. Im Raum Hannover etablierte sich die Rübenzuckerindustrie erst allmählich seit der Mitte des 19. Jahrhunderts, als auf dem Gebiet des Deutschen Zollvereins (einer handelspoli-

So sah es auch an den Betriebsstandorten in der Region Hannover aus: Zuckerfabrik Nordstemmen

tischen Vereinigung von damals 14 deutschen Bundesstaaten zur Herstellung einer Wirtschaftseinheit) bereits 249 Unternehmen den Süßmacher produzierten.

Zuckerfabriken entwickelten sich – anders als zum Beispiel Branntweinbrennereien – nicht aus landwirtschaftlichen Nebenerwerbsbetrieben, sondern wurden als industrielle Großbetriebe mit einem entsprechenden Maschinenpark auf die grüne Wiese gesetzt. Kaum ein anderes Gewerbe bediente sich so früh und in so großem Stil der Dampfkraft wie die Zuckerindustrie. Die 1857 gegründete „Actien-Zuckerfabrik Neuwerk bei Hannover" in der Nähe Gehrdens, die erste in der Region, wurde unter anderem mit sechs Dampfmaschinen ausgestattet. Dieser hohe Technisierungsgrad verlangte aber auch entsprechenden Kapitaleinsatz. So gehörten zu den zwanzig Gründungsaktionären von Neuwerk außer fünf Landwirten vor allem wohlhabende Unternehmer verschiedenster Branchen, die das neuartige Vorhaben in Erwartung namhafter Gewinne mitfinanzierten. Mit dem Geschäftsführer Wrede, dessen Vater an einer Halberstädter Zuckerfabrik beteiligt war, und dem Gesellschafter Fritz Hurtzig (1825–1897), dessen Vater Leopold (1796–1858) gemeinsam mit Johann Egestorff (1772–1834) in Hannover-Linden aus den Kolonien importierten Rohzucker raffiniert hatte, waren mindestens zwei Männer an entscheidender Stelle mit der Materie vertraut. Auch war der Standort in der fruchtbaren Calenberger Lössborde im Süden Hannovers, dem für den Rübenbau am besten geeigneten Boden der Region, klug gewählt: Die Residenzstadt als Absatzmarkt lag nahe, Kohle und Kalk waren in ausreichender Menge und günstig verfügbar, Arbeitskräfte stellten keine hohen Lohnansprüche. Das Gros der Landwirte jedoch zögerte noch, Rüben im großen Stil anzubauen. Die hannoversche Regierung selbst bestätigte sie im Verharren in der traditionellen Ackerwirtschaft, erklärte sie doch den Rübenbau für wenig förderlich und verbot ihn bis zur preußischen Annexion 1866 auf den Gütern im Staatsbesitz.

Erst zwischen 1874 und 1884 entstanden in der Region Hannover weitere Zuckerfabriken in Bennigsen bei Springe, Groß Munzel bei Barsinghausen, Lehrte, Linden bei Hannover, Rethen bei Laatzen, Sehnde und Weetzen bei Ronnenberg. Wie Neuwerk lag ein Gutteil dieser Fabriken ebenfalls in der Lössbörde. Auch die Böden

Aktie der Zuckerfabrik Sehnde, 1877

des früheren Landkreises Burgdorf, aus dem die Sehnder Zuckerfabrik einen großen Teil ihrer Rüben bezog, eigneten sich bei intensiver Bearbeitung für den Rübenbau. Wichtige Impulsgeber in dieser zweiten Gründungsphase waren die landwirtschaftlichen Vereine, die in ihren Organen und auf ihren Versammlungen für den Rübenbau warben und deren führende Persönlichkeiten sich

FÜR LEIB UND SEELE: AGRAR- UND LEBENSMITTELINDUSTRIE

zumeist selber an den Gründungen neuer Zuckerfabriken beteiligten. Neben wenigen orts- und branchenfremden Kapitalanlegern investierten örtliche Handwerker, vermutlich in der Hoffnung auf nachkommende Bauaufträge, in die neuen Unternehmen. Überwiegend aber zeichneten nun Landwirte die Aktien – in Lehrte beispielsweise zu zwei Dritteln, in Sehnde ausschließlich –, sodass man jetzt von „Bauernfabriken" sprach.

HARTE ARBEIT UND BESCHWERLICHER TRANSPORT

Das A und O für den wirtschaftlichen Erfolg der Zuckerfabriken war natürlich eine ausreichende Versorgung mit Rüben. Deshalb verpflichteten sich die Landwirte unter den Aktionären, „Pflichtrüben" anzubauen und zu einem festgesetzten Preis nur an „ihre" Fabrik zu liefern. Diese durfte ungeeignet scheinende Anbauflächen ablehnen, den Ankaufpreis für minderwertige Früchte herabsetzen oder eine Lieferung sogar ganz zurückweisen, wenn die Rüben vor der Anlieferung nicht hinreichend gesäubert oder von ihren Blättern befreit worden waren. Darüber hinaus betrieben die Fabriken eine eigene „Ökonomie" auf eigenem oder gepachtetem Land. Schließlich ergänzten sie ihre Rohstoffzufuhr durch deutlich teurere „Kaufrüben", die sie von vertraglich ungebundenen Landwirten erwarben. Dabei lieferten sich die in enger Nachbarschaft gegründeten Fabriken im Raum Hannover und in den angrenzenden Kreisen Peine und Hildesheim einen harten Konkurrenzkampf: „Es kaufen z. B. jetzt in der Hämelerwalder Gegend die Fabriken Linden, Lehrte, Sehnde, Hohenhameln und Equord; in Dollbergen: Linden, Lehrte und Sehnde; in der Meinerser Gegend Sehnde, Lehrte, Meine und Eichthal. (...) Ohne Concurrenz sind wir vorläufig nur noch in Burgdorf", klagten Verantwortliche der Actien-Zuckerfabrik Lehrte 1897/98.

„Kaufrüben" waren so knapp, weil viele Landwirte noch zögerten, die Hackfrucht anzubauen. Sie fürchteten ihre Felder auszulaugen, denn in den älteren Anbaugebieten Sachsens hatte sich eine Ermüdung des Bodens gezeigt. Allerdings stellte sich heraus, dass diese sich verhindern ließ, wenn der Boden ausreichend tief gepflügt und intensiv gedüngt wurde. Der Mehraufwand an Arbeit

Pegelanzeige am Wasserturm der früheren Zuckerfabrik Lehrte

und Geld für den Kauf von Zugtieren zum tieferen Pflügen, landwirtschaftlichen Maschinen und mineralischem Dünger machte den Rübenbau kapitalintensiver als die traditionelle Dreifelderwirtschaft, belohnte die Bauern aber auch mit höheren Gewinnen. Zum einen erzielten sie die Erlöse aus dem Rübenverkauf, zum anderen waren die Rübenblätter und die aus der Zuckerfabrik zurückkommenden ausgelaugten Rückstände, die Rübenschnitzel, ein so vortreffliches Viehfutter, dass die Kühe mehr Milch gaben. Die intensive Bodenbearbeitung steigerte auch die Erträge anderer Feldfrüchte. Dies machte den Rübenbau allmählich selbst für Kleinbauern und Nebenerwerbslandwirte attraktiv. Immer mehr Bauern brachen ihr Grün- in Ackerland um und konnten dennoch dank Rübenblatt und -schnitzel ihren Viehbestand vergrößern. Dadurch fiel mehr Stallmist an, der wieder als Dünger eingesetzt wurde und somit die Ernteerträge steigerte. Der wachsende Wohlstand schlug sich in den Ortsbildern der Lössbörde sichtbar nieder: Hier entstanden seit der Wende zum 20. Jahrhundert viele sogenannte Rübenburgen, stattliche Wohnhäuser aus Backstein nach dem Vorbild städtischer Villen. Nur ihre zahlreichen bäuerlichen Nebengebäude ließen erkennen, dass sie Teil eines landwirtschaftlichen Betriebs waren.

Jener Wohlstand beruhte auf harter Arbeit, denn die Zuckerrübe ist eine äußerst anspruchsvolle Hackfrucht. Am Ende des 19. Jahrhunderts rechnete man pro Hektar Rübenfläche rund 1 400 Arbeitsstunden. Ein abgeerntetes Feld musste bis zum kommenden Frühjahr mehrfach geeggt, bis zu 30 Zentimeter tief gepflügt und gewalzt werden. Im späten Frühjahr wurden die Samen einzeln in vorbereitete Löcher eingelegt, mit dem Daumen festgedrückt und dem Absatz festgetreten. Mehrfach wurde das Feld gehackt, also von Unkraut befreit. Um den 1. Juni herum begann das Vereinzeln und Verziehen, also das mühsame Herausreißen aller schwachen Triebe in gebückter Haltung. Hierzu bemerkte 1883 die „Land- und Forstwirtschaftliche Zeitung", ein Fachblatt für den Landwirt, entgegen seines sonstigen Eintretens für die Bildung der Landbevölkerung: „Zu keiner landwirthschaftlichen Arbeit eignen sich besser Kinder. Nirgends verdienen Kinder mehr, durch keine Kinderarbeit wird das Volksvermögen mehr gehoben. In allen Rübengegenden sollten die Kinder während des Verziehens Ferien haben. Sehr zu bedauern ist der Widerstand der Lehrer, die mehr an sich, als an das Volkswohl denken." Neben Kindern und Jugendlichen verrichteten vor allem Frauen die eintönige Feldarbeit. Die Rüben„mädchen" hackten die Gewächse nach dem Verziehen bis zu fünf weitere Male. Gegen Ende September begann dann die Ernte. Mit einem Rübenheber wurden die Früchte einzeln aus dem Boden genommen. Das Köpfen mit Spaten, Hackmesser oder Sichel entfernte die Blätter. Dann wurden die Rüben grob von der anhaftenden Erde befreit und auf Wagen verladen. Damit sie keinen Zucker verloren, ernteten die Bauern täglich nur eine mit der Zuckerfabrik zur Abnahme verabredete Menge und schafften diese noch am gleichen Tag zur Fabrik. Was nicht sofort abgenommen werden konnte, wurde am Feldrand aufgehäuft und mit Rübenblättern vor der Witterung geschützt. Erst seit den späten 1920er-Jahren, insbesondere aber nach dem Zweiten Weltkrieg wurden Rübenanbau und -ernte bedeutend mechanisiert, unter anderem durch die maschinelle Aussaat von einkeimigem Saatgut, welches das Vereinzeln überflüssig macht, und den Einsatz spezieller Erntemaschinen. Bis 1975 sank der durchschnittliche Arbeitsaufwand auf dem Feld pro Hektar Rübenland auf etwa 100 Stunden.

Obwohl die Landwirte die Zuckerfabriken zumeist nach einem ausgefeilten Zeitplan belieferten, warteten oft kilometerlange Schlangen von Wagen vor den Fabriktoren. In der Anfangszeit zogen Ochsengespanne sie über Feldwege. Die Immenser Bauern konnten ihre Rüben wegen der schlechten Wege bis in die 1880er-Jahre hinein nur mit halb beladenen Wagen nach Lehrte liefern. Dazu mussten sie noch die Burgdorfer Aue, einen Nebenfluss der Fuhse, an einer Furt überqueren, wollten sie nicht den Umweg über Burgdorf nehmen, der sie für den Hin- und Rückweg einen ganzen Tag kostete. So konnte die Lehrter Zuckerfabrik erst nach dem Versprechen, eine Landstraße zwischen beiden Orten zu bauen, weitere Immenser als Vertragspartner gewinnen. Auch andere Fabriken sicherten sich höhere Rübenlieferungen, indem sie sich an den Kosten für den Ausbau der Verkehrswege beteiligten. Die Zuckerfabrik Algermissen bezuschusste in den 1880er-Jahren den Bau einer fünf Kilometer langen Chaussee zwischen Algermissen und Hotteln, die Zuckerfabrik Sehnde übernahm 1901 etwa ein Zwölftel der Kosten für den Ausbau der Straße zwischen Sehnde und Bolzum. Zusätzlich hatte sie wenige Jahre zuvor maßgeblich auf die hannoversche Straßenbahngesellschaft eingewirkt, Sehnde an ihr Güterverkehrsnetz anzubinden, und der Gemeinde einen Teil der Kosten dafür abgenommen. Erfreut begrüßten die Landwirte die speziellen Frachtwagen der Straßenbahn, die sowohl über Räder für

FÜR LEIB UND SEELE: AGRAR- UND LEBENSMITTELINDUSTRIE

Historische Postkarte mit Luftaufnahme der Zuckerfabrik Sehnde

den Gleisverkehr als auch über Ackerwagenräder verfügten, weil ihre Rüben so ohne jegliches Umladen vom Feld in die Fabrik gefahren werden konnten.

HOCHSAISON IN DER FABRIK

Die Ernte war Auftakt der – je nach Ertragslage – dreißigtägigen bis viermonatigen Rübenkampagne. Jetzt konnte die Arbeitszeit in der Fabrik trotz eines Schichtbetriebs rund um die Uhr auf täglich 18 Stunden und mehr klettern, auch wenn sie in der Regel einschließlich eineinhalb bis zwei Stunden Pause zwölf Stunden bei einer Sechstagewoche betrug und 1938 auf 48, 1966 auf 40 Wochenstunden begrenzt wurde.

Das Entladen und Vorreinigen der Rüben blieb bis in die 1940er-Jahre hinein reine Handarbeit. Nach einer gründlichen Wäsche durchliefen die Früchte die „süße Straße". Sie wurden zu drei Millimeter starken Rübenschnitzeln geschnitten und in heißem Wasser ausgelaugt. Dabei gaben sie ihren Zucker an das Wasser ab. Dieser Rohsaft enthielt Säuren und Salze, die mit gebranntem Kalk – jede Zuckerfabrik nannte einen Kalkofen ihr Eigen – gebunden und durch die Einleitung von Kohlensäure ausgefällt wurden. Der anschließend gefilterte Saft wurde durch Verdampfen und Kochen reduziert, bis sich erste Zuckerkristalle zeigten. In langen Trögen, sogenannten Maischen, kristallisierte der Zucker unter ständigem Rühren weiter aus. Große Zentrifugen schleuderten den restlichen anhaftenden Sirup von den Kristallen; Wasser oder Wasserdampf lösten letzte Sirupreste. Der jetzt entstandene Weißzucker wurde durch verschiedene Bearbeitungsmethoden zu unterschiedlichen Zuckerarten umgewandelt; Sehnde stellte für die hannoversche Keksfabrik Bahlsen sogar eine besondere Zuckersorte her.

An vielen Stationen im Produktionsprozess erreichten die Temperaturen 50 Grad Celsius und mehr, sodass die Arbeiter und Arbeiterinnen dort nur leicht bekleidet ihre Tätigkeiten verrichteten. Dies aber verstieß gegen die guten Sitten. Deshalb untersagte 1892 eine Neufassung der Reichsgewerbeordnung den Zuckerfabriken, Frauen an extrem heißen Arbeitsplätzen einzusetzen. Neue gesetzliche Auflagen verkürzten auch ihre Arbeitszeiten drastisch. Einhergehend mit technischen Neuerungen, die den hohen Anteil der Handarbeit verringerten, sank die Rate der weiblichen Beschäftigten in der Zuckerindustrie an der Wende zum 20. Jahrhundert auf etwa 4 Prozent; das Bedienen von Maschinen war schließlich in den Augen der Zeitgenossen reine Männersache. Die verbleibenden Arbeiterinnen wurden vor allem für Reinigungsarbeiten und zum Flicken von Säcken eingesetzt.

Schon in ihrem ersten Betriebsjahr 1876 verarbeitete die Fabrik in Sehnde fast 115 Tonnen Rüben pro Tag. Bis zum Beginn des Ersten Weltkriegs stiegen die täglichen Verarbeitungskapazitäten auf 250 (Gehrden) bis 1000 Tonnen (Lehrte, Linden). Gemessen an den reichsweiten Durchschnittswerten zählten die Zuckerfabriken im Raum Hannover noch zu den kleineren Unternehmen. Trotzdem konnten sie der Rübenberge nur Herr werden, indem sie ihre Stammbelegschaft von je zwanzig bis gut hundert für die Dauer der Kampagne auf mehrere Hundert Personen aufstockten. Je weiter die Industrialisierung fortschritt und die landwirtschaftlichen Arbeitskräfte verknappte, desto schwieriger wurde es angesichts der vergleichsweise niedrigen Löhne in der Zuckerindustrie, rechtzeitig zum Kampagnenbeginn eine ausreichende Zahl von Saisonarbeitskräften zu verpflichten. Eine wichtige Rolle spielten deshalb bis weit ins 20. Jahrhundert hinein Wanderarbeiter aus dem Eichsfeld und aus Hessen, aber auch aus Schlesien, Pommern, Ost- oder Westpreußen. Für ihre Unterbringung errichteten die Werke meist spartanische Unterkünfte auf dem Firmengelände. Viele kehrten über mehrere Jahrzehnte zur Rübenkampagne in „ihre" Zuckerfabrik zurück. Oft waren sie gelernte Arbeiter und Handwerker, die während der warmen Jahreszeit im Baugewerbe tätig waren. In beiden saisonalen Beschäftigungen und ihren Schicht- und Akkordlöhnen erzielten sie häufig einen höheren Jahresverdienst, als sie ihn in ihren ursprünglichen Berufen hätten erreichen können. Während des Zweiten Weltkriegs rekrutierten die Zuckerfabriken Kriegsgefangene und Zwangsarbeiterinnen und -arbeiter für die Kampagne. Rethen beispielsweise stockte seine 83-köpfige Stammbelegschaft im Jahr 1944 durch 636 Hilfskräfte auf, unter denen sich nur 52 Deutsche befanden. In den 1970er-Jahren kam rund ein Viertel der Sehnder Saisonarbeitskräfte aus Süditalien.

UMWELTPROBLEME

In ihrer Frühzeit brauchten die Zuckerfabriken zur Verarbeitung eines Quantums Rüben die zehnfache Menge Wasser. Dieses entnahmen sie in der Regel fließenden Gewässern in Werksnähe. Wenn allerdings oberhalb liegende Industriebetriebe ihre Abwässer in diese Flussläufe eingeleitet hatten, drohten Schadstoffe in den Produktionskreislauf zu gelangen. So hatte die Sehnder Fabrik, die zunächst ihr Wasser aus dem Billerbach bezog, mit den chlorhaltigen Abwässern des Kaliwerks „Friedrichshall" zu kämpfen.

Ausfahrt der Zuckerfabrik Rethen, um 1946

FÜR LEIB UND SEELE: AGRAR- UND LEBENSMITTELINDUSTRIE

Rübenernte in der Region Hannover, 1990er-Jahre

Dieses Problem löste sich, als der 1927 östlich von Hannover in Betrieb genommene Abschnitt des Mittellandkanals den Billerbach von seinen natürlichen Quellen abschnitt. Fortan pumpte man jahrzehntelang Kanalwasser durch eine 1200 Meter lange Leitung in die Fabrik.

Schwierig gestaltete sich auch die Entsorgung der Abwässer. Sie wurden in der Regel direkt oder nach einer Zwischenlagerung in Teichen wieder in die Fließgewässer eingeleitet. Der Zuckerfabrik Sehnde war in den 1920er-Jahren ausdrücklich gestattet, das dem Billerbach entnommene Wasser am Ende der Produktionskette wieder „in einem der Fischzucht und der Landwirtschaft nicht schädlichem Zustand" zurückzuleiten. Allerdings enthielten die Abwässer kohlehydrat- und eiweißhaltige Pflanzenrückstände sowie Kalisalze. Damit boten sie Bakterien und Pilzen einen guten Nährboden: Sauerstoff wurde dem Wasser entzogen, während sich Faulgas bildete. Die Zuckerfabrik in Groß Munzel wies am Ende des 19. Jahrhunderts sich mehrende Klagen zurück, für ein Fischsterben in der Burgdorfer Aue verantwortlich zu sein. Dabei erhielt sie Rückendeckung vom Landrat des Kreises Neustadt am Rübenberge: Die Interessen der Fischer müssten hinter denen der Zuckerindustrie zurückstehen, denn diese sichere den Wohlstand des Kreises. Die Zuckerfabrik Sehnde hingegen ging Klagen aus dem Weg, indem sie 1900 die Fischereirechte in der Aue, in die der Billerbach einmündete, kaufte. Seit den 1940er-Jahren errichteten einige Zuckerfabriken wenig effektive Kläranlagen für Abwässer, die bei der Reinigung der Rüben oder im Produktionsablauf entstanden. Erst das 1958 erlassene Verbot, ungeklärte Fabrikabwässer in öffentliche Wasserläufe einzuleiten, zwang zum Handeln. Parallel zu dieser Entwicklung senkten verfeinerte Verarbeitungsverfahren den Wasserverbrauch.

ALLMÄHLICHER NIEDERGANG EINES GANZEN INDUSTRIEZWEIGS

Bis zum Ende des 19. Jahrhunderts verbesserten die Fabriken kontinuierlich ihre Gewinnbilanzen. Wissenschaftlich ausgebildete Chemiker verdrängten die Siedemeister der Anfangsjahre, die sich auf oft nur geringe Erfahrungen in der Zuckerproduktion stützten. Durch die zunehmende Optimierung von Maschinen und Verarbeitungsweisen stieg die Produktivität. Zugleich konnten die Ausgaben für „Kohle und Kraft", die ursprünglich nach Löhnen und Gehältern den zweiten Platz unter den Kosten eingenommen hatten, trotz steigender Bezugspreise etwa halbiert werden konnten. Das Deutsche Reich hatte sich zum weltweit führenden Zuckerexporteur entwickelt. Einzelne Fabriken führten über 90 Prozent ihrer Produktion aus, und zwar zumeist nach England.

Angesichts dieser hohen Exportquote galt der Rübenanbau bei Beginn des Ersten Weltkriegs als entbehrlich und die Anbauflächen wurden reduziert. Rasch wurde Zucker im eigenen Land Mangelware und von staatlichen und kommunalen Stellen streng bewirtschaftet. Auch der Verlust von Rübenblättern und -schnitzeln als Futter schmerzte; 1916 sammelten Schulkinder das Laub von Bäumen zur Fütterung der Militärpferde. Nach dem Krieg warf Zucker aus hannoverschen Landen wieder gute Gewinne ab, bis er

FÜR LEIB UND SEELE: AGRAR- UND LEBENSMITTELINDUSTRIE

ab Ende der 1920er-Jahre in den Strudel einer weltweiten Überproduktion geriet. Vielen Werken blieb nur eine Fusion oder Betriebsschließung. Die verbleibenden Fabriken mechanisierten die Arbeitsabläufe kontinuierlich weiter, sodass sie mit weniger Beschäftigten eine größere Menge Rüben verarbeiten konnten. Sie erreichten in den 1950er-Jahren durch den Wegfall der ostdeutschen Konkurrenz infolge der deutschen Teilung noch einmal eine Blüte. Mussten im Werk 1960 noch mehr als 100 Minuten Arbeitszeit für die Verarbeitung einer Tonne Rüben aufgewendet werden, sank diese Zahl bis 1975 um fast zwei Drittel auf 37 Minuten.

Gegenwärtig rangiert Deutschland mit seinen 13 Zuckerunternehmen innerhalb der europäischen Rübenzuckererzeugung an zweiter und weltweit an neunter Stelle. Doch von den 45 Rübenzuckerfabriken, die seit den 1850er-Jahren im Königreich Hannover entstanden waren, existierten am Ende des 20. Jahrhunderts gerade noch einmal 8, darunter die Lehrter Zucker AG. Sie hatte zwischen 1951 und 1971 unter anderem die einstigen Konkurrenten in Burgdorf, Groß Munzel und Sehnde übernommen. 1997 ging sie in der Nordzucker AG auf, die den Standort zwei Jahre später aufgab. Mit ihrer zunehmenden Expansion nach Osteuropa schloss die Nordzucker AG 2006 die letzte Zuckerfabrik der Region Hannover in Groß Munzel.

LETZTE ARCHITEKTONISCHE ZEUGNISSE

Heute finden sich in der Region Hannover nur noch wenige historische Bauten ihrer einst so bedeutsamen Zuckerindustrie. In Laatzen-Rethen ist ein um 1900 erbautes Kantinengebäude von beeindruckenden Ausmaßen erhalten. Es wurde 1930 für Arbeiterwohnungen aufgestockt. Mittlerweile beherbergt es Büros und Wohnungen. In Lehrte, dessen Stadtsilhouette lange Zeit von den mächtigen Silos der Zuckerfabrik beherrscht wurde, erinnert noch ein 1912 erbauter Wasserturm an frühere Zeiten.

▸ Laatzen-Rethen, Zuckerstraße 17.
▸ Lehrte, Germaniastraße. Der Wasserturm hat keine Hausnummer erhalten, ist aber naturgemäß sehr leicht zu finden.
▸ Die noch erhaltenen Bauwerke lassen sich auf öffentlichen Wegen gut von außen besichtigen.

▸ Laatzen-Rethen: S-Bahn S4, Stadtbahn Linie 1, Buslinie 340, 341, 346, Haltestelle Rethen/Bahnhof. Nach ca. 400 m Fußweg in östlicher Richtung entlang der Hildesheimer Straße mündet die Zuckerstraße ein; dieser nach Süden bis Haus Nr. 17 folgen.
▸ Lehrte: RegionalExpress R9, R10, S-Bahn S3, S7 bis Lehrte.

KEKSFABRIK BAHLSEN IN HANNOVER

BESONDERE VORLIEBEN: ÄSTHETIK UND RATIONALISIERUNG

Hermann Bahlsen (1859–1919) stammte aus einer renommierten und betuchten hannoverschen Familie. Er hatte als Kaufmann in vielen Branchen gearbeitet: in Hannover im Tuchhandel und für die Continental Caoutchouc- und Guttapercha-Compagnie, in London im Zuckerhandel. Keksfabrikant wurde er eher zufällig. Er trat als Teilhaber in ein „Fabrikgeschäft englischer Cakes und Biscuits" an der hannoverschen Friesenstraße ein, dessen Besitzer sich bei Bahlsens Mutter mit einem namhaften Betrag verschuldet hatte. 1889 zahlte Bahlsen seinen Kompagnon aus und ließ den Betrieb als Hannoversche Cakes-Fabrik H. Bahlsen ins Handelsregister eintragen. Zehn Mitarbeiter buken, unterstützt von einem 30-PS-Gasmotor, die kleinen, haltbaren, süßen „Cakes", die Bahlsen während seiner Arbeitsjahre in London schätzen gelernt hatte. (Ab 1908 deutschte Bahlsen das Wort in „Keks" ein, das 1911 in das Rechtschreibverzeichnis des Dudens aufgenommen wurde.) Bislang waren die kleinen Backwerke in Deutschland nur als teure Importware erhältlich; das einheimische Angebot in puncto Kleingebäck hielt wenig zwischen feinsten Plätzchen aus der Konditorei oder faden Schiffszwiebacken und Hartkeksen aus kleineren Backfabriken bereit.

Nach einem Brand beauftragte Bahlsen die hannoversche Firma Riesle & Rühling mit dem Bau einer neuen Fabrik an der heutigen Podbielskistraße im damals noch wenig bebauten Stadtteil List. Das ehemalige, aufgrund schlechter Böden eher ärmliche Bauerndorf war gerade erst nach Hannover eingemeindet und stand am Anfang seiner Entwicklung zu einem bedeutenden Industriestandort und Arbeiterwohnquartier. 1893 nahm Bahlsens neue Fabrik mit 100 Arbeitskräften ihren Betrieb auf. Zum Technikpark zählten eine Dampfmaschine, eine Gasanlage sowie moderne Misch-, Knet-, Walz- und Ausstechmaschinen, die über Transmissionsriemen angetrieben wurden. Darüber hinaus ließ der Fabrikherr, ein großer Freund rationeller Arbeitsweisen, im schottischen Glasgow neuartige, 15 Meter lange Kettenöfen für die Massenfertigung konstruieren. Angeregt durch die Fließfertigung in den Schlachthöfen Chicagos, setzte

Figuren am Bahlsen-Gebäude

sich 1905 in der Packerei der Keksfabrik die erste Fließbandanlage Europas in Gang – früher als in den Werken des US-amerikanischen Automobilherstellers Henry Ford (1863–1947), der gemeinhin als Pionier der industriellen Reihenfertigung gilt. Im gleichen Jahr führte Bahlsen die Lohnlochkarte ein, die minutiös die Anwesenheitszeiten seiner Beschäftigten aufzeichnete.

Die Arbeitsbedingungen unterschieden sich kaum von denen in anderen Fabriken jener Zeit: Um die Wende zum 20. Jahrhundert betrug die wöchentliche Arbeitszeit erst 60 Stunden, dann 57 Stunden; Überstunden waren häufig. Eine bis zu zehnminütige Verspätung am Arbeitsplatz ahndete die Fabrikordnung mit dem Abzug eines Stundenlohns. Nahezu alle Arbeiten mussten im Stehen verrichtet werden. Während leitende Mitarbeiterinnen und Mitarbeiter wahrscheinlich schon im 19. Jahrhundert einige Tage unbezahlten Urlaub nehmen konnten, erhielten die Arbeiterinnen und Arbeiter in der Produktion erst ab 1905 eine Woche bezahlten Urlaub im Jahr. Bis zum Ende des Kaiserreichs waren Zusammenkünfte, Beratungen und Versammlungen in der Fabrik verboten, um

FÜR LEIB UND SEELE: AGRAR- UND LEBENSMITTELINDUSTRIE

Postkarte mit Ansicht des Bahlsen-Werks, um 1899

die Bildung einer Arbeitnehmervertretung zu erschweren. Nichtsdestotrotz gestand Bahlsen seiner Belegschaft 1903 zu, einen siebenköpfigen Fabrikausschuss zu bilden, dessen wohl eingeschränkte Befugnisse allerdings nicht überliefert sind.

Auf der Gegenseite motivierte Bahlsen seine Belegschaft über Sozialleistungen und Belobigungen: „Mitarbeiter in ersten Stellungen" aus Verwaltung und Produktion erweiterten ihren Horizont durch Auslandsreisen, auf denen sie andere Fabriken besichtigten, und wurden vom Chef zu Feiern in kleinem Kreise eingeladen. Bei seinem täglichen Betriebsrundgang und seiner vierteljährlichen „großen Inspektion" trug Bahlsen Goldmünzen in verschiedenen Werten mit sich, die er Einzelnen für außergewöhnliche Leistungen überreichte. 1899 wurde eine Betriebskrankenkasse eingerichtet. Eine Sozialarbeiterin kümmerte sich um die Belange vor allem der weiblichen Belegschaft, Werksärzte sorgten für die Gesundheit der Arbeiterinnen und Arbeiter, eine Kantine für ihr leibliches Wohl. Außerdem gab es im Werk eine Bücherei, ein Musikzimmer mit Piano sowie Koch- und Nähkurse. Ein wöchentliches Bad in den firmeneigenen Bädern gehörte schon aus hygienischen Gründen für alle Angehörigen in der Produktion zur „bezahlten Arbeitspflicht". Eine Mitarbeiterzeitschrift erhöhte ab 1911 mit Berichten über wirtschaftliche und technische Entwicklungen im Werk, aber auch Unterhaltsamem die Bindung der Mitarbeiterinnen und Mitarbeiter an den Betrieb. Ab 1916 übernahm ein angestellter Pastor ihre geistliche Betreuung.

Kontinuierlich erweiterte Bahlsen seine Fabrikgebäude. 1905 kaufte er benachbarte Grundstücke an der Podbielski- und der Lister Straße auf. Hier entstanden bis 1911 je ein neues Verwaltungs- und Produktionsgebäude. Sie umschlossen den Kern der ersten Fabrikgebäude von 1893 und trennten erstmals die beiden

FÜR LEIB UND SEELE: AGRAR- UND LEBENSMITTELINDUSTRIE

Werbung für Leibniz-Kekse

Arbeitsbereiche räumlich voneinander. Die Planung oblag dem hannoverschen Architekten Karl Siebrecht (1875–1952), der bereits einen Neubau für die hannoversche Schokoladenfabrik Sprengel errichtet hatte und bald die bauliche Erweiterung der Pelikanwerke maßgeblich gestalten würde. Sein kunstinteressierter Bauherr, der in seiner Heimatstadt gemeinsam mit dem Zeitungsverleger August Madsack (1856–1933), dem Inhaber der Pelikanwerke, Fritz Beindorff (1860–1944), und Künstlern 1916 die Kestnergesellschaft gründete, trachtete in jeder Hinsicht danach, erstklassige Qualität mit ästhetischen Formen zu verbinden. Als Mitglied des 1907 gegründeten Deutschen Werkbunds, einem Zusammenschluss von Architekten, Künstlern, Kunsthandwerkern und Unternehmern, machte Bahlsen sich dessen Satzungsziel zu eigen, nämlich die „Veredelung der gewerblichen Arbeit im Zusammenwirken von Kunst, Industrie und Handwerk durch Erziehung, Propaganda und geschlossene Stellungnahme zu einschlägigen Fragen". Dies galt sowohl für die Firmengebäude als auch für die Ware und deren Verpackung und Bewerbung.

„MINISTERIUM" UND „KNUSPERHAUS"

Das neue Verwaltungsgebäude an der belebten Podbielskistraße spiegelte in seiner äußerst imponierenden Gestaltung für alle Welt sichtbar Erfolg und Selbstbewusstsein des Fabrikherrn. Es sei „die Verbindung mit der Außenwelt, das Ministerium, in dem alles Geschäftliche beschlossen und ausgeführt wird, das Parlament", versinnbildlichte 1912 die „Leipziger Illustrierte Zeitung". Mit erheblichem Entgegenkommen der Behörden durfte es an der Straßenseite bis unmittelbar an die Grundstücksgrenze hervortreten. In seinem konventionellen Aufbau mit Sockel-, Geschoss- und Dachzone gleicht das viergeschossige Gebäude den benachbarten Wohnhäusern, aber seine Gestaltung macht den massigen Baublock zum Gesamtkunstwerk, das Architekt Siebrecht gemeinsam mit dem Bildhauer Georg Herting (1872–1951) und dem Schmiedemeister Krückeberg aus und mit dem Material werkgerecht zu einer anspruchsvollen Einheit komponierte. Die Schaufassade des langgestreckten Hauptbaus entlang der Straße ist mit großen Quadern Langensalzaer Travertins verblendet. Dieser teure Kalktuff wurde im frühen 20. Jahrhundert gerne für repräsentative Gebäude verwendet. Seine poröse, unregelmäßige Oberfläche steht im reizvollen Kontrast zur Architektur. Diese verdeutlicht die unterschiedlichen Nutzungen der einzelnen Gebäudeteile, ohne dass sie dabei ihre Klarheit verliert. Die rückwärtigen Fassaden bestehen – wie die alten Fabrikanlagen – aus weiß verputzten Flächen mit backsteinernen Wandgliederungen. An den Enden des Gebäudes erheben sich zwei Türme, in denen sich die Treppenhäuser befinden. Sie trugen ursprünglich unter ihren kupfernen Dächern auch Hochbehälter für die Wasserversorgung. Den Anschluss zu den westlich benachbarten Häusern schuf ein zurückgesetzter Seitenflügel, der einen Knick in der Straßenführung betont. Eine Plastik mit zwei bronzenen „Brezelmännern" von Georg Herting, die zu einem Wahrzeichen Hannovers wurde, betont die vorspringende Gebäudeecke. Am östlichen Ende baute Bahlsen eine Feuerwache.

Im Inneren setzt sich die Großzügigkeit des Gebäudes mit hohen Räumen, einem fortschrittlichen Belüftungssystem, großflächigen Fenstern, vor allem aber kunstvollen Details fort. Bahlsen beauftragte bedeutende Künstlerinnen und Künstler wie Ernst Barlach (1870–1938), Adolf Hölzel (1853–1934), Paula Modersohn-Becker (1876–1907) oder Ludwig Vierthaler (1875–1967), für sein neues Verwaltungsgebäude Glasfenster, Wandfriese oder Gemälde zu gestalten. Im Erdgeschoss befand sich hinter Arkaden ein hoher Verkaufsraum, von dem aus große Fenster den Blick in Produktionsräume zuließen. Der Zuschnitt einzelner Räume richtete sich an ihrer Funktion aus. So erstreckt sich oberhalb der Werksdurchfahrt ein großer Saal über zwei Geschosse. Ihn nutzte das Unternehmen auch für Ausstellungen, Konzerte und dergleichen. Außerdem beherbergte das Gebäude eines der ersten Großraumbüros Deutschlands. Die dadurch entstandene asymmetrische Raumaufteilung ist trotz aller gestalterischen Präzision an der Fassade abzulesen.

Die zur Lister Straße gelegene Front des neuen Produktionsgebäudes ist, zurückhaltender als die des Verwaltungsgebäudes, mit dem für Fabrikbauten typischen braunroten Klinker ausgeführt, der aber hier kunstvoll verwendet wurde. Zwei zurückspringende Dachgeschosse überlagern drei Hauptgeschosse, ein ursprünglich hoch aufragender Mittelgiebel, der mittlerweile etwas abgetragen wurde, setzt die Einfahrt stadträumlich in Szene. Über deren drei rundbogigen Toreinfahrten zeigt ein bunter Terrakottafries von Georg Herting eine Hexe sowie einen Reigen von Kindern und Backzutaten. Wegen seines Aussehens, seines Schmucks und des entströmenden Geruchs nach frischem Backwerk hieß das neue Fabrikgebäude im Stadtteil bald „Knusperhaus". Passend dazu spendete Bahlsen für einen Vorplatz gegenüber der Zufahrt an der Seidelstraße einen noch heute erhaltenen Brunnen mit den Figuren von Hänsel und Gretel. Außerdem bewirkte er, dass an gegenüberliegenden Gebäuden, die nicht zu seinem Unternehmen gehörten, Gebäudeecken von der Bebauung ausgespart blieben. So präsentierte sich die Anlage von der Ferdinand-Wallbrecht-Straße aus ungehindert den Blicken der Vorübergehenden. Heute erschließt eine Passage, die die Podbielskistraße und die Lister Straße miteinander verbindet, die baulichen Anlagen, in denen nicht mehr produziert wird. Von der Lister Straße aus sind auch Architekturelemente der frühen viergeschossigen Fabrikhallen der Firma Riesle & Rühling noch erkennbar.

Schon Ende des 19. Jahrhunderts hatte sich das Unternehmen an die Spitze der hannoverschen Nahrungs- und Genussmittelindustrie geschoben. Berühmt wurden seine Schleckereien durch den bereits 1891 eingeführten „Buttercake", zwei Jahre später in „Leibniz-Cake" umbenannt. Ein Lebensmitteluntersuchungsamt lobte um die Wende zum 20. Jahrhundert „richtige Auswahl und Güte der Bestandteile (...), kunstgerechte Herstellung, Haltbarkeit, angenehmen Geschmack und leichte Verdaulichkeit"; auf Welt-

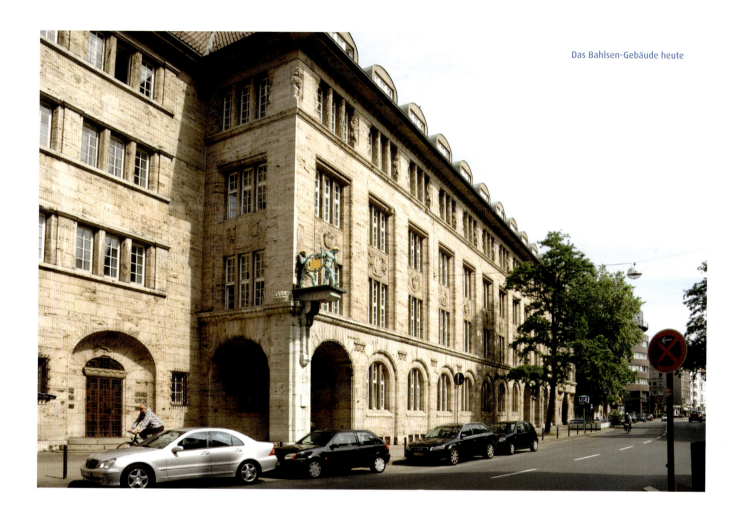

Das Bahlsen-Gebäude heute

ausstellungen wurde er prämiert. Bereits 1893 verließen wöchentlich 200 Zentner „Leibnizkeks" die Backöfen an der Podbielskistraße. Auch die seit 1895 gebackenen Waffeln wurden zum Dauerbrenner im Verkaufssortiment.

1916, mitten im Ersten Weltkrieg, nahm Bahlsen ein noch anspruchsvolleres Architekturprojekt in Angriff. Auf einer Fläche von 25 Hektar sollte zwischen der Eilenriede und dem Mittellandkanal die „TET-Stadt" entstehen. Der Architekt und Bildhauer Bernhard Hoetger (1874–1949) entwarf im ägyptisch anmutenden Stil einen ganzen Stadtteil mit einer Fabrik in Gestalt eines Tempels, Wohngebäuden, Schulen, einer Kirche, Geschäften, Kino, Theater, Grünanlagen und vielen Skulpturen als Gesamtkunstwerk. Das in der Öffentlichkeit umstrittene Projekt wurde mit Bahlsens Tod 1919 ebenfalls zu Grabe getragen.

Bahlsens Geschick, sein Produkt durch eine ansprechende Verpackung und Werbung zum Markenartikel aufzubauen, trug maßgeblich zum Verkaufserfolg bei. 1898 ließ er als zweiter Unternehmer Deutschlands Leuchtreklamen in den Zentren deutscher

Fassadendetail am Bahlsengebäude

Metropolen erstrahlen. 1900 suchte er nach einem einprägsamen Warenzeichen – bislang hatte er sich des springenden Niedersachsenrosses bedient – und griff das altägyptische Wort TET („tschet" gesprochen) auf. Dessen Bedeutung „ewig dauernd" passte hervorragend zu seinen Bemühungen um ein Gebäck, das haltbar war und dennoch lange frisch blieb. Heinrich Mittag (1859–1920) entwickelte das noch heute verwendete rote Logo, das eine Schlange über drei Punkten zeigt, die von einer ovalen Seilschleife in Form einer Hieroglyphenkartusche umgeben ist. Auch für die Entwürfe von Verpackungen und Werbemitteln beauftragte Bahlsen hochrangige zeitgenössische Künstlerinnen und Künstler. Und die Art der Verpackung wurde durch eine Neuerung von Bahlsen grundlegend verändert: Die Lebensmittelhändler bekamen den Keks nicht mehr lose in großen Blechdosen geliefert, sondern in handlichen Verpackungen, die ohne Bruch, Verlust und unerwünschtes Verkosten über den Ladentisch gingen. Darüber hinaus machten seit 1906 Musterläden in verschiedenen Großstädten auf die Keksvielfalt aus Hannover aufmerksam.

Bis zum Beginn des Ersten Weltkriegs war Bahlsen mit 60 Prozent der deutschen Dauerbackwarenproduktion reichsweit zum Marktführer geworden. Eine Belegschaft von mittlerweile 1 700 Personen produzierte bis zu 300 Sorten unterschiedlichen Gebäcks – täglich 500 Zentner. In 31 Länder wurden die kleinen Naschwerke exportiert. Als gegen Kriegsende sämtliche Backwarenfabriken aufgrund der Rohstoffknappheit nur noch Zwieback herstellen durften, fand Bahlsen einen Weg, selbst aus den wenigen zugeteilten Zutaten noch einen schmackhaften Keks zu komponieren und erhielt als einziger deutscher Unternehmer die Erlaubnis, nach dieser Rezeptur weiter zu backen.

DIE ZWEITE UND DRITTE GENERATION

Beim Tod des Firmengründers waren seine Söhne noch zu jung, um die Nachfolge anzutreten. Übergangsweise lenkten vier bewährte Führungskräfte Bahlsens – unter ihnen lange vor Quotenregelungen zwei Frauen! – das alltägliche Geschäft, während unter anderem Bahlsens Freund Fritz Beindorff das Betriebsvermögen treuhänderisch verwaltete. 1923 wandelten die Vertrauten das Unternehmen in die Hermann Bahlsen Keksfabrik KG um, deren Anteilsmehrheit in der Familie blieb. Die zweite Bahlsen-Generation setzte in den frühen 1930er-Jahren die Mechanisierung und Rationalisierung des Betriebs unter anderem durch die Anschaffung neuer Öfen mit Endlos-Stahlbändern fort, die die Kekse vom Backraum durch den Kühltunnel bis zur Verpackungsstation transportierten. Verpackt wurden sie weiterhin von Hand, allerdings an neuen Mischungs- und Packbändern – vor allem von Frauen, die bei Bahlsen zu allen Zeiten zwei Drittel und mehr der Belegschaft ausmachten. Für den Geschäftsführer Kurt Pentzlin (1903–1989), einen leidenschaftlichen Rationalisierungsfachmann, handelte es sich beim Packen „um verhältnismäßig einfache Greif- und Legebewegungen", für deren „Leistungsverdichtung" sich der Einsatz von Fließbändern geradezu aufdrängte. Die Arbeit verlangte lediglich ein gewisses „Stehvermögen" (Kurt Pentzlin). Nach heute noch gängiger Männersicht eignete sich diese gleichförmige, sich stets wiederholende Arbeit ausgezeichnet für Frauen. Die illegale Zeitschrift „Klassenkampf" berichtete 1935 allerdings, dass das Tempo des Fließbandes die Arbeiterinnen vielfach überforderte.

Mit Beginn des nationalsozialistischen Regimes erholte sich die Bahlsen AG von den wirtschaftlich turbulenten Weimarer Jahren; die Belegschaft wuchs von 630 (1922) auf 2 000 Personen (Juli 1939). Schon vor Beginn des Zweiten Weltkriegs hatte das Unternehmen die Wehrmacht als wichtigen Abnehmer gewonnen. Dies verschaffte ihm später die Einstufung als kriegswichtig. Zum Rüstungsbetrieb wurde es erklärt, nachdem ab Kriegsbeginn der größte Teil der Produktion, die jetzt um kalorien- und vitaminreiche Fruchtschnitten ergänzt wurde, an die Wehrmacht, das Deutsche Rote Kreuz, Lazarette und deutsche Kriegsgefangene im Ausland floss.

Damit erhielt Bahlsen Liefer- und Produktionsvergünstigungen und konnte Zwangsarbeiterinnen und -arbeiter sowie Kriegsgefangene als Arbeitskräfte anfordern. Während des Kriegs waren der Keksfabrik bis zu 300 Frauen und Männer aus sieben Nationen zugeteilt. Sie waren in eigens eingerichteten Lagern untergebracht, die zum Teil von der Wehrmacht bewacht wurden, arbeiteten in der Produktion und räumten zwischen 1943 und Kriegsende auch Trümmer beiseite. Zwar trafen Bombardements immer nur Teile der Fabrik, sodass die Fertigung nie völlig ruhte, doch aufgrund der schwierigen Beschaffung von Zutaten reduzierte das Unternehmen sein Sortiment 1940 auf elf Sorten Gebäck. Aber schon wenige Tage nach Kriegsende konnte die hungernde Bevölkerung gegen Bezugsmarken für Mehl, Fett, Zucker und Eier mit etwas Glück wieder Kekse und eine Art Knäckebrot aus dem Hause Bahlsen ergattern.

Die Fassade des Verwaltungsgebäudes hatte den Bombenhagel nahezu unversehrt überstanden. Mit der Beseitigung der Kriegsschäden wurde das Werk auf den technisch neuesten Stand gebracht. Die bis 1950 wieder auf 1 500 Personen gewachsene Belegschaft konnte sich in den Arbeitspausen auf neu angelegten Dachgärten mit Ruheliegen, Kneipp-Anlagen und Gymnastikgeräten entspannen. Zum neuen Verkaufsschlager entwickelte sich die Salzstange, die Klaus Bahlsen (1908–1991), einer der Söhne des Firmengründers, vor dem Krieg in den USA kennengelernt hatte und seit 1935 in einer eigens konstruierten Anlage herstellen ließ. Extra für die salzige Sparte errichtete das Unternehmen 1954 ein zweites Werk am Bodensee.

Zu dieser Zeit begannen moderne Selbstbedienungsgeschäfte mit einem Sortiment von verpackten Nahrungsmitteln Tante-Emma-Läden zu verdrängen, in denen die lose Ware in der gewünschten Menge abgewogen und abgepackt worden war. Bahlsen kam diesem modernen Trend entgegen, denn die Firma brachte ihre Erzeugnisse ja schon lange in kleinen Mengen fertig abgepackt in den Handel.

Ab 1953 übertraf das Unternehmen die Höchstproduktion der Vorkriegszeit, die 1939 bei knapp 10 000 Tonnen gelegen hatte. Weltweit exportierte es seine Gebäcke in 74 Länder. 1956/57 entstanden Werk 3 in Barsinghausen und 1964 Werk 4 in Varel. Durch die Schließung der Barsinghäuser Kohlenzeche waren hier gerade 2 200 Arbeitsplätze verloren gegangen. Um Beschäftigung und Einkommen in der Deisterregion zu sichern, hatten die besorgten öffentlichen Stellen die Bahlsen AG als Teil einer sogenannten Nachfolgeindustrie gewinnen können. Das Unternehmen baute hier 500 neue Arbeitsplätze auf, drei Viertel davon für Frauen. Als sich vor Ort nicht genug Arbeiterinnen fanden, warb Bahlsen ab 1960 junge Frauen aus Nordspanien an. Deren Zahl erreichte 1968 mit fast 800 ihren Höhepunkt. Ein Großteil von ihnen wohnte in zwei neu errichteten und sorgsam ausgestatteten Werkheimen auf dem Firmengelände in Vierbettzimmern; eine eigene Kantine unter spanischer Leitung kochte ihre bevorzugten Gerichte. Werk 3 birgt eine architektonische Besonderheit: Erst wurden die Produktionsanlagen geplant und dann um diese herum die genau passenden Gebäudehüllen. An der Hauptfront des roten Klinkerbaus ragen 33 Meter hohe Silotürme für Mehl, Fett und Zucker empor.

1974 bezog die Verwaltung ein neu errichtetes Bürogebäude weiter stadtauswärts zwischen Podbielskistraße und Mittellandkanal. Bis zu den 1980er-Jahren expandierte das Familienunternehmen. Es baute Auslandsgesellschaften auf, kaufte andere Unternehmen hinzu und erweiterte die salzige Sparte. Dann begann eine Durststrecke. Die Produktion im hannoverschen Stammwerk wurde 1987 stillgelegt. Nur ein Bruchteil der Belegschaft fand einen Ersatzarbeitsplatz im Barsinghäuser Werk oder ging in den Vorruhestand, 1 150 Beschäftigte wurden in die Erwerbslosigkeit entlassen. Zwar schuf die Öffnung des Eisernen

Vorhangs ab 1989 neue Absatzmärkte, doch familieninterne Querelen über die Geschäftsführung führten in der dritten Bahlsen-Generation zur Teilung des Unternehmens in drei voneinander unabhängige Firmen für Süßes, Salziges und Immobilien. In Hannover verblieb die Konzernzentrale der abgespaltenen Bahlsen GmbH & Co. KG, die an fünf Produktionsstandorten mit über 4 000 Mitarbeiterinnen und Mitarbeitern süßes Gebäck herstellt. Sie kehrte im Jahr 2000 wegen der Asbestbelastung des Bürogebäudes am Mittellandkanal an den historischen Stammsitz in der Nähe des Lister Platzes zurück. Die alten Fabrikationsflächen

sind unter dem Namen „Podbi-Park" zu einem Geschäfts- und Bürokomplex umgewandelt.
▸ Hannover-List, Podbielskistraße 9.
▸ Die Gebäude lassen sich auf öffentlichen Wegen gut besichtigen.
▸ Stadtbahnlinie 3, 7 und 9, Haltestelle Lister Platz.

KONSERVENFABRIK L. WARNECKE IN BURGDORF

OBST UND GEMÜSE ZU JEDER JAHRESZEIT

Bis ins 19. Jahrhundert hinein beherrschte im Winter Schmalhans den Küchenzettel, denn die Lager- und Konservierungsmethoden waren begrenzt. Bestimmte Feldfrüchte hielten sich in frostsicheren Gruben, sogenannten Mieten; Fisch und Fleisch konnten mit Salz gepökelt, geräuchert oder getrocknet werden. Der französische Koch François-Nicolas Appert (1749–1841) fand nach jahrelangen Versuchen eine Möglichkeit, auch in der dunklen Jahreszeit Vielfalt auf den Teller zu bringen: Er machte Lebensmittel in Glasbehältern durch Erhitzen und Luftabschluss haltbar. 1804 eröffnete er in Ivry-sur-Seine, einem kleinen Städtchen im Großraum Paris, die weltweit erste Konservenfabrik. Aus England kam kurze Zeit später der Impuls, die Lebensmittel in leichtere und bruchsichere Weißblechdosen zu verpacken, diese zuzulöten und sie mitsamt ihrem Inhalt zu erhitzen. In den 1840er-Jahren war dieses Verfahren so erprobt und zuverlässig, dass die ersten, zumeist noch handwerklich geprägten Betriebe auf diese Weise Gemüse, Obst, Fisch und Fleisch konservierten. Die Einführung von Autoklaven, einer Art riesiger Schnellkochtöpfe, erlaubte es seit den 1870er-Jahren, größere Mengen Lebensmittel zu sterilisieren und dieses Verfahren im industriellen Maßstab einzusetzen. Eine weitere technische Verbesserung brachte 1889 die Entwicklung der automatischen Dosenverschlussmaschine. Doch Konserven waren teuer und fanden ihre Abnehmer deshalb vor allem in den städtischen Mittel- und Oberschichten. Zur Ehre der ländlichen Hausfrau gehörte es seit dem ausgehenden 19. Jahrhundert, die Vorratskammer im Herbst mit einer stattlichen Batterie von Einkochgläsern zu füllen, in denen sie zeit- und arbeitsaufwendig eigene Garten- und Schlachtprodukte „eingeweckt" hatte.

Seit der Mitte des 19. Jahrhunderts hatten sich die Stadt Braunschweig und ihr Umland zum Zentrum der deutschen Konservenindustrie entwickelt. Hier gab es große Anbauflächen für verschiedene Gemüse. Insbesondere eignete sich der sandige Boden für die Zucht von Spargel, einer teuren und begehrten Delikatesse. Schon seit 1750 wird ebenfalls vom exquisiten Spargel aus Burgdorf berichtet.

FÜR LEIB UND SEELE: AGRAR- UND LEBENSMITTELINDUSTRIE

Gemüsezug nach Limmer, 1944

Hier entstand ab 1890 ein blühender Industriezweig, der „Burgdorfer Spargel" und „Burgdorfer Konserve" zu weit über die Regionsgrenzen hinaus bekannten Markenbegriffen machte. Zwischen den beiden Weltkriegen bestanden im ehemaligen Landkreis Burgdorf, der 1974 dem Landkreis Hannover zugeschlagen wurde, 15 Konservenfabriken. Die größte davon gründete 1892 Ludwig Warnecke.

Wichtigster Ausgangspunkt für diesen Kaufmann war die unmittelbare Nähe seiner Fabrik zu den Lebensmittelerzeugern, denn die empfindliche Ware musste möglichst frisch vom Feld weiterverarbeitet werden. Zwei seiner Mitarbeiter warben vor Ort für den vermehrten feldmäßigen Gemüseanbau, insbesondere für den von Spargel. Zusätzlich pachtete Warnecke Land, auf dem er eigene Spargelbeete anlegen ließ; in den 1930er-Jahren bedeckten diese knapp 400 Hektar.

Während der Gemüsekampagne stellten Frauen 80 bis 90 Prozent der dann bis zu 1000-köpfigen Belegschaft. Sie waren im Wesentlichen in vier Bereichen eingesetzt: in der Landarbeit auf den fabrikeigenen Anbauflächen und beim Spargelschälen als saisonalen Tätigkeiten, außerdem ganzjährig bei der Verarbeitung von Gemüse und Früchten in der Küche sowie im Bereich Dosenfabrik, Lager und Versand.

Auf die Felder gingen vor allem sogenannte Spargelmädchen. Diese ledigen Frauen im Alter zwischen 16 und 25 Jahren wurden hauptsächlich in Ostdeutschland und im Ruhrgebiet angeworben und in Baracken in Fabriknähe untergebracht. Ab April hackten und jäteten sie in Kolonnen von 20 bis 40 Frauen die Felder, im Mai und Juni stachen sie Spargel, bis Ende Oktober ernteten sie eine Vielzahl anderer Gemüsesorten. Ihr Arbeitstag begann um 6 Uhr morgens, bei Bedarf auch wesentlich früher, und endete oftmals erst am späten Abend. Etliche Frauen, die nicht an die Landwirtschaft gewöhnt waren, hielten die anstrengende Tätigkeit in gebückter Körperhaltung nur wenige Wochen durch. Spargelschälerinnen wurden nur für die wenigen Wochen der Spargelernte gebraucht. Etwa 100 saßen in einem großen Saal, vor sich einen Berg dicker und dünner Stangen, der ihnen von einem Aufsichtsbeamten zugeteilt wurde. Ein gutes persönliches Verhältnis zu diesem „Meister" war wichtig, um nicht nur dünne Stangen zu bekommen, denn bezahlt wurde nach Gewicht der geschälten Stangen. Zwischen 75 und 150 Kilogramm Spargel verarbeitete jede Frau pro Tag. Trotz der Feuchtigkeit im Schälsaal und der Gefahr, durch die Säure des Gemüses an der Spargelkrätze zu erkranken, war die Arbeit hier sehr begehrt. Durch den Akkordlohn lag der Verdienst oft doppelt so hoch wie in den anderen Arbeitsbereichen. Außerdem verrichteten die Schälerinnen ihre Arbeit im Sitzen und brauchten – anders als die Erntehelferinnen – keine schweren Lasten zu tragen. Einen Arbeitsplatz als Spargelschälerin ergatterten die Interessentinnen vor allem durch gute Beziehungen zur Führungsriege oder durch Verwandte, die bereits „in der Konserve" arbeiteten. Viele wechselten am Ende der Spargelsaison zu einem geringeren Lohn in einen anderen Arbeitsbereich.

In der Gemüseküche wuschen und putzten die Arbeiterinnen das Gemüse. Zum Blanchieren hoben sie es in Sieben mit bis zu 40 Kilogramm Inhalt in die Kochkessel, um es danach per Hand in Dosen zu füllen. Zwar sahen die gesetzlichen Bestimmungen ab 1918 für Arbeiterinnen einen Acht-Stunden-Tag vor, doch genehmigte das Gewerbeaufsichtsamt während der Erntezeit weiterhin zwölfstündige Arbeitstage. Während der Spargel-, Bohnen- und insbesondere der Erbsenkampagne arbeiteten die Frauen in der Gemüseküche teilweise sogar von 6 Uhr morgens bis 24 Uhr in der

Nacht, damit das geerntete Gemüse nicht verdarb. Attraktiver war die Tätigkeit an der Dosenverschlussmaschine. Sie war im Sitzen zu handhaben, außerdem war das Bedienen einer Maschine mit einem gewissen Ansehen verknüpft und brachte obendrein einen kleinen Zuschlag auf den Stundenlohn.

Im Winterhalbjahr schrumpfte die Belegschaft auf etwa 100 Personen zusammen. Jetzt wurden Trockengemüse produziert und die Produktionsanlagen gereinigt und instand gesetzt.

GENÜGSAME ARBEITERINNEN

Die wenigen Männer in der Fabrik übten vor allem vorgesetzte Tätigkeiten aus, teilten den Frauen ihre Aufgaben zu und warteten die Maschinen. Unter allen weiblichen Beschäftigten hatten nur zwei Küchenchefinnen und einige Vorarbeiterinnen gewisse Weisungsbefugnisse. Lediglich in Dosenfabrik, Versand und Lager verrichteten Männer und Frauen die gleiche Arbeit, doch – wie überall – erhielten die Frauen nur 50 bis 75 Prozent der Männerlöhne. Ihr durchschnittlicher Stundenlohn lag nur geringfügig höher als der Verdienst einer Landarbeiterin; ihre Kolleginnen in großstädtischen Industriebetrieben bekamen beinahe das Doppelte. Alle Arbeitsabläufe in der Konservenfabrik waren in einzelne Handgriffe zerlegt und straff organisiert. Somit musste jede Arbeiterin unter den kritischen Augen ihrer Vorgesetzten die immergleichen Handgriffe in hoher Geschwindigkeit ausführen. Doch trotz der wenig motivierenden Rahmenbedingungen – Monotonie, Lärm, Feuchtigkeit, Hitze, schwere Lasten und extrem lange Arbeitszeiten – identifizierten sich vor allem die Ortsansässigen mit ihrem Betrieb. Nach einer nur kurzen Schulzeit und zumeist ohne Berufsausbildung bot sich ihnen auf dem Land keine bessere Perspektive. Aus dem Lob der Vorgesetzten („Nur Du kannst richtig Pilze waschen") zogen sie ihre Bestätigung und passten sich deren Erwartungen an, um auf die begehrteren Arbeitsplätze eingeteilt zu werden. Sie schätzten das Arbeiten in der Gruppe, bei dem sie (zum Missfallen ihrer Vorgesetzten) erzählten und sangen, was sie zusammenschweißte. Durch die häusliche Vertrautheit mit Lebensmitteln stand ihnen immer der ganze Arbeitsablauf vor Augen, während Industriearbeiterinnen anderer Branchen oftmals den Handgriff an ihrem Arbeitsplatz nicht mit dem fertigen Produkt in Verbindung bringen konnten. Eine aktive Veränderung ihrer Arbeitssituation, beispielsweise durch gewerkschaftliches Engagement, lag ihnen fern: Junge Frauen begriffen ihre Arbeit in der Fabrik nur als Etappe auf dem Weg zu Ehe und Familie; Ältere verstanden sich in erster Linie als Hausfrauen, die wenige Monate im Jahr „nur" zum Familieneinkommen dazu verdienten. Ortsfremde Arbeiterinnen hingegen erinnern sich vor allem an die langweilige und anstrengende Arbeit und an gelegentliche Konflikte unter den Arbeiterinnen oder mit dem Aufsichtspersonal.

Um 1930 hatte sich Warneckes Fabrik zur größten ihrer Art im Deutschen Reich entwickelt. Doch in den 1960er-Jahren endete die Blüte der Konservenindustrie. Auf der einen Seite schlugen durch die außerordentliche Arbeitsintensität in Gemüseanbau und -verarbeitung hohe Lohnkosten zu Buche, auf der anderen Seite verdrängte Tiefgefrorenes die Dose. 1970 übernahm ein namhafter Tiefkühlkosthersteller die Burgdorfer Konserverfabrik, gab sie aber zwei Jahre später bereits wieder auf.

Reste der Konservenfabrik Warnecke

FÜR LEIB UND SEELE: AGRAR- UND LEBENSMITTELINDUSTRIE

WURSTFABRIK AHRBERG IN HANNOVER-LINDEN

1896 eröffnete der aus Egestorf bei Barsinghausen stammende Fleischer Fritz Ahrberg (1866–1959) im heute hannoverschen Stadtteil Linden-Süd ein Fleisch- und Wurstgeschäft. Seine Ware fand solchen Zuspruch, dass er bald in fast allen hannoverschen Stadtteilen Läden unterhielt. 1911 kaufte er ein Grundstück zwischen Deisterplatz, Charlotten- und Haspelmathstraße, auf dem ein Jahr später nach Plänen des Bauingenieurs Paul Muschiol ein viergeschossiges Fabrikgebäude entstand. Er selber bezog mit seiner Familie die stattliche Villa am Deisterplatz, die der „Eisenbahnkönig" Henry Bethel Strousberg (1823–1884) während seiner kurzen Zeit als Direktor der späteren Hanomag am Ende der 1860er-Jahre für sich hatte erbauen lassen. Ahrberg erntete großes Lob für seinen musterhaften Betrieb, insbesondere für dessen Hygiene. Noch war die Erinnerung lebendig, wie das Schlachtwesen und der Fleischverkauf nur wenige Jahrzehnte zuvor gewesen waren. Erst mit der Inbetriebnahme des hannoverschen Central-Schlacht- und Viehhofs am Misburger Damm, der heutigen Marienstraße, im Jahr 1881 und des Lindener Schlachthauses 1894 war der Schlachthofzwang eingeführt worden. Bis dahin kauften die Knochenhauer das Vieh außerhalb Hannovers und trieben es zum Schlachten zu ihren innerstädtischen Grundstü-

An der Gartenstraße und an der Straße Am Wasserturm haben sich einige Bauten der einst so erfolgreichen Fabrik erhalten: In einem Arbeiterwohnhaus fußt ein backsteinroter Wasserturm von 1921. Die kantige Verdickung seines oberen Teils weist kleine Halbkreisfenster auf, die im Turmschaft langgestreckt sind. Etwas weiter südlich stehen ein heute zum Wohnen genutztes Lagerhaus, das eine neue, waagerecht linierte Außenhaut erhalten hat, sowie ein Bürogebäude mit Empfangs- und Kontorräumen und darüber liegender Wohnung. Beide Bauten wurden 1927 nach Plänen des hannoverschen Architekten Karl Siebrecht errichtet. Das gelb-weiß gestrichene Bürogebäude hebt sich durch den kontrastierenden braunen Sandstein von Sockel, Eckquaderung und Rundbogenfassung des Eingangs merklich vom einfach-zweckmäßigen Äußeren des Lagergebäudes ab.

▸ Burgdorf, Gartenstraße 36, 37 A–C und Am Wasserturm 6.
▸ Die Gebäude lassen sich auf öffentlichen Wegen gut besichtigen.
▸ S-Bahn S6, S7 bis Burgdorf, ab dort ca. 300 m zu Fuß vom Bahnhof gegenüber in die Gartenstraße.

Werbepostkarte der Wurstfabrik Ahrberg

FÜR LEIB UND SEELE: AGRAR- UND LEBENSMITTELINDUSTRIE

Detail am Tor zum früheren Wurstfabrikgelände

cken. An den entsprechenden Gerüchen und Abfällen in den Abfallgruben hatten wohl oder übel alle teil. Jetzt schulterten kräftige, junge Männer auf dem großen Innenhof der Ahrberg'schen Fabrik jährlich bis zu 120 000 Schweinehälften, die von einem der Schlachthöfe angeliefert wurden. Eine Rohrkrananlage beförderte das Fleisch in Kühl- oder Verarbeitungsräume. Diese waren komplett weiß gefliest, auf glattem Terrazzofußboden standen Arbeitstische aus weißem Marmor, alles strahlte blitzblank. Von hier aus gelangte das vorbereitete Fleisch in imposante Dampfkochanlagen, um dann an verschiedenen Maschinen zu Leber-, Fleisch- und anderen Wurstsorten verarbeitet zu werden, oder in die Rauchkammern eines vierstöckigen Gebäudes. 1918 entstand an der Charlottenstraße ein neues Kesselhaus als Kraftzentrale mit einem 58 Meter hohen Schornstein und in den 1930er-Jahren erweiterte Ahrberg seine Fabrik in die Gebäude einer ehemaligen Bettfedernfabrik, die sich in der Mitte des heutigen Geländes befand.

In der Hungerzeit nach dem Zweiten Weltkrieg verschenkte Ahrberg einmal wöchentlich Fleischbrühe. Als mit dem Wirtschaftswunder mehr Fleisch und Wurst als je zuvor auf die Teller kamen, erlebte das Unternehmen seine beste Zeit. Es beschäftigte über 1 200 Mitarbeiterinnen und Mitarbeiter. Täglich wurden 60 Ahrberg-Verkaufsstellen in Hannover und weiteren niedersächsischen Städten beliefert.

Wohn- und Gewerbeviertel auf dem früheren Ahrberg-Gelände

FÜR LEIB UND SEELE: AGRAR- UND LEBENSMITTELINDUSTRIE

1992 jedoch verkauften die Enkel des Firmengründers das in tiefrote Zahlen gerutschte Unternehmen an ein saarländisches Fleisch- und Wurstwarenunternehmen. Es übernahm etwa 30 ehemalige Ahrberg-Mitarbeiterinnen und -Mitarbeiter an den nach Pattensen verlegten Firmensitz. Den traditionsreichen Firmennamen erwarb 2001 eine Pattenser Landschlachterei, um unter dieser gut eingeführten Marke ihre Produkte zu verkaufen. Die alten Fabrikgebäude kaufte 1997 eine Investorengruppe. Sie erhielt die Werksgebäude und wandelte sie zu architektonisch hochwertigen Wohn- und Büroflächen um. Besonderes Augenmerk legte sie darauf, mit ihrer Architektur ein lebendiges Miteinander verschiedener Nutzerinnen und Nutzer zu unterstützen. 1999 zogen die ersten Mieter in das „Ahrberg-Viertel" ein. Noch heute zeugen die Kacheln des Weißen Hofs zwischen der Plaza de Rosalia und dem Ilse-ter-Meer-Weg von früher Industriehygiene und deren gesellschaftlicher Anerkennung.

▸ Hannover-Linden, Deisterstraße 87.
▸ Die Gebäude lassen sich auf öffentlichen Wegen gut besichtigen.
▸ Buslinie 100/200, Haltestelle Charlottenstraße oder Buslinie 300, Haltestelle Deisterplatz/Allerweg oder Stadtbahnlinie 3, 7 und 17, Haltestelle Allerweg.

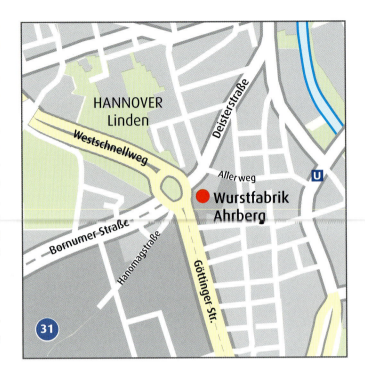

TEIL 2: ENERGIE UND WASSER

Projekt „Kunst & Windenergie" zur Weltausstellung EXPO 2000, im Hintergrund der ländliche Raum um die Stadt Sehnde und die Kalihalde

MIT DER KRAFT DER NATUR: WIND- UND WASSERMÜHLEN

SCHLECHTER LEUMUND EINES GANZEN BERUFSSTANDES

Seit dem Mittelalter konnten Menschen sich die Naturkräfte Wasser und Wind gezielt als Antriebsenergie zunutze machen, statt wie bisher ihre eigene Muskelkraft oder die ihrer Haustiere einsetzen zu mussen. Wassermühlen waren seit dem 9. Jahrhundert in Norddeutschland bekannt, Windmühlen, deren Konstruktion arabische Gelehrte im Orient ersonnen hatten, fanden später ebenfalls ihren Weg gen Norden. An die Stelle der zunächst starren Turmmühlen, wie sie heute noch in Südeuropa stehen, traten allmählich leichtere Holzkonstruktionen, die sich in den Wind drehen ließen. Spätestens 1360 mahlte die erste Windmühle der Region, nämlich in Evern (heute ein Ortsteil der Stadt Sehnde). Mühlen sind technische Meisterleistungen aus der vorindustriellen Zeit. Obwohl sie bis weit in das 20. Jahrhundert hinein traditionell mit Wind und Wasser betrieben wurden, wirkten sich die mit der Industrialisierung einhergehenden technischen, sozialen und wirtschaftspolitischen Veränderungen tiefgreifend auf das Mühlenwesen aus. Somit verdienen auch sie ihren Platz in einer Publikation über Industriedenkmale.

Im Laufe der Jahrhunderte gab es im Gebiet der Region Hannover mindestens 100 Wasser- und 120 Windmühlen. Die meisten Mühlen mahlten oder schroteten Getreide, das bis zum großflächigen Anbau der Kartoffel, also bis zur Mitte des 18. Jahrhunderts, Hauptnahrungsmittel war. Darüber hinaus zerstampften sie – zum Teil auch im hiesigen Raum – Samen zur Gewinnung von Öl, zerfaserten Lumpen für die Papierherstellung, walkten Filz, zerrieben Holzkohle, Salpeter und Schwefel zu Schwarzpulver oder zermahlten Kreide, Gips, Farbpigmente sowie Senf- und andere Gewürzkörner. Sie trieben Sägewerke, Hämmer und Gebläse von Schmieden oder komplizierte technische „Künste" (mechanische Maschinen) an und pumpten Wasser. Knochenmühlen zermahlten Tierknochen zu Dünger. Lohmühlen zerstießen Baumrinde für Gerbereien. Eine Rarität in der regionalen Mühlenlandschaft war eine Wassermühle in Linderte, einem kleinen Dörfchen und heutigen Stadtteil von Ronnenberg. Mit ihrer Antriebskraft sägte, bohrte und polierte ein Knopfmacher von 1832 bis 1906 Knöpfe aus Bein und Holz.

Mühlen wurden in günstigen naturräumlichen Lagen errichtet. Windmühlen erhoben sich vorzugsweise abseits von Siedlungen auf Anhöhen, wo der Wind ungehindert in ihre Flügel streichen konnte. Wassermühlen lagen an Bächen und Flüssen mit einem ausreichenden Gefälle oder einer kräftigen Strömung; in der Region fanden sie besonders gute Bedingungen am nördlichen und südlichen Deisterrand. Die naturgemäß oft einsame Lage von Mühlen verhinderte einen genauen Einblick, was sich dort abspielte. Dies machte sie zu geheimnisvollen Orten, die teils widersprüchliche Phantasien weckten. Während Wassermühlen in lauschiger Waldlage zu romantischen Gefühlen inspirierten, machten Windmüller sich verdächtig, weil sie auch zu nachtschlafender Zeit mahlten, wenn der Wind – besonders nach einer längeren Flaute – günstig war. Schnell munkelte das Dorf, dass auf der Mühle sittenlose Feste gefeiert würden oder sich sogar der Leibhaftige dort ein Stelldichein gäbe. Obrigkeiten fürchteten, dass hier im Schutz der Dunkelheit konspirative Treffen stattfänden, auf denen gefährliche Reden gegen Recht und Ordnung, Kirche und Gesetz geschwungen würden. Bei Tag, so argwöhnten sie, würde hier zu viel geschwatzt, denn während der Müller die Aufträge seiner Kunden ausführte, tauschten diese untereinander oder mit ihm Neuigkeiten aus. Viele Müller hatten zudem eine Schankerlaubnis, die ihre Mühlen wie Wirtshäuser zu beliebten Kommunikationsorten machte.

Das allgemein schlechte Ansehen vor allem der Getreidemüller lässt sich aber auch mit viel handfesteren Gründen erklären. Oftmals unterstellten die Bauern, dass das ausgehändigte Mehl weder in seiner Menge noch seiner Qualität dem angelieferten

Korn entspräche. Noch unbeliebter machten Mühlenbann und Mühlenzwang die Getreidemüller. Mit diesen zwei Rechtsinstrumenten behielten sich die Landes- und Grundherren bis ins 19. Jahrhundert hinein vor, Mühlen an Orten ihrer Wahl zu errichten und zu verpachten. Der Bevölkerung eines jeden Dorfes in ihrem Herrschaftsgebiet wiesen sie eine Mühle zu, in der sie ihr Getreide gegen Gebühren mahlen lassen musste. Diese zog der Müller bei der Aushändigung des Mahlguts, meist in Form einer Naturalabgabe, für seinen Grundherrn ein und bescherte ihm so erkleckliche Einnahmen. Dies machte Müller in den Augen der Bevölkerung zu Handlangern der Obrigkeit, denen sie mit Misstrauen begegnete. Bis weit in das 17. Jahrhundert hinein galten sie als „unehrlich" im Sinne von unehrenhaft und konnten deshalb – wie Abdecker, Bader, Gassenfeger, Gerichts- und Polizeidiener, Henker, Hirten, Schauspieler oder Zöllner sowie unehelich Geborene – weder das Bürgerrecht erwerben noch in eine Handwerkszunft aufgenommen werden. Sie blieben von öffentlichen Ämtern ausgeschlossen und mussten in der Kirche spezielle Plätze einnehmen. Im Gegensatz zum Misskredit, in dem die Berufsgruppe als Ganzes stand, konnte der einzelne Müller durchaus ein geschätzter Mann sein.

VON DER TAUSCH- ZUR HANDELSMÜLLEREI

Erst das 19. Jahrhundert überwand in kleinen Schritten Mühlenbann und Mühlenzwang. Als Jérôme Bonaparte (1784–1860), der jüngste Bruder des französischen Kaisers Napoleon I. (1769–1821), von 1807 bis 1813 als „König Lustig" das Königreich Westphalen regierte, zu dem auch Kurhannover gehörte, führte er hier französisches Recht ein. Es stellte das freie Spiel der wirtschaftlichen Kräfte und gesunde Staatsfinanzen über alte Adelsprivilegien und hob die Restriktionen rund um das Mühlenwesen auf. Das benachbarte Preußen, in vielen wirtschaftspolitischen Fragen vorneweg, ließ seine Bauern seit 1810 ebenfalls selbst entscheiden, wo sie ihr Korn mahlen ließen; den Mahlzins mussten sie jedoch nach wie vor entrichten. Mit dem Ende der „Franzosenzeit" im Jahr 1814 lebte das alte Mühlenrecht im nun geschaffenen Königreich Hannover noch einmal auf. Erst die sogenannten Ablösungsgesetze von 1831 und 1833, Teil der umfassenden Agrarreformen, läuteten die wirtschaftliche Liberalisierung des Mühlenwesens ein. Gegen Zahlung des 25-fachen Jahresertrags an den Grundherrn konnte ein Müller (wie auch ein Bauer) das bisherige Pachtgut als Eigentum erwerben. Eigens geschaffene staatliche Rentenbanken stellten dafür Kredite bereit. 1852 fällte ein Gesetz Mühlenbann und Mühlenzwang, die 1869 eingeführte Gewerbefreiheit erlaubte schließlich jedermann Bau und Betrieb einer Mühle. So sind im ausgehenden 19. und selbst noch im beginnenden 20. Jahrhundert etliche neue Windmühlen errichtet worden.

Ein guter Müller hatte vielseitige Kenntnisse und Fähigkeiten. Er musste nicht nur über die Rohstoffe, die er verarbeitete, genau Bescheid wissen, sondern auch die Naturkräfte gut kennen, um sie optimal ausnutzen zu können, ohne seine Mühle zu großen Belastungen auszusetzen. Darüber hinaus brauchte er handwerkliches Geschick, um das sogenannte gehende Werk instand zu halten. So bezeichnen Müller den kleinen Kosmos all der exakt ineinandergreifenden Teile, die für die Übertragung der Naturkräfte auf die Arbeitsgeräte notwendig sind. Größtenteils aus Holz gefertigt, wurden nur wenige, außerordentlich beanspruchte Lager und Beschläge aus Eisen geschmiedet. Auch als die aufblühende Metallindustrie immer mehr Teile aus Gusseisen oder Stahl anbot, blieben viele Mühlenbauer der traditionellen Holzbauweise treu. Manche Müller erneuerten selbst in regelmäßigen Abständen die hölzernen Flügel ihrer Mühle. Dabei mussten sie genau wissen, welches Holz sie verwendeten: Zu leichtes Material hielt nicht lange, zu schweres konnte die Mühle zum Kippen bringen.

In der Mitte des 19. Jahrhunderts setzte die Zeit der Dampfmühlen ein. Als einer der ersten rüstete 1859 der Müller von Alvesrode (heute Ortsteil der Stadt Springe) seine Wassermühle mit einer Dampfmaschine aus. Sparsam heizten die Müller solche neuen Maschinen zunächst nur an, wenn die kostenlos verfügbaren Naturgewalten nicht für den Betrieb der Mühle ausreichten. Ab der Wende zum 20. Jahrhundert lösten Verbrennungs- und schließlich Elektromotoren Wind und Wasser endgültig als Antriebskraft ab; in der Folge setzten viele Müller schadhafte Teile des traditionellen Antriebs nicht mehr instand. Auch die Mahl-

MIT DER KRAFT DER NATUR: WIND- UND WASSERMÜHLEN

Postkarte mit Ansicht der Brückmühle Hannover (erbaut 1859–1861)

technik der Getreidemühlen änderte sich seit dem letzten Drittel des 19. Jahrhunderts, indem Walzenstühle zunehmend die traditionellen Mahlsteine ersetzten. Mit den Modernisierungen wandelte sich der Charakter der Mühlenbetriebe von einer Tausch- und Kundenmüllerei zur Handelsmüllerei. Nahezu zeitgleich veränderte sich das Konsumverhalten. Auch die ländlichen Haushalte kauften ihr Brot zunehmend beim Bäcker, statt es selbst mit Mehl vom Müller zu backen, oder schroteten das Korn für den Eigenverbrauch in elektrischen Kleinmühlen, die sich nach dem Ersten Weltkrieg flächendeckend durchsetzten. So begann das Mühlensterben, dessen Höhepunkt in die 1950er-Jahre fiel, schleichend bereits im frühen 20. Jahrhundert: Kapitalschwache Müller konnten nicht in die moderne Technik investieren und verloren ihre Kunden an leistungsfähigere Dampf- und Motormühlen. Manch einer schuf sich mit einem Futtermittel- oder Getreidehandel ein unverzichtbares weiteres finanzielles Standbein. 1957 bot die Bundesregierung mit einem Stilllegungsgesetz Wind- und Wassermüllern eine Abfindung für die Aufgabe ihrer Mühle. In diese Zeit fielen auch umfangreiche Flurbereinigungen, die Agrarflächen unter ökonomischen Gesichtspunkten neu ordneten. Viele Wasserläufe wurden im Zuge dieser tief greifenden Umgestaltungen der Landschaft begradigt. Dies brachte einigen Wassermühlen das Aus. Dennoch hat sich, verstreut über das gesamte Gebiet der Region, eine ganze Anzahl verschiedenster Mühlen erhalten. Einige befinden sich sogar noch (oder wieder) in funktionsfähigem Zustand. Im Norden von Neustadt am Rübenberge lassen sich sogar in enger Nachbarschaft zueinander die drei wichtigsten Typen, nämlich eine Wasser-, eine Bock- und eine Holländerwindmühle, besichtigen.

DIE WASSERMÜHLE IN NEUSTADT-LADERHOLZ

Zwischen dem 8. und 10. Jahrhundert entwickelte sich das Wasserrad zur Antriebsmaschine für vielerlei technische „Künste". Vor allem die solventen Klöster trugen so wesentlich zu seiner Verbreitung bei. Anfangs setzten sie in ihren verschiedenartigsten Betrieben das unterschlächtige Rad ein. Dabei trifft das fließende Wasser die Radschaufeln an seinen untersten Stellen; notfalls verstärkt eine künstliche Verengung des Wasserlaufs die notwendige Strömung. Seit dem 14. Jahrhundert breitete sich das oberschlächtige Wasserrad aus, das etwa doppelt so viel Kraft erzeugt. Die durchlaufende Wassermenge stürzt von oben auf das Rad und setzt es durch sein Gewicht in Bewegung. Dazu muss der Wasserlauf ein deutliches Gefälle aufweisen, das in hügeligen Gegenden von der Natur gegeben ist, aber auch durch einen angestauten Mühlteich oder einen vom Flusslauf abgezweigten Mühlbach künstlich geschaffen sein kann. Bei beiden Konstruktionen überträgt eine Welle die Umdrehungen des Wasserrads auf ein Stirn- oder Kammrad im Inneren der Mühle, welches dann das weitere gehende Werk in Bewegung setzt. Die Umrüstung auf die 1849 entwickelte Turbine bewirkte die sichtbarste Veränderung von Wassermühlen. Wurden sie anfangs installiert, um die Wasserkraft bei Eisgang sowie extremen Wasserständen zu ersetzen, verdrängten sie nach und nach die Wasserräder am Äußeren des Mühlgebäudes, weil sie im Gegensatz zu Wasserrädern überbaut und somit nicht von außen wahrnehmbar sind. Damit nahmen sie Wassermühlen ihr charakteristisches Aussehen.

MIT DER KRAFT DER NATUR: WIND- UND WASSERMÜHLEN

Wassermühle Neustadt-Laderholz

Die früheste Wassermühle im Raum Hannover, die Kokemühle beim heutigen Barsinghäuser Stadtteil Groß Munzel, wird schon um 900 urkundlich erwähnt. Dokumente von 1165 belegen erstmals eine Wassermühle in dem kleinen Dörfchen Laderholz, das seit 1974 zu Neustadt am Rübenberge gehört und von dem Aller-Nebenfluss Alpe durchflossen wird. Die Mühle wurde 1554 durch einen Neubau ersetzt und übte zu diesem Zeitpunkt den Mühlenzwang über die südlich gelegenen Nachbardörfer Nöpke, Borstel und Hagen, die mittlerweile ebenfalls von Neustadt aus verwaltet werden, aus. Das heutige Fachwerkgebäude stammt aus dem Jahr 1738. 1860 ging die Laderholzer Mühle aus dem Besitz des Amtes Neustadt, dem behördlichen Vorläufer des 1885 geschaffenen Landkreises Neustadt a. Rbge., in die Hände des Müllers über. 1880 wurde an der Westseite ein zweigeschossiges Backsteinwohnhaus angebaut. Nach ihrer Stilllegung im Jahr 1941 verlor die Mühle ihre beiden Wasserräder. Von 1991 bis 1994 setzten engagierte Laderholzer Bürger die Mühle wieder in einen funktionsfähigen Zustand. An der östlichen Giebelwand aus massiven Sandsteinquadern drehen sich heute erneut ein ober- und ein unterschlächtiges Wasserrad und im Gebäudeinneren kann Getreide gemahlen werden.

MIT DER KRAFT DER NATUR: WIND- UND WASSERMÜHLEN

▶ Neustadt-Laderholz, An der Alpe 2.
▶ Die Mühle kann am Mühlentag (Pfingstmontag) und dann bis einschließlich September jeden Sonntag von 14–17 Uhr besichtigt werden.
▶ Buslinie 840 (an Wochenenden z. T. RufBus, Anmeldung unter Tel. 05032/809 300), Haltestelle Laderholz / An der Alpe.

DIE BOCKWINDMÜHLE IN NEUSTADT-DUDENSEN

In dem ebenfalls Neustädter Stadtteil Dudensen, südwestlich von Laderholz, stand an der Alpe eine Wassermühle, die zu einem unbekannten Zeitpunkt aufgegeben wurde. Stattdessen erhebt sich seit 1827 auf dem gleichen Grundstück eine hölzerne Bockwindmühle. Sie war ursprünglich um 1700 in Twistringen im Landkreis Diepholz aufgerichtet worden. Bockwindmühlen wechselten häufiger ihren Standort; mindestens 30 Mühlen auf dem heutigen Regionsgebiet wurden innerhalb eines Dorfes, zwischen zwei Orten und sogar über größere Entfernungen hinweg transloziert. Die Gründe dafür waren vielfältig: Manchmal reichten schlicht die Windverhältnisse an dem ursprünglichen Platz nicht aus. Hatte ein Feuer oder ein Sturm eine Mühle vernichtet (wogegen es jahrhundertelang keine Versicherung gab), waren Kauf, Abbau, Transport und Wiederaufbau einer bestehenden Bockwindmühle günstiger als ein Neubau. Nach einem Gesetz von 1834 schließlich mussten Mühlen mindestens einen Abstand von 195 Metern zu öffentlichen Straßen halten und notfalls versetzt werden, damit die Pferde nicht vor sausenden Flügeln scheuten. In Lehrte wiederum wichen mehrere Mühlen seit der Mitte des 19. Jahrhunderts, zum Teil sogar mehrfach, den sich ausweitenden Eisenbahnanlagen aus.

Bockwindmühlen mit ihrem charakteristischen, archaisch wirkenden Aussehen waren die ersten Mühlen, die sich in den Wind drehen ließen. Auf einem Fundament aus zumeist behauenen Steinblöcken steht ein fester, hölzerner Bock, auf dem wiederum ein hölzernes, hochkant stehendes rechteckiges Mühlengehäuse ruht. Dieses ist drehbar um einen aufrecht stehenden, eichenen

Bockwindmühle in Neustadt-Dudensen

Hausbaum gelagert, der einen Durchmesser von etwa 70 Zentimetern hat. Er ist am Fuß auf einem Balkenkreuz verankert, vier diagonale Stützstreben halten ihn in der Senkrechten. Der Hausbaum ragt bis unter die zweite Etage des Mühlengehäuses und ist dort im Mehlbalken, auch Hammer genannt, gelagert, der zugleich die Hauptlast des Mehlbodens und des Mahlwerks trägt. An der Außenseite der Mühle ist unter dem Mühlenboden ein langer, abwärts gebogener, fast bis zur Erde reichender Eichenbalken, der Steert oder Schwanz, angebracht. Mit ihm lässt sich die Mühle – eventuell unter Zuhilfenahme von starken Pferden oder einer Winde – so in den Wind drehen, dass er von vorne auf die Flügel bläst. Eine Welle überträgt die erzeugte Kraft im Inneren der Mühle auf ein Kammrad, dessen Zähne in ein weiteres greifen, das sich am Ende einer senkrechten Achse, des sogenannten Königs, befindet. An seinem unteren Ende übergibt der König die Kraft an ein drittes Kammrad, dessen Zapfen in Drehlinge greifen, die den Mahl- oder Schrotgang (bzw. die Stampfer von Stampfmühlen) in Gang setzen. Bockwindmühlen mahlten fast ausnahmslos Korn, nur wenige waren Sägemühlen.

Bereits 1848 mussten wesentliche Teile der Dudenser Mühle erneuert werden; 1865 erhielt sie einen zweiten Mahlgang, später auch einen Elektromotor. 1952 erlitt der letzte Müller bei einer Reparatur an seiner mittlerweile flügellosen Mühle einen schweren Unfall. Sie stand von da an still und war bereits 1959 baufällig. Der Dudenser Mühlenverein e. V. sanierte sie in den Jahren 1985 bis 1990 grundlegend. Dank dieses Engagements können Besucherinnen und Besucher (wie übrigens auch in Langenhagen-Kaltenweide) in Dudensen an Schautagen eine betriebsfähige Bockwindmühle erleben.

▶ Neustadt-Dudensen, Speckenwiesen.
▶ Die Mühle ist von April bis September an jedem letzten Sonntag im Monat ab 11 Uhr zugänglich.
▶ Buslinie 840 (an Wochenenden z. T. RufBus, Anmeldung unter Tel. 05032/ 809 300), Haltestelle Dudensen/Kuhlackerweg. Die Mühle liegt von hier aus knapp 2 km in nördlicher Richtung entfernt.

DIE HOLLÄNDERWINDMÜHLE IN NEUSTADT-BORSTEL

Unter den vielen technischen Skizzen, auf denen der Italiener Leonardo da Vinci (1452–1519) seine Erfindungen festhielt, zeigt eine Zeichnung aus dem Jahr 1500 eine feststehende Mühle mit einem drehbaren Kopf. Praktisch umgesetzt hat diese Idee etwa 50 Jahre später ein flämischer Müller, dem höchstwahrscheinlich unabhängig von da Vinci der gleiche kluge Gedanke gekommen war. Binnen kürzester Zeit verdrängten derart konstruierte Kappenwindmühlen in Holland die Bockwindmühlen, sodass sie bei ihrem weiteren Weg durch Europa auch als Holländerwindmühle oder kurz Holländer bekannt wurden.

Eine Holländermühle besteht aus drei Teilen: Auf einem massiven Unterbau sitzt ein achteckiger oder auch runder Rumpf, darüber dreht sich auf Rollen die Kappe. Das gehende Werk ist dem der Bockmühlen vergleichbar konstruiert. Holländer markierten einen wesentlichen Fortschritt in der Windmühlentechnik. Das

MIT DER KRAFT DER NATUR: WIND- UND WASSERMÜHLEN

Holländerwindmühle in Neustadt-Borstel

umlaufenden Galerie aus. Manche Holländer hatten statt eines Steerts ein Krühwerk, in dem eine spitzwinklige Dreieckskonstruktion aus Balken den Steert stabilisierte. Die nächsten Entwicklungsschritte wurden in der Mitte des 19. Jahrhunderts vollzogen: Dem Flügelkreuz gegenüber wurde eine Windrose, ein kleines, ebenfalls senkrecht stehendes Flügelrad, angebracht. Sie fängt jede Schwankung der Windrichtung auf und dreht die Mühlenkappe über Getriebe und Räder automatisch in die richtige Position. Eine noch bessere Ausnutzung des Windes erlaubten Jalousieflügel mit beweglichen Klappen, die mithilfe eines Gestänges auch während des Betriebs mühelos an die Windstärke angepasst werden konnten.

Der Holländer in dem zur Stadt Neustadt a. Rbge. eingemeindeten Stadtteil Borstel mit umlaufender Galerie und Windrose ist ein dreistöckiger Backsteinbau mit verschindelter Kappe. 1873 erbaut und 1983 in ein Wohnhaus umgewandelt, war er einst mit zwei Mahlgängen und einem Schrotgang ausgestattet. Leider ist

Mühlenhaus war deutlich höher, stabiler und größer – in einige konnten Bauern mit ihren Gespannen einfahren – und trotzte dennoch zuverlässig dem Sturm. Holländer ließen sich ebenfalls mit einem Steert, der bis kurz über den Boden ragte, in den Wind drehen. Als die sogenannten Erdholländer zum Galerieholländer in die Höhe wuchsen, erfolgte die Einstellung von einer in luftiger Höhe

MIT DER KRAFT DER NATUR: WIND- UND WASSERMÜHLEN

die originale Technik nicht mehr erhalten. Von außen vermittelt die Mühle aber dank des angebrachten Flügelkreuzes noch den ursprünglichen optischen Eindruck. Will man Kenntnisse über die Mahlwerke in einer solchen Mühle gewinnen, empfiehlt sich ein Besuch der Galerieholländermühle in Barsinghausen-Wichtringhausen oder der Erdholländermühle in Wunstorf-Steinhude. Reizvoll an der Mühle in Borstel ist die unmittelbare Nachbarschaft zu einer zweiten Mühle, nämlich zu einer 1776 erbauten und 1976 grundlegend sanierten Bockwindmühle. Ihr Mahl- und ihr Schrotgang liegen seit 1930 still. Mit einem kleinen Elektromotor schrotete der Mühlenbesitzer in den 1970er-Jahren nur noch für den Eigenbedarf. Man erhält hier eine Vorstellung, wie dicht das Netz von Mühlenstandorten im Umland Hannovers ursprünglich einmal war.

▸ Neustadt-Borstel, Kleieweg 1.
▸ Die im Privatbesitz befindliche Mühle ist unzugänglich, jedoch vom Kleieweg aus gut einzusehen.
▸ Buslinie 840 (an Wochenenden z. T. RufBus, Anmeldung unter Tel. 05032 / 809 300), Haltestelle Borstel/Im Bruche. Die Mühle von Borstel liegt etwa 500 m entfernt in östlicher Richtung.

DIE BOCKWINDMÜHLE IN LANGENHAGEN-KALTENWEIDE

Von den einst sieben Windmühlen auf dem Gebiet der Stadt Langenhagen steht nur noch die Bockwindmühle am Mühlenberg von Kaltenweide, dem nördlichsten Ortsteil Langenhagens. Das auch Wagenzeller Mühle genannte Bauwerk (die mittelalterliche Siedlung Wagenzelle ging im 15. Jahrhundert in Kaltenweide auf) ist eine der ältesten erhaltenen Windmühlen Norddeutschlands. Ursprünglich drehten sich ihre Flügel knapp zehn Kilometer weiter nordöstlich in Wennebostel (heute Teil der Gemeinde Wedemark). Dort diente sie seit 1602 als Erbzins-, also Pachtmühle der Familie Wöhler, wie eine Inschrift am Hausbaum bestätigt. Als ein Nachfahr, der Müller Heinrich Wöhler, 1878 eine Wagenzeller Bauerntochter heiratete, brachte er seine Mühle als Heiratsgut in die Ehe ein und versetzte sie an seinen neuen Wohnort. Damals wurden einige Teile ausgewechselt, im Jahre 1904 auch der Mehlbal-

Bockwindmühle in Langenhagen-Kaltenweide

ken. In den 1920er-Jahren wurde der Sockel erhöht und ummauert. 1952 kaufte der aus Schlesien stammende Müller Gerhard Riemer die Mühle und schrotete bis 1963 gewerblich Korn, allerdings mit einem Elektromotor. Dieser treibt auch heute noch zu besonderen Gelegenheiten die Flügel an. Nach ihrer Stilllegung ging die Mühle in private Hände und wurde aufwendig restauriert: 1974 erhielt der Mahlkasten im Mühlenhaus eine neue Verbretterung, seit 1983 zieren neue Flügel und eine Eindeckung mit Schindeln das Äußere. 1991 bekam die Mühle einen neuen Steert. Die Stadt unterstützt die Eigentümer finanziell beim Erhalt ihres Kulturdenkmals.

MIT DER KRAFT DER NATUR: WIND- UND WASSERMÜHLEN

Inneres der Holländerwindmühle in Barsinghausen-Wichtringhausen

▶ Langenhagen-Kaltenweide, Mühlenweg 12.
▶ Privatbesitz, jedoch vom Mühlenweg aus gut einzusehen. Eine Besichtigung ist am Mühlentag (= Pfingstmontag) oder nach Voranmeldung (Tel. 0511/777481) möglich.
▶ Bahnhof Kaltenweide (S 4), ab dort ca. 1 km zu Fuß (Wagenzeller Straße queren, Hedwig-Kettler-Weg und Am Weiherfeld bis Mühlenweg folgen).

DIE HOLLÄNDERMÜHLE IN BARSINGHAUSEN-WICHTRINGHAUSEN

Die hohe, aus Deistersandsteinen errichtete Galerieholländermühle am westlichen Ortsrand von Wichtringhausen, einem der 18 Ortsteile Barsinghausens, kann man getrost als eines der Wahrzeichen der Region Hannover bezeichnen. Für die Autofahrerinnen und Autofahrer auf der A 2, die aus Richtung Dortmund kommend nach Osten reisen, markiert diese weithin sichtbare Mühle dicht bei der Grenze zum Landkreis Schaumburg das Erreichen der Region.

Bereits für das Jahr 1618 erwähnen Schriftquellen eine Windmühle bei dem Rittergut von Wichtringhausen. Dabei handelte es sich noch um eine hölzerne Bockwindmühle. In der Mitte des 18. Jahrhunderts wich sie der ersten Holländerwindmühle weit und breit. 1795 fiel diese einem Brand zum Opfer; der Gutsbesitzer baute sie erst 1819 wieder auf. Nachdem die Pferde auf der viel befahrenen Durchgangsstraße, an der die Mühle lag, vor den Flügeln scheuten, wurde der heute noch bestehende Galerieholländer nach jahrelangen Auseinandersetzungen 1824 auf Staatskosten um etwa 70 Meter auf seinen heutigen Standort versetzt. 1835 verpachtete ihn der Gutsbesitzer an den zuvor bei ihm angestellten Müller Johann Weber. Nach Ablösung der Grundlasten ging die Mühle im letzten Drittel des 19. Jahrhunderts vollständig in den Besitz der Familie Weber über, der sie bis heute gehört.

Für die Denkmalpflege ist der auf achteckigem Grundriss errichtete Bau mit seinen sechs Stockwerken besonders wegen der komplett erhaltenen historischen Mühlentechnik im Inneren von Bedeutung. Waren andere Mühlen im Umland Hannovers schon früh auf Motorantrieb umgebaut worden, wodurch sie ihre markanten Flügel verloren, blieb die alte Antriebstechnik der Wichtringhäuser Mühle bis heute erhalten. Lediglich ein Hilfsmotor wurde in dem an die Mühle grenzenden Nebengebäude installiert. Noch 1958 bauten die Mühlenbesitzer im Kellergeschoss ein neues Ölbadgetriebe ein, das die Wülfeler Eisenwerke aus dem gleichnamigen hannoverschen Stadtteil hergestellt hatten. Bis 1972 mahlte und schrotete Fritz Weber in der Wichtringhäuser Mühle als letzter Windmüller zwischen Deister und Lindener Berg regelmäßig. Heute unterstützt ein vor einigen Jahren gegründeter Förderverein die Eigentümer bei ihren Bemühungen um den Erhalt des Baudenkmals. Ziel ist ein betriebsfähiger Zustand zur Präsentation des alten Müllerhandwerks an Schautagen.

▶ Barsinghausen-Wichtringhausen, An der Windmühle 26/28.
▶ Die Mühle steht Besuchern an besonderen Schautagen (z. B. dem „Mühlentag" am Pfingstmontag oder dem „Entdeckertag der Region" im September) sowie nach telefonischer Vereinbarung (Tel. 05105/2609) offen.
▶ Bahnhof Bantorf (S 1, S 2), ab dort ca. 500 m zu Fuß entlang der B 65 in östliche Richtung.

MEHR KOMFORT IM ALLTAG: STADTTECHNIK

KOSTBARES NASS: DIE WASSERVER- UND -ENTSORGUNG

KUBIKMETER UM KUBIKMETER

Mit der Industrialisierung stieg der Wasserverbrauch in Hannover wie in allen Ballungsräumen immens: Die Bevölkerung wuchs, Fabriken brauchten das feuchte Element für verschiedenste Produktionsprozesse, Lokomotiven und Dampfmaschinen schluckten ebenfalls erhebliche Mengen. Zeitgleich ließen neue Erkenntnisse auf dem Gebiet der Hygiene Hannovers Stadtrat, der ab 1845 die Wasserversorgung organisierte, seit den späten 1860er-Jahren neue Wege suchen, das kostbare Nass in ausreichender Qualität und Menge heranzuschaffen. Noch entnahm die Bevölkerung ihr Frischwasser den innerstädtischen Brunnen und Quellen sowie der durch die Stadt fließenden Leine.

1875 beschloss der Magistrat, unterhalb des damals noch selbstständigen Dorfes Ricklingen ein erstes Wasserwerk für die Versorgung der inneren Stadt zu errichten. Dazu wurde ein 900 Meter langes und 80 Zentimeter weites Rohr in die Grundwasser führenden Sand- und Kiesschichten eingelassen. Durch zahlreiche schlitzförmige Öffnungen drang das Grundwasser ein. In einem Pumpenhaus standen vier von der Hanomag hergestellte Pumpenaggregate, die täglich bis zu 11 000 Kubikmeter Wasser durch 2,3 Kilometer Rohrleitung zu einem Hochbehälter auf dem Lindener Berg beförderten. Als das Wasserwerk Ende 1878 seinen Betrieb aufnahm, waren rund 900 Wohnhäuser und eine Fabrik an das 83 Kilometer lange Leitungsnetz angeschlossen; 1880 waren es schon fast 3 000 Häuser, dazu kamen Fabriken, die Eisenbahndirektion, Kasernen und Badeanstalten. Obwohl die Anlage für die Versorgung von 200 000 Menschen ausgelegt war, erwies sie sich rasch als zu klein. Bereits 1885 wurde sie um 13 Brunnen ergänzt und lieferte jetzt Frischwasser für 350 000 Personen. Bis 1900 wuchs das Leitungsnetz auf eine Länge von 190 Kilometern, die Zahl der Hausanschlüsse kletterte auf fast 9 900. Allerdings sank bald der Grundwasserspiegel und die Stadt musste seit dem ausgehenden 19. Jahrhundert weitere Wasserreservoirs erschließen, beispielsweise beim heutigen Laatzener Ortsteil Grasdorf oder in den mittlerweile zur Gemeinde Wedemark zählenden Orten Elze und Berkhof. Um bei einem Betriebsausfall die Versorgung aufrechtzuerhalten, ergänzten der Hochbehälter auf dem Lindener Berg und mehrere Wassertürme die Zwischenspeicher in den Pumpwerken. Die Wirkung der Schwerkraft sorgte dafür, dass das Wasser aus diesen Reservoirs sich gleichmäßig im Rohrleitungsnetz verteilte und einen konstanten Druck erzeugte.

Bis 1899 ersetzte der Magistrat auch die zwei vorhandenen innerstädtischen Flusswasserpumpwerke, die nach wie vor die hannoversche Altstadt versorgten, durch eine leistungsfähigere Anlage, die sogenannte Wasserkunst, in exponierter Lage am Friederikenplatz. Ein knapp 15 Meter hohes Wasserrad hob täglich bis zu 21 000 Kubikmeter Leinewasser in ein Bassin, von wo aus es als Brauchwasser zu den Abnehmern geleitet wurde. Die Wasserkunst mit ihrem repräsentativ gestalteten Gebäude überstand den Zweiten Weltkrieg nahezu unzerstört, wurde jedoch 1962/63 aus stadtplanerischen Gründen abgerissen.

Abwässer flossen seit dem ausgehenden 18. Jahrhundert in erste unterirdische Kanäle. Diese mündeten in den Schiffgrabenkanal, der sich als Hauptabwasserweg 3,5 bis 6,5 Meter unter Straßenniveau um den Bereich der heutigen Innenstadt zog und unterhalb der Goethebrücke in die Leine ergoss. Der Altstadt diente seit unbekannter Zeit der ehemalige Befestigungsgraben als sogenannter Kotgraben. Tierische und menschliche Exkremente wurden in Gruben oder auf der Straße gesammelt und als Dünger abgefahren, doch immer wieder gerieten Ausscheidungen und fester Unrat in

MEHR KOMFORT IM ALLTAG: STADTTECHNIK

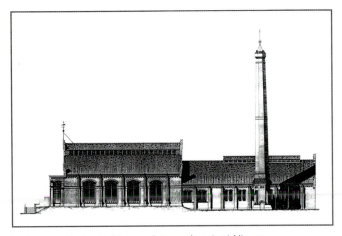

Zeichnungen für das Maschinen- und Pumpenhaus in Ricklingen

Maschinenhalle und Ansicht der ehemaligen Fließwasserkunst am Friederikenplatz

die Abwassersysteme und führten zu Beschwerden über den teils bestialischen Gestank; über gesundheitliche Beeinträchtigungen wusste man noch zu wenig. Doch als die wachsende Bevölkerung die vorhandenen Kanäle mit einer Flut von Fäkalien überlastete und Industrieableitungen das Flusswasser für die Haushalte unbrauchbar machten, mussten die Stadtoberen handeln. Nach fast 20-jähriger Diskussion über das Für und Wider verschiedener Entsorgungssysteme begannen 1890 die Bauarbeiten für eine Schwemmkanalisation. Dazu wurden auf einer Länge von zunächst 40 Kilometern neue unterirdische Kanäle gemauert, die Abwässer, Fäkalien und Regenwasser aufnahmen, regelmäßig gespült wurden und ihre Fracht schließlich unterhalb der Herrenhäuser Wasserkunst an die Leine abgaben. Die Stadtverwaltung erließ einen Anschluss- und Benutzungszwang für die fast 7 500 innerstädtischen Grundstücke; deren Besitzer mussten die darauf befindlichen Wohnungen und Betriebsstätten mit rund 43 000 Wasserklosetts ausstatten. Zwei Drittel aller hannoverschen Abwässer wurden jedoch weiterhin direkt in die Ihme und Leine entsorgt. Bald klagten Leine-Anrainer in den ehemaligen Landkreisen Linden, Hannover und Neustadt am Rübenberge über trübes, übelriechendes und von Schmutzfahnen durchsetztes Flusswasser, das sich nicht mehr zum Tränken des Viehs oder für die Wäsche, geschweige denn für den menschlichen Genuss eignete. So entstand schließlich – trotz vehementer Proteste der leineabwärts gelegenen Ansiedlungen Herrenhausen, Limmer und Letter – zwischen 1905 und 1907 in Herrenhausen das heute noch bestehende Klärwerk, das die städtischen Abwässer vor ihrer Einleitung in die Leine reinigte. Eine neue hannoversche Polizeiverordnung schrieb vor, alle Grundstücke an die Wasserleitung anzuschließen, damit sämtliche Schmutz- und Brauchwässer und Fäkalien so verdünnt seien, dass die Kanalisation sie problemlos fortschwemmen könne. 1913 waren das immerhin bereits täglich 30 000 Kubikmeter. Seit 1930 durchliefen auch die im Industrie-Stadtteil Linden anfallenden Abwässer die Kläranlage Herrenhausen.

Außerhalb Hannovers schöpften die kleinstädtischen und ländlichen Haushalte ihr Wasser aus Haus- oder Gemeinschaftsbrunnen, die oft dicht neben Aborten oder Misthaufen lagen. Seit den 1920er-Jahren kontrollierten die staatlichen Gesundheitsämter regelmäßig die Wasserqualität insbesondere der Brunnen von öffentlichen Einrichtungen wie Schulen und von Lebensmittel verarbeitenden Betrieben. Doch erst als angesichts der nach dem Zweiten Weltkrieg zugezogenen Flüchtlinge und Vertriebenen – die Bevölkerung Niedersachsens wuchs in kurzer Zeit um ein Drittel – die Brunnen die Allgemeinheit nicht mehr hinreichend versorgten, errichteten die Gemeinden in Hannovers Umland zentrale Netze zur Wasserversorgung. So verfügten im 1974 aufgelösten Landkreis Springe zu Beginn der 1950er-Jahre erst 14 der 50 früheren Gemeinden über eine zentrale Wasserversorgung.

Mit der Errichtung der Wassernetze legten die Ortsstatuten einen Anschluss- und Benutzungszwang fest. Vor allem die Frauen, zu deren Aufgaben das Wasserholen gehört hatte, werden es begrüßt haben, sich bequem im Haus aus dem Hahn bedienen zu können. Ein Hof durchschnittlicher Größe brauchte damals immerhin für Mensch, Vieh und Haushalt bis zu 500 Liter Wasser täglich. Andere aber waren skeptisch, ob das Wasser auf seinem langen Weg durch das Rohrnetz sauber ankäme. Auch störte es manchen, für das bislang kostenlos aus dem eigenen Brunnen geschöpfte Nass zu zahlen. Abwässer wurden zunächst weiter in Gräben, Bäche, private Klärgruben oder die ebenfalls neu errichtete Regenwasserkanalisation eingeleitet. Der flächendeckende Anschluss aller Grundstücke an eine öffentliche Kanalisation zog sich bis in die 1970er-Jahre hinein.

WASSERHOCHBEHÄLTER AUF DEM LINDENER BERG

Im Westen Hannovers, zwischen den Stadtteilen Linden-Mitte und Linden-Süd, liegt der 89 Meter hohe Lindener Berg. Auf seiner Kuppe thront ein mächtiger, noch heute genutzter Wasserspeicher. Die Stadt Hannover errichtete ihn 1877/78; er speicherte das aus dem Wasserwerk in der Ricklinger Masch herangeführte Trinkwasser. Der Lindener Berg als höchste natürliche Erhebung in unmittelbarer Nähe zum Verbraucher bot sich als Standort an, um ein natürliches Gefälle beim Einspeisen des Wassers in das Leitungsnetz zu nutzen. Das technische Bauwerk zählt wegen seiner aufwendigen Architektur zu den eindrucksvollsten Gebäuden, die zu seiner Zeit in Hannover entstanden. Es gilt darüber hinaus als imposantester Wasser-

Wasserhochbehälter Linden

behälter Deutschlands. Allerdings musste ihm ein anderes architektonisches Kleinod weichen: das Berggasthaus, das Johann Egestorff (1772–1834) hier 1825 von Georg Ludwig Friedrich Laves (1788–1864) hatte errichten lassen und das mit seinem Fernblick auf die Herrenhäuser Gärten ein beliebtes Ausflugsziel gewesen war.

Die Architektur des festungsähnlichen Turms ersann der Stadtbauinspektor Otto Wilsdorff (1835–1883), die Technik Stadtbaurat Theodor F. Rudolph Berg (1823–1883). Auf einem angeböschten Natursteinsockel steigt der 77 x 39 Meter große, mit mächtigen Strebepfeilern verstärkte Behälter 9,50 Meter hoch. Oberhalb der verputzten Wandflächen verläuft eine umlaufende Attika aus gemauerten Ziegelbögen, die an einen Wehrgang erinnert. Die Assoziation an eine mittelalterliche Burg weckte auch ein rechteckiger Turm mit einer Aussichtsplattform, der sich wie ein Bergfried auf einer Längsseite des Reservoirs erhob, heute allerdings nicht mehr vorhanden ist. Die zur Stadt gelegene Schauseite zieren ein kastellartiger, mit vielen Details versehener, zweigeschossiger Vorbau, in dem Wasserleitungen zum Hochbehälter verlaufen, und zwei achteckige Pavillons. Auch sie sind in neugotischer Backsteinarchitektur ausgeführt. Anspielungsreich krönt jeweils ein kupferner Pinienzapfen, der auch viele antike römische Brunnenanlagen schmückte, ihre Schieferdächer. Der Behälter fasste 10 000 Kubikmeter Wasser. Er war in zwei Kammern geteilt, sodass die Wasserversorgung bei Reinigungsarbeiten nicht unterbrochen werden musste. 1977 wurde der Hochbehälter wegen Undichtigkeit geschlossen. Gelder des Denkmalschutzes bewahrten ihn vor dem Abriss und ermöglichten stattdessen eine umfangreiche, bis 1983 andauernde Restaurierung. Dazu wurde der Behälter von oben geöffnet, entkernt und nach dem Einsetzen von zwei neuen Stahlbetonwannen mit einem Fassungsvermögen von 13 200 Kubikmetern mit einem leicht erhöhten Dach wieder verschlossen. Der während der Instandsetzung abgerissene Turm wurde nicht wieder aufgebaut. Das Reservoir wird heute mit Wasser aus Wedemark-Elze und dem Burgwedeler Stadtteil Fuhrberg, aber auch aus Laatzen-Grasdorf und dem Harz gespeist.

▶ Hannover-Linden, Am Lindener Berg 27.
▶ Der Hochbehälter lässt sich auf öffentlichen Wegen gut besichtigen.
▶ Buslinie 100/200, Haltestelle Sternwarte.

WASSERWERK IN WEDEMARK-ELZE/ WEDEMARK-BERKHOF

Ein in der Gemeinde Wedemark inmitten eines Waldgebietes, dicht bei der Autobahn A 7 gelegenes Wasserwerk überrascht durch seine bauliche Gestaltung. Während die Gebäude südlich der Wasserwerkstraße, deren Flurstücke zum Ortsteil Elze gehören, traditionell als Fachwerk- oder Putzbauten mit hohen Ziegeldächern konzipiert sind, zeigen ihre Gegenstücke auf der gegenüberliegenden, Berkhof zuzurechnenden Straßenseite eine streng gegliederte, moderne Backsteinarchitektur. Dieser Widerspruch erklärt sich aus der Geschichte der Anlage. Sie setzt sich aus zwei Wasserwerken ganz verschiedener Bauepochen des 20. Jahrhunderts zusammen.

Zunächst errichtete die Stadt Hannover in den Jahren 1909 bis 1911 das südlich der heutigen Straße gelegene Wasserwerk Elze. Es sicherte die städtische Versorgung, nachdem das hannoversche Areal durch umfangreiche Eingemeindungen im Jahr 1907 nochmals kräftig gewachsen war. Das kleine, landwirtschaftlich geprägte Elze mit seinen wenigen Hundert Einwohnerinnen und Einwohnern profitierte zweifach von dem Bauvorhaben. Zum einen brachte das Wasserwerk neue Arbeitsplätze. Zum anderen freuten sich die Landwirte, dass sich der durch die Wasserentnahme abgesenkte Grundwasserspiegel günstig auf ihre durchweg zu nassen Ländereien auswirken würde. Allerdings war vorhersehbar, dass Hausbrunnen, insbesondere in der trockenen Jahreszeit, versiegen würden. So koppelte die Gemeinde den Grundstücksverkauf an die Auflage, dass die Stadt Hannover auf ihre Kosten in Elze ein Wasserleitungsnetz anlegte und dem Ort kostenlos Wasser lieferte, sobald die Hausbrunnen trocken fielen. Diese „Wasserfreiheit" Elzes bestand bis zum Ende des 20. Jahrhunderts.

Die Architektur des Ensembles entspricht dem sogenannten Heimatschutzstil. Dieser grenzte sich ausdrücklich von dem oft pompösen historischen Bauen ab, das besonders seit der Grün-

MEHR KOMFORT IM ALLTAG: STADTTECHNIK

Bau der Leitung zum Wasserwerk Elze, 1910

lichen Grundstücksgrenze schließt das Ensemble ab. Das eigentliche Betriebsgebäude befand sich weiter südlich, dicht bei dem kleinen Fachwerk-Wiegehäuschen. Es beherbergte vier ursprünglich dampfgetriebene Pumpenaggregate. Sie förderten aus 80 Brunnen täglich 24 000 Kubikmeter Wasser, die sie durch eine 26 Kilometer lange, gusseiserne Druckrohrleitung in den Wasserturm an der Vahrenwalder Straße pumpten, der heute Teil des hannoverschen Stadtteils Brink-Hafen ist. Das Betriebsgebäude wurde nach der 1967 erfolgten Stilllegung des Wasserwerks entbehrlich. Ein steinerner Zierbrunnen hinter dem Schmucktor erinnert symbolisch an die alte Funktion der Anlage.

Das Elzer Wasserwerk konnte außer Betrieb gehen, nachdem das gegenüberliegende Berkhofer Werk umfassend umgebaut worden war. Seiner Errichtung in den Jahren 1930/31 waren hitzige Auseinandersetzungen zwischen der örtlichen Bevölkerung und der Stadt Hannover vorausgegangen, denn mittlerweile war der Grundwasserspiegel durch die Entnahmen des ersten Wasserwerks so weit abgesunken, dass die Elzer Landwirte Entschädigungsprozesse gegen die Stadt Hannover führten. Doch die

derzeit beliebt war und mit seiner Mixtur von architektonischen Stilmitteln aus vergangenen Epochen politisches Selbstbewusstsein und wirtschaftlichen Erfolg nach der deutschen Reichsgründung 1871 versinnbildlichen sollte. Die Heimatschutzarchitektur griff bewusst landschaftstypische Materialien und Bauformen auf. Exemplarisch zeigt dies das als Schmucktor gestaltete Zugangsportal zum Werk, das ähnlich wie der Fachwerkgiebel eines alten Bauernhauses ausgebildet ist. Ganz in seiner Nähe steht das einstige Maschinenmeister-Wohnhaus, ein Putzbau mit schieferverkleidetem Obergeschoss. Zu ihm gehört ein pittoreskes, backsteinernes Nebengebäude mit ovalen Fenstern, das einst als Stall oder Lager gedient haben mag. Weiter westlich befindet sich das teilweise ziegelverkleidete, trutzig wirkende Maschinisten-Wohnhaus mit seinem tief herabgezogenen Walmdach, das auch die Stallanbauten mit einschließt. Eine Fachwerkremise an der west-

Wasserwerk Elze, Anlage zur Rieselung des Grundwassers

MEHR KOMFORT IM ALLTAG: STADTTECHNIK

Wasserwerk Elze, gegenwärtiger Zustand der Filterhalle

geschoss hingegen im Bereich der Wandmitten. Die weit vorkragenden Walmdächer schützen die Fassaden und wirken zugleich wie eine Anspielung an die Baukunst Südostasiens. Außer diesen beiden Wohnhäusern haben nur Teile der niedrigen Umfassungsmauer und der alten Pflasterung den großen Umbau des Werks 1966/67 ohne nennenswerte Änderung überstanden. Die Anlage versorgt noch heute die nördlichen Stadtteile Hannovers mit Trinkwasser.

▸ Wedemark-Elze, Wasserwerkstraße 33/35 bzw. 62/64.
▸ Von der Wasserwerkstraße aus ist die Anlage gut einzusehen. Die Gebäude sind Privatbesitz bzw. befinden sich auf unzugänglichem Betriebsgelände.
▸ Buslinie 695 und 697 (an Wochenenden RufTaxi, Anmeldung unter Tel. 05031/175 500 695) bis Haltestelle Elze/Okerstraße oder Elze/Schule, zu Fuß weiter ca. 2 km in östlicher Richtung oder Bahnhof Bennemühlen (S4), ab dort zu Fuß ca. 3 km der Wasserwerkstraße folgen.

wachsende Großstadt brauchte Wasser und ihre Verwaltung drohte mit Rückendeckung übergeordneter Berliner Behörden sogar mit Enteignung der benötigten Grundstücke. Im Gegensatz zum älteren Werk entstand das neue in ganz anderer, sachlicher Formensprache ohne unnötigen Zierrat komplett aus roten Backsteinen nach Entwürfen des hannoverschen Stadtbaurats Karl Elkart (1880–1959). Im Gegensatz zu der nach Elkarts Plänen fast gleichzeitig errichteten, hoch aufstrebenden Bibliothek in Hannovers Südstadt – der erste Bibliotheksturm Europas! – erstrecken sich die Gebäude des neuen Wasserwerks vor allem in die Breite. Ursprünglich waren sie mit einem zentralem Schnellfilterhaus und seitlichen Pumpen- bzw. Rieslerhäusern, ganz außen flankiert von zwei Werkmeisterwohngebäuden, streng symmetrisch und zugleich äußerst repräsentativ angeordnet. Virtuos belebte Elkart die beiden eher schlichten, nur durch waagerechte Backsteinbänder gegliederten Wohnhäuser, indem er im Erdgeschossbereich die Fenster bei den Gebäudekanten anordnete, im Ober-

WASSERTURM IN HANNOVER-BRINK-HAFEN

Mit dem 1908 gefassten Beschluss der städtischen Kollegien, ein Grundwasserwerk bei Elze zu errichten, war der Bau eines Sammel- und Druckausgleichsbehälters an der Vahrenwalder Straße, der nördlichen Ein- und Ausfallstraße Hannovers, verbunden. Den Architekturwettbewerb gewann Hermann Schaedtler (1857–1931), nach dessen Plänen der 62 Meter hohe Rundturm als Betonkonstruktion errichtet wurde. Das Äußere erinnert mit seinen wie Schießscharten anmutenden Fenstern und seinem wehrgangähnlichen Obergeschoss an mittelalterliche Festungsarchitektur, das unregelmäßige Buckelmauerwerk aus Kalkstein verstärkt diesen Eindruck. Die genietete Stahlblech-Wasserkammer im Kopf des Turms konstruierte das hannoversche Unternehmen Louis Eilers. Mit einem Fassungsvermögen von 4 100 Kubikmetern war dies seinerzeit einer der größten Turmbehälter des Kontinents. Seine immense Last ruht auf 140 Stützen aus Stahlguss, die wiederum auf einem Betonzylinder stehen, der auf 132 jeweils 10 Meter langen, armierten Betonpfeilern gegründet ist. Das über eine Steigleitung zulaufende Wasser trat über ein bewegliches Schwimmerrohr immer in Höhe des Wasserpegels in den Behälter, das Ablaufrohr für die Wasserentnahme befand sich hingegen am Beckenboden. Auf diese Weise war ein ständiger Wasseraustausch sichergestellt. Eine besondere Herausforderung für Architekten und Ingenieure bestand darin, dass der Pegelstand immer dem des Hochbehälters auf dem Lindener Berg entsprechen musste, um einen einheitlichen Wasserdruck im gesamten Versorgungsgebiet zu gewährleisten.

Der Wasserturm wurde 1930 nach dem Bau des Wasserwerks Berkhof überflüssig und nach wechselnden Nutzungen 1963 stillgelegt.

▸ Hannover-Brink-Hafen, Vahrenwalder Straße 267.
▸ Der Turm lässt sich auf öffentlichen Wegen gut besichtigen.
▸ Stadtbahnlinie 1 und Buslinie 135, Haltestelle Alter Flughafen.

Wasserturm an der Vahrenwalder Straße

MEHR KOMFORT IM ALLTAG: STADTTECHNIK

WASSERTURM IN LANGENHAGEN

1859 wurde das Amt Langenhagen in das benachbarte Amt Hannover eingegliedert. Auf dem weitläufigen Gelände des jetzt nicht mehr genutzten Amtshofes am Rande der damals noch kleinen Ortschaft Langenhagen gründete ein privat getragenes Komitee 1862 eine „Heil- und Pflegeanstalt für geistesschwache und blödsinnige Kinder". Ab 1897 führte die Provinz Hannover (die Rechtsnachfolgerin des Königreichs und Vorläuferin des Landes Hannover bzw. Niedersachsens) die Einrichtung als „Provinzial-Heil- und Pflegeanstalt für alle Altersstufen" weiter. Sie setzte zwischen 1902 und 1907 auf dem weitläufigen Anstaltsgelände, dem Eichenpark, umfangreiche Baumaßnahmen um. Neben Klinikneubauten und einer Kraftzentrale entstand 1906 auch ein 45 Meter hoher Wasserturm. Er speicherte Wasser, das vermutlich aus Brunnen auf dem Anstaltsgelände stammte, und sicherte die unabhängige Versorgung der Anstalt mit ihren mehreren Hundert Patientinnen und Patienten. Der schlanke Turm aus Sichtmauerwerk mit Putzfeldern trägt einen über Konsolen vorkragenden, achteckigen Aufbau aus Fachwerk mit seitlichem Pfannenbehang. Darüber befindet sich ein Zeltdach mit Laterne. Am Fuß des Turmes steht ein niedriges Pumpenhaus mit flach geneigtem Satteldach. Der regionalspezifische Heimatschutzstil, in dem viele Anstaltsbauten dieser Zeit entstanden, fügte die unterschiedlich genutzten Gebäude zu einer malerischen Einheit zusammen.

Wasserturm Langenhagen

Der Eichenpark ist seit den 1980er-Jahren Teil des Langenhagener Stadtparks. In dem Wasserturm brüten seit einigen Jahren Turmfalken, außerdem dient er Fledermäusen als Winterquartier.

▸ Langenhagen, Stadtparkallee 39.
▸ Der Wasserturm lässt sich auf öffentlichen Wegen gut besichtigen.
▸ Bahnhof Langenhagen Pferdemarkt (S 4), ab dort Bus Linie 122 (Richtung Vier Grenzen), Haltestelle Stadtparkallee oder
▸ Buslinie 122, 470, 610, 611 und 692, Haltestelle Langenhagen/Stadtparkallee, weiter ca. 600 m zu Fuß der Stadtparkallee folgen.

WASSERKUNST IN HANNOVER-HERRENHAUSEN

Ein dem ersten Blick verborgenes technisches Meisterwerk ist die Wasserkunst, die im 1891 nach Hannover eingemeindeten Stadtteil Herrenhausen liegt. Obzwar ihre Anfänge in vorindustrieller Zeit liegen und sie in erster Linie dem Renommee der hannoverschen Herrscher diente, versorgte sie zeitweise auch Teile der Stadt mit Wasser.

1635 bekam Herzog Georg von Braunschweig und Lüneburg (1582–1641) das Fürstentum Calenberg, zu dem weite Teile der heutigen Region gehörten, zugesprochen und verlegte seine Residenz ein Jahr später in die hannoversche Altstadt. Ab 1638 ließ er bei dem Dörfchen Höringehusen vor den Toren Hannovers ein Vorwerk, ein landwirtschaftliches Gut, errichten. Seine Nachfolger bauten es zur Sommerresidenz Schloss Herrenhausen aus, die sie mit einem Lustgarten umgaben. Das I-Tüpfelchen solch eines höfischen Gartens waren im Europa jener Zeit Wasserspiele, aus denen eine Fontäne mit einem möglichst hohen und ebenmäßigen Strahl emporstieg. Deshalb übertrug Herzog Johann Friedrich von Braunschweig-Calenberg (1626–1679) 1676 einem Fontänenmeister die Anlage von Grotten, Kaskaden und Fontänen. Gespeist wurden diese Wasserspiele aus natürlichen Quellen, die im herzoglichen Küchengarten in dem heutigen hannoverschen Stadtteil Linden-Mitte sprudelten. Ihr Wasser führten hölzerne Leitungen – 1400 Baumstämme wurden dafür ausgehöhlt, zusammengesteckt und mit Fett und Werg (Leinen- oder Hanffasern) abgedichtet – in das nördlich gelegene Dorf Limmer am westlichen Ufer der Leine. Von dort gelangte es durch Bleirohre, die durch den Fluss verliefen, in Reservoirs nordwestlich des Schlosses. Obwohl die Fontäne aufgrund der undichten Leitungen und des geringen, allein durch das Geländegefälle erzeugten Drucks nur stundenweise – und wenig imposant – plätscherte, stellte die insgesamt 3,2 Kilometer lange Leitung eine beachtliche Ingenieursleistung dar.

Johann Friedrichs Bruder und Nachfolger Ernst August (1629–1698) gab sich damit nicht zufrieden. Er strebte die Kurfürstenwürde an und eine beeindruckende, den ganzen Tag über emporschießende Fontäne würde nachdrücklich unterstreichen, dass der Herzog des illustren Amtes – die neun Kurfürsten wählten den König

MEHR KOMFORT IM ALLTAG: STADTTECHNIK

Wasserkunst Hannover-Herrenhausen

und Kaiser des Heiligen Römischen Reichs Deutscher Nation – würdig wäre. Einige Bau- und Fontänenmeister bemühten sich wenig erfolgreich, die hohen herzoglichen Ansprüche technisch zu erfüllen. (Den Kurhut erhielt Ernst August 1692 dennoch.) Dann keimte der Gedanke auf, die Wasserversorgung durch den Einsatz von Maschinen zu verbessern. 1696 schlug der Universalgelehrte Gottfried Wilhelm Leibniz (1646–1716), der als Hofrat und Bibliothekar an den hannoverschen Hof berufen worden war, vor, die Leine aufzustauen und mit dem Gefälle des Wassers ein Pumpwerk für die Wasserkünste des Großen Gartens anzutreiben. Die zuständige Kammer gab noch im gleichen Jahr Order, Baumaterial für die Anlage von Wehr und Wasserrad zu beschaffen, und kurz darauf begannen unter Leitung des amtierenden Fontänenmeisters die Vorbereitungen, am Ufer der Leine ein großes Schöpfrad anzulegen. Diese Arbeiten brachen mit dem Tod Ernst Augusts ab.

Sein Sohn Georg Ludwig (1660–1727) entwickelte in der Fontänenfrage ebenfalls äußersten Ehrgeiz. Prunkvolle Schlösser und prächtige Gärten hatten viele Herrscher anlegen lassen, aber keiner von ihnen hatte sich bislang als Beherrscher der Schwerkraft gezeigt. Selbst im legendären Schloss des französischen „Sonnenkönigs" Ludwig XIV. (1638–1715) in Versailles stieg der höchste Strahl nicht mehr als 27 Meter hinauf. Eine gerade und hoch aufschießende Fontäne, kraftvolles „Symbol der Manneskraft" (Bernd Adam), inmitten eines durchkomponiert angelegten Gartens würde ideal den mächtigen Herrscher inmitten seines geordneten Staatswesens versinnbildlichen. Der Calenberger Herzog, der 1714 als König Georg I. in Personalunion auch den englischen Thron bestieg, ließ sich seinen Ehrgeiz 220 000 Taler kosten – fast fünfmal so viel, wie sein Vater bereits in das Fontänenprojekt investiert hatte, und gerade einmal 10 000 Taler weniger, als der Bau der Dresdener Frauenkirche in den Jahren 1726 bis 1734 kosten würde. Dafür prunkte er ab 1720 (bei Windstille) mit der kräftigsten Fontäne aller europäischen Höfe: 35 Meter!

Diesen Rekord ermöglichte eine Wasserkunst, wie Leibniz sie bereits ansatzweise skizziert hatte. Sie entstand ab 1718 unter der Leitung eines englischen Teams. Ein durch die Leine gezogenes Wehr staute den Fluss 3,20 Meter hoch auf. Die herabfallenden Fluten setzten fünf unterschlächtige Wasserräder mit einem Durchmesser von je 9,40 Metern in Gang, die sich in einem Maschinenhaus am Ufer befanden. Diese trieben 40 Druckpumpen an, wobei sogenannte Kehrschlösser die Drehbewegung der Wasserräder in die Auf- und Abwärtsbewegungen der Pumpen umwandelten. Das Auffallwasser der Wasserräder floss durch den eigens dafür ausgehobenen Ernst-August-Kanal ab. Ursprünglich sollten nur drei der fünf Räder die Druckpumpen für die Große Fontäne bewegen und die beiden anderen die übrigen Wasserspiele im Großen Garten versorgen. Ein entsprechender Probelauf vor den Augen des eigens aus England angereisten Königs endete 1719 jedoch blamabel mit einer Wassersäule von 5 Metern. Erst eine Bleileitung mit größerem Durchmesser zwischen Pumpwerk und Garten sowie die Inbetriebnahme aller fünf Wasserräder für die Fontäne führten zum gewünschten Erfolg.

Die Anregung für den größeren Leitungsquerschnitt stammte von Fachleuten des Oberharzer Bergbaus. Hier wurden im frühen 18. Jahrhundert dank effektiver Pumpen, die auch tiefgelegene Stollen von Grundwasser freihielten, beträchtliche Mengen Erz und Silber abgebaut. Ihr Verkaufserlös machte einen wesentlichen Teil der Staatseinnahmen aus. Unter diesem Gesichtspunkt mag man den hannoverschen Herrschern zugute halten, dass ihre eitlen Bemühungen um die Herrenhäuser Wasserkunst auch als Grundlagenforschung für den wirtschaftlich wichtigen Bergbau dienten.

Inschrift über dem Eingang der Wasserkunst

Die Wasserkunst erlangte weit über Hannover hinaus Ruhm. Die europäische Konkurrenz blieb allerdings nicht untätig; bald übertrumpften Fontänen in Potsdam, dem französischen St. Cloud, Wilhelmshöhe bei Kassel und dem heutigen Londoner Stadtteil Sydenham (85 Meter!) Herrenhausen. 1856 schob Hofbauinspektor Richard Auhagen Herrenhausen mit 44 Metern wieder auf Platz drei. Er hatte, ohne Veränderungen an der eigentlichen Wasserkunst vorzunehmen, die alte, bleierne Leitung verkürzt und durch gusseiserne Rohre ersetzt. Nachdem die ausrangierten Bleileitungen äußerst profitabel verkauft worden waren, um zu Munition eingeschmolzen zu werden, beauftragte König Georg V. (1819–1878) den Baurat Heinrich Hagen (1819–1914) in den Jahren 1861 bis 1863 mit dem Bau einer neuen, leistungsfähigeren Pumpanlage. Dafür lieferte die Hanomag vier Pumpen mit einer reinen Nutzleistung von bis zu 186 PS, die zwei 8,47 Meter hohe Wasserräder mit Holzspeichen antrieben. Schon der von einem Wasserrad alleine erzeugte Druck ließ die Fontäne fast 45 Meter emporwachsen; beim Betrieb beider Räder jagten die Pumpen 400 000 Liter Wasser pro Stunde durch die Leitung und erzeugten eine 67 Meter hohe Wassersäule. Herrenhausen stand nach Sydenham wieder auf Platz zwei. Die neue Wasserkunst versorgte zudem noch die Teiche des im 18. Jahrhundert angelegten Georgengartens, das Welfenschloss, benachbarte Wohngebiete und den Bahnhof des nördlich gelegenen Dorfes Hainholz.

Um die wertvolle Anlage unter Kontrolle zu haben, wohnte der verantwortliche Kunstmeister im Maschinenhaus. Von dessen begehbarem Dach mit freiem Blick auf die große Fontäne konnte er sich jederzeit von der ordnungsgemäßen Arbeit seines Technikparks überzeugen. Das erste Maschinenhaus, das an einer nicht mehr genau zu rekonstruierenden Stelle – wahrscheinlich dichter am Fluss als das heutige – stand, vibrierte und dröhnte durch die gegenläufigen Bewegungen von Wasserrädern und Drehpumpen in vollem Betrieb gefährlich. Es war bereits 1742 durch ein hölzernes Gebäude ersetzt worden und erhielt mit der Installation der neuen Pumpenanlage eine massive Hülle. Das Gebäude mit der im Rundbogenstil und mit gotischen Details ausgeführten Dreiturmfassade wurde 1864 nach Plänen von Georg Heinrich Schuster (1799–1890) und Richard Auhagen errichtet. Vom überhöhten Mittelturm aus behielt der Maschinenmeister weiterhin die Große Fontäne im Blick. Ursprünglich war die Fassade kontrastreich in gelblichem und rotem Backstein, Putz und Naturstein gehalten. Erst 1977 wurde sie durchgängig weiß gestrichen. Die bis heute erhaltenen Maschinen von 1863 regulieren nur noch den Wasserspiegel der Graft, die die Herrenhäuser Gärten einfasst. Seit 1956 peitscht eine elektrische Umwälzpumpe die Große Fontäne auf 82 Meter Höhe. Damit ist sie derzeit die höchste Gartenfontäne Europas.

▸ Hannover-Herrenhausen, Am Großen Garten 70.
▸ Die Wasserkunst lässt sich auf öffentlichen Wegen gut besichtigen.
▸ Stadtbahnlinie 4 und 5, Haltestelle Schaumburgstraße, ab dort ca. 1,4 km zu Fuß der Straße Am Großen Garten folgen und den Westschnellweg unterqueren oder
▸ Stadtbahnlinie 10, Haltestelle Harenberger Straße, ab dort ca. 700 m zu Fuß der Straße Ratswiese und dem Schleusenweg in nordwestliche Richtung folgen.

KARRIERE EINES ABFALLPRODUKTS: GAS

DAS ERSTE GASWERK AUF DEM EUROPÄISCHEN FESTLAND

Im 17. Jahrhundert verlagerte sich die Verantwortung für den Zustand des Straßenraums von den Besitzern der anliegenden Gebäude auf das Gemeinwesen. Die hannoverschen Stadtväter richteten ihr besonderes Augenmerk auf die nächtliche Erhellung der Straßen und setzten – früher als die meisten anderen deutschen Stadtoberen – ab 1690 bei Dunkelheit mit Rüböl-, später Talgleuchten Lichtpunkte. Dabei ging es ihnen weniger um die Bequemlichkeit ihrer Bürgerinnen und Bürger als um die Demonstration ihrer Kontrolle über den öffentlichen Raum. Unzufrieden mit hohen Kosten und geringen Resultaten, übertrug der Magistrat nach eingehender Beratung mit den übergeordneten Behörden 1824 der Londoner Imperial Continental Gas Association (I. C. G. A.) die nächtliche Beleuchtung der Stadt. Es

MEHR KOMFORT IM ALLTAG: STADTTECHNIK

Gaswerk Glocksee

nimmt nicht wunder, dass eine britische Firma das sogenannte Stadtgas auf den Kontinent brachte: In England erhellte seit etwa 1800 das Gas, das bei der Verkokung von Kohle entstand und zuvor ungenutzt als Abfallprodukt in die Luft verpuffte, die Fabriken.

Die I. C. G. A. errichtete 1825 auf ihre Kosten an der Glocksee, einem bis 1829 zu dem Dorf Linden gehörenden Gebiet zwischen Ihme und Leine, das erste Gaswerk Kontinentaleuropas nebst allen zugehörigen Versorgungsleitungen. Im Gegenzug erhielt sie das alleinige Recht, Hannover mit Gaslicht zu versorgen. Am 12. August 1826, dem 64. Geburtstag von König Georg IV. (1762–1830), erstrahlten erstmals 340 Straßenlaternen in den Hauptstraßen und vor repräsentativen Gebäuden. Das „Hannoversche Magazin" applaudierte: „Die Anzündung der neuen Laternen lockte die ganze Bevölkerung aus den Wohnungen; Jubel und Freudenrufe begrüßten das schöne reine Licht, durch welches die Straßen wie mit einer festlichen Illumination gefüllt erschienen. (...) Man sah besonders die zufällig anwesenden Landleute eine solche Laterne stundenlang umstehen und starr das dreizackige helle Flämmchen betrachten, welches ohne Öl und Docht wie ein zauberischer Feuerquell ohne Ende leuchtend hervorsprudelte." Uneingeschränkt war die Begeisterung der Zeitgenossen indes nicht. Der Journalist und Literaturkritiker Ludwig Börne (1786–1837) mutmaßte 1824: „Das Gaslicht ist zu rein für das menschliche Auge und unsere Enkel werden blind werden." Andere verurteilten die allnächtliche Beleuchtung als Eingriff in Gottes Ordnung oder beklagten, dass Illuminationen zu besonderen Anlässen dadurch ihren Effekt einbüßten.

Bald warb die Gasanstalt auch um Privatkunden. Diese nutzten den neuen Energieträger zunächst ebenfalls für Beleuchtungszwecke. Bis 1840 gewann die I. C. G. A. 1 000 Haushalte, die den Gasverbrauch pro Flamme pauschal bezahlten. Ein Mitarbeiter der Gasanstalt überprüfte jeden Abend, dass die Kunden die vereinbarte Brenndauer nicht überschritten. 1853, nach Einführung eines verbrauchsabhängigen Gasmessers, verdreifachte sich die Zahl der „Privatflammen", bis 1892 stieg ihre Zahl auf 100 000. Seit den 1860er-Jahren, verstärkt aber durch die Konkurrenz elektrischen Lichts seit dem ausgehenden 19. Jahrhundert, warb die I. C. G. A. dafür, Gas auch zum Heizen, Kochen und zur Warmwasserbereitung einzusetzen. Zwar verzeichneten die Elektrizitätswerke in der Folgezeit einen proportional deutlich höheren Kundenzulauf – zwischen 1900 und 1920 verzehnfachte sich der Stromverbrauch in der Stadt, während sich der Gasverbrauch in dieser Zeit nur verdoppelte –, doch auf Hannovers Straßen blieben Gaslaternen bis in die 1960er-Jahre hinein beherrschend.

GASOMETER IN HANNOVER-CALENBERGER NEUSTADT

Viele Menschen standen dem sinnlich nicht wahrnehmbaren, aber höchst explosiven Gas ängstlich gegenüber, außerdem fürchteten sie Geruchsbelästigungen und Qualm. So gestaltete sich die Suche nach einem Bauplatz für das neu von der I. C. G. A. zu errichtende Gaswerk mühsam, bis Johann Egestorff ungeachtet der massiven

MEHR KOMFORT IM ALLTAG: STADTTECHNIK

Werbung für Gasgeräte, 1903

ter auch aus dem Ruhrgebiet. In einem trockenen Destillationsverfahren und unter Ausschluss von Sauerstoff wurde aus dieser Kohle Stadtgas gewonnen (das wesentlich mehr giftiges Kohlenmonoxid enthielt als das heute verwandte Erdgas). Dazu wurde sie in den Retorten bis zur Weißglut erhitzt. Das sich bildende Gas gelangte über einen Kondensator in ein Laboratorium, wo sich der Teer absetzte. Schließlich wurde es in einer sogenannten Kalkmaschine mit Kalkmilch gereinigt und durch unterirdische Rohre zu den innerstädtischen Brennstellen geleitet, wo die Flamme entfacht werden konnte.

Als der Gasverbrauch durch den Einzug von Gasherden und -heizungen in die Haushalte stieg, vergrößerte die I. C. G. A. in mehreren Stufen ihr Gaswerk. Unter anderem entstand 1859/60 ein zylindrischer Gasbehälter. 1882 wurde der Rohziegelbau dieses Gasometers durch einen Zwilling in gleichen Formen ergänzt. Das Äußere im Rundbogenstil mit hohen, ursprünglich in Maßwerk geteil-

Gasometer Calenberger Neustadt

Einsprüche von Anliegern eines seiner Grundstück an der Glocksee hergab. Die zwischen Ihme und Leine liegenden Flurstücke der Glocksee wurden 1829 von Linden abgekoppelt und bildeten bis zu ihrer 1869 erfolgten Eingemeindung nach Hannover die selbstständige Vorstadt Ohe-Glocksee; heute gehören sie zum Stadtteil Calenberger Neustadt. Auf dem Gelände entstanden neben Gasbehältern auch Bürogebäude, Kohleschuppen, eine Schmiede und Retortenhäuser. Je nach Saison waren hier, zum Teil im Akkord, 120 bis 200 „Feuerleute" und Handwerker beschäftigt. Die verarbeitete Kohle stammte aus dem Deister und aus Schaumburg, spä-

MEHR KOMFORT IM ALLTAG: STADTTECHNIK

Fassade des Gasometers, Detail

ten Fenstern, runden Vierpassöffnungen und Rundbogenfries erinnert an sakrale Architektur, nämlich an frei stehende Taufkirchen wie z. B. das Baptisterium in Florenz. Da der Gasometer Teil der ersten Industrieanlage auf der hannoverschen Seite der Ihme war, sind hier bewusst Formen der bürgerlichen Baukunst aufgenommen worden. Sie sollten das „Zuchthausgesicht" der Fabriken, wie der dem Heimatschutzstil verpflichtete Architekt und Kunsttheoretiker Paul Schultze-Naumburg (1869–1949) Industriegebäude charakterisierte, am gegenüberliegenden Lindener Ihmeufer überdecken. Ab 1930 erhielt Hannover sein Gas über eine Fernleitung aus dem Ruhrgebiet und das Gaswerk, das die I. C. G. A. 1916 zwangsweise der Stadt verkaufen musste, nachdem der Erste Weltkrieg Deutschland und England zu Feinden gemacht hatte, wurde stillgelegt.

Der Gasbehälter aus den Jahren 1859/60 ist das letzte bauliche Zeugnis des Gaswerks. 1979 restaurierte Rolf Wékel den Rundbau. Seitdem wird er als Kantine der hannoverschen Stadtwerke genutzt.

▸ Hannover-Calenberger Neustadt, Glockseestraße 33.
▸ Das Gebäude steht auf unzugänglichem Betriebsgelände, ist aber vom Peter-Fechter-Ufer auf der Ihmeseite gut einsehbar.
▸ Stadtbahnlinie 10, Buslinie 100/200, Haltestelle Glocksee.
▸ Fahrplanauskunft unter www.gvh.de

ELEKTRIZITÄT, „DAS FÜNFTE ELEMENT"

HANNOVER GEHT ANS NETZ

Im Lauf des 19. Jahrhunderts gelang es, bekannte elektrische Phänomene gezielt zu entfesseln und nutzbar zu machen. Insbesondere das in den 1860er-Jahren entdeckte dynamoelektrische Prinzip ermöglichte die Entwicklung von elektrischen Generatoren aller Größen zur Erzeugung von Strom. Wie gut 50 Jahre früher das Gas, begann auch „das fünfte Element" Elektrizität seinen Siegeszug durch den Lichtschein.

MEHR KOMFORT IM ALLTAG: STADTTECHNIK

Hannover bei Nacht

Den Startschuss gab 1881 die Eröffnung der ersten Internationalen Elektrizitätsausstellung in Paris. Besucherinnen und Besucher waren fasziniert vom Glänzen und Gleißen verschieden inszenierter Beleuchtungskörper. Besonderes Aufsehen erregte eine Glühlampe, die sich der US-amerikanische Erfinder Thomas Alva Edison (1847–1931) soeben hatte patentieren lassen. Das in langen Schlangen anstehende Publikum brannte darauf, sie selber mit einem Drehschalter an- und abzustellen. Nach Edisons Erfolg beharrte übrigens der in Springe geborene und 1848 nach New York ausgewanderte Heinrich Göbel (1818–1893) darauf, schon in den 1850er-Jahren eine vergleichbare Glühlampe entwickelt zu haben, ohne sich vor den Patentgerichten durchsetzen zu können.

Ab 1883 versorgten mehrere privat betriebene Blockanlagen einzelne Straßenzüge der hannoverschen Innenstadt mit elektrischem Licht. Als zwei dieser Gesellschaften eine größere Elektrizitätszentrale bauen und öffentliche Straßen und Plätze für die Verlegung der notwendigen Kabel benutzen wollten, entschloss sich der Magistrat 1889 zum Bau und Betrieb eines zentralen Elektrizitätswerkes in eigener Regie. Dies wahrte die städtische Hoheit über den öffentlichen Straßenraum, erschloss dem Stadtsäckel eine neue Einnahmequelle und hob das Prestige der Stadt. Außerdem verringerte sich so die Unfallgefahr; just im Vorjahr hatten nicht isolierte Freileitungen, die in greifbarer Nähe vor Wohnungsfenstern entlangführten, zwangsweise entfernt werden müssen.

Als „saubere" Energie trat die Elektrizität erst ihren Endabnehmern entgegen, denn ihre Erzeugung aus Kohle war alles andere als reinlich. Doch ungeachtet der Proteste von Anwohnerinnen und Anwohnern, die Belästigungen durch Kohleanlieferungen, Rauch und Ruß befürchteten, entstand binnen kürzester Zeit an der innerstädtischen Osterstraße ein modernes E-Werk. Hinter seinen Mauern wurde mit Kohle Wasser erhitzt, dessen Dampf eine Turbine antrieb, die ihrerseits einen angeschlossenen Generator zur Stromerzeugung in Gang setzte. Das Werk versorgte seit Frühjahr 1891 in einem Radius von wenigen Hundert Metern 279 innerstädtische Häuser mit einphasigem Wechsel-, sogenanntem Lichtstrom. Erst im Laufe der Zeit gewann der dreiphasige Starkstrom („Kraftstrom") an Bedeutung. Um weitere Kunden zu gewinnen – noch war die Konkurrenz von Petroleum- und Gaslampen sowie privaten Stromerzeugern groß –, stellte die Stadt während der ersten beiden Betriebsjahre kostenlos die Hausanschlüsse her und gab den Strom im ersten Bezugsmonat kostenlos ab. Das Geschäft nahm rasch Fahrt auf, denn elektrische Beleuchtung war zwar teurer als Gasbeleuchtung, galt aber als sicherer. 1892 erstrahlten in Hannover knapp 7 000 Glühlampen, zwei Jahre später bereits die dreifache Zahl. Die steigenden Anschlusszahlen zogen die Erweiterung des Kraftwerks und seines Kabelnetzes bis zu den innerstädtischen Straßenzügen Lange Laube, Königstraße und Hildesheimer Straße nach sich. Auch das Königliche Theater, das heutige Opernhaus, erhielt Anschluss an die Elektrizität. Zwar waren die Vorstellungen schon mit der Installation von Gasleuchten von den Nachmittags- auf die Abendstunden verlegt worden, doch erst jetzt wurde der Zuschauerraum mit Vorstellungsbeginn abgedunkelt. Nun richtete sich die ganze Konzentration des Publikums auf das Bühnengeschehen; die noch am Ende des 18. Jahrhunderts üblichen Gespräche oder gar Kartenspiele während der Aufführung waren endgültig passé. Zwar klagten Geschäftsleute in den Straßen zwischen E-Werk und Opernhaus über die Umsatzeinbußen, die ihnen die Erdarbeiten vor ihren Läden bescherten, doch rasch erkannten die Kaufleute die Werbewirksamkeit von elektrischem Licht. Ein hannoversches Kaufhaus annoncierte 1895 bei seiner Eröffnung: „Durch 36 elektrische Bogenlampen erleuchtet!" Diese neue Attraktion war weder ungefährlich (wiederholt verursachten falsch angebrachte oder mit brennbaren Materialien eingehüllte Glühlampen Schaufensterbrände) noch billig; der Preis für eine Kilowattstunde Lichtstrom entsprach etwa drei Stundenlöhnen eines ungelernten Arbeiters. So erhellte das E-Werk am Ende des 19. Jahrhunderts die Räumlichkeiten von gut 820 Einzelhandels-, Gastronomie-, Büro- und Gewerbebetrieben, aber nur von 310 Privathaushalten. Kraftstrom aus separaten Leitungen zum Antrieb von Elektromotoren bezog gar nur ein Zehntel dieser Haushalte.

Um mit erweiterter Kapazität erfolgreicher ins Geschäft einzusteigen, errichtete die Stadt bis 1902 ein neues E-Werk in Herrenhausen. Dieses erzeugte Drehstrom, der sich ohne nennenswerte Spannungsverluste über weite Distanzen durch die Leitungen schicken ließ. Das alte E-Werk in der Osterstraße wurde 1908 zu einem Umformerwerk umgerüstet, das den inneren Stadtbereich bis zu seinem Abriss 1929 weiterhin mit Gleichstrom belieferte. Mit dem

MEHR KOMFORT IM ALLTAG: STADTTECHNIK

Drehstromwerk Hannover-Herrenhausen

Kraftwerk Herrenhausen mit der 2009 installierten Solaranlage der Stadtwerke

deutlich vergrößerten E-Werk umwarb das Unternehmen mit einem im Vergleich zum Lichtstrom deutlich günstigeren Kraftstrom verstärkt gewerbliche und industrielle Abnehmer. Diese nahmen nämlich nicht nur deutlich höhere Mengen ab als Lichtkunden, sondern brauchten den Strom auch tagsüber, womit das E-Werk eine regelmäßigere Auslastung erreichte. Insbesondere kleinere Handwerks- und Gewerbebetriebe ließen sich, genau auf ihre Bedürfnisse zugeschnitten, elektrifizieren. In den frühen 1920er-Jahren intensivierte das E-Werk seine Bemühungen um die Industrie. Dabei lockte es mit besonders günstigen Tarifen, über die nach außen hin Stillschweigen bewahrt wurde. Dennoch sickerte zum großen Unmut privater Verbraucher durch, dass Großkunden teilweise nur ein Siebtel dessen zahlten, was sie selber pro Kilowattstunde berappen mussten. Doch die Industrie hatte eine gute Verhandlungsposition: 45 große Betriebe, unter ihnen die Hanomag, die Mechanische Weberei, die Continental-Werke und die Fleischwarenfabrik Ahrberg, aber auch ein Hotel und einige Kaufhäuser, betrieben eigene Stromversorgungsanlagen. Sie waren nicht nur als Großabnehmer des E-Werkes verloren, sondern wurden sogar zu dessen potenziellen Konkurrenten. Große private Elektrizitätsunternehmen wie die Siemens-Schuckertwerke, Vorläufer der Siemens AG, oder die Allgemeine Elektricitäts-Gesellschaft (AEG) aus Berlin suchten nämlich verstärkt Kooperationspartner, um neue Absatzgebiete zu erschließen. Bereits 1913 hatte die AEG sich bemüht, das Kraftwerk in Herrenhausen zu kaufen, und ein Jahr später das E-Werk der seinerzeit noch selbstständigen Stadt Linden in der Wittekindstraße (errichtet 1897) übernommen. Zusätzlich musste sich die Stadt Hannover mit neuen staatlichen Plänen auseinandersetzen, öffentliche Großverbünde für eine flächendeckende Elektrizitätsversorgung zu schaffen. Um die Wirtschaftlichkeit seiner Versorgungsunternehmen zu steigern, schloss der Magistrat 1922 sein Elektrizitäts-, sein Wasser- und sein Gaswerk zu den „Städtischen Betriebswerken" zusammen und schlug auch in späterer Zeit Kaufofferten aus. Nachfolgerin der Betriebswerke ist die Stadtwerke Hannover AG, die sich größtenteils in öffentlichem Besitz befindet. Sie beliefert bis heute Hannover und einige Umlandgemeinden mit Strom.

STROM FÜRS UMLAND

Die Stromversorgung von Hannovers Umland war zunächst ein Nebenprodukt des öffentlichen Nahverkehrs. Die Aktien-Gesellschaft Straßenbahn Hannover produzierte nämlich seit Aufnahme ihres Fahrbetriebs 1893 in einem eigenen Dampfkraftwerk an der hannoverschen Glocksee „Licht und Kraft" für ihre Bahnen und Betriebsanlagen. Mit dem Ausbau des Schienennetzes entstanden 1897/98, zumeist außerhalb des damaligen Stadtgebiets, weitere Dampfkraftwerke, nämlich in Vahrenwald (1891 zu Hannover), Buchholz und Kirchrode (1907 zu Hannover), Rethen (1974 zu Laatzen) sowie in Sehnde. Einen Teil der hier verstromten Kohle holte die Straßenbahngesellschaft seit 1899 mit ihrem Güterverkehr von der Zeche Barsinghausen herbei, dazu kam auswärtige Kohle per Eisenbahn und seit Inbetriebnahme des Mittellandkanals mit zwei gesellschaftseigenen Schiffen nach Hannover.

Schnell entwickelte das Verkehrsunternehmen die Idee, den selbst produzierten Strom nicht nur in die Oberleitungen der Bahnen einzuspeisen, sondern auch in den Ortschaften entlang der Überlandlinien zu verkaufen. Hierüber schloss es, oft schon gekoppelt an die Konzessionsverträge zum Straßenbahnbetrieb, Exklusivverträge mit den entsprechenden Landkreisen. Als einstige Vororte wie Wülfel, Döhren, Kirchrode, Buchholz oder Stöcken 1907 nach Hannover eingemeindet wurden, führte dies zu einem erst 1916 beigelegten Rechtsstreit zwischen der Straßenbahngesellschaft und der Stadt Hannover über das Stromlieferungsmonopol.

Nachdem im frühen 20. Jahrhundert das Interesse der Landkreise entfacht war, unabhängig vom Verlauf der Überlandlinien flächendeckend alle Gemeinden zu elektrifizieren, stach die Straßenbahngesellschaft durch Preis, Seriosität und Qualität in vielen Fällen private und öffentliche Mitbewerber aus. Ende der 1920er-Jahre versorgte sie 30 000 Kunden in 280 Gemeinden. 830 Kilometer Leitungen durchzogen sieben damalige Landkreise von Berkhof in der Wedemark bis kurz vor Hildesheim im Süden. In West-Ost-Richtung spannten sie sich von den Deisterorten Bantorf und Feggendorf (heute Ortsteil des Fleckens Lauenau im Landkreis Schaumburg) sowie von Hamelspringe (heute Ortsteil von Bad Münder im Landkreis Hameln-Pyrmont) bis nach Uetze und Groß Ilsede (heute Teil der Gemeinde Ilsede im Landkreis Peine) im Osten. Den Aufbau und die Instandhaltung der Ortsnetze übernahm die Straßenbahngesellschaft, die Herstellung der Hausanschlüsse ging zulasten der Abnehmer. Zwar erhielten ihre Licht- und Kraftstromleitungen einen je eigenen Verbrauchszähler, doch berechnete die Straßenbahngesellschaft bis in die 1920er-Jahre hinein nicht den tatsächlichen Verbrauch, sondern erhob lediglich Pauschalen für die angemeldeten Glühlampen und Motoren.

Zunächst baute das Unternehmen seine Kraftwerke kontinuierlich aus, doch bereits 1920 kaufte es die Hälfte seiner abgegebenen Leistung von anderen Erzeugern wie der Ilseder Hütte in Peine, dem Staatlichen Kraftwerk in Dörverden im Süden des heutigen Landkreises Verden oder den Braunschweigischen Kohle-Bergwerken AG (BKB) in Helmstedt zu. Da das Stromgeschäft neben dem Personen- und Güterverkehr ein bedeutendes Standbein des Unternehmens geworden war, benannte es sich 1921 in Überlandwerke und Straßenbahnen Hannover AG (ÜSTRA) um. Bis 1924 legte er alle eigenen Kraftwerke still und verkaufte fortan anderweitig bezogenen Strom. 1929 gliederte die ÜSTRA unter Beibehaltung ihres Namens ihre Überlandwerke als Hannoversche Stromversorgungs-Aktiengesellschaft aus. Diese bildete noch im gleichen Jahr gemeinsam mit der Überlandwerke Braunschweig GmbH die Hannover-Braunschweigische Stromversorgungs-Aktiengesellschaft (HASTRA). Die HASTRA, die 1999 in der E.ON Avacon AG aufging, erweiterte ihr Gebiet kontinuierlich, bis sie seit Mitte der 1970er-Jahre weite Teile der Region Hannover mit Strom versorgte.

Den Stromabnehmern auf dem Land lag wenig an der Erleuchtung ihrer Räume. Sie nutzten vor allem Kraftstrom, um sich die landwirtschaftliche Knochenarbeit, insbesondere den Drusch des Getreides, zu erleichtern. Weil sich nicht jeder Hof die neuen elektrischen Geräte leisten konnte, legten mehrere Bauern zum Kauf zusammen oder engagierten motorisierte Lohndrescher. Erst seit den 1920er-Jahren wuchsen die Maschinenparks auf den Höfen mit Strohbindern, Häckselmaschinen, Rübenschnetzlern, Getreide- oder Futtermühlen, Sägen, Wasserpumpen und ähnlichen Geräten, die je nach Bedarf an einen kräftigen Allzweckmotor gekoppelt wurden. Die Straßenbahngesellschaft stellte sich auf die Verbrauchsgewohnheiten ihrer Kundschaft ein und schaltete das

Netz für Wartungsarbeiten und Reparaturen vornehmlich sonntags zur Kirch- oder werktags in der Mittagszeit ab, wenn die Arbeit auf den Höfen ruhte.

DER TRAUM VOM „ELEKTRISCHEN SCHWIEGERSOHN"

Den privaten Bereich eroberte „die neue Kraft" – wie in der Stadt – sehr zögerlich. Zum Ende der 1920er-Jahre nahmen Stromerzeuger, Hersteller elektrischer Geräte und neu entstehende Elektro-Fachbetriebe Hausfrauen als neue Zielgruppe ins Visier. In Kochvorführungen, Ausstellungen, Vorträgen und Broschüren präsentierten sie Elektrokleingeräte; ein Beratungsbus fuhr über die Dörfer. Der Werbefilm „Der elektrische Schwiegersohn" machte Frauen von den elektrischen Heinzelmännchen träumen. Erster Verkaufsschlager unter den Elektrokleingeräten wurde das Bügeleisen, unter den Großgeräten der Elektroherd. Erst in den 1950er-Jahren wurde die mit Kühlschrank, Waschmaschine, Warmwasserboiler und anderen „Weißgeräten" ausgestattete Küche für viele erschwinglich.

In beiden Weltkriegen und Nachkriegszeiten gestaltete sich die Elektrizitätsversorgung sowohl in der Stadt als auch im Umland äußerst schwierig. Die Kohleförderung ging rapide zurück, zerstörte oder überlastete Verkehrswege und -mittel behinderten den Transport von Kohle zu den Kraftwerken. Erschwerend fielen die Winter nach beiden Kriegen kälter als üblich aus. Nachdem der Kohlepreis im Frühjahr 1919 um 250 Prozent angestiegen war, kletterten auch die Strompreise in die Höhe. Immer wieder wurden Teile des Netzes abgeschaltet, zudem verursachte die Verstromung minderwertiger Kohlen Betriebsstörungen in den Kraftwerken. Als 1924 die Kohlezwangswirtschaft und die Inflation überwunden waren, schritt die Elektrifizierung in rasantem Tempo voran. 1925 gab das hannoversche E-Werk siebenmal so viel Energie ab wie 1910, nämlich fast 55 Millionen Kilowattstunden. Im Wirtschaftsleben diktierten elektrisch betriebene Fließbänder den Arbeitskräften einen zunehmend schnelleren Takt, nach Feierabend weckten funkelnde Lichtwerbungen beim abendlichen Flanieren neue Begehrlichkeiten, Radio und Kino schlugen Massen mit ihren Unterhaltungsprogrammen in den Bann.

Fernwärmekraftwerk Hannover an der Ihme – genannt „die drei warmen Brüder"

Nach dem Zweiten Weltkrieg übernahm die alliierte Besatzungsmacht auch die Kontrolle über die Energieversorgung. Trotz strenger Rationierungen von Gas und Strom sah es zeitweise so aus, als ob im Winter 1945/46 gar kein Brennstoff für private Haushalte zur Verfügung stünde. Ungeachtet größter Sparmaßnahmen mussten Bäckereien oder Schlachtereien ihren Betrieb einstellen, konnten Krankenhäuser ihre Krankensäle nicht mehr

MEHR KOMFORT IM ALLTAG: STADTTECHNIK

Lage des Kraftwerks im Stadtteil Linden

Kohlekraftwerk am Standort Stöcken

heizen, standen Industriebetriebe still. 1947 legte die britische Militärregierung für einen Stromverbrauch über die erlaubten Zuteilungen hinaus empfindliche Geldstrafen fest; beim zweiten Übertreten des erlaubten Kontingents wurde der betreffende Anschluss für 30 Tage vom Netz abgeklemmt, bei mehrfacher Wiederholung drohten sogar bis zu drei Monate Gefängnis. Noch 1951 waren Lichtreklamen und Schaufensterbeleuchtungen eingeschränkt. Dann stiegen Energieversorgung und -verbrauch Hand in Hand mit dem einsetzenden Wirtschaftsaufschwung so sehr, dass neue Kraftwerke gebaut werden mussten. Seit 1960 recken sich die Schornsteine eines Fernwärmekraftwerks auf der Lindener Uferseite der Ihme, die sogenannten drei warmen Brüder, in den Himmel. 1965 entstand in Mehrum (Gemeinde Hohenhameln im Landkreis Peine) am Mittellandkanal ein Gemeinschaftskraftwerk zur Versorgung Hannovers und Braunschweigs. In den 1970er-Jahren wurde das Kraftwerk Herrenhausen um einen Fernwärmeblock erweitert. Seit Mitte der 1980er-Jahre schließlich betreiben die Continental AG und die Volkswagen AG gemeinsam mit den Stadtwerken ein Gemeinschaftskraftwerk in Hannover-Stöcken.

KOHLEKRAFTWERK IN HANNOVER-AHLEM

Nachdem private Stromerzeuger vorrangig dicht besiedelte Landstriche mit vielen potenziellen Abnehmern elektrifiziert hatten, engagierte sich der preußische Staat seit der ersten Dekade des 20. Jahrhunderts aktiv in der Elektrizitätsversorgung, um auch entlegene Gebiete in den Genuss von Strom zu bringen. Ein 1917 erlassenes Gesetz regelte die Schaffung eines einheitlichen Versorgungsgebietes von Bremen im Norden bis zum Main im Süden. Es sollte einer weiteren Zersplitterung der Energieversorgung entgegenwirken, erlaubte aber weiterhin kommunale und private Energieerzeugungsunternehmen im Versorgungsgebiet. Ein neues staatliches Großkraftwerk sollte im Raum Hannover entstehen und unter anderem das E-Werk in Linden und die Straßenbahngesellschaft beliefern.

Um die geplante „Energiegroßwirtschaft" umzusetzen, gründete Preußen nach dem Ersten Weltkrieg die Großkraftwerk Hannover AG, deren Anteile zu 100 Prozent in staatlicher Hand blieben. Die neue Gesellschaft übernahm 1923 das Dampf- und Wasserkraftwerk Dörverden und errichtete von 1922 bis 1924 ein Dampfkraftwerk in der bis 1974 selbstständigen Gemeinde Ahlem im Westen Hannovers. Nach jahrelangen Auseinandersetzungen im hannoverschen Rathaus, ob eine staatliche Stromversorgung oder der Unterhalt eines eigenen E-Werks günstiger sei, fiel 1925 der Entschluss, dass die Stadt ihr eigenes Werk behalten, aber ein Viertel ihres Bedarfs aus Ahlem zukaufen würde. 1927 ging die Großkraftwerk Hannover AG mit anderen Stromversorgern in der Preußen-Elektra (PREAG) auf, unter deren Dach Preußen all seine elektrowirtschaftlichen Unternehmen bündelte.

Kraftwerk in Hannover-Ahlem

Das am Mittellandkanal gelegene Ahlemer Großkraftwerk mit einer Leistung von 37 500 Kilowatt erinnert in seiner Anlage und Architektur an die insgesamt 70 Kraftwerksbauten, die der Ingenieur Georg Klingenberg (1870–1925) für die AEG und andere Energieerzeuger geplant hat. Das mit Steinkohle aus dem Deister und von der Ruhr betriebene Kraftwerk bildete eine wichtige Voraussetzung, um die Versorgung mit elektrischer Energie vom regionalen Überlandnetz in ein überregionales Verbundnetz überzuleiten. Es wurde ein wichtiger Knotenpunkt in dem bis 1927 geschaffenen Geflecht staatlicher Fernleitungen von Dörverden im Norden bis zu Wasserkraftwerken an den Staustufen des Mains. Ergänzend entstanden im Verbundgebiet 13 Umspannwerke. Vom heute nicht mehr existenten Umspannwerk Rethen südlich von Hannover gingen Zweigleitungen nach Hameln, zu den Zementwerken nach Misburg sowie zur Ilseder Hütte, einem Hüttenwerk in der Nähe Peines, ab. 1955 wurde das Ahlemer Kraftwerk stillgelegt. Heute ist es als Teil eines städtischen Werkhofs an das Künstlerpaar Almut und Hans Jürgen Breuste vermietet.

▸ Hannover-Ahlem, Rosenbuschweg 9.

▸ Einen guten Blick auf das Gebäude hat man vom gegenüberliegenden Uferweg, der über die Kanalbrücke Ziegelstraße zu erreichen ist.

▸ Buslinie 581 und 700, Haltestelle Willy-Spahn-Park.

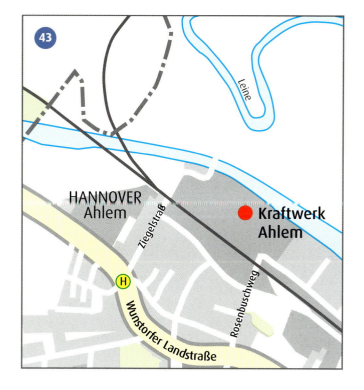

TEIL 3: VERKEHR

Straßenbahn-Endpunkt Messe-Ost/Expo-Plaza

DURCHQUERUNG VON ZEIT UND RAUM: DAS VERKEHRSWESEN

Die unter dem Schlagwort „Verkehr" zusammengefasste räumliche Mobilität von Menschen, Waren und Nachrichten ist ein zentrales Element der gesellschaftlichen Entwicklung. Auf dem ganzen Globus und quer durch die Jahrhunderte zeigte sich immer wieder, dass der Zugang zu günstigen Verkehrswegen, ob zu Wasser oder zu Land, neben anderen Faktoren maßgeblich mit über das wirtschaftliche und kulturelle Aufblühen, den Stillstand oder gar den Rückschritt einzelner Orte und ganzer Regionen entschied.

Auch die Umgestaltung der alten Agrar- zur Industriegesellschaft hätte sich ohne ein funktionstüchtiges Verkehrsnetz, das in sich wechselseitiger Abhängigkeit insbesondere mit der Metallindustrie entstand, nicht im bekannten Ausmaß und Tempo vollziehen können. Der rasche und großräumige Austausch von Arbeitskräften, Rohstoffen und fertigen Waren verursachte seit der Mitte des 19. Jahrhunderts geradezu eine Verkehrsexplosion. Für deren Bewältigung wurden vorhandene Verkehrswege und -mittel verbessert, vor allem aber Hand in Hand mit neuen Technologien und Produktionsweisen ganz neue Beförderungsmittel und Transportwege geschaffen. Dies waren im 19. Jahrhundert im Wesentlichen schienengebundene Massenverkehrsmittel. Im frühen 20. Jahrhundert zeichnete sich bereits die kommende Konkurrenz durch den motorisierten Individualverkehr ab.

Mit dem Verkehrswesen sind jedoch nicht nur vielfältige kulturelle, wirtschaftliche und gesellschaftliche Aspekte verknüpft. Es steht auch für ingenieurtechnische Meisterleistungen: angefangen bei frühen Brücken- und Schleusenkonstruktionen über die Nutzbarmachung der Dampfkraft und die Überwindung schwierigster topografischer Verhältnisse durch die Eisenbahn bis hin zur Eroberung der Lüfte durch Flugzeuge und Zeppeline. Aus dem letztgenannten Bereich haben sich allerdings in der Region Hannover keine baulichen Zeugnisse erhalten.

Ernst-August-Kanal

Leine und Leineabstiegskanal

VOM BOCK ZUM EUROPAKAHN: TRANSPORT ZU WASSER

GARAUS DURCH DIE EISENBAHN: DIE LEINE-SCHIFFFAHRT

DIE WICHTIGSTE NATÜRLICHE WASSERSTRASSE DER REGION

Die bedeutsamste natürliche Wasserstraße, die durch die Region Hannover verläuft, ist die fast 300 Kilometer lange Leine. Sie entspringt in Thüringen und mündet in der Nähe Schwarmstedts in die Aller. Etwa ab dem Zusammenfluss mit der Ihme im Westen des historischen Stadtkerns von Hannover war der Fluss schiffbar. Seit dem 13. Jahrhundert gelangten vor allem landwirtschaftliche Erzeugnisse, Rohstoffe und Halbfertigprodukte aus Hannovers näherem und weiterem Umland über Leine, Aller und Weser in die Seehandelsstadt Bremen. Von dort brachten die Kaufleute Luxuswaren aus dem Fernhandel, aber auch Vieh, Tuche, Pelze, Tran, Wachs, Heringe und anderes mehr zurück. Vom frühen 16. Jahrhundert an lag die Leineschifffahrt nahezu brach; Ursache waren erst politische Querelen, dann die Wirrnisse und Folgen des 30-jährigen Kriegs (1618–1648). Erst ab etwa 1740 wurden wieder Waren auf sogenannten Böcken mit bis zu 70 Tonnen Tragfähigkeit und kleineren Bullen nach Bremen verschifft. Dazu wurde ein Stapelhafen errichtet, der auf der Lindener Seite der Ihme etwa dort lag, wo heute die Leinertbrücke die hannoverschen Stadtteile Calenberger Neustadt und Linden-Mitte verbindet. Von hier aus gingen Blei aus dem Harz, Holz aus dem Solling, Wolle und Garn aus der näheren Umgebung der Stadt, Töpferwaren aus dem Gebiet um Ith und Hils, Getreide aus der Hildesheimer Börde sowie Ziegelsteine, Eisenguss- und Glaswaren auf die Reise. Zurück kamen vor allem Genussmittel und Kolonialwaren wie Kaffee, Kandis, Rosinen, Wein oder Tabak. Allerdings unternahmen nur etwa 30 Schiffe pro Jahr die beschwerliche Reise. Leineabwärts konnten sie wegen der vielen Flussschleifen keine Segel setzen und trieben langsam mit der Strömung, flussaufwärts mussten sie mühsam von Menschenhand, ab dem frühen 19. Jahrhundert von Pferden getreidelt werden. Einen letzten Höhepunkt erlebte die Leineschifffahrt zwischen 1830 und 1850 mit jährlich etwa 170 Passagen je Richtung. Johann Egestorff (1772–1834) ließ Kalk und Kalksteine gen Norden transportieren, während die am Stapelhafen ansässige Königliche Bergwarenhandlung im Harz gewonnene Rohstoffe wie Blei, Braunstein (Manganoxydmineralien) und Vitriol (Kupfer-, Eisen- und Zinksulfate) verschiffte. Das Ende des 19. Jahrhunderts brachte das endgültige Aus für die Leineschifffahrt. Die neuen Dampfschiffe konnten den naturnahen Strom kaum passieren, doch angesichts der mächtigen Konkurrenz der Schiene durch den 1847 aufgenommenen Eisenbahnverkehr zwischen Hannover und Bremen kam ein Flussausbau nicht in Frage.

DER ERNST-AUGUST-KANAL IN HANNOVER-HERRENHAUSEN

Zwischen Herrenhausen und Limmer liegt im Schatten der Leine ein kleiner, verwunschener Kanal. An seinem südlichen Ende, unmittelbar neben einem Wehr über die Leine mit einer neu errichteten Fischtreppe, befindet sich ein hochrangiges technisches Baudenkmal aus vorindustrieller Zeit, nämlich eine der ältesten noch erhaltenen Schleusen Europas. Lange Zeit sich selbst überlassen, wurde die fast verfallene Schleuse mit ihren Toren aus Eichenholz und Bandeisen im Vorfeld der Weltausstellung Expo 2000 aufwendig restauriert.

Der hannoversche Kurfürst Georg Ludwig (1660–1727), der ab 1714 als König Georg I. auch Großbritannien und Irland regierte, hatte den Kanal zwischen 1718 und 1720 von Soldaten ausheben

Schleuse am Ernst-August-Kanal zwischen Herrenhausen und Limmer

lassen – nicht für den Schiffsverkehr, sondern als Teil der Wasserkunst in den Herrenhäuser Gärten. Bereits 1696 hatte Gottfried Wilhelm Leibniz (1646–1716), der als Hofrat im Dienste des Kurfürsten stand, einen Plan hierfür skizziert. Um keine teure, massive Anlage im Flusslauf zu errichten, die aufwendig gegen die jahreszeitlichen Wasserschwankungen und gegen Eisgang geschützt werden müsste, empfahl der Gelehrte, aus der Leine einen Kanal abzuzweigen und an dessen Beginn ein Stauwehr mit Wasserrad zu installieren. Tatsächlich wurden Vorarbeiten unverzüglich in Angriff genommen, aber mit dem Tod des Kurfürsten Ernst August (1629–1698) eingestellt. Sein Sohn und Nachfolger Georg Ludwig ordnete 1718 den Bau eines Pumpwerks an der Leine an. Dazu riegelte ein 52 Meter langes Stauwehr den Fluss ab. Es wurde zur späteren Verwirrung auch Stauschleuse genannt, obwohl Schiffe es zunächst nicht passieren konnten. Seine sieben Durchflussöffnungen waren mit 46 Schützen zu regulieren. Die Scheide- und die Seitenwände bestanden aus massiven Quadern. Sie dienten gleichzeitig als Pfeiler für eine über dem Wehr verlaufende Brücke. Das 3,20 Meter hoch aufgestaute Wasser trieb fünf nebeneinander liegende, unterschlächtige Wasserräder an, die wiederum eine „englische Wasser-Maschine" in Gang setzten. Diese befand sich in einem Vorgänger des noch erhaltenen Pumpenhauses. Das Aufschlagwasser floss in den gut 25 Meter breiten „Neuen Kanal" ab, der heute nach dem ersten hannoverschen Kurfürsten benannt wird. Er verläuft ab dem Wehr knapp 900 Meter schnurgerade nach Nordosten, wo er wieder in die Leine mündet.

Als der seit Langem ruhende Leineschiffsverkehr 1740 wieder aufgenommen wurde, erhielt das erste Fach des Stauwehres 1743 nach Plänen des Hofarchitekten Johann Paul Heumann (1703?–1754) einen schwimmenden, hölzernen Schleusenkasten von etwa 60 Meter Länge, 6,50 Meter Breite und 4 Meter Tiefe, der wie ein Boot für Reparaturarbeiten aufs Trockene gezogen werden konnte. Mit seiner Hilfe konnte ein Schiff innerhalb von 20 Minuten flussaufwärts gehoben werden. Allerdings war die doppelte Funktion des Wehrs als Antrieb für die Wasserspiele und als Schleuse unbefriedigend für alle Beteiligten. Bei vollem Pumpenbetrieb konnten Schiffer die Schleuse nicht passieren. Erhielten sie bei abgeschalteten Pumpen Durchlass, kämpften sie gegen die Kraft des aufgestauten und jetzt abströmenden Wassers an. Zudem konnten die Schiffe wegen vieler Felsen im Fluss die Strecke zwischen Wehr und Stapelplatz nur bei angestautem Wasser passieren. Weder das verbaute Holz noch die Mauern hielten auf Dauer den bei den Schleusungen entstehenden Fließgeschwindigkeiten des Wassers sowie dem Druck des zunächst ganzjährig angestauten Wassers stand. Deshalb wurde der Schleusenbetrieb ab 1746 nur zwischen Ostern und dem Martinstag im November aufrechterhalten. Dennoch verursachte er häufige und teure Instandsetzungen an Wehr und Schleuse. Die Staatskasse investierte bereitwillig, denn ihre Prioritäten hatten sich verschoben. Die Hofhaltung verlagerte sich mehr und mehr nach England – König Georg II. (1683–1760), obwohl immer noch Kurfürst von Hannover, machte nach seinem Regierungsantritt 1727 nur noch gelegentliche Stippvisiten in seinen Stammlanden, Georg III. (1738–1820) kam überhaupt nicht mehr – und damit verloren die Herrenhäuser Gärten mit ihrer Fontäne ihre ursprüngliche Aufgabe als Vorzeigeobjekt. Stattdessen rückten der eigene Handel, die vereinnahmten Schleusengelder sowie die

Ernst-August-Kanal, im Hintergrund der Wasserturm der „Conti" Limmer

Zollzahlungen auswärtiger Schiffe auf dem hannoverschen Leineabschnitt in den Vordergrund.

1768/69 schließlich ließ das Hofbauamt am südlichen Ende des Kanals, der jetzt auch „Maschinenkanal" genannt wurde, eine separate Schleuse aus massiven Sandsteinquadern aus dem Deister anlegen. Fortan umgingen Schiffe auf ihrem Weg zum oder vom Stapelplatz das Wehr, indem sie den Maschinen- respektive Ernst-August-Kanal anfuhren. Jetzt konnten sich die Schiffe ganzjährig und weitgehend unabhängig vom Pumpenbetrieb für die Wasserspiele schleusen lassen. Nach wie vor unterstand der Schleusenbetrieb dem für die Wasserkunst verantwortlichen Kunstmeister, der sich seit etwa 1835 „Maschineninspektor" nennen durfte.

▸ Hannover-Herrenhausen, Am Großen Garten 70.
▸ Die historische Anlage lässt sich vom Schleusenweg aus gut besichtigen. Sehenswert ist dabei auch die zum linken Ufer des Leineabstiegskanals führende und zum Stadtteil Limmer gehörende Bogenbrücke aus genieteten Stahlträgern, welche um 1915 erbaut wurde.

VOM BOCK ZUM EUROPAKAHN: TRANSPORT ZU WASSER

▸ Stadtbahnlinie 4 und 5, Haltestelle Schaumburgstraße, ab dort ca. 1,4 km zu Fuß der Straße Am Großen Garten folgen und den Westschnellweg unterqueren oder
Stadtbahnlinie 10, Haltestelle Harenberger Straße, ab dort ca. 700 m zu Fuß der Straße Ratswiese und dem Schleusenweg in nordwestliche Richtung folgen.

VON „KANALREBELLEN" UND „KANALMONARCHEN": DER MITTELLANDKANAL

SCHIFFE INMITTEN VON ÄCKERN UND WIESEN

Große Bedeutung erlangte der Transport zu Wasser für die Region Hannover im frühen 20. Jahrhundert mit dem Bau des Mittellandkanals. Weil keine natürlichen Wasserstraßen Deutschland von Ost nach West durchziehen, war der Güteraustausch in diese Richtungen umständlich und zwang die Händler oft zu teuren Umwegen über die schiffbaren Flüsse in Nord-Süd-Richtung via Nord- und Ostsee. So konnten nur von Menschenhand angelegte Kanäle Querverbindungen schaffen. Erste Pläne für einen sogenannten Mittellandkanal als Zugang zu Weser und Elbe hegte bereits Herzog Julius zu Braunschweig-Lüneburg (1528–1589), der seit 1584 auch über das Fürstentum Calenberg, dessen Herz das „Land zwischen Leine und Deister" war, regierte. Nach Protesten seiner Untertanen beim römisch-deutschen Kaiser gegen die landesherrlichen „Grabenwerksunternehmungen", deren Auswirkungen als möglicherweise schädlich eingeschätzt wurden, gelangte das Projekt nicht über einige Vorarbeiten hinaus. Als Nächster sinnierte der französische Kaiser Napoleon I. (1769–1821) über die Anlage eines Mittellandkanals in dem von ihm besetzten Gebiet. Nach seinem Sturz 1814 verliefen die Pläne im Sande.

Auftrieb bekamen die Überlegungen, Rhein und Elbe durch eine künstliche Wasserstraße zu verbinden, als zur Mitte des 19. Jahrhunderts Dampfmaschinen auch im Schleppverkehr von Schiffen einsatzbereit waren und damit den mühsamen Treidelbetrieb ersetzten. Preußen bekundete großes Interesse: Ein solcher Kanal würde seine Industriezentren im Ruhrgebiet und in Oberschlesien verbinden, alle dazwischen liegenden Absatzgebiete erschließen und ihm als Verbindung der großen natürlichen Wasserstraßen Zugang zu den Seehäfen verschaffen. Das preußische Handelsministerium ließ seit 1845 mehrere Denkschriften anfertigen; ein „Kanal-Bau-Komitee" diskutierte ab 1856 verschiedene Linienführungen. Mit dem Aufschwung der Gründerjahre trieb die preußische Regierung das Kanalprojekt energisch voran. In der Provinz Hannover, in der das einstige Königreich 1866 aufgegangen war, fand sie engagierte Mitstreiter, denn hier hatte schon die Eisenbahn als Massentransportmittel für überregionale Warenströme zum wirtschaftlichen Aufschwung geführt und die Stadt Hannover neben Hamburg und Bremen zu einem norddeutschen Wirtschaftszentrum gemacht. Der hannoversche Magistrat gab sogar eine finanzielle Garantie für Bau und Betrieb des Streckenabschnitts, der seine Zuständigkeit berührte. Doch noch waren politische Widerstände zu überwinden. Vor allem die ostelbischen Gutsbesitzer brachten als „Kanalrebellen" mehrere Gesetzesvorlagen zu Fall. Sie fürchteten, dass die neue Schifffahrtsstraße ausländisches Getreide ins Land bringen und sie ihrer Vormachtstellung im überregionalen Kornhandel berauben würde. Erst 1905 fand der preußische Landtag einen Kompromiss: Der projektierte Rhein-Weser-Elbe-Kanal, der heutige Mittellandkanal, sollte beim „Nassen Dreieck" bei Hörstel im Nordwesten des Teutoburger Waldes aus dem Dortmund-Ems-Kanal abzweigen, aber schon nach etwa 170 Kilometern in Hannover enden. Die Kanalgegner argwöhnten – zu Recht, wie sich herausstellen sollte –, diesem „Eidechsen-Kanal" werde später das aus den Planungen herausgenommene Teilstück von Hannover bis zur Elbe bei Magdeburg nachwachsen wie dem Reptil ein abgetrennter Schwanz.

Auch die in Hannover eingerichtete Kanalbaudirektion bekam bei der Festlegung der endgültigen Kanaltrasse Probleme vor der eigenen Haustür: Grundbesitzer, über deren Boden die Wasserstraße verlaufen sollte, wollten nicht verkaufen oder hatten exorbitante Preisvorstellungen. Die Auseinandersetzungen dauerten noch an, als schon jahrelang Kähne den Kanal befuhren, denn nicht alle ehemaligen Grundbesitzer waren zu ihrer Zufriedenheit abgefunden worden. Einige hatten harte Goldmark für ihr Land bekommen, andere aber nur Papiermark – und das während der Inflationsjahre zwischen 1920 und 1923, in denen das Papiergeld täglich an Wert verlor –, eine letzte Gruppe hingegen wartete noch darauf, mit Ländereien entschädigt zu werden.

Die Hindenburgschleuse im Bau

VOM BOCK ZUM EUROPAKAHN: TRANSPORT ZU WASSER

VOM BOCK ZUM EUROPAKAHN: TRANSPORT ZU WASSER

Hindenburg-Schleuse bei Anderten

Zwischen 1906 und 1915 wurde die Wasserstraße vom Dortmund-Ems-Kanal bis nach Minden fertig gestellt und dann weiter in den hannoverschen Raum vorgetrieben. Bei Seelze-Lohnde zweigte ein elf Kilometer langer Stichkanal nach Hannover-Linden ab. 1916 erreichte der erste Schleppzug Misburg. Zeitgleich waren als Bindeglied zwischen Wasserstraße und Industrie auf dem hannoverschen Stadtgebiet der Lindener, der Misburger, der Brinker Hafen und der Nordhafen mit Anschlüssen zum Güterverkehr auf der Schiene entstanden. Zudem errichteten große Betriebe, unter anderem das hannoversche Gaswerk, die Gummiwerke Excelsior in Hannover-Limmer sowie das Großkraftwerk in Hannover-Ahlem, private Ladestellen am Kanal. Trotz des Einsatzes von dampfgetriebenen Baggern, Kränen und Rammen waren unzählige Arbeitskräfte nötig. Sie wurden vor dem Ersten Weltkrieg auch in Oberschlesien und Polen angeworben, während des Kriegs kamen Kriegsgefangene und Zwangsarbeiter zum Einsatz. Die wandernde Großbaustelle erregte großes Interesse in den jeweils angrenzenden Ortschaften und wurde sonntags zum aufregenden Ausflugsziel – zu unglaublich schien die Vorstellung, dass bald Schiffe mitten durch Äcker und Wiesen fahren sollten.

WILDWEST IM HAFEN

Rohstoffmangel und Energieknappheit der letzten Kriegsjahre ließen den weiteren Kanalbau stocken. Doch bald wurden die Arbeiten wieder aufgenommen, um die aus dem Krieg zurückgekehrten Soldaten in Lohn und Brot zurückzubringen. Zu Dutzenden verdingten sich Männer von weit her beim Kanalbau. Mancher lenkte sich am Zahltag mit exzessivem Alkoholgenuss von der körperlich harten Arbeit sowie der Trennung von Familie und vertrautem Umfeld ab oder versuchte vielleicht auch, Abstand von dem jüngst erlebten Grauen auf den Schlachtfeldern des Ersten Weltkriegs zu gewinnen. Viele Kanalarbeiter waren der einheimischen Bevölkerung jedenfalls suspekt und um Sehnde herum hießen die Männer, die ihr Geld im Wirtshaus wie die Könige verprassten, bald die „Kanalmonarchen". Vor allem aber lösten sie in der spannungsgeladenen Atmosphäre der jungen Weimarer Republik Furcht und Angst aus: Viele schlossen sich dem Generalstreik an, zu dem SPD, KPD, die

220 VOM BOCK ZUM EUROPAKAHN: TRANSPORT ZU WASSER

Mittellandkanal, Überbrückung der Leine vor der Kanalverbreiterung

sozialistische USDP und Gewerkschaften im März 1920 als Reaktion auf den rechten Kapp-Putsch aufgerufen hatten. Im Verlauf der folgenden gewalttätigen Auseinandersetzungen zwischen den extremen politischen Lagern besorgten sie sich in Hannover Maschinen- und andere Gewehre und entwaffneten nachts in verschiedenen Orten in den heutigen Landkreisen Peine und Hildesheim die Einwohnerwehren, die sich allerorts gebildet hatten, um die von der Linken angestrebte Errichtung einer Räterepublik zu verhindern.

1928 erreichte der Mittellandkanal Peine und 1938 schließlich nach 321 Kilometern ab Ausgangspunkt die Elbe bei Magdeburg. Bis heute ist er die längste Wasserstraße Deutschlands. Bei seiner Fertigstellung hatte sich längst herausgestellt, dass mit dem Bau des Kanals vielerorts die Grundwasser führenden Erdschichten durchstochen worden waren. Ursprünglich sehr feuchte landwirtschaftliche Flächen wurden so entwässert und aufgewertet. In anderen Orten hingegen trockneten Ländereien vollends aus, Trink- und Löschwasserbrunnen versiegten. So fielen beispielsweise die Brunnen in Sehnde trocken. Nach der Gesetzeslage mussten die verantwortlichen Behörden für die entstandenen Schäden aufkommen. Nachdem Pumpversuche nicht zufriedenstellend verlaufen waren, wurde die Gemeinde 1936 an das Wassernetz der Harzwasserwerke angeschlossen und aus der Sösetalsperre versorgt.

Bau des Mittellandkanals bei Sehnde, 1923

VOM BOCK ZUM EUROPAKAHN: TRANSPORT ZU WASSER

Hafen Linden (links), Hafen Brink (Mitte), Mittellandkanal bei Hannover-Stöcken (rechts)

Hauptumschlaggüter der vier städtischen Häfen waren Kohle, Erz, Salze und Kali, aber auch Kartoffeln und – im Misburger Hafen – Zement, Mineralöl und Zucker. Die in den Häfen lagernden Warenmengen weckten in Notzeiten Begehrlichkeiten. Während der Inflationsjahre der jungen Weimarer Republik mit ihrem Höhepunkt 1923 verschwanden in dunklen Nächten säckeweise Zucker und andere Lebensmittel, wobei es sogar zu Schusswechseln zwischen Diebesbanden und dem Wachpersonal kam. Auch in den unruhigen Tagen im April 1945 waren die Häfen Schauplatz tumultartiger Plünderungen. Tausende rückten den Lebensmittellagern von Staat und Wehrmacht zu Leibe. Damen fortgeschrittenen Alters rutschten, mit großen Mehlsäcken im Arm, die spiralförmigen Transportrampen eines fünfstöckigen Lagerhauses hinab, gefrorene Schweinehälften segelten durch die Luft, einem amerikanischen Major stockte der Atem: „Mann, das ist (...) das Wildeste, was wir bis dahin in diesem Krieg gesehen haben! So eine Mischung aus dem Großen Feuer in Chicago, einer Panik an der Börse in Wall Street und Coney Island" – dem großen Vergnügungspark von New York.

Obwohl die Frachtkosten für den Wasserweg niedriger waren als auf der Schiene, blieb die Eisenbahn das wichtigste Transportmittel für Massengüter. Die hannoverschen Güterbahnhöfe schlugen bis in die frühen 1950er-Jahre viermal mehr Fracht um als die Häfen. Dennoch war der Mittellandkanal eine wichtige Transportader und blieb dies auch nach der Teilung Deutschlands. In den

VOM BOCK ZUM EUROPAKAHN: TRANSPORT ZU WASSER

1950er-Jahren expandierten die vier hannoverschen Häfen. Zwar sackten die Umschlagzahlen seit den 1970er-Jahren durch die zunehmende Konkurrenz der Straße ab, erreichten aber 1991 nochmals den Stand von 1950. Danach machte sich die zwischenzeitliche Schließung großer Industriewerke, beispielsweise einiger Zementwerke und der Erdölraffinerie Deurag-Nerag in Misburg, negativ bemerkbar.

Ursprünglich war der Kanal für den Einsatz von Schleppzügen geplant worden, wobei ein Schleppschiff zwei bis vier Lastkähne mit je 600 Tonnen Ladung zog. In den 1960er-Jahren stieg der Anteil der selbstfahrenden Motorgüterschiffe auf über 90 Prozent. Da sie fast doppelt so schnell fahren durften wie Schleppverbände, stieg auch die Zahl der Überholmanöver. Sie bewirkten an den Böschungen so hohe Fließgeschwindigkeiten, dass die Kanalufer auf Dauer ernsthaft gefährdet wurden. Deshalb begann die Wasser- und Schifffahrtsverwaltung 1964, den Mittelland- und alle Zweigkanäle für den sogenannten Europakahn, ein Schiff mit 1 350 Tonnen Tragkraft, 85 Meter Länge, 9,50 Meter Breite und 2,50 Meter Tiefgang, auszulegen. Heute ist der Mittellandkanal so weit ausgebaut, dass ihn Schubverbände mit 185 Meter Länge und 3 500 Tonnen Ladekapazität oder 110 Meter lange Großmotorgüterschiffe mit einer Tragfähigkeit von über 2 000 Tonnen befahren können. Würde die Ladung eines einzigen Großmotorgüterschiffs mit Lastwagen befördert, bildeten diese auf der Straße eine Schlange von 4 Kilometer Länge.

DIE HINDENBURGSCHLEUSE IN HANNOVER-ANDERTEN

Von seinem Anfangspunkt bis Hannover verläuft der Mittellandkanal auf einer Länge von 175 Kilometern ohne eine einzige Schleuse. Bei Hannover-Anderten allerdings muss er eine Wasserscheide in Form eines 17 Meter hohen Kreiderückens überwinden. Um dies technisch zu bewerkstelligen, wurde zwischen 1919 und 1928 als gewaltigstes Bauwerk des ganzen Kanals eine Kammerschleuse errichtet. Bei ihrer Inbetriebnahme war sie mit ihren zwei Schleusenkammern von je 225 Meter Nutzlänge und 12 Meter Breite sogar die größte und modernste Binnenschleuse Europas. Ihr Bau verschlang Unmengen von Eisen, Zement, Stahlbeton und Kies, die einen 450 Kilometer langen Güterzug hätten füllen können. Den Beton mischte ein eigens errichtetes Werk auf dem Schleusengelände an. Für die Sichtflächen und insbesondere für die stark beanspruchten Flächen unter Wasser wurde robuster Granit verbaut. Er stammte größtenteils von den Befestigungsanlagen der Insel Helgoland, die nach dem verlorenen Ersten Weltkrieg auf Befehl der alliierten Siegermächte geschleift wurden.

Um den Höhenunterschied von 14,70 Metern zu überwinden, fließen bei jeder Schleusung 42 000 Kubikmeter Wasser durch die Kammern. Damit trotz dieser großen Menge der Wasserstand im Kanal konstant bleibt, ist das Bauwerk als Sparschleuse errichtet. Auf beiden Längsseiten der Schleusenkammern befinden sich in fünf Stockwerken übereinander Becken aus Eisenbeton, die wiederum in je

Historische Aufnahme der Schleuse Anderten

VOM BOCK ZUM EUROPAKAHN: TRANSPORT ZU WASSER

Schleuse Anderten in Betrieb

Verkehr freigegeben. Die Anwesenheit des Reichspräsidenten Paul von Hindenburg (1847–1934) und vieler anderer Ministeriums- und Behördenvertreter unterstrich die verkehrs- und wirtschaftspolitische Denkwürdigkeit dieses Tages.

Während des Zweiten Weltkriegs war auch die Schleuse als Teil einer wichtigen Verkehrsader Ziel von Luftangriffen. Eine „Gummiflak" genannte Ballonsperre schützte das Bauwerk: Bei jedem Luftalarm stiegen Fesselballons an 1 000 Meter langen Stahlseilen in die Höhe. Sie hielten die Bomber auf Abstand und verhinderten so gezielte Bombenabwürfe.

▸ Hannover-Anderten, An der Schleuse.
▸ Das Betriebsgelände ist nicht zugänglich. Am „Tag des offenen Denkmals", dem jeweils zweiten Sonntag im September, kann die Schleuse regelmäßig besichtigt werden. Von der Brücke im Verlauf der Lehrter Straße besteht ein guter Blick auf das Gelände und den Betriebsablauf.
▸ Buslinie 370, Haltestelle Hindenburgschleuse oder Stadtbahnlinie 5, Buslinie 125, Haltestelle Anderten, ab dort ca. 700 m zu Fuß über Gollstraße und Sehnder Straße bis zur Brücke an der Lehrter Straße.

fünf Ventilschächte geteilt sind. Sie nehmen bei der Talschleusung drei Viertel des abfließenden Wassers auf und speisen es bei der Bergschleusung wieder ein. Pro Schleusung werden also nur 10 500 Kubikmeter Schleusenverlustwasser aus dem Kanalwasser entnommen bzw. ihm zugeführt. Die Ventile für das Füllen und Entleeren der Sparbecken befinden sich in 20 Ventilhäuschen neben den Schleusenkammern und werden von der Steuerbrücke aus gesteuert. Diese ist mit patiniertem Kupferblech verkleidet und überspannt das tiefer gelegene Haupt der beiden Schleusenkammern. Ein Pumpwerk ist als selbstständiges Bauwerk an der westlichen Böschung des unteren Vorhafens erbaut worden. Der gesamte Schleusungsvorgang dauert eine Viertelstunde, das heißt, die Schiffe werden pro Minute um einen Meter gehoben bzw. gesenkt. Dabei, so berichtete das „Burgdorfer Kreisblatt" am Eröffnungstag anerkennend, ist der Betrieb dieses ausgefeilten und imposanten Bauwerks so einfach, „daß er durch einen Mann von der Stellwerksbrücke durch Benutzung der hier befindlichen elektrischen Hebel erfolgen kann".

Mit der Einweihung der Anderter Schleuse am 20. Juni 1928 wurde der Mittellandkanal von Hannover-Misburg bis Peine für den

Ehemaliges „Conti"-Gelände an der Gabelung des Stichkanals Limmer und dem Verbindungskanal zur Leine

Mittellandkanal an der Noltemeyerbrücke

DIE SCHLEUSE BEI SEHNDE-BOLZUM

Nachdem Reichspräsident von Hindenburg die nach ihm benannte Schleuse in Anderten eingeweiht hatte, durfte er als einer der Ersten den neu freigegebenen Abschnitt des Mittellandkanals in Richtung Sehnde befahren und in dem nahe gelegenen Bolzum der Eröffnung einer weiteren neuen Schleuse beiwohnen. Sie vermittelt in nur 20 Minuten den Aufstieg vom Mittellandkanal zu einem 8 Meter höher gelegenen und rund 15 Kilometer langen Stichkanal nach Hildesheim. Die Schleusenkammer hat eine Nutzlänge von 85 Metern und bis zum unteren Anschlag des Schleusentores eine Tiefe von 3 Metern. Eine ursprünglich geplante zweite Schleusenkammer neben dem westlichen Sparbecken kam nicht mehr zur Ausführung.

Der Wasserzufluss aus der Innerste kann den Pegel des Stichkanals bei vielen Schleusengängen nicht konstant halten. Deshalb ist die Schleuse mit Spareinrichtungen versehen, nämlich mit zwei offenen, rechts und links der Kammer auf verschiedenen Höhen liegenden Becken. Sie speichern bei einer Talschleusung die Hälfte des dafür notwendigen Wassers und speisen es bei der nächsten Schiffshebung wieder in die Schleusenkammer ein. Die Kammermauern verjüngen sich von 4,80 Meter Sohlenbreite zu

Schleuse Bolzum

VOM BOCK ZUM EUROPAKAHN: TRANSPORT ZU WASSER

einer Rundbogenfolge, die den Schleusenumgang trägt. Vier massive Klinkerhäuschen schützen die Maschinen, die die Klapptore der Kammer, die Schieber zu den Sparbecken und die Wasserpumpen antreiben. Ein Schleusenbeamter bedient diese Technik per Knopfdruck. Darüber hinaus verzeichnet er zu jedem geschleusten Schiff dessen Namen, seinen Herkunfts- und Zielort, seine Größe und seine Ladung. Seine Aufzeichnungen wurden im Laufe der Jahre kontinuierlich umfangreicher: Während seit der Inbetriebnahme der Schleuse bis zum Jahr 1950 jährlich zwischen 1 000 und 2 000 Schiffe seine Dienste in Anspruch nahmen, näherte sich das Aufkommen 1955 der 5 000er-Marke – mit steigender Tendenz. Um mit den Entwicklungen der Binnenschifffahrt Schritt zu halten, entsteht zurzeit neben dem bestehenden Bauwerk eine neue Schleuse, die auch die neuen Großmotorgüterschiffe aufnehmen kann. Die alte Schleuse bleibt als Baudenkmal erhalten.

▸ Sehnde-Bolzum, Bolzumer Straße 1.
▸ Das Betriebsgelände ist nicht zugänglich, kann aber von öffentlichen Wegen eingesehen werden.
▸ Buslinie 390, Haltestelle Sehnde/An der Schleuse.

Gleisharfe des Rangierbahnhofs Seelze

LOKOMOTIVE(N) DES FORTSCHRITTS: DIE EISENBAHN

VOM WIDERSTAND ÜBERS ZÖGERN ZUR EIGENREGIE

1825 zog in England erstmals eine dampfgetriebene Lokomotive auf einer knapp 15 Kilometer langen Gleisstrecke Personenwaggons hinter sich her. Zehn Jahre später schnaufte die erste Dampfeisenbahn auf deutschem Boden von Nürnberg nach Fürth. 1843 startete von einem provisorischen Bahnhof im Steintorfeld nahe dem heutigen Hauptbahnhof der erste hannoversche Zug von der Residenzstadt in das 16 Kilometer entfernte Lehrte.

Bereits 1824 hatte das Herzogtum Braunschweig dem benachbarten Königreich Hannover vorgeschlagen, einen Schienenstrang durch beide Territorien bis nach Hamburg zu legen. Die hier Verantwortlichen jedoch verschlossen sich zunächst den Vorteilen, die eine solche Öffnung nach außen bringen konnte, nämlich eine erleichterte Ausfuhr von Handelsgütern. Ihnen standen die möglichen Nachteile vor Augen: zunehmende Konkurrenz durch Mitbewerber aus anderen Territorien, das befürchtete Eindringen zwielichtiger Elemente und der Verlust von Arbeitsplätzen im Fuhrwesen und in der Leineschifffahrt. Auch glaubte man nicht an die Wirtschaftlichkeit des neuen Verkehrsmittels, denn immerhin mussten zum Befeuern der Dampfkessel Unmengen teurer Steinkohlen aus anderen deutschen Ländern eingeführt werden. Aber die Zeichen der Zeit ließen sich nicht auf Dauer ignorieren. Nach weiteren abgeschmetterten Anfragen – unter anderem hatte eine englische Investorengesellschaft Anfang der 1830er-Jahre um Erlaubnis zum Bau und Betrieb einer Eisenbahn nachgesucht – beauftragte die Regierung 1834 eine Kommission, sich mit dem Für und Wider einer Strecke durch das Königreich zu beschäftigen. Schnell war klar, dass Hannover seine jahrhundertelang behauptete Position als Verkehrsknotenpunkt nur würde halten können, wenn es sich für das neue Transportmittel öffnete. Anderenfalls bestünde die Gefahr, dass das Königreich von wichtigen Verbindungen umgangen und in die Isolation geraten würde, denn das mächtige Preußen setzte alle Hebel in Bewegung, um eine durchgehende Ost-West-Schienenverbindung zwischen seiner Hauptstadt Berlin und seinen industrialisierten Provinzen Rheinland und Westfalen zu schaffen. So unterzeichnete Hannover nach langem Zögern 1841 Staatsverträge mit den benachbarten Territorien Braunschweig, Preußen, Kurhessen und Schaumburg-Lippe über den Bau verschiedener Eisenbahnlinien. Gleichzeitig entschied der Staat, die Bahn in eigener Regie zu führen, statt private Gesellschaften damit zu betrauen.

Um Bau- und Betriebskosten zu sparen, trafen sich die Verbindungen in Eisenbahnknotenpunkten, an denen Reisende und Güter ihre Fahrtrichtung wechseln konnten. Angeblich hatte König Ernst August (1771–1851) vehement gegen den Ausbau seiner Residenzstadt zu einem solchen Knoten protestiert, um diese von Qualm und Durchreisenden freizuhalten. Stattdessen wurden Lehrte und Wunstorf dazu bestimmt, die aus allen Himmelsrichtungen heranrollenden Verkehre zu sammeln und neu zu verteilen. Bis zum Ende der 1840er-Jahre entstand ein Streckennetz von rund 380 Kilometer Länge. Die vorhandene Strecke Hannover–Lehrte wurde in Richtung Osten bis Braunschweig verlängert. Von Lehrte aus ging es bald gen Süden nach Hildesheim und gen Norden über Celle und Lüneburg bis nach Harburg vor den Toren Hamburgs. In westliche Richtung stieß schließlich eine neue Verbindung von Hannover nach Minden vor. Sie führte über Wunstorf, wo ein Schienenstrang nach Bremen abzweigte. Auf allen Linien fanden „tägliche Dampfwagenfahrten" statt, wie es im zeitgenössischen Sprachgebrauch hieß.

Die Jungfernfahrten auf den ersten Strecken waren besondere gesellschaftliche Anlässe für ein handverlesenes Publikum. Bernhard Hausmann (1784–1873), hannoverscher Unternehmer, Mitglied der Ständeversammlung (einem Vorläufer des Landtages) und seit 1843 Angehöriger der dreiköpfigen Eisenbahndirektion, ließ die

LOKOMOTIVE(N) DES FORTSCHRITTS: DIE EISENBAHN

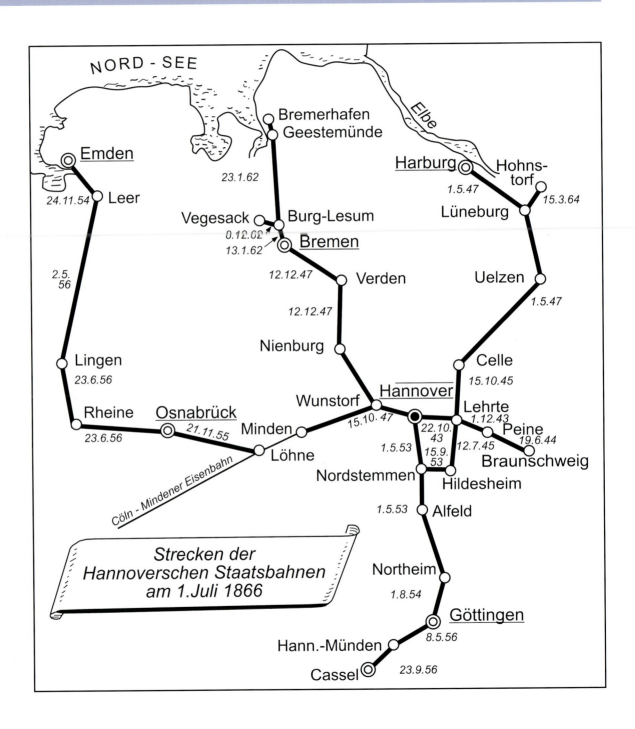

erste Fahrt von Hannover nach Braunschweig in seinen Memoiren Revue passieren: „Am Sonntage nach dem Himmelfahrtsfeste, den 19. Mai [1844], Morgens 8 ½ Uhr, fuhr der Festzug von 16 reich geschmückten Wagen von hier nach Braunschweig ab und traf ohne Unfall mit den Braunschweigschen Theilnehmern und zahlreichen fremden Gästen, im Ganzen 425 Personen mit 2 Musikchören, Nachmittags 2 ½ Uhr hier wieder ein. Der König legte dieser Festlichkeit eine besondere Wichtigkeit bei, hatte die Königlichen Orangeriesäle in Herrenhausen für das Festessen zur Disposition gestellt, und befahl den Hannoverschen Staatsdienern in Uniform zu erscheinen (…)."

Bis 1856 waren mit den Verbindungen nach Göttingen sowie über Osnabruck und Rheine nach Emden die Hauptlinien, die das Königreich durchzogen und an seine Nachbarländer anschlossen, errichtet. Sie wurden in der Folge durch kleinere Strecken ergänzt und untereinander vernetzt.

MIT WEISSEN HANDSCHUHEN AUF DER LOK

Nie zuvor waren im Königreich so gewaltige Erdmassen bewegt worden wie für den Eisenbahnbau. Wurde die Strecke nach Braunschweig nur durch Menschenkraft erstellt, kamen beim Bau der Verbindung zwischen Lehrte und Hildesheim immerhin schon Pferdekarren mit einer Kippvorrichtung zum Einsatz. Das Baumaterial für die Gleisanlagen stammte aus England, weil deutsche Firmen zu diesem Zeitpunkt noch schlechtere Qualität zu höheren Preisen anboten. In Bretterbuden nahe bei Hannovers provisorischem Bahnhof stellten Stellmacher und Schmiede unzählige Schubkarren und andere nötige Geräte nach englischem Vorbild her. Hier wurden auch die ersten, ebenfalls aus England stammenden Lokomotiven montiert; weitere Dampfrösser ließ die Hannoversche Staatsbahn in Berlin und im Harz fertigen. Die erste Lokomotive aus der Lindener Eisen-Giesserey und Maschinen-Fabrik von Georg Egestorff (1802–1868), der späteren Hanomag, reihte sich 1846 unter dem Namen „Ernst August" als Numero 14 in den Fuhrpark der Bahn ein. Mit ihr etablierte sich Egestorff als Hauptlieferant der hannoverschen Bahn. Nach dem Muster der ersten, ebenfalls aus England bezogenen Waggons fertigte zunächst die Königliche Eisenbahn-Hauptwerkstätte, aus der das Ausbesserungswerk in Hannover-Leinhausen hervorging, Personenwaggons für vier verschiedene Wagenklassen. Bald übernahmen hannoversche und Lindener Unternehmen, die auch das Gros der Güterwaggons baute, diese Aufgabe.

Das „Eisenbahnfieber" hatte eine im wahrsten Wortsinne unverkennbare Lokomotivfunktion für den Industrialisierungsprozess. Mit ihrem schier unersättlichen Bedarf an Eisen für Gleise, Lokomotiven und Waggons kurbelte die Bahn die Schwerindustrie an. Zugleich machte sie sich unentbehrlich und schuf sich neue Kunden, um Eisenerz und Kohle zu den Hüttenwerken bzw. Eisen und Stahl von dort zu den Produktionsstätten zu transportieren. Die Kehrseite der Medaille: Die Eisenbahn stärkte vordringlich industrielle Ballungsräume, statt gewerblich benachteiligte Regionen zu erschließen. Diese gerieten somit weiter ins wirtschaftliche Abseits.

Die Bahn wurde zum größten Arbeitgeber in den deutschen Ländern und bot Männern mit unterschiedlichsten Fertigkeiten neue Erwerbsmöglichkeiten. Sie brauchte Bahnhofsaufseher, -verwalter, -gärtner, -nachtwächter und -schmiede, außerdem Fahrkartenverkäufer, Dienstmänner, Packer und Fuhrleute, Heizer, Maschinenführer, Maschinen- und Obermaschinenputzer, Portiers, Schranken- und Weichenwärter. Bahn- und Hilfswärter gingen jeden Tag die Gleisstrecken ab, um sich von ihrem ordnungsgemäßen Zustand zu überzeugen. Außer dem Lokomotivführer, dem Heizer und den im Personenverkehr eingesetzten Schaffnern begleiteten mehrere Bremser und Öler einen Zug. Die Bremser drosselten das Tempo des Zuges von Häuschen an einzelnen Waggons aus, bevor Personenzüge in den 1870er- und Güterzüge in den 1920er-Jahren mit Bremsen ausgestattet wurden, die von der Lokomotive aus zu bedienen waren. Öler verhinderten das Heißlaufen der Achsen. Weil Lokführer und Heizer ihre ganze Konzentration für den Weg vor sich brauchten, behielt eine Tenderwache die Bremser und das Zugende im Blick. In kritischen Situationen verständigten sich die Männer durch kleine, seitlich herauszuklappende Tafeln an den Waggons. Diese wurden bald durch eine durch den ganzen Zug verlaufende Leine ersetzt, mit denen sich auch Passagiere beim Lokführer bemerkbar machen konnten. Mithilfe verschiedener Pfiffe wies dieser seine Mannschaft an, was zu tun sei. Ihren hohen Stand innerhalb der Hierarchie der Bahnbediensteten betonten die Lokführer, indem sie im Dienst weiße Handschuhe und weiße Kragen trugen. 1912 beantragten sie sogar (erfolglos), ihre Dienstuniform mit einem Säbel aufwerten zu dürfen.

VORGESCHMACK AUF DIE MODERNE

Bei einer Reisegeschwindigkeit von 30 bis 45 Stundenkilometern flogen die Passagiere im Vergleich zur Postkutsche geradezu ihrem Ziel entgegen. Doch der technische Fortschritt löste allenfalls verhaltene Begeisterungsstürme aus, zu unangenehm war eine Bahnfahrt für das körperliche Wohlbefinden. Obwohl die Eisenbahnen scheinbar ebenmäßig über die Gleise glitten, entstanden unablässige kleine Vibrationen: „Beim Lokomotivpersonal äußern sich die Erschütterungen als ein andauerndes, nur durch heftige Vertikalstöße oder Seitenschwenkungen unterbrochenes Erzittern in sämtlichen Gelenken des Körpers, welches so hartschwingend und intensiv ist, daß es sich kaum kurze Zeit ertragen lassen würde, wenn die Lokomotivführer oder Heizer den Körper auf der festen Verbindung der Knochen ruhen ließen, indem sie auf dem festen Fuße ständen", beobachtete 1860 „Wieck's Deutsche Illustrierte Gewerbezeitung". Die englische medizinische Fachzeitschrift „The Lancet" ergänzte 1862 besorgt, dass der Reisende zum Ausgleich der Vibrationen seine Muskeln während der gesamten Fahrt anspanne. Diese andauernde Belastung verursache nach jeder längeren Bahnfahrt ein „Gefühl der Ermüdung, ja der Erschöpfung". Lokomotivführer und Heizer fingen die Erschütterungen ab, indem sie sich nur auf die Zehenspitzen stellten oder sich mit Strohmatten oder einem Trittbrett auf Klötzchen unter den Füßen eine behelfsmäßige Federung schufen. Allerdings fingen sie sich durch den steten Wechsel zwischen der Hitze beim Nachfeuern und dem kalten Fahrtwind rheumatische Beschwerden ein.

Die Fahrgäste reisten im Vergleich dazu in geschlossenen, gefederten Waggons und – zumindest in den beiden oberen Wagenklassen – auf gepolsterten Sitzen ungleich komfortabler. Gleichwohl waren auch ihre Sinnesorgane vollkommen ungewohnten Strapazen ausgesetzt. Ohrenbetäubender Lärm malträtierte unablässig das Gehör, das Auge konnte die Eindrücke der vor dem Fenster vorbeieilenden Landschaft nicht verarbeiten. So bekamen die Reisenden einen Vorgeschmack auf die Moderne mit ihrer charakteristischen Flut von Sinnesreizen. Zeit und Raum verschmolzen zu einem konturenlosen Einerlei: „Beim Reisen in der Eisenbahn gehen in den meisten Fällen der Anblick der Natur, die schönen Ausblicke auf Berg und Tal verloren oder werden entstellt. Das Auf und Ab im Gelände, die gesunde Luft und all die anderen aufmunternden Assoziationen, die man mit ‚der Straße' verbindet, verschwinden oder werden zu tristen Einschnitten, düsteren Tunnels und dem ungesunden Auswurf der dröhnenden Lokomotive", klagte 1844 ein Eisenbahnreisender. Dabei blendete er freilich aus, dass eine Reise in der Kutsche bei Wind und Wetter über holperige Chausseen ebenfalls kein Zuckerschlecken war. Der Dichter Joseph Eichendorff (1788–1857) monierte: „Diese Dampffahrten rütteln die Welt, die eigentlich nur noch aus Bahnhöfen besteht, unermüdlich durcheinander wie ein Kaleidoskop, wo die vorüberjagenden Landschaften, ehe man noch irgendeine Physiognomie gefaßt, immer neue Gesichter schneiden (…)." Unfreiwillig hatten die Reisenden mit allen Sinnen teil an der Entfremdung, die auch die Arbeiter in den Fabrikhallen im Vergleich zu Handwerkern am eigenen Leib verspürten. Weil alle Versuche der ersten Eisenbahnreisenden, die ungewohnt rasch wechselnde Fülle von Sinneseindrücken zu verarbeiten, in Überlastung und Ermüdung endeten, empfanden sie die Fahrt als langweilig und stumpfsinnig. Die Anlieger von Bahnlinien und Bahnhöfen schließlich wurden von Lärm und Rauch gequält. Lehrtes Bürgermeister zeigte 1906 zwei Lokomotivführer an, die bei dem Aufenthalt ihrer Züge auf dem Bahnhof jeweils einige Minuten lang „einen dicken, schwarzen Dreck, der Gesundheit schädlichen Rauch (Qualm)" aus den Schornsteinen ihrer Loks entweichen lassen hatten, „sodaß dadurch auf dem Bahnhof und in der Poststraße hier, wohin sich der Rauch verbreitete, ein widerlicher Geruch entstand."

Nichtsdestotrotz entwickelte sich die Eisenbahn unaufhaltsam zum schnellsten und modernsten Massentransportmittel – in Friedens- wie in Kriegszeiten. Die mit Kriegen verbundenen Bewegungen großer Menschengruppen über weite Entfernungen – Truppenbewegungen, Transporte von Kriegsgefangenen, Zwangs-

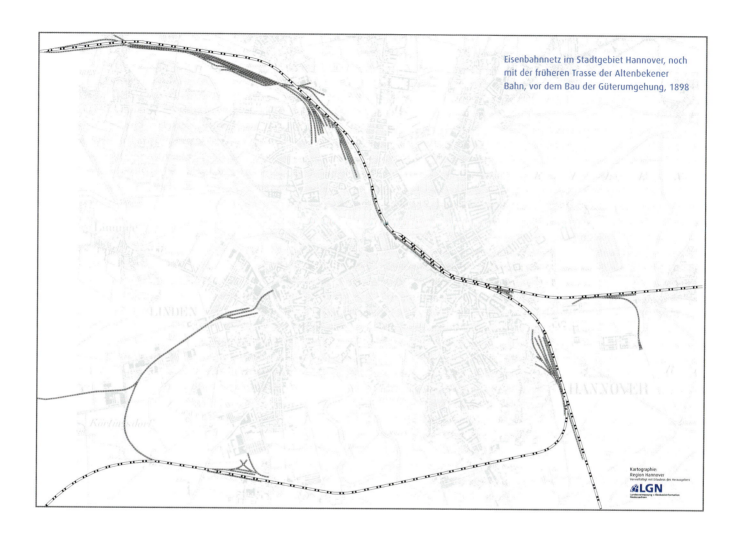

Eisenbahnnetz im Stadtgebiet Hannover, noch mit der früheren Trasse der Altenbekener Bahn, vor dem Bau der Güterumgehung, 1898

arbeiterinnen und -arbeitern, Deportationen in die NS-Vernichtungslager, Flucht und Vertreibung am Ende des Zweiten Weltkriegs – wären ohne die Bahnen und Bahnhöfe so nicht denkbar gewesen.

Zwar verloren Lehrte und Wunstorf im Verlauf des 20. Jahrhunderts ihre Zentralfunktion, doch ist Hannover bis heute ein wichtiger Eisenbahnknoten sowohl für den Personen- als auch für den Güterverkehr. Obwohl die Bahnanlagen laufend an die sich wandelnden Betriebserfordernisse angepasst wurden und werden, haben sich in der Region wichtige Denkmale aus der Kinderstube der Eisenbahn erhalten. Dazu zählen einige Objekte aus den 1840er-Jahren, als zeitgenössische Schlossbauten noch das unmittelbare Vorbild für die neue Bauaufgabe „Bahnhof" bildeten. Ebenso gibt es noch bauliche Anlagen aus der Blütezeit des Eisenbahnwesens in den Jahren um 1900, als motorisierte Straßenfahrzeuge noch keine ernstzunehmende Konkurrenz für den Schienenverkehr darstellten. Viele Tausend Pendler und Reisende haben das bauliche Erbe der Eisenbahn in der Region Hannover täglich vor Augen und empfinden es deshalb gar nicht als außergewöhnlich. Dabei verdient es vor dem technikgeschichtlichen Hintergrund einen zweiten, genaueren Blick.

HAUPTBAHNHOF UND HOCHBAHN IN HANNOVER

DUTZENDE VON PLÄNEN

Den vor wenigen Jahren grundlegend renovierten Bahnhofsbau aus gelben Backsteinen im heutigen Zentrum Hannovers entwarf der Berliner Architekt Hubert Stier (1838–1907). Er ist das zweite Eisenbahnempfangsgebäude an dieser Stelle. Sein Vorgänger war kurz nach Eröffnung der Strecke Hannover–Lehrte zwischen 1845 und 1847 auf damals noch freiem Feld errichtet worden. Ferdinand Schwarz (1808–1866) – er entwarf auch die Bahnhöfe Lehrte und Wunstorf – hatte ihn als Putzbau in den Formen des klassizistischen Rundbogenstils gestaltet. Hauptmerkmal war eine beidseitige Rahmung der Bahnsteighalle mit je einem hohen Turmpaar. Dies erweckte aus beiden Richtungen den Eindruck, durch einen Triumphbogen in die Residenzstadt einzufahren. Die beiden Obergeschosse des Empfangsgebäudes beherbergten ein Restaurant, Räume für die königliche Familie und Büros der Eisenbahndirektion. In den Seitenflügeln befanden sich Fahrkarten- und Gepäckschalter, Wartesäle sowie Beamtenwohnungen.

Der Anlage des Bahnhofs waren langwierige Diskussionen vorausgegangen. Erste Pläne sahen vor, ihn weit außerhalb des damaligen Stadtgebiets an der Stelle des heutigen Emmichplatzes anzulegen und für die Schienenstränge eine Schneise durch die Eilenriede zu schlagen. Das erste Dutzend (!) Entwürfe von Georg Ludwig Friedrich Laves (1788–1864) hingegen projektierte den Bahnhof schon an der heutigen Stelle. Der Oberhofbaurat sah gleichzeitig die komplette Umgestaltung der hannoverschen Altstadt vor, um einen geraden Straßenzug vom mittleren Bahnhofsportal entlang der Marktkirche bis zur Waterloosäule anzulegen. Außerdem plante er die Anlage eines Kopfbahnhofs, wie sie in anderen großen Städten üblich waren. Hier musste die Lokomotive vor der Weiterfahrt eines Zuges „Kopf machen", also umgespannt werden. Schließlich entschied man sich in Hannover weitsichtig, das Empfangsgebäude nach dem Vorbild des englischen Bahnhofs Derby praktischerweise parallel zu den Gleisen zu errichten. Somit bekam Hannover nach Karlsruhe die zweite große Durchgangsstation auf dem europäischen Festland.

Hinter dem Empfangsgebäude überdachte eine hölzerne Halle einen langen, breiten Bahnsteig, an dem die Züge aus Richtung Ost und West aufeinandertrafen. Ungeachtet der Anlage als Durchgangsstation endete die Fahrt zunächst immer in Hannover, wo Fernreisende umsteigen mussten. Erst 1851 legte ein von Berlin nach Köln durchgehender Schnellzug, der seine 600 Kilometer lange Strecke in 16 Stunden bewältigte, in der Leinemetropole nur noch einen Zwischenstopp ein. Rollten anfangs pro Richtung drei bis vier Züge täglich, nahm der Zugverkehr rasch zu. 1853 gingen bereits allein nach Braunschweig täglich 26 Züge ab.

Bald sprengte der zunehmende Personen-, Güter-, Werkstätten- und Rangierverkehr die vorhandenen Kapazitäten. Ab 1868 entstanden am Stadtrand verschiedene Rangier- und „Producten-"(Güter) Bahnhöfe, ohne den „Centralbahnhof" dauerhaft zu entlasten. Während 1871 bereits ein Teil der ersten, zu klein gewordenen Bahnhofsanlagen abgerissen wurde, stritten Vertreter der zuständigen, mittlerweile in Berlin ansässigen Behörden und die Stadt Hannover noch vehement um eine neue Konzeption. Aus der Hauptstadt kamen die Vorschläge, den Bahnhof komplett an den östlichen Stadtrand zur Eilenriede hin zu verlegen oder ihn an alter Stelle in größeren Dimensionen neu zu errichten. Der 1872 errichtete Neorenaissancebau der Eisenbahndirektion an der Südostseite des Ernst-August-Platzes gab einen Vorgeschmack auf die Berliner Vorstellungen. Er weckte heftigen Missmut in der Provinz und verschärfte den Streit um eine angemessene Bahnhofslösung. Verwaltung und Einwohner Hannovers nämlich wollten den Bahnhof, der sich in kürzester Zeit zum Schrittmacher von Handel und Verkehr entwickelt hatte, im Herzen ihrer Stadt behalten. Allerdings sollte eine Höherlegung der Gleise das zunehmende Verkehrschaos von Straßen-, Personen-, Güter- und Rangierverkehr beheben. Angesichts des entschiedenen Auftretens an der Leine – 1874 nahmen 6 500 Hannoveraner an einer öffentlichen Versammlung zum Bahnhofsumbau teil – fügte sich der Berliner Mi-

LOKOMOTIVE(N) DES FORTSCHRITTS: DIE EISENBAHN

nister für Handel, Gewerbe und öffentliche Arbeiten diesen Wünschen.

EIN NEUES STADTZENTRUM ENTSTEHT

Während ein provisorischer Bahnhof auf der Bult vorübergehend den Personenverkehr abwickelte, konzipierte Hubert Stier das neue, zwischen 1875 und 1879 erbaute Gebäude. Sein Rundbogenstil und die Backsteinsichtigkeit seiner Außenmauern entsprachen den örtlichen Gepflogenheiten, denn die Architektur der „Hannoverschen Schule" des 19. Jahrhunderts verzichtete bewusst auf einen Außenputz, der die Konstruktionsweise der Bauten verschleierte. Entsprechend seiner Bedeutung als zentrale Bahnstation entwarf Stier einen schlossartigen Bau mit mächtigem Mitteltrakt. Lange, etwas niedrigere Zwischenbauten verbinden ihn mit (in der Höhe dem Mittelbau angeglichenen) seitlichen Pavillons. Der östliche Eckbau beherbergte den reich dekorierten Kaisersaal für allerhöchsten Besuch. Deshalb ist die Front an der Südostseite im Vergleich zum Nordpavillon aufwendiger gestaltet. Trotz der Polemik gegen die kurz zuvor errichtete Eisenbahndirektion als „Berliner Renaissanceimport" erhielt auch der neue hannoversche Hauptbahnhof Verzierungen im Neorenaissancestil, zum Beispiel am Baldachin vor dem Ostpavillon oder an den Kanten der umlaufenden Balustraden vor den niedrigen Zeltdächern, wenngleich in eher zurückhaltenderer Form.

Der Grundrissgestaltung an der vorderen Schauseite war eine feste Grenze gesetzt, denn das 1861 aufgestellte Reiterdenkmal König Ernst Augusts durfte nicht um ein Jota versetzt werden. An der Rückseite hatten die Planer deutlich mehr Spielraum. Hier

Hauptbahnhof Hannover mit bauzeitlicher Hochbahnbrücke

238 LOKOMOTIVE(N) DES FORTSCHRITTS: DIE EISENBAHN

Heutige Einbettung des Hauptbahnhofs in die Innenstadt von Hannover

konnten sie das Areal des heutigen Raschplatzes überbauen, denn die dort vorhandene Eisenbahn-Hauptwerkstätte wurde nach Leinhausen verlegt und das frei gewordene Areal dem neuen Hauptbahnhof zugeschlagen. Es entstanden zwei rundbogig gewölbte Bahnsteighallen aus Eisen und Glas mit einer Spannweite von 37 und einer Länge von 165 Metern. Sie überdachten vier Bahnsteige mit sieben Gleisen für den Personenverkehr sowie ein in der Mitte durchlaufendes Gütergleispaar. Der Bahnsteig, an dem die Züge der wichtigen Verbindung Berlin–Köln einliefen, war breiter als die anderen ausgeführt und mit einer Speisehalle sowie zwei Aborten ausgestattet.

Die Bahnhofsgleise sowie die innerstädtisch verlaufenden Gleise für den Personenverkehr wurden zwischen der heutigen Stöckener Straße im Westen und der Bultstraße im Osten nach dem Vorbild einer kurz zuvor in New York entstandenen Hochbahn um 4,50 Meter angehoben; 22 Unterführungen und zwei Fußgängerbrücken sorgten für freien Verkehrsfluss auf der Straßenebene. Weitere Unter- und Überführungen ersetzten Kreuzungen von Straßen mit Güter- und Rangiergleisen. Berlin, Dresden, Hamburg und andere Großstädte ahmten dieses ingenieurtechnische Meisterwerk bald nach; in Nordamerika hieß es sogar „Hanover System". 1910 wurden die Gleisanlagen des Hauptbahnhofs erneut nach Norden hin erweitert und von einer dritten, in moderner Stahlbauweise ausgeführten Bahnsteighalle überdacht. Den unmittelbar im Nordosten an das Empfangsgebäude angrenzenden gemauerten Straßendurchlass ersetzte jetzt eine Eisenkonstruktion.

Auf dem großen Bahnhof an der wichtigen Ost-West-Achse machten die jeweils modernsten Lokomotiven und Waggons Station. Dazu gehörten auch die ersten sogenannten D-Züge, deren Durchgangswagen mit geschlossenen Übergangsbrücken seit 1893 das Flanieren durch den ganzen Zug während der Fahrt erlaubten. Ab 1933 hielten die dieselgetriebenen Schnellzüge „Fliegender Hamburger" bzw. „Fliegender Kölner" in Hannover. 1935 stellte ein Personenzug mit Dieseltriebwagen zwischen Hannover und Berlin-Charlottenburg mit einer Reisegeschwindigkeit von 132,5 Stundenkilometern einen Weltrekord auf.

Vor der Anlage des Bahnhofs war die Calenberger Neustadt, die 1824 mit der Altstadt vereinigt worden war, das Tor nach Hannover gewesen. Die Kutschen des Fernverkehrs entließen ihre Fahrgäste an der Poststation in der Calenberger Straße, in deren Umkreis die besten Hotels der Stadt auf sie warteten. Seit der Bahnhof errichtet und die Post 1851 in seine Nähe verlegt worden waren, blühte die Ernst-August-Stadt auf. Dieser an den Bahnhof heranreichende Stadtteil zwischen Steintor, Georgstraße und Aegidientorplatz war ab 1830 als bürgerliches Wohnquartier entstanden und wandelte sich seit der Mitte des 19. Jahrhunderts zum noblen Geschäfts- und Bankenviertel. Rund um den Ernst-August-Platz eröffneten etliche hochherrschaftliche Hotels, denn viele Fernreisende unterbrachen die strapaziösen und langen Eisenfahrten für eine Nacht in Hannover. Bald gesellten sich Kaffeehäuser, Restaurationen, Bierkeller und Vergnügungslokale hinzu, die auch die einheimische feine Gesellschaft ausgiebig frequentierte. In dem durch die innerstädtischen Bahnanlagen davon abgeschnittenen Teil „hinterm Bahnhof" siedelten sich Fabriken, insbesondere der Eisenindustrie, an. Dazu entstanden ein Wohnquartier für „kleine Leute" und ein Rotlichtviertel. Schnittpunkt beider Welten und während der Inflations- und

Nachkriegsjahre Drehscheibe eines schwunghaften Schwarzhandels waren die Bahnhofshalle und der Ernst-August-Platz.

1936 war im Westflügel des Empfangsgebäudes ein Luftschutzbunker eingerichtet worden, dem kurze Zeit später ein großer Tiefbunker unter dem Ernst-August-Platz folgte. Er bot während des Zweiten Weltkriegs Zuflucht vor den alliierten Bombardements. Als in der Nacht vom 8. auf den 9. Oktober 1943 die Innenstadt fast gänzlich in Schutt und Asche sank, wurde auch der Bahnhof schwer getroffen. Nach vier Tagen rollte der Verkehr wieder über ein notdürftig instand gesetztes Gleis. Vom Empfangsgebäude überstanden nur die Umfassungsmauern die Bombenabwürfe. Ihrer behutsamen Wiederherstellung ist es zu verdanken, dass der Hauptbahnhof – zusammen mit den beiden seitlich gelegenen Straßenunterführungen – noch heute als „Muster aller neuern Bahnhofsanlagen" (Meyers Konversations-Lexikon von 1888) erlebbar geblieben ist.

▸ Hannover-Mitte, Ernst-August-Platz 1.
▸ Das Gebäude lässt sich auf öffentlichen Wegen gut besichtigen. Die Eingangshalle im Mitteltrakt ist frei zugänglich.
▸ Problemlos erreichbar mit vielen Linien des Nah- und Fernverkehrs.

BAHNHOF IN LEHRTE

Im Oktober 1843 wurde als erstes Teilstück der hannoverschen Eisenbahnen der Streckenabschnitt von der Residenzstadt Hannover nach Lehrte feierlich eröffnet. Nach der prinzipiellen Entscheidung, Lehrte zu einem Eisenbahnknotenpunkt auszubauen, entwickelte sich das kleine Bauerndorf mit wenigen Hundert Einwohnern zum Zentrum des gesamten hannoverschen Schienennetzes.

Der neue Bahnhof entstand in der Feldmark zwischen Lehrte und Aligse auf einer sumpfigen Heidefläche, die zuvor kaum landwirtschaftlich genutzt worden war. Hier war das Bauland günstig und das Terrain so flach, dass es die notwendigen Erdarbeiten nicht unnötig erschwerte. Weil sich durch die Grundstücksverkäufe an die Eisenbahngesellschaft die Verteilung der bäuerlichen Nutzflächen grundlegend änderte, führte die Gemeinde in einem Schwung mit dem Bahnbau auch Verkoppelungen und Gemeinheitsteilungen durch und legte bislang verstreute Flurparzellen der einzelnen Höfe zusammen.

Nach dem Vorbild der belgischen Kreuzungsstation Mecheln entstand zwischen den Gleisen der beiden vorbeiführenden Trassen ein sogenannter Inselbahnhof. Zunächst mussten sich Reisende bei einer Zwischenstation in Lehrte in einer provisorisch aufgestellten Marktbude stärken. 1847 war dann nach dreijähriger Bauzeit das Empfangsgebäude als erstes im Königreich fertig. Der Entwurf stammte von Ferdinand Schwarz, einem Schüler Karl Friedrich Schinkels (1781–1841), die Bauleitung hatte der später berühmt gewordene Architekt Conrad Wilhelm Hase (1818–1902). Das Gebäude ist bis heute weitgehend in seiner ursprünglichen Gestalt erhalten. Da es in dieser frühen Phase noch keinen eigenen Bahnhofsbaustil in Deutschland gab, orientierte sich der Entwurf des symmetrischen Putzbaus in klassizistischen Formen an der zeitgenössischen herrschaftlichen Architektur. Ein eingeschossiger Mittelteil wird von zweigeschossigen Kopfbauten eingerahmt. Diese waren ursprünglich nur drei Fensterachsen lang, mussten wegen Platzmangels aber schon bald auf sieben Fensterachsen erweitert werden. Die Fenster der Kopfbauten sind von schlichter, rechteckiger Form, während der Mittelteil Rundbogenöffnungen mit rechteckiger Umrahmung aufweist. So erzeugten die Architekten mit einfachen Mitteln eine ansprechende formale Spannung. Auf bauplastischen Schmuck hingegen verzichteten sie weitestgehend.

In bewusster Abkehr von den Schwarz'schen Entwürfen konzipierte Hase die zeitgleich errichteten Nebengebäude – unter anderem das Maschinenhaus, den Wagenschuppen mit sechs Lokomotivständen, ein Wohnhaus für den Bahnmeister mit Stallungen und Waschhaus sowie in 50 Meter Entfernung vom Hauptbahnsteig zwei Wasserstationen zwischen den Gleissträngen – bereits als backsteinsichtige Bauten, wie es für die „Hannoversche Schule" in der zweiten Hälfte des 19. Jahrhunderts dann durchgängiges Leitmotiv wurde. Leider stehen diese Gebäude nicht mehr. Ebenfalls planiert ist der einst um den Bahnhof herum angelegte Park, der mit seltenen Gewächsen aus den Königlichen Gärten in Hannover-Herrenhausen bepflanzt war. Mit einer Grotte, Springbrunnen, Goldfischteichen, einem kleinen Zoo und Militärkonzerten war er ein beliebtes Ausflugsziel. Noch immer lohnenswert ist aber neben

Bahnhof Lehrte, Träger der Bahnsteigüberdachung

der Betrachtung des Empfangsgebäudes ein Blick auf die historischen Bahnsteigüberdachungen.

Im weiteren Verlauf der Bahnstrecke von Lehrte nach Hildesheim, etwa einen Kilometer südlich der Stadt Sehnde dicht bei der Schleuse von Sehnde-Bolzum in freier Landschaft, erwartet eine weitere Rarität aus der Frühzeit der Eisenbahnarchitektur den Betrachter: ein holzverkleidetes Streckenhäuschen, wohl aus der Zeit kurz nach der Streckeneröffnung 1846. Seine Türen und Fenster laufen oben in der Form von Dreiecken aus und geben damit dem kleinen Zweckbau ein architektonisch reizvolles Gepräge. Solche Häuschen gab es vor der Höherlegung der Gleise übrigens auch im Stadtgebiet von Hannover.

In unmittelbarer Nähe des Lehrter Bahnhofs entstanden Wohnungen für Bahnbedienstete. Bald bauten hier auch Kaufleute und Handwerker, denen der wachsende Verkehr gute Verdienstmöglichkeiten eröffnete. So entwickelte sich das Gebiet um den Bahnhof neben dem alten, bäuerlichen Dorfkern um die Kirche zu einem zweiten Zentrum, dessen Architektur und soziales Leben gewerblich-kleinstädtisch geprägt war. Dieser Teil Lehrtes blühte bis zur Jahrhundertwende auf, während die Zahl der Hofstellen im alten Dorf schrumpfte. Bis zum Ende des 19. Jahrhunderts zogen der günstige Verkehrsanschluss und nahe Rohstofflagerstätten je eine Düngemittel-, Zement-, Zucker- und Chemische Fabrik an. Die Bevölkerung wuchs auf etwa 7 500 Köpfe; 1898 erhielt das Gemeinwesen die Stadtrechte. Binnen kürzester Zeit hatte die Eisenbahn Lehrte in das industrielle Zeitalter katapultiert.

Angesichts der Pionierfunktion, die Lehrte im hannoverschen Eisenbahnwesen zukam, nimmt es nicht wunder, dass sich bald gravierende Planungsfehler offenbarten. Schon 1847 schrieb ein Regierungsvertreter: „Lehrte ist und bleibt der Alp, der uns drückt". Obwohl die Planer der Bahnhofsanlagen berücksichtigt hatten, dass sie keinen Haltepunkt für ein kleines Bauerndorf, sondern einen bedeutenden Knotenpunkt und Umsteigebahnhof bauten, ahnten sie nicht, wie schnell sich die Zahl der täglichen Züge steigern und welch reger Umsteigeverkehr sich auf die Bahnsteige ergießen würde. So erwies sich der Bahnsteig etwa 140 Meter zu kurz und einige Meter zu schmal. Die Gleiskapazitäten für den Rangierverkehr reichten nicht, eine Kurve vor dem Bahnhof war zu eng genommen worden. Das Konzept des Kreuzbahnhofs war logistisch ungeschickt, denn wenn auf zwei Zweigen des Kreuzes Züge Lehrte anliefen oder verließen, sperrten sie automatisch die beiden anderen. Der anwachsende innerörtliche Verkehr stand um die Jahrhundertwende täglich 17 bis 18 Stunden vor geschlossenen Schranken. Schritt für Schritt wurden kleinere Abhilfen geschaffen, ohne die grundsätzlichen Probleme nachhaltig zu beheben: Die 1870 errichtete „Harburger Kurve" sowie eine 1906 angelegte Güterumgehungsbahn zwischen Lehrte und Seelze führten zumindest einen Teil des Bahnverkehrs an Lehrte vorbei.

Historische Postkarte vom Bahnhof Lehrte

Unterführungen sollten dem innerörtlichen Verkehr freie Fahrt ermöglichen. Sie standen jedoch oft unter Wasser und hießen deshalb im Volksmund bald „Tropfsteinhöhlen". Seit 2007 hilft östlich von Lehrte eine zusätzliche Überführung für Fernreisezüge, den Verkehr besser zu entflechten.

Lehrtes Rolle als Knotenpunkt schwand erst ab 1938 mit Inbetriebnahme der „Hasenbahn". Diese verband Hannover über Langenhagen und Burgwedel mit Celle, ohne den zeitraubenden Umweg über Lehrte zu nehmen. Aus vielerlei Gründen stockten die 1913 aufgenommenen Bauarbeiten, sodass sich ein Vierteljahrhundert lang Kaninchen auf der fast fertig gestellten Schneise tummelten. Sie wurden nur einige Male von legendären Rekordversuchen aufgeschreckt: 1928 erprobte „Raketen-Fritz" Fritz von Opel (1899–1971) auf der Hasenbahn das erste raketengetriebene Fahrzeug der Welt, seinen Einmann-Raketenwagen „Opel-Sander Rak. 3", den er auf schätzungsweise Tempo 254 hochjagte (exakte Messvorrichtungen gab es damals noch nicht). Der Luftschiffingenieur Franz Kruckenberg (1882–1965) beschleunigte hier 1931 seinen Schienenzeppelin, den er in einer kleinen Halle des Ausbesserungswerks Leinhausen gebaut hatte, auf immerhin 205 Stundenkilometer.

▸ Lehrte, Bahnhofstraße 50.
▸ Durch die Fußgängerunterführung zu den Bahnsteigen.
▸ Bahnhof Lehrte (S 3, RB, RE).

BAHNHOF IN WUNSTORF

1837 unterrichtete die Landdrostei Hannover die Wunstorfer Stadtväter von der preußischen Anfrage, eine Bahn zwischen Ost und West zu errichten. Sollte diese gebaut werden, würde sie höchstwahrscheinlich über Wunstorf in die hessische Grafschaft Schaumburg führen. Die Vorläuferbehörde des späteren Landkreises bat, dass der Magistrat „diesen Gegenstand sorgfältig prüfe und Uns

Bahnhof Wunstorf

seine gutachtliche Ansicht baldthunlichst vorlege." Einstimmig begrüßten die Zuständigen die Anfrage: Das gewerblich wenig entwickelte Landstädtchen lag abseits der Hauptverkehrswege und war nur durch eine zerfahrene Chaussee mit Hannover zur einen und dem schaumburgischen Hagenburg zur anderen Seite verbunden. Eine Eisenbahn würde sicherlich Handel und Verkehr beleben, Grundbesitzer könnten von dem Verkauf der für die Bahnanlagen nötigen Flächen profitieren, Handwerker und Tagelöhner neue Einnahmequellen erhalten. Zehn Jahre lang mussten sich die Wunstorfer gedulden, bis sie 1847 als Eisenbahnstation an der Linie Berlin–Hannover–Minden Anschluss an die große, weite Welt erhielten. Zu ihrer Enttäuschung lag der Bahnhof nicht mitten in der Stadt, sondern in der Luther Feldmark. Das 1848 fertig gestellte, stattliche Empfangsgebäude wurde wegen der in Wunstorf abzweigenden Strecke nach Bremen als sogenannter Trennungsbahnhof inmitten der Gleisanlagen positioniert. Wie bei dem nur wenig älteren Bahnhof in Lehrte zeichneten Ferdinand Schwarz für den Entwurf und Conrad Wilhelm Hase für die Ausführung verantwortlich. Alle Beteiligten hatten aus den wohl unvermeidlichen Anfängerfehlern in Lehrte gelernt und legten den Wunstorfer Bahnhof von vornherein großzügiger aus.

Als typische Anlage aus der Frühzeit der deutschen Eisenbahn erinnert das klassizistische, streng symmetrisch gehaltene und verputzte Empfangsgebäude eher an ein Schloss als an einen profanen Zweckbau. Anders als in Lehrte umrahmen die beiden zweigeschossigen Kopfbauten einen fast ebenso hohen Mittelbau. Lediglich die kurzen, zwischen diesen dominanten Baukörpern gelegenen Bereiche des Gebäudes mit ihren großen Rundbogenöffnungen sind eingeschossig. Zinkdächer überdachten die Perrons an beiden Längsseiten des Bahnhofsgebäudes. Weil sie viel Licht schluckten, erhielten die Wartesäle im mittleren Baukörper durch dessen Höhe Licht von oben. Von den Wartehallen aus führten zu beiden Seiten Türen auf die Bahnsteige. Wurden sie geöffnet, zog es allerdings in den Sälen. Deshalb gingen die

LOKOMOTIVE(N) DES FORTSCHRITTS: DIE EISENBAHN

Bahnhof Wunstorf, um 1900

Reisenden meist durch die mittleren Vorhallen zu ihren Zügen. Auf dem in Richtung Hannover gelegenen Bahnsteig befanden sich äußerst komfortable Aborte für Damen und Herren. In den Latrinen dieser „Retiraden" standen Fässer, sodass die Mauern der Gruben weder beschmutzt wurden noch Geruch annahmen. Ein Seilzug an den Türen der Aborte schloss bei deren Öffnen den Deckel der Toilette.

Wunstorfs Hoffnungen erfüllten sich. Zahlreiche Personen- wie auch Güterzüge machten vor Ort Station; Ausflügler zum Steinhuder Meer stiegen hier in eine Kleinbahn um. Infolge der deutschen Spaltung verlagerte sich jedoch der Hauptverkehrsstrom der Bundesrepublik von Süd nach Nord. Damit reduzierte sich der Umsteigeverkehr und Wunstorf verlor an Bedeutung. Doch noch immer benutzten den Bahnhof 1956 im Tagesdurchschnitt 7 000 Menschen, darunter 4 000 Berufspendlerinnen und -pendler. Dies führte zu Konflikten mit dem Straßenverkehr. 1967 zählte der Stadtrat zwischen 6 Uhr und 19 Uhr 7 500 Pkw auf der innerörtlich verlaufenden Bundesstraße 441. Auf der kreuzenden Bahnstrecke Hannover–Bremen donnerten in der gleichen Zeit 197 Züge entlang. Deshalb waren die Schranken insgesamt

LOKOMOTIVE(N) DES FORTSCHRITTS: DIE EISENBAHN

Bahnhof Wunstorf, Fassadenverzierung

4 Stunden 21 Minuten geschlossen. Abhilfe schuf eine Hochstraße über die Bahnlinie.

Die Kopfbauten des Bahnhofs haben ihre ursprüngliche Kubatur mit drei Fensterachsen zu den Gleisseiten hin bis heute behalten und zeigen somit annähernd die Gestalt, die auch der Bahnhof von Lehrte einmal hatte. Wie dort gibt es in Wunstorf unter den Traufzonen dieser beiden Gebäudeenden noch ein Halbgeschoss mit kleinen quadratischen Fenstern als oberem Abschluss der Fensterachsen – ein ausgesprochen dekoratives Architekturmotiv. An ihren Stirnseiten haben die Kopfbauten als Schmuck besonders betonte Rundbogenstellungen, ansonsten weisen sie schlichte Rechteckfenster auf. Bei dem zwischen 1986 und 1988 gründlich restaurierten Gebäude lohnt eine genauere Betrachtung der überall zu findenden Zierdetails: aufwendig gestaltete, rundbogige Oberlichter sowie, direkt daneben, aus kreisrunden Öffnungen schauende Frauen- und Männerköpfe, ganz deutlich der italienischen Renaissance entlehnt.

▸ Wunstorf, Hindenburgstraße 58.
▸ Durch die Fußgängerunterführung zu den Bahnsteigen.
▸ Bahnhof Wunstorf (S 1, S 2, RB, RE).

LOKOMOTIVE(N) DES FORTSCHRITTS: DIE EISENBAHN

DOPPEL-RINGLOKSCHUPPEN IN HANNOVER-BULT

Wer der Bultstraße vom Braunschweiger Platz kommend nach Westen folgt, trifft im Einmündungsbereich der Stadtstraße auf ein großes Bauwerk, das auf den ersten Blick wie eine antike Arena anmutet: ein 1902 errichteter und 1907 erweiterter Ringlokschuppen. Seine Außenwand aus rotem Backstein ruht auf einem hohen Sockel aus Sandsteinen der gleichen Farbe. Der Grundriss des Gebäudes beschreibt die Form eines Viertelkreises. Sein an das Altertum erinnerndes Gepräge erhält es durch hohe Rundbogenöffnungen zur Belichtung der einzelnen Lokomotivstände. Über einem Ziergesims aus Back- und Natursteinen bildet ein niedriges Halbgeschoss mit paarweise angeordneten kleinen Segmentbogenfenstern den oberen Abschluss der Straßenfassade.

Nicht von der Straße, wohl aber aus einem vorbeifahrenden Zug auf der Strecke Hannover–Lehrte ist unmittelbar westlich des Bauwerks ein zweiter, halbkreisförmiger Lokschuppen auszumachen. Er wurde bereits 1897 bis 1901 erbaut und trägt daher die Bezeichnung „Schuppen I". Seine im Vergleich zum Nachbarn wesentlich schlichtere Außenwand besteht aus einer mit Backsteinen ausgefachten Eisenfachwerk-Konstruktion. Die selten vorkommende Anordnung zweier großer Rundschuppen direkt nebeneinander bildet einen hochinteressanten Anblick.

Die Ursprünge des östlich des hannoverschen Hauptbahnhofes liegenden Betriebswerks („Bw") mit den beiden Lokschuppen reichen bis etwa 1877 zurück. Zu dieser Zeit brauchte die Bahn mit der Höherlegung der Gleise im Stadtgebiet neu gestaltete Abstellanlagen für das rollende Material. Der hohe Natursteinsockel des östlichen Schuppens II zeugt eindrucksvoll vom baulichen Aufwand, den man für die Beseitigung der Hannover durchziehenden Gleisbarriere leisten musste.

Wie andere Betriebswerke erfüllte auch das Betriebswerk Hannover-Ost verschiedene Aufgaben. Hier wurden Lokomotiven abgestellt, die sich nicht im Einsatz befanden, außerdem führten die Arbeiter des Betriebswerks kleinere Instandhaltungsarbeiten durch. Sie befreiten die Kessel von den Brennrückständen, befüllten die Tender für ihre nächste Fahrt mit Kohlen und Wasser und heizten die Loks vor. Die Lokomotiven liefen das Betriebswerk zudem an, um auf einer der beiden Drehscheiben für eine Änderung der Fahrtrichtung in Position gebracht zu werden. Außer Lokschuppen, Drehscheiben, einem Lager für 3 500 Tonnen Kohle, Werkstatt und Materiallager gehörten Verwaltungsräume sowie eine Übernachtungsmöglichkeit für Zugbegleiter zum Betriebswerk.

Wo heute noch einige Elektrolokomotiven sowie einzelne Nahverkehrstriebwagen und Rangierdiesellloks auf ihre nächsten Einsätze warten, befand sich bis zur Mitte des 20. Jahrhunderts eine hochrangige Einsatzstelle für bis zu 60 der jeweils modernsten Schnellzugdampfloks. Fast 40 Jahre lang beheimatete das Betriebswerk größere Stückzahlen der Baureihe 01, also der klassischen deutschen Schnellzugdampflok schlechthin. Eigens für diese imposanten Dampffresser mussten die Abstellstände in und die Drehscheiben vor den Schuppen 1927 vergrößert werden. Damals erhielt auch die Bekohlungsanlage einen Brückenkran.

LOKOMOTIVE(N) DES FORTSCHRITTS: DIE EISENBAHN

Doppel-Ringlokschuppen im Gleisdreieck an der Bultstraße

LOKOMOTIVE(N) DES FORTSCHRITTS: DIE EISENBAHN

Ringlokschuppen Bult, 1993

Aktuelle Ansicht des Ringlokschuppens

Als die Streckenelektrifizierung 1963 Hannover erreichte, wurde Schuppen I für die die neuen E-Loks umgerüstet. Eine Schuppenspannungsprüfanlage testete die Funktionen aller elektrischen Apparaturen auf der Lok, eine neu errichtete Bühne erlaubte die Begutachtung der Dachausrüstung. Schuppen II blieb zunächst Domizil der verbleibenden Dampfloks. Bis 1966 verließen sie das Betriebswerk Hannover-Ost, an ihrer Stelle kamen Dieselfahrzeuge in seine Obhut. Damit waren das Kohlenlager mit seinem Brückenkran und seinen Kohlenbunkern, die Ausschlackgruben und die Wasserkräne hinfällig und wurden demontiert.

▸ Hannover-Bult, Bultstraße 16.
▸ Das Betriebsgelände der Deutschen Bahn AG ist nur von außen zu besichtigen.
▸ Stadtbahnlinie 4, 5,6, 11, Buslinie 128, 134, Haltestelle Braunschweiger Platz, ab dort ca. 300 m zu Fuß der Bultstraße folgen.
▸ Fahrplanauskunft unter www.gvh.de

AUSBESSERUNGSWERK IN HANNOVER-LEINHAUSEN

Weil den städtischen Handwerkern die Fachkenntnisse für die Instandsetzung von Lokomotiven, Waggons oder Weichen fehlten, setzte sich die Eisenbahndirektion über die bestehenden Zunftordnungen hinweg und schuf 1842 eine eigene Königliche Eisenbahn-Hauptwerkstätte. Baute diese anfangs noch Personenwaggons, war sie ab den 1860er-Jahren mit der Reparatur von Lokomotiven, Waggons und Weichen vollends ausgelastet.

Die erste Remise lag einige Hundert Meter entfernt vom Bahnhof am Schiffgraben. Mit dem Bau des hannoverschen Hauptbahnhofs zog sie in dessen unmittelbare Nähe auf dem Gelände des heutigen Raschplatzes und wurde im Laufe der Zeit mehrfach vergrößert. 1875 musste sie dem Neubau des Hauptbahnhofs und der Anhebung der Bahngleise weichen. Einen neuen Standort für ihre Hauptwerkstätte in akzeptabler Entfernung vom Bahnhof, unmittelbarer Nähe zu einem Schienenstrang und mit ausreichend Platz für mögliche zukünftige Erweiterungen fand die Eisenbahndirektion auf der grünen Wiese zwischen den bis 1891 bzw. 1907 selbstständigen Gemeinden Herrenhausen und Stöcken. Nach langwierigen Verhandlungen mit den ortsansässigen Bauern, die ihr Land lieber für den Bau gediegener Villen statt für eine laute Fabrik mit qualmenden Schloten hergegeben hätten, erwarb die Eisenbahndirektion hier ein Areal von gut 65 Hektar Größe.

Bis 1878 entstand ein Werk mit knapp 1 000 Arbeitsplätzen. Es verfügte über eine Lokhalle mit 31 Ständen und einer motorisierten Drehscheibe, eine Dreherei, eine Hammerschmiede, ein Maschinenhaus, zwei Kesselhäuser, eine Kompressorenstation und eine Wasserstation. In der Wagenwerkstätte fanden 19 defekte Personen- oder Güterwaggons gleichzeitig Platz. Hinzu kamen Ersatzteillager, eine Korbmacher- und eine Böttcherwerkstatt, je eine Lackiererei und Sattlerei sowie Verwaltungsgebäude. Bis 1882 wurden eine zweite Lokhalle, eine Kupferschmiede, eine Klempnerei und eine Kesselschmiede in Betrieb genommen und die Abteilung für den Weichenbau erweitert. Ständig vergrößert und modernisiert, erhielt das Werk unter anderem 1909 einen imposanten Wasserturm mit einem kugelförmigen Behälteraufsatz und 1912 eine Eisengießerei mit zwei hochofenähnlichen Kupolöfen zur Herstel-

Wasserturm des Ausbesserungswerks Leinhausen

lung von Gusseisen. Wenig Augenmerk legte die Eisenbahndirektion auf den Materialtransport innerhalb des Werks. Die Hallenböden waren mit ausrangierten Weichenplatten bedeckt und machten den Männern das Hantieren mit Schub- und Handkarren schwer. Für Rangierarbeiten und das Einfahren schwerer Fahrzeuge wurde ein Pferd angespannt. Eine kurzzeitig installierte Hängebahn wurde bereits 1920 wieder abgebaut, weil sie den Fahrzeugverkehr zu sehr behinderte.

Ein Drittel des Areals war für eine Werkssiedlung reserviert worden. 1876 waren die ersten Doppelwohnhäuser für insgesamt 74 Familien bezugsfertig. Die Kommune Herrenhausen weigerte sich jedoch, diese „Colonie Leinhausen" einzugemeinden. Selbst nur 1 200 Seelen groß, fürchtete sie, dass sich von den erwarteten 3 000 Kolonistinnen und Kolonisten viele als „unvermögende Elemente" entpuppen und in Notzeiten die Gemeindekasse belasten würden, zu deren Auffüllung sie kaum durch üppige Steuern beitragen dürften. Derart abweisend empfangen, verzichtete die Eisenbahndirektion auf eine Eingemeindung ihrer Arbeiterkolonie und beantragte bei den zuständigen Berliner Ministerien die Einrichtung eines politisch selbstständigen Gutsbezirks. Bis 1928 behielt die „Colonie Leinhausen", aus der einer der kleinsten hannoverschen Stadtteile hervorging, ihre Eigenständigkeit innerhalb des damaligen Landkreises Hannover – samt der damit einhergehenden Kuriosität, dass der Leiter des Ausbesserungswerkes zugleich der zuständige Standesbeamte der „Colonie" war. Die Häuschen vermieteten sich zunächst schlecht. Viele Eisenbahnerfrauen wollten ihren Arbeitsplatz in Hannover nicht aufgeben, außerdem fehlte es an Einkaufsmöglichkeiten für den täglichen Bedarf. Mit der Einrichtung eines dreimal täglich pendelnden Zuges in die Stadt und der Gründung eines eigenen Konsumvereins füllte sich die Kolonie mit Leben. Bis 1895 wurde sie auf über 450 Wohnungen erweitert.

Mit dem Werk wuchs die Belegschaft. 1928 war Leinhausen mit etwa 5 000 Beschäftigten das größte Ausbesserungswerk („AW") der Deutschen Reichsbahn-Gesellschaft. Doch kurz darauf verursachte die Weltwirtschaftskrise einen erheblichen Abbau von Aufgaben und Personal; 1932 stellte man die Ausbesserung von Dampflokomotiven ganz ein. Immerhin blieb dem Werk der Unterhalt der damals recht modernen Akku-Triebwagen der Reichsbahn. Im Zweiten Weltkrieg wurde die Lokomotivausbesserung wieder aufgenommen und bis 1953 weitergeführt. Dann begann im AW Leinhausen ein großes Modernisierungsprogramm für alte Eisenbahnwagen aus der Zeit der Länderbahnen vor 1920. Unter Verwendung alter Fahrgestelle entstanden neue drei- und vierachsige

Magazingebäude des Ausbesserungswerks

Personenwagen, später wurden komplett neue Nahverkehrswagen mit einer Außenhaut aus rostfreiem Stahl gefertigt. Zu Beginn der 1990er-Jahre zeichnete sich das Ende des traditionsreichen Werkes ab, seine endgültige Schließung erfolgte Ende 2002. Ein neues Leben bescherte ihm – nach dem Abbruch vieler alter Hallen und Lagergebäude – die Umwandlung zu einem Betriebshof für Fahrzeuge der hannoverschen Verkehrsbetriebe (üstra) und für die zur Weltausstellung Expo 2000 neu in Dienst gestellten S-Bahn-Triebwagen der Deutschen Bahn AG.

Vor allem im Bereich des Haupteingangs haben sich bedeutende Reste des alten Werkes erhalten, die einen Eindruck von seiner einstigen Größe vermitteln. Der Besucher erreicht sie am besten durch die Bremer Straße, die durch ein Wohnviertel führt, das die 1959 abgebrochenen Siedlungsbauten der „Colonie" ersetzt. Bereits von fern ist der Wasserturm auszumachen. Er wird teilweise von dem großen Backsteinbau des noch im 19. Jahrhundert entstandenen Speisehauses, der früheren Werkkantine öst-

LOKOMOTIVE(N) DES FORTSCHRITTS: DIE EISENBAHN

hender Pforte von außen zugänglich. Die größtenteils neu gebauten Werkstatthallen nördlich davon sind unzugängliches Betriebsgelände.

▸ S-Bahnlinie S1, S2 oder Stadtbahnlinie 4, 5, Haltestelle Bahnhof Leinhausen, ab dort zu Fuß der Stöckener Straße in nördlicher Richtung folgen, die nach ca. 300 m abzweigende Bremer Straße führt direkt zum Haupteingang des Werkes.

RANGIERBAHNHOF IN SEELZE

Zwischen Seelze und seinem östlich gelegenen Stadtteil Letter erstreckt sich auf einem Areal von mehr als 4 Kilometer Länge und 400 Meter Breite der nach Maschen in der südlich von Hamburg gelegenen Gemeinde Seevetal zweitgrößte Rangierbahnhof Norddeutschlands. Von 1906 bis 1909 angelegt, ergänzte er die Güterumgehungsbahn, die seit 1904 den Eisenbahnfrachtverkehr von Misburg über Linden und Seelze nach Wunstorf an die Hauptverkehrsachsen nach Westfalen und Bremen anband, ohne die stadthannoverschen Bahnhöfe zu berühren. Auf der Großbaustelle waren Hunderte von Italienern, Kroaten und Polen beschäftigt, von Gastwirten erfreut, von anderen Einheimischen misstrauisch aufgenommen.

Zunächst hatte der Rangierbahnhof bei Wunstorf entstehen sollen. Nachdem die Eisenbahndirektion mit den dortigen Landwirten keine Einigung über den notwendigen Bodenverkauf erzielt hatte, erwarb sie mehr als 30 Hektar Land in den Gemarkungen der Bauerndörfer Seelze, Letter und Harenberg. In Seelze und Letter verdoppelte sich zwischen 1905 und 1925 die Zahl der Einwohner durch die zuziehenden Eisenbahner. Sie arbeiteten nicht nur auf den Seelzer Bahnanlagen, sondern auch im Ausbesserungswerk Hannover-Leinhausen, das sie in einem halbstündigen Fußmarsch erreichten. Mit einem Schlag wurden Seelze und Letter neben Lehrte die bedeutendsten Eisenbahnerwohnorte weit und breit. Davon zeugt heute unter anderem das pittoresk wirkende Wohnhaus in der Lange-Feld-Straße 117/119 in Letter. Sein Erdgeschoss wurde mit Backsteinsichtmauerwerk, sein Obergeschoss mit geputzten Außenwänden errichtet. Als besonderen Schmuck erhielt es – dem Zeitgeschmack um 1900 entsprechend – an seinen beiden Enden hohe Giebel mit Zierfachwerk. Stilistisch ähn-

lich des Werktors verdeckt. Besonders eindrucksvoll sind die beiden etwa 1885 nach einem Entwurf des Architekten Ludwig Schwering (geb. 1846) errichteten dreigeschossigen Magazingebäude westlich des Werkseinganges. Ihre von großen Segmentbogenfenstern durchbrochenen Backsteinfassaden sind reich durch Zierfriese und Lisenen untergliedert; Ecktürmchen und hohe Giebelaufsätze in den Gebäudemitten verleihen diesen Nutzbauten einen repräsentativen Charakter. Etwas bescheidener in seiner Formensprache ist das im inneren Bereich des Werks nahe beim Wasserturm stehende Verwaltungsgebäude. Es wurde etwa 1880 als zweigeschossiger Bau mit paarweise angeordneten Rundbogenfenstern errichtet und erhielt 1920 ein aufgesetztes drittes, niedrigeres Geschoss mit jeweils drei nebeneinander liegenden Rundbogenfenstern. Weiter westlich, in einigem Abstand von den genannten Gebäuden und am besten von der Fuhsestraße aus zu erkennen, stehen noch Teile der ersten Lokrichthalle aus den 1870er-Jahren mit kunstvoll ausgearbeiteten Ziergiebeln.

▸ Hannover-Leinhausen, Einbecker Straße.

▸ Die historisch interessanten Gebäude beim Hauptportal sind bei offen ste-

LOKOMOTIVE(N) DES FORTSCHRITTS: DIE EISENBAHN

Verwaltungsgebäude Rangierbahnhof Seelze

Werkstatt Rangierbahnhof Seelze

lich, jedoch wesentlich monumentaler ist die ehemalige „Übernachtung" für Eisenbahner mit einstmals 76 Schlafräumen in der Lange-Feld-Straße 121. Ein so großes Heim war nötig, weil auf Güterzügen mit Lokführer, Heizer, Bremsern und Ölern etwa acht Mann mitfuhren. Seit 1979 beherbergt das frühere Übernachtungsheim die Verwaltung des Rangierbahnhofs. Das frühere, deutlich kleinere Verwaltungsgebäude, erkennbar am Uhrtürmchen auf seinem Dach, liegt unweit davon inmitten der Gleise des Rangierbahnhofs („Rbf").

Dort liegt auch ein Bahnbetriebswerk („Bw"), das die Dampflokomotiven instand hielt und mit Wasser und Kohle versorgte. Sein Rundschuppen beherbergte anfangs 24 Lokomotiven für den Güterverkehr. Im Laufe der Jahrzehnte entstanden weitere Schuppen und Abstellplätze unter freiem Himmel für Lokomotiven verschiedenster Baureihen, dazu Drehscheiben, Werkstätten und ab 1922 ein Wasserturm. Die ältesten Loks aus den preußischen Baureihen G 3 bis G 5 zogen 900 Tonnen schwere Güterzüge in fünf bis sechs Stunden von Seelze in das etwa 100 Kilometer entfernte Bremen. Seit den 1920er-Jahren setzte die Reichsbahn moderne Dampfloks ein, die bis zu 2 000 Tonnen Gewicht bewegten. Den eigentlichen Rangierverkehr übernahmen preußische Tenderlokomotiven der Baureihe 94, die die Deutsche Bundesbahn ab den späten 1950er-Jahren nach und nach durch wirtschaftlichere Diesellloks ersetzte. Der Himmel über Seelze und Letter blieb aber noch eine Weile lang grau, bis die Bahn kohle- bzw. ölgefeuerte Dampfloks 1977 endgültig aus dem Verkehr zog.

Der Rangierbahnhof war auf die Abfertigung von etwa 150 Zügen mit bis zu 6 000 Güterwagen pro Tag ausgelegt worden. Die Gleise der Güterstrecke fächerten sich anfangs in über 40 Gleise auf. In den 1980er-Jahren waren daraus 56 Haupt- und 168 Nebengleise mit einer Gesamtlänge von über 120 Kilometern und über 500 Weichen geworden. Trotz laufend modernisierter Technik sind die Arbeitsabläufe auf dem Rangierbahnhof bis heute unverändert: Bahnarbeiter lösen die einlaufenden Züge auf und stellen die einzelnen Güterwaggons entsprechend ihres Zielorts neu zusammen. Dazu drückt eine schwere Rangierlok die zuvor auseinandergekoppelten Züge über eine flache Erhebung, den Ablaufberg, von wo die einzelnen Wagen im Abstand weniger Sekunden in die verschiede-

Rangiergruppe im Bahnhof Seelze

nen Richtungsgleise rollen. Die dazu notwendigen, heute rechnergesteuerten Weichen wurden ursprünglich teils elektromechanisch von einem Stellwerk aus, größtenteils aber per Hand gestellt. Auf den Richtungsgleisen wurden die Waggons abgebremst, in die Ausfahrgruppe vorgezogen und zur Weiterfahrt wieder zusammengekuppelt. Rangiert wurde rund um die Uhr; insbesondere in der Dunkelheit war die Arbeit früher äußerst gefährlich. Schwere Unfälle, bei denen Eisenbahner Gliedmaßen verloren oder zu Tode kamen, waren häufig.

Die jeweils modernste Kommunikationstechnik – Kreidemarkierungen und Flüstertüten in der Anfangszeit, Computer in der Gegenwart – unterstützt das komplizierte Puzzlespiel, die endlos langen Wagenkolonnen aufzulösen und neu zusammenzustellen. Bis zu den frühen 1980er-Jahren vermerkte ein Anschreiber das Zerlegeprogramm an dem eingefahrenen Zug und sprach es zusätzlich über eine Wechselsprechanlage auf ein Tonband. Daraus wurde ein Rangierzettel erstellt und den zuständigen Mitarbeitern, beispielsweise den Weichenstellern, per Teleschreiber übermittelt. Eine Planung der Arbeitsabläufe vor Einlaufen des Zugs war nur möglich, wenn der letzte Zugbildungsbahnhof vorab dessen Zusammensetzung und Zielorte telefonisch durchgegeben hatte.

Der technische Fortschritt zog viele Umgestaltungen der Bahnanlagen nach sich. So wich nach der 1963 erfolgten Elektrifizierung der alte Rundschuppen für die Dampflokomotiven einer modernen Halle für Elektroloks. 1978 fiel der markante, jetzt überflüssige Wasserturm. Erhalten hat sich aber noch ein Teil der alten Stellwerke für die Bedienung der Weichen, darunter eines mit Fachwerkobergeschoss bei der Ostausfahrt des Rangierbahnhofs, das vom Bahnhof Letter aus gut einzusehen ist.

Dicht beim Rangierbahnhof betrieb die überregional tätige Theis KG seit 1921 eine Schlackenverwertung. Anfangs sortierten hier 25 Mitarbeiter an Laufbändern täglich bis zu 170 Tonnen Verbrennungsrückstände aus den Lokomotivkesseln, die im Bezirk der Reichsbahndirektion Hannover anfielen. Die Schlacke bestand zu etwa einem Viertel aus brennbarem Koks, der in feinkörniger Form an Ziegeleien oder Zementwerke, grobkörnig als günstiger Hausbrand verkauft wurde. Die zurückbleibenden Reinschlacken fanden, je nach Körnung, Verwendung im Hoch- oder Wegebau sowie als winterliches Streumittel. Auch sein Verwaltungsgebäude westlich der Aufbereitungsanlage ließ das Unternehmen aus Schlackensteinen errichten. 1947 ersetzte ein hoher Betonturm, zu dem noch unterirdische Materialbunker gehörten, die im Krieg zerstörten Anlagen. Mit der Einstellung des Dampflokbetriebs wurde der Betrieb stillgelegt.

Von der die Gleise unmittelbar östlich des Rangierbahnhofs überspannenden Fußgängerbrücke aus ist der Betonturm deutlich zu sehen. Auch das Betriebsgeschehen lässt sich von dort aus gut beobachten. Insgesamt 1150 Mitarbeiter bewegen heute täglich

mehrere Tausend Wagen. Durch einen unmittelbar bevorstehenden Umbau auf modernste Computertechnik soll der Rangierbahnhof Seelze seine Kapazität verdoppeln.

▶ Seelze, südlich parallel Hannoversche Straße.
▶ Seelze-Letter, südlich parallel Lange-Feld-Straße.
▶ Das eigentliche Betriebsgelände der Deutschen Bahn AG ist unzugänglich, jedoch unter anderem von der Fußgängerbrücke beim Bahnhof Seelze gut einsehbar.
▶ Bahnhof Letter (S 1, S 2) oder Bahnhof Seelze (S 1, S 2).

„SCHNELL / SICHER / BILLIG":
DEUTSCHLANDS EINST GRÖSSTES STRASSENBAHNNETZ

SPRÜHENDE FUNKEN, SCHIEBENDE FAHRGÄSTE

Hohe Herrschaften bedienten sich in Hannover bereits im 18. Jahrhundert erster Linienverkehre. Um 1700 pendelte eine zwölfsitzige Kutsche dreimal täglich zwischen der Stadt und dem kleinen Dorf Herrenhausen, wo die regierenden Herzöge von Braunschweig und Lüneburg gerade ein Sommerschloss errichten ließen. 1846 richtete das „British Hotel" in der Calenberger Neustadt für seine Gäste einen kostenlosen ständigen Droschkenverkehr zum just in Betrieb genommenen Hauptbahnhof ein. Dieser Service half wenig; die am Bahnhof neu entstehenden Hotels machten dem renommierten Haus bald seinen Rang streitig. Eine erste öffentliche Pferdeomnibuslinie verkehrte seit 1852 zwischen dem Schwarzen Bären in Linden und dem hannoverschen Bahnhof. 20 Jahre später nahm eine private Aktiengesellschaft eine von Pferden gezogene Schienenbahn in Betrieb. Sie kutschierte Honoratioren und einfaches Volk zwischen dem Steintorplatz, einem der Verkehrsknotenpunkte der damaligen Innenstadt, und dem Döhrener Turm an der Grenze der heutigen hannoverschen Stadtteile Südstadt und Waldheim. Der Turm war im Mittelalter an der wichtigen Handelsstraße nach Hildesheim als vorgelagerte Landwehr der städtischen Befestigungsanlagen errichtet worden. Seit dem späten 16. Jahrhundert beherbergte er eine Waldschenke und war mittlerweile ein beliebtes Ausflugsziel. Vom Steintorplatz aus wurde die Strecke schon nach wenigen Monaten über den Königsworther Platz, der gerade als Exerzierplatz für die Soldaten einer nahe gelegenen Kaserne angelegt worden war, bis zu den Herrenhäuser Gärten verlängert. Zusätzlich erhielt sie vom Aegidientorplatz aus, wo die Fernstraße aus Hildesheim das Stadtgebiet erreichte, eine abzweigende Verbindung zum Süd- bzw. Localbahnhof am Bischofsholer Damm im heutigen Stadtteil Bult. Von hier aus verkehrten zwischen 1872 und 1880 die Züge der privaten Hannover-Altenbekener Eisenbahn. Damit schloss Hannover zu den großen Metropolen der Welt auf: New York hatte bereits seit 1832 eine Pferdebahn auf Schienen; Paris, Berlin und Hamburg zogen zwischen 1854 und 1866 nach. Um 1885 errichtete eine zweite private Pferdebahngesellschaft eine Strecke vom Döhrener Turm nach Wülfel, das 1907 nach Hannover eingemeindet wurde. Beide Unternehmen gingen 1892 in der „Aktien-Gesellschaft Straßenbahn Hannover" auf. In dieser Gesellschaft wurzelt das leistungsfähige Nahverkehrsnetz, das heute die Stadtteile Hannovers sowie die Städte und Gemeinden in der Region miteinander verbindet.

Straßenbahn Richtung Limmer, um den Beginn des Ersten Weltkriegs

DEUTSCHLANDS EINST GRÖSSTES STRASSENBAHNNETZ

Pferdebahn Richtung Linden, Postkarte von 1888

Seit 1893 verkehrte statt der Pferdebahn „die Elektrische" mit einem Feuerwerk von Funken, die beim Kontakt von Bügelstromabnehmer und Oberleitung stoben, zwischen dem Königsworther Platz und Herrenhausen. Den notwendigen Strom erzeugte die Straßenbahngesellschaft in einem eigenen Dampfkraftwerk auf ihrem Bahnhof an der Glocksee. Dieses speiste nicht nur die Oberleitungen der Bahn, sondern versorgte auch das Betriebsgelände des Unternehmens sowie bald darauf nahe gelegene Industriebetriebe mit Kraftstrom.

Zügig baute die Straßenbahngesellschaft ihre Schienenwege innerhalb Hannovers sternförmig aus. Das Zentrum jedoch musste sie nach dem Willen der Stadtväter von störenden Oberleitungen frei halten. Hier zogen weiterhin Pferde die Bahnen, bis die Straßenbahngesellschaft ihre Wagen 1895 mit zusätzlichen Akkumulatoren unter den Fahrgastsitzen ausrüstete. Diese wurden auf dem Betriebsbahnhof, an den Endhaltepunkten oder auf der Fahrt in den Außenbezirken durch den Fahrstrom aufgeladen. Sobald eine Straßenbahn den Stadtkern erreichte, klappte der Fahrer die Bügel, die außerhalb des Zentrums den Antriebsstrom aus den Oberleitungen entnahmen, ein und schaltete auf Batteriebetrieb um. Die Bleibatterien erwiesen sich allerdings als äußerst unzuverlässig. Ihre Säure

DEUTSCHLANDS EINST GRÖSSTES STRASSENBAHNNETZ

verbreitete einen unangenehmen Geruch und viele Fahrgäste ruinierten an auslaufender Flüssigkeit ihre Kleidung. Außerdem reichte ihre Kapazität für maximal 15 Kilometer, sodass manche Bahn auf der Strecke liegenblieb und auch schon mal von den Passagieren bis zur nächsten Oberleitung geschoben werden musste. Schadhafte Batterien lösten sogar Brände und Explosionen aus. Zu allem Überfluss war die doppelte Antriebstechnik in den Straßenbahnen so kostenaufwendig, dass die Betreibergesellschaft auf den innerstädtischen Strecken hohe Defizite einfuhr. Ab 1903 hatten die Stadtväter Erbarmen und ließen auch in diesem Bereich Oberleitungen zu.

Die noch junge Technik war wartungsintensiv und störanfällig. Dienstvorschriften aus dem Jahr 1899 gaben den Straßenbahnfahrern unter anderem auf, nach jeder zweiten Fahrt den Ölstand der Achslager zu überprüfen. Sollten diese zu heiß geworden sein, musste der Wagen einige Fahrten aussetzen. Ebenso stieg der Kondukteur seiner Bahn regelmäßig aufs Dach, um einen eingedrückten Stromabnehmerbügel wieder zu richten. Jeden Abend nach Betriebsschluss musste er prüfen, ob sich Schrauben im Motorraum durch die Fahrterschütterungen gelöst hatten. Sonntags war am Motor „der Spielraum zwischen Anker und Schenkel gewissenhaft zu messen".

AUF „TAUSENDFÜSSLERN" DURCH DIE REGION

Zeitgleich mit dem Ausbau der innerstädtischen Linien entstand das seinerzeit größte deutsche Netz von Außenstrecken: Bis 1901 erschlossen 292 Gleiskilometer mit Endpunkten in Haimar, Hildesheim, Pattensen, Barsinghausen, Langenhagen, Anderten sowie Großburgwedel das hannoversche Umland in alle Himmelsrichtungen. Im Vergleich zur Fahrt mit Pferde- oder gar Ochsengespannen rückten Stadt und Umland mit Wegezeiten von 96 Minuten zwischen Barsinghausen und Hannover oder von 80 Minuten zwischen Burgwedel und Hannover dicht zusammen. Während die Städterinnen und Städter fortan Wochenendausflüge in die Natur und die Gaststätten des Umlandes unternahmen, dienten die Fahrten in der Gegenrichtung unter der Woche vor allem praktischen Zwecken. Bäuerinnen brachten ihre Erzeugnisse auf den Markt, Jugendliche fuhren zu weiterführenden Schulen, Berufstätige zur Arbeit. Die Straßenbahn verkehrte zumeist mit einem Motorwagen und zwei Anhängern. Bis in die 1960er-Jahre hinein wurde jeder Wagen von einem Schaffner bzw. einer Schaffnerin begleitet. Sie kassierten das Fahrgeld und waren für die Sicherheit der Fahrgäste an den Haltestellen verantwortlich; erst auf ihre Signale hin setzte der Fahrer sein Gefährt in Gang. Auf den Außenstrecken übernahmen die Schaffner aus Gefälligkeit auch kleinere Besorgungen für die Anlieger. Ging es in einer Gaststätte, in der sich die Fahrgäste die Wartezeit auf ihre Bahn vertrieben hatten, hoch her, erinnerten sie ihre Passagiere geduldig an die Abfahrt.

Nicht überall stieß das neue Verkehrsmittel auf Begeisterung. So monierte 1897 der Gemeindeausschuss von Badenstedt, er sei wegen der Errichtung der Gleisstrecke in Richtung Barsinghausen nicht gehört worden. Sie wäre für das öffentliche Interesse nämlich von größtem Nachteil, würde sie doch die zum Andenken an den

Betriebshof Vahrenwald, um 1900

DEUTSCHLANDS EINST GRÖSSTES STRASSENBAHNNETZ

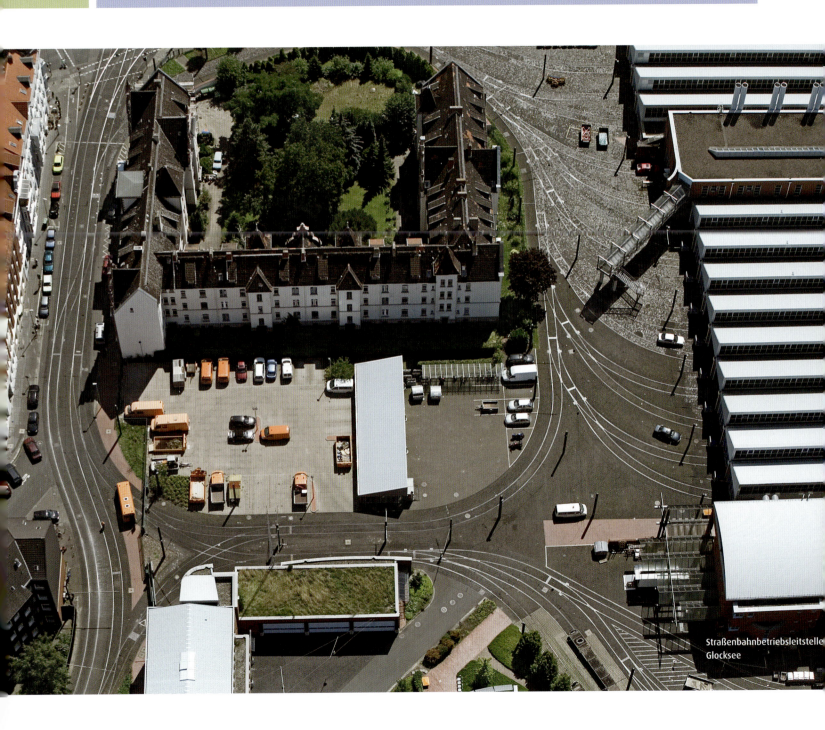

Straßenbahnbetriebsleitstelle Glocksee

Deutsch-Französischen Krieg 1870/71 gepflanzte Friedenseiche beschädigen und den Verkehr auf dem Kommunalweg zwischen Badenstedt und Davenstedt hemmen. Außerdem stünden die Masten für die Oberleitung mitten auf dem Fußweg der Dorfstraße von Badenstedt in das benachbarte, wenige Hundert Kopf zählende Bauerndorf Lenthe. In der Tat war es für die Straßenbahngesellschaft allerorts äußerst diffizil, bei der Planung ihrer Trassen die baulichen Notwendigkeiten mit den besonderen Wünschen der Anlieger abzustimmen und zugleich den benötigten Boden, über den der Gleiskörper verlief, zu erschwinglichen Preisen zu kaufen.

Andere Gemeinden erkannten die Vorteile, die sie aus den neuen, raschen Verkehrsverbindungen ziehen konnten, und baten die Straßenbahngesellschaft ausdrücklich um einen Anschluss an das Gleisnetz. Auf Kosten des Verkehrsunternehmens gelegt, belastete er – im Gegensatz zu dem Bau einer dampfgetriebenen Kleinbahn – die Gemeindekasse nicht. Gleichzeitig bot er die Chance, den Ort mit Elektrizität zu versorgen. Die Straßenbahngesellschaft hatte nämlich, um den nötigen Strom für alle ihre Linien zu erzeugen, nach ihrem ersten Kraftwerk an der Glocksee in den Jahren 1897/98 weitere Dampfkraftwerke in dem seit 1974 zu Laatzen gehörenden Rethen, dem schon 1891 nach Hannover eingemeindeten Vahrenwald, den 1907 der Stadt zugeschlagenen Dörfern Buchholz und Kirchrode sowie in Sehnde errichtet. Einen Teil des erzeugten Stroms verkaufte sie an Haushalte der Gemeinden entlang der Fahrtrouten. (Die 1921 erfolgte Umbenennung der Straßenbahngesellschaft in Überlandwerke und Straßenbahnen Hannover AG, zunächst als „ÜSTRA" und seit 1990 als „üstra" abgekürzt, verweist auf die Bedeutung der Stromversorgung im Geschäftsbetrieb.) Vor allem aber profitierten Landwirte und Gewerbetreibende von dem größten deutschen Straßenbahn-Güterverkehrsnetz seiner Zeit.

Hervorgegangen war dieses Netz aus den Transporten, mit denen die Gesellschaft aus der Barsinghäuser Zeche einen Teil der zur Stromerzeugung erforderlichen Kohlen in ihre Dampfkraftwerke schaffte, Kies und Sand aus unternehmenseigenen Gruben zu ihren Gleisbaustellen brachte und weiteres Baumaterial beförderte. Natürlich expedierte die neue Güterstraßenbahn auch landwirtschaftliche Produkte aus den an der Strecke gelegenen Dörfern. Unter

Abstellgruppe im Betriebshof Hannover-Glocksee

dem Motto „Schnell/Sicher/Billig" verteilte sie mit vielen speziellen Fahrzeugen Güter aller Art in der Region: Deisterkohle, Milch, Post, Stückgut, Ziegel, Erz, Getreide, Feldfrüchte, Zement, Kali ... – jährlich etwa 300 000 Tonnen, im Spitzenjahr 1912 gar 412 000 Tonnen. Während einer großen Dürre im Sommer 1911 schaffte die Straßenbahn in Kesselwagen Wasser für die Dampfmaschinen des Zementwerks in Höver heran.

In den Anfangsjahren wurden die Massengüter vorzugsweise mit „Tausendfüßlern" transportiert, die sowohl für die Schiene als auch für Straße und Feldweg gebaut waren. Diese ließen sich mit ihren hohen Rädern an zwei starken Achsen wie gewöhnliche Fuhrwerke als Pferdefuhrwerk benutzen. Auf dem Gleis wurden kleinere Räder ausgeklappt, die den Wagen so im Gleis führten, dass die großen Räder oberhalb der Schienen schwebten. Außerdem bemühte sich die Straßenbahngesellschaft um Anschlusspunkte an das Eisenbahnnetz, das die gleiche Spurweite aufwies, sodass Güterwaggons ohne lästiges Umladen von einem in das andere Verkehrssystem wechseln konnten.

DEUTSCHLANDS EINST GRÖSSTES STRASSENBAHNNETZ

Betriebshof Hannover-Glocksee, 1962

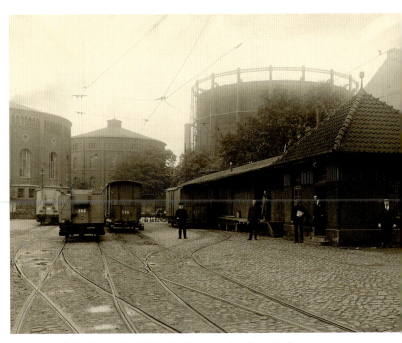

Hauptgüterbahnhof der Staßenbahn in der Hannoverschen Braunstraße

In mehreren Ortschaften entstanden kleinere Güterbahnhöfe oder zumindest Stückgutannahme- und -ausgabestellen; entlang der Strecke betrieben auch einzelne Gastwirtschaften eine Güteragentur. Damit das Be- und Entladen auf den im Umland zumeist eingleisig verlaufenden Strecken nicht den Durchgangsverkehr störte, befanden sich entlang der Strecken zahlreiche Ladegleise. Lange Anschlussgleise banden entfernt von der Straßenbahnlinie gelegene Betriebe an. Aufgrund des sternförmigen Gleisnetzes, dessen Kreuzungspunkt in der hannoverschen Innenstadt lag, liefen alle Güter zur Weiterverteilung dort zusammen. Der städtische Straßenbahn-Güterbahnhof befand sich zunächst am Aegidientorplatz, ab 1914 an der Braunstraße am Rande der heutigen Calenberger Neustadt. Allerdings war der Güterverkehr in der Stadt nur von frühmorgens bis 10 Uhr vormittags erlaubt.

Auf einigen Überlandstrecken spielte der Personentransport eine nachrangige Rolle. So diente die Linie nach Sehnde zuallererst dem Transport von Zuckerrüben von den Erzeugerhöfen zur dortigen Zuckerfabrik. In Ahlten bei Lehrte und Bilm bei Sehnde verkehrten in der Woche Güterzüge und nur an Sonn- und Feiertagen Personenwagen für die Kirchgänger.

Angesichts der großen Bedeutung des Güterverkehrs in ihrem Geschäftsbetrieb – die Einnahmen aus diesem Betriebszweig überstiegen in vielen Jahren diejenigen aus dem Personenverkehr – begrüßte die Straßenbahngesellschaft den Bau des Mittellandkanals. Sie beteiligte sich an der 1912 gegründeten privaten Hafengesellschaft, die den Misburger Kanalhafen betrieb, und übernahm die Massenguttransporte zwischen Hafen und Zementwerken. Vom der Glocksee gegenüberliegenden Hafen aus bediente die Straßenbahn hannoversche und Lindener Industriebetriebe. Hier landeten auch zwei unternehmenseigene Schleppkähne seit 1916 Kohlen aus dem Ruhrgebiet für das betriebseigene Kraftwerk Glocksee an.

"ROTER PUNKT" STATT LINIENVERKEHR

Im Sommer des unruhigen Jahres 1920 traten auch die Straßenbahner in den Streik. Fast drei Monate lang, bis in den Oktober hinein, kämpften sie um höhere Löhne, die den Preisanstieg der beginnenden Inflation auffangen sollten. Damit der öffentliche Verkehr nicht vollends zum Erliegen kam, sprangen außer privaten Autobusbetreibern auch Lieferwagen verschiedener Firmen und sogar Krankenwagen ein. Wer kein eigenes Fahrrad hatte, schnallte sich für seine Wege in der Stadt Rollschuhe unter. Auf dem Land wurde der Strom knapp und manche Familie saß abends wieder wie gut zwanzig Jahre zuvor im Schein einer Kerze oder Petroleumlampe. Stadt- wie Landbevölkerung litten unter ausbleibendem Transport frischer Gartenfrüchte und landwirtschaftlicher Produkte; besonders empfindlich machte sich der Ausfall der Milchzüge bemerkbar.

In beiden Weltkriegen waren die Straßenbahnen für den regionalen Verkehr wichtiger denn je, denn Lkws und Eisenbahnen wurden vermehrt für Heereszwecke requiriert. Frauen, im Zweiten Weltkrieg auch niederländische Zwangsarbeiter, ersetzten zum Militär eingezogene Fahrer und Schaffner, doch der Energiemangel und fehlende Ersatzteile machten dem Verkehrsunternehmen schwer zu schaffen. Deshalb fuhren die Bahnen ab 1943 eingeschränkt und nur noch für Berufstätige. Zwar wurden die Bombenschäden aus insgesamt rund 125 Luftangriffen auf Hannover laufend behelfsmäßig repariert, doch wiesen die Gleisanlagen am Kriegsende 150 Brüche auf und mehr als die Hälfe des Fuhrparks war zerstört.

Für ihre Mitarbeiterinnen und Mitarbeiter richtete die Straßenbahngesellschaft in den von Mangel geprägten Kriegs- und Nachkriegsjahren eine Lebensmittelverkaufsstelle ein, denn trotz Rationierung und Lebensmittelkarten gab es im freien Verkauf selbst Grundnahrungsmittel oft nicht. Nach dem Zweiten Weltkrieg beherbergte die Werkskantine Glocksee zudem einen „Sozialeinkauf", in dem Mitarbeiterinnen und Mitarbeiter bis zur Höhe eines Monatslohns auf Raten dringend benötigte Alltagsgüter wie Möbel, Schuhe oder Wolldecken, aber auch Brennstoffe kaufen konnten.

Nach dem Einmarsch der Alliierten in Hannover am 10. April 1945 musste die Straßenbahn ihren Verkehr vorübergehend einstellen. In den letzten Kriegstagen war die öffentliche Ordnung in

Titelblatt des ÜSTRA-Verkehrsplans 1936

der stark zerstörten Stadt weitestgehend zusammengebrochen. Deshalb schränkten die Besatzungstruppen die Mobilität der Bevölkerung zunächst rigide ein, um der von Plünderungen und Chaos geprägten Lage Herr zu werden. Am 27. April rollte die erste Güterstraßenbahn wieder und brachte hoch begehrte Kohlen aus Barsinghausen nach Hannover. Ende Mai nahm die Personenbeförderung – oftmals mit Güterwagen – ihren Betrieb für Berufstätige wieder auf. Erst im August 1948 lief der Verkehr wieder uneingeschränkt wie zu Vorkriegszeiten. Rasch aber endete jetzt die Blütezeit des Straßenbahnverkehrs im Umland von Hannover. Das Unternehmen litt zunehmend unter der motorisierten Konkurrenz

DEUTSCHLANDS EINST GRÖSSTES STRASSENBAHNNETZ

„Roter-Punkt"-Aktion in Hannover, 1969

Im Juni 1969 lenkte für kurze Zeit die „Außerparlamentarische Opposition" (APO) den hannoverschen Nahverkehr. Weil die ÜSTRA im Innenstadtverkehr seit 1960 ein Drittel ihrer Fahrgäste und damit Einnahmen eingebüßt hatte, während die Kosten gestiegen waren, erhöhte das noch rein privatwirtschaftlich geführte Unternehmen seine Tarife um – je nach Fahrschein – 12 bis 33 Prozent. Daraufhin legte eine täglich wachsende Zahl von Demonstrantinnen und Demonstranten aus Schulen, Gewerkschaften, Betrieben und Hochschulen mehrere Tage lang den Straßenbahnverkehr in der City lahm. In Eigeninitiative organisierten sie einen Ersatzverkehr: Pkw-Fahrerinnen und -Fahrer mit einem großen roten Punkt an der Windschutzscheibe fuhren die Straßenbahnhaltestellen an, um Fahrgäste mit gleichem Ziel mitzunehmen. Dieser Ersatzverkehr funktionierte erstaunlich gut. Gegen Ende der Aktion gab die Stadtverwaltung sogar in Verkehrsämtern, Büchereien und Schwimmbädern „Rote Punkte" aus, außerdem druckten die hannoverschen Tages- sowie eine große, überregionale Boulevardzeitung sie zum Ausschneiden. Nachdem sich der Stadtrat in einer Sondersitzung bereit erklärt hatte, entstehende Defizite zu übernehmen, setzte die ÜSTRA schließlich einen 50-Pfennig-Einheitstarif fest. Nach knapp zwei Wochen Stillstand rollten die Bahnen und Busse wieder durch Hannover. Wenige Tage später beschloss der Verband Großraum Hannover, auch den anderen Bus- und Bahnunternehmen im Öffentlichen Personennahverkehr von Stadt und Umland Zuschüsse zur Senkung ihrer Tarife zu zahlen. Der Verband, Vorläufer der heutigen Regionsverwaltung, koordinierte bereits seit Mitte der 1960er-Jahre alle Nahverkehrsangebote von Bundesbahn, Bundespost und privaten Unternehmen, damit sie sich zu einem Verkehrsnetz aus einem Guss zusammenfügten. 1971 erwarb er schließlich das millionenschwere Aktienpaket der ÜSTRA und brachte es in die gemeinsam mit der Stadt gegründete Verkehrs- und Versorgungsgesellschaft Hannover mbH (VVG) ein. Doch auf Dauer ließ sich eine großzügige Subventionierung des Personennahverkehrs durch die öffentliche Hand nicht halten. Als das kommunalisierte Unternehmen deshalb in den nächsten Jahren mehrmals die Fahrpreise erhöhte, rief dies wieder Demonstrationen hervor, die aber, im Gegensatz zu 1969, keine breite Unterstützung in der Bevölkerung mehr fanden.

von Lkws und Pkws. Zudem waren die Straßenbahntrassen überaltert; eine Modernisierung wäre einem kostenintensiven Neubau gleichgekommen. So legte die ÜSTRA zwischen 1951 und 1961 eine Außenlinie nach der anderen still. Den Gütertransport gab sie ersatzlos auf, im Personenverkehr trat der flexibler einsetzbare Omnibus die Nachfolge der Straßenbahn an; ihre erste Buslinie war schon 1925 in Betrieb genommen worden. 1965 setzte mit Baubeginn der ersten innerstädtischen U-Bahnstrecke endgültig der Wandel der ÜSTRA zu einem modernen Stadtbahnbetrieb ein.

SPUREN DES ALTEN STRASSENBAHNNETZES
ZEITREISE ZU DEN ANFÄNGEN DER ÜSTRA

Heute lässt eine Fahrt mit der Stadtbahnlinie 1 nach Sarstedt, dem verbliebenen Reststück der einst bis Hildesheim reichenden Strecke, die Dimensionen des früheren Überlandnetzes erahnen. An zwei Orten in der Region Hannover ist es jetzt noch möglich, eine Zeitreise zurück zum Überland-Straßenbahnbetrieb des beginnenden 20. Jahrhunderts zu unternehmen. Zwar wurde auf dem Gehrdener Berg das Hauptgebäude des Berggasthauses „Niedersachsen" schon 1955 abgerissen, doch kündet die zugehörige, denkmalgeschützte Parkanlage, die Hannovers erster Gartendirektor Julius Trip (1857–1907) entwarf, noch von jenem einst beliebten Ausflugsziel. Seit 1899 hatte die Straßenbahngesellschaft das Gasthaus auf dem Berg betrieben, zu dem eine eigene Trasse hinführte. Hier verlustierte man sich auf Tanzveranstaltungen und bei Spaziergängen rings um das schlossartige Gebäude. In Sehnde-Wehmingen fand auf dem Areal des früheren Kalibergwerkes „Hohenfels" mit seiner eindrucksvollen Bausubstanz aus der Zeit um 1900 das Hannoversche Straßenbahn-Museum eine dauerhafte Heimat. Es präsentiert eine umfangreiche Sammlung deutscher Straßenbahnfahrzeuge aus allen Epochen, darunter natürlich auch Trieb- und Beiwagen aus Hannover. Wenngleich die Straßenbahn das mit einem eigenen Gleis an den Eisenbahnhof in Algermissen angeschlossene Bergwerk in Wehmingen während seiner Betriebszeit nicht bediente, ist das historische Ambiente stimmig. Nicht viel anders hat es beispielsweise bei der ÜSTRA-Anschlussbahn des Klosterstollens in Barsinghausen ausgesehen.

BETRIEBSHOF BUCHHOLZ

Durch die fortwährende Anpassung der üstra an die Erfordernisse eines modernen Nahverkehrsunternehmens ist fast keine historische Bausubstanz aus ihren Anfangszeiten erhalten. Zwar kann der kundige Betrachter zum Beispiel in Pattensen oder Großburgwedel noch die ehemaligen Straßenbahn-Stationsgebäude entdecken,

Berggasthaus „Niedersachsen" auf dem Gehrdener Berg

die schon seit Langem privatisiert sind, doch haben Umbauten ihr Erscheinungsbild inzwischen stark verändert. In der Gemarkung des 1907 nach Hannover eingemeindeten Klein-Buchholz jedoch, dicht beim Mittellandkanal, befindet sich an der Sutelstraße noch eine Wagenhalle aus den Anfangstagen der üstra/USTRA.

1897, im Zusammenhang mit dem Bau der Straßenbahnstrecke nach Isernhagen und Großburgwedel, entstand der Bahnhof Buchholz mit einer großen Fahrzeughalle nebst Güterabfertigung sowie einem eigenen, nördlich des Hallenbaus gelegenen Dampfkraftwerk zur Stromerzeugung. Die Zufahrt zu dem langgestreckten Backstein-Depotgebäude mit jeweils zwei Spitzgiebeln an seinen Stirnseiten erfolgte ursprünglich von Westen. 1925 wurde es nach Osten verlängert, gleichzeitig erfolgte der Bau einer großen Gleisschleife an dieser Seite. Wegen eines weiteren Umbaus im Jahre

DEUTSCHLANDS EINST GRÖSSTES STRASSENBAHNNETZ

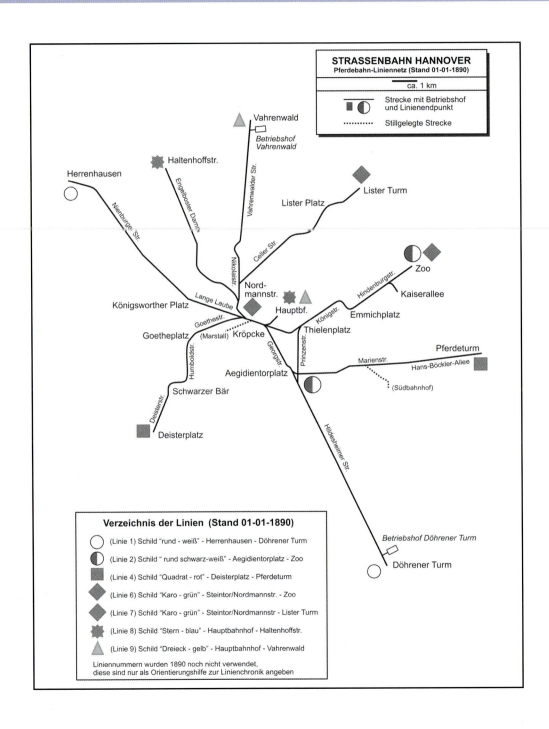

DEUTSCHLANDS EINST GRÖSSTES STRASSENBAHNNETZ

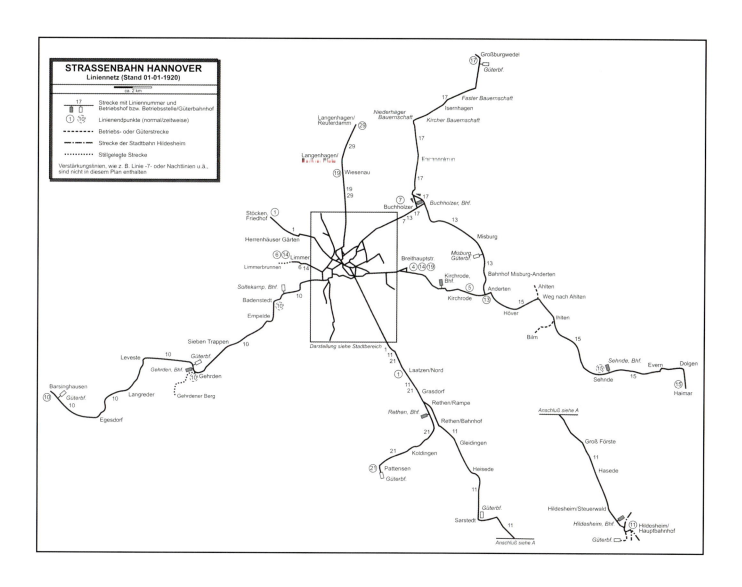

DEUTSCHLANDS EINST GRÖSSTES STRASSENBAHNNETZ

Ehemaliger Betriebshof Buchholz

1961, bei dem im westlichen Gebäudeabschnitt Büro- und Aufenthaltsräume eingefügt wurden, war eine Zufahrt zur Halle seither nur noch von Osten her möglich.

Den noch aus dem 19. Jahrhundert stammenden Ursprungsbau der Buchholzer Wagenhalle erkennt man an den Segmentbogenfenstern der Gebäudesüdseite, die zwischen strebepfeilerartigen Wandvorlagen liegen. Ein zeittypischer Backsteinzierfries bildet den oberen Abschluss der Außenwände unterhalb der Dachtraufe. An der Nordseite der Halle führte der Einbau größerer Belichtungsöffnungen 1961 zum Verlust der alten Bogenfenster. Besonders bedauerlich ist der Wegfall der früheren Hallenzufahrten in den Westgiebeln durch die genannte Modernisierung. Der von der Sutelstraße kommende Besucher kann das Gebäude seither nicht mehr ohne Weiteres als Straßenbahn-Wagenhalle identifizieren.

Der 1925 errichtete Erweiterungsbau an der Ostseite entspricht in seiner schlichten Formensprache dem Ideal seiner Entstehungszeit. Seine Außenwände werden lediglich durch flache Wandvorlagen gegliedert. Oberlichtaufsätze, wie man sie aus dem Industriebau kennt, sorgen im Gebäudeinneren für eine gute Belichtung.

Während das nördlich der Wagenhalle befindliche ehemalige Kraftwerk bereits seit einer ganzen Weile neuen gewerblichen Zwecken dient, konnte man im Depotgebäude bis vor Kurzem noch die Straßenbahnatmosphäre früherer Zeiten nachempfinden. Die Buchholzer Halle beherbergte nämlich bis Anfang 2009 die Sammlung betriebsfähiger Oldtimerstraßenbahnen der üstra, betreut

DEUTSCHLANDS EINST GRÖSSTES STRASSENBAHNNETZ

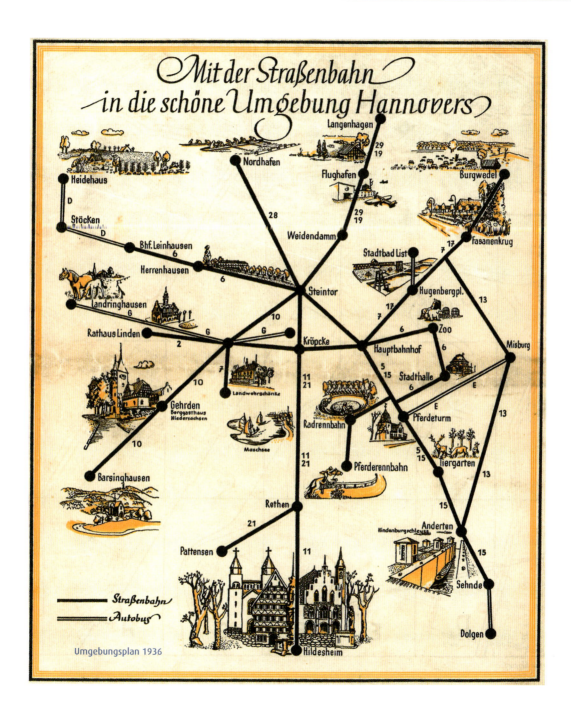

Umgebungsplan 1936

vom Förderverein Straßenbahn Hannover e.V. Dann wurden die historischen Fahrzeuge zum üstra-Betriebshof Hannover-Döhren verlegt, um Platz für ein Einkaufszentrum zu schaffen. Wenngleich dazu die Buchholzer Wagenhalle im Inneren völlig umgestaltet wird, wird die zur Straßenseite hin gelegene Fassade nach historischem Vorbild rekonstruiert. Auch die nach wie vor nötigen Abstellgleise für moderne üstra-Triebwagen, geschaffen nach einem Umbau des östlichen Gleisvorfeldes der Halle, bleiben erhalten.

In der lokalen Presse ist in unregelmäßigen Abständen nachzulesen, wann mit den einst in Buchholz beheimateten Oldtimern Sonderfahrten vom üstra-Depot Döhren bis zur Haltestelle Messe-Nord angeboten werden.

▸ Hannover-Buchholz, Sutelstraße 4.
▸ Die Wagenhalle ist von der Sutelstraße aus gut zu besichtigen, die Abstellanlage östlich der Wagenhalle ist jedoch Betriebsgelände. Informationen zur bislang in Buchholz stationierten Sammlung historischer üstra-Fahrzeuge sind unter www.uestra.de/oldtimer_foerderverein.html erhältlich.
▸ Stadtbahnlinie 3, 7, 9, Buslinie 123, 125, 631, Haltestelle Noltemeyerbrücke.

„FREIE FAHRT FÜR FREIE BÜRGER": AUTOBAHNEN

BLUFF BEIM AUTOBAHNBAU

Bereits wenige Tage nach der nationalsozialistischen Machtübernahme verkündete Reichskanzler Adolf Hitler (1889–1945) im Februar 1933 auf der Berliner Automobilausstellung, dass seine Regierung Deutschland mit einem eigenen Straßennetz für Automobile überziehen wolle. Ein halbes Jahr später wurden der Öffentlichkeit Pläne präsentiert, denen zufolge der Kraftverkehr das Land bald auf sechs Reichsautobahnen mit einer Gesamtlänge von 7 000 Kilometern von Nord nach Süd und von West nach Ost durchqueren würde. Voneinander getrennte, zwei- bis dreispurige, kreuzungsfreie Richtungsfahrbahnen mit nur geringen Steigungen, die außerhalb von Ortschaften verliefen, erlaubten dabei Reisegeschwindigkeiten von Tempo 100 und mehr. Eigens angelegte Autobahntankstellen und -raststätten sollten die Reisenden unterwegs ohne großen Zeitverlust mit allem Notwendigen versorgen.

Im September 1933 vollzog Hitler bei Frankfurt am Main den ersten, symbolischen Spatenstich für das gigantische Straßenbauprojekt; im Folgejahr begann die Arbeit an 22 kleineren Teilabschnitten. Diese waren, um eine größtmögliche propagandistische Wirkung zu erzielen, im ganzen Reich verstreut. Mit viel Aufwand stellten Hitler und seine Gefolgsleute fortan heraus, dass der Bau dieser „Straßen des Führers" Hunderttausenden Arbeitslosen wieder Lohn und Brot gebracht habe. Zudem belebe das neue Straßennetz durch geringeren Treibstoffverbrauch bei gleichzeitiger Zeitersparnis, erweiterten Transportkapazitäten und dadurch vergrößerten Reichweiten des Güterverkehrs die deutsche Wirtschaft kräftig. Nicht zuletzt mache die Autobahn die Schönheit der durchquerten Landschaften erfahrbar. Die Fakten sprechen allerdings eine andere Sprache als das nationalsozialistische Eigenlob. Finanziert wurde das gigantische Unternehmen vor allem durch milliardenschwere Darlehen der Reichsanstalt für Arbeitsvermittlung und Arbeitslosenversicherung. Die Parteistrategen rechtfertigten die Plünderung der Sozialversicherungskasse damit, dass die immense Zahl der neuen Arbeitsplätze im Autobahnbau diese schließlich bedeutend entlaste. Tatsächlich war Straßenbau zu dieser Zeit noch vor allem Handarbeit; große Baumaschinen wurden erst ab etwa 1936 eingesetzt. Doch selbst in Spitzenzeiten fanden statt der vollmundig angekündigten 600 000 Erwerbslosen nur knapp 250 000 Männer Arbeit im Autobahnbau und in den Zuliefererindustrien. Tatsächlich sanken ab Ende 1933 die Arbeitslosen-

Bau der Autobahnen um Hannover, um 1936

Zitat in der Überschrift: Slogan des ADAC gegen die Einführung von Tempo 100 auf den Autobahnen, 1974, zitiert nach http://de.wikipedia.org/wiki/adac, 23.03.2009.

„FREIE FAHRT FÜR FREIE BÜRGER": AUTOBAHNEN

A2 bei Barsinghausen

zahlen durch eine Vielzahl staatlich subventionierter Maßnahmen, allerdings hatten Autobahnarbeiter gerade einmal mit 2,3 Prozent daran teil. Die groß aufgebauschte „Arbeitsschlacht" auf den Großbaustellen erwies sich bei näherem Hinsehen oft genug als Bluff. So berichtete die „Sopade", wie sich die Sozialdemokratische Partei Deutschlands während ihres Exils im Ausland in den Jahren 1933 bis 1945 nannte, dass zum feierlich zelebrierten Spatenstich für die Autobahn Schmölln–Stettin 65 Erwerbslose zur Baustelle gefahren, dort „getonfilmt" und anschließend nach Stettin zurückgebracht wurden, während danach monatelang nur Bagger im Einsatz waren. Die Dresdener Baustelle zierte bereits einen Tag nach dem Spatenstich eine Tafel mit der Aufschrift „Arbeiter werden nicht angenommen. Arbeitsaufnahme für drei Monate verschoben." Arbeiter, die auf den Baustellen eingesetzt und in unmittelbarer Nähe dazu in eigens errichteten Barackenlagern untergebracht wurden, fanden wenig befriedigende Umstände vor. „Bei dem Lohn und dem Fraß sind wir eher fertig als die Autobahn", zitierte 1935 ein weiterer „Deutschland-Bericht" der „Sopade" die weit verbreitete

...rbesichtigung der Autobahn in zwei Bussen ... r Deutschen Reichsbahn, 1936

Vor Aufnahme des Autoverkehrs

Stimmung unter ihnen. Die schlechten Bedingungen führten zu großen Abwanderungen der Arbeiter, bis sie 1938 schließlich per Gesetz dienstverpflichtet wurden.

Die Begeisterung der anderen „Volksgenossinnen" und „-genossen" war ebenfalls gedämpft. Zwar waren im Deutschen Reich 1938 neben Lastkraftwagen und Motorrädern 1,2 Millionen Autos zugelassen, doch die Motorisierung der Bevölkerung nahm sich im Vergleich zu anderen westlichen Industrienationen bescheiden aus. Autos waren teuer. Nobelkarossen von Daimler-Benz, Horch oder Maybach kosteten 20 000 bis 30 000 Reichsmark und verschlangen jährlich bis zu 15 000 Reichsmark Unterhalt! Selbst Klein- und Mittelklassewagen waren bei einem monatlichen Durchschnittseinkommen von 500 Reichsmark für die meisten schon purer Luxus und allenfalls für diejenigen denkbar, die die störanfälligen „Fahrmaschinen" selbst reparieren konnten. Daran änderte auch das Projekt des vergleichsweise günstigen Volkswagens – 1 200 Reichsmark Anschaffung, 70 Reichsmark Unterhalt pro Monat – wenig, denn das 1938 auf der grünen Wiese errichtete Werk im heutigen Wolfsburg produzierte vor allem Militärfahrzeuge. Individualfernverkehr im gegenwärtigen Ausmaß lag noch jenseits aller Vorstellungen: Der weitaus größte Teil der Bevölkerung musste weder beruflich große Distanzen überbrücken noch konnte er sich eine Urlaubsfahrt leisten. Viele fragten sich, wem also die neuen „Luxusstraßen" dienen sollten und ob sich die hierfür aufgewandten Finanzen nicht besser für das Gemeinwohl einsetzen ließen.

Zusätzliche Unzufriedenheit löste der Staat aus, als er ab 1937 zur Finanzierung der Autobahnen einen Aufschlag auf den Treibstoffpreis verlangte. Diese Preiserhöhung von über zehn Prozent traf auch Kraftfahrer, die die Autobahnen gar nicht nutzten. Das Militär zeigte sich ebenfalls wenig begeistert. Zwar schwärmte Fritz Todt (1891–1942), der „Generalinspektor für das deutsche Straßenwesen", dass große Truppenkontingente über die Autobahnen binnen kürzester Zeit von einer Reichsgrenze zur anderen verlegt werden könnten, doch die Streitkräfte blieben bis auf wenige Ausnahmen der effizienteren und energiesparenderen Eisenbahn treu, zumal die Autobahndecken einer Belastung durch ihr schweres Gerät nicht standgehalten hätten.

So ging der Autobahnbau wesentlich verhaltener vonstatten als die Propaganda Glauben machen wollte. Ab 1940 wurde er wegen des Kriegsgeschehens komplett eingestellt. Bis dahin waren dem Verkehr reichsweit gut 3 800 Kilometer Strecke übergeben worden. Obwohl die Nationalsozialisten damit ihr selbst gestecktes Ziel von 20 000 Autobahnkilometern nicht erreicht hatten, wurden die vermeintlichen „Straßen des Führers" zu einem Mythos, in den Fernweh, Freizeitgestaltung, Naturerlebnis, Geschwindigkeitsrausch und Bewunderung für technische Höchstleistungen eingegossen sind. Dabei ging die Idee des Autobahnbaus gar nicht auf die neuen Machthaber zurück, sondern hatte ihren Ursprung vielmehr in den 1920er-Jahren und ist eng verbunden mit den Bemühungen eines Hannoveraners.

DAS AUTO EROBERT DIE STRASSE

Findige Konstrukteure wie Nikolaus August Otto (1832–1891), Carl Benz (1844–1929), Gottlieb Daimler (1834–1900), Rudolf Diesel (1858–1913) oder Wilhelm Maybach (1846–1929) entwickelten in der zweiten Hälfte des 19. Jahrhunderts die ersten motorisierten Fahrzeuge; ab den 1890er-Jahren entstanden Automobilfabriken in Europa und den USA. 1909 gründete sich in Berlin die Automobil-Verkehrs- und Übungsstraßen GmbH (Avus). Sie baute ab 1913 die gleichnamige Teststrecke um die deutsche Hauptstadt herum, die 1921 für den öffentlichen Verkehr freigegeben wurde.

In der Weimarer Republik brachen geradezu autoverrückte Jahre an. Obwohl sich zunächst nur eine kleine Schicht ein eigenes Automobil leisten konnte – 1924 nannten in Deutschland gerade einmal 130 000 Haushalte ein solches ihr Eigen –, zogen Technik und Geschwindigkeit viele Menschen in ihren Bann. Spektakuläre Beispiele sind die Motorradrennen in der Eilenriede, die ab 1924 Motorsportler aus ganz Deutschland und Zehntausende von Schaulustigen in den hannoverschen Stadtwald lockten, oder auch „Damenfahrerinnen", Frauen am Steuer. Diese zumeist gut betuchten „Selbstfahrerinnen" hatten sich im Deutschen Damen-Automobil-Club (D. D. A. C.) zusammengeschlossen. Seiner hannoverschen Ortsgruppe gehörten unter anderen die spätere Pilotin Elly Beinhorn (1907–2007), die Künstlerin Käte Steinitz (1889–1975), die Sportfahrerin Liliane Roehrs, die auf dem „Kommissbrot" der Hanomag Rekorde einfuhr, oder Martha Beindorff, Schwiegertochter des Gründers der Pelikan-Werke, an.

So begeistert die einen von der neuen Technik waren, so skeptisch und ablehnend standen andere dazu. Für sie waren die mit dem neuen Verkehrsmittel einhergehenden Geräuschbelästigungen und Unfallrisiken ein Inbegriff von Rücksichtslosigkeit und skrupellosem Gewinnstreben. Aufgrund ihrer unterschiedlichen Geschwindigkeiten gefährdeten sich die zahlreichen Pferdefuhrwerke und die Kraftfahrzeuge gegenseitig. Außerdem bliesen die mit bislang unbekannter Geschwindigkeit dahinsausenden Autos nicht nur weitere Abgase in die ohnehin durch Hausbrand und Fabrikschlote belastete Luft, sondern wirbelten auf Straßen und Dächern abgelagerte Staub- und Rußpartikel wieder und wieder auf. Kein Wunder, dass mancher Bürgermeister sorgsam die Tempo bremsenden Querrillen in den zumeist kurvigen, schmalen und holprigen Durchgangsstraßen seiner Ortschaft erhielt, um die „Staubplage durch die rasenden Automobilisten" zu minimieren.

In den 1920er-Jahren entstanden mehrere Verbände und Gesellschaften, die einer durch die zunehmende Motorisierung zu befürchtenden „Verkehrskrise" vorbeugen wollten. Dazu sollten zusätzlich zum vorhandenen Straßennetz ganz neue „Nur-Autostraßen" entstehen. Ein allmählicher Ausbau der vorhandenen Verkehrswege schien nicht machbar, denn Straßenplanung, -bau und -unterhalt war in den Weimarer Jahren keine Reichssache. Stattdessen war eine Vielzahl verschiedener Behörden von den Ländern bis hinab zu den Kommunen zuständig, deren verschiedene Interessen sich kaum unter einen Hut bringen ließen. „Nur-Autostraßen", so hieß es 1928 in einer Denkschrift, förderten außerdem „die in dem Kraftfahrzeug ruhenden wirtschaftlichen Möglichkeiten", denn „die volle Ausnutzung der Maschine" wäre bislang nur „auf unverhältnismäßig kleinen Teilstrecken und auch hier nur mit erheblich gesteigertem Risiko möglich". Vielmehr würden die bis dato schlechten Straßen Reifen und Bremsen übermäßig verschleißen. Als Vorbild diente die erste Autobahn Europas, die seit 1924 Mailand mit den oberitalienischen Seen in der Lombardei verband und für die der italienische Ingenieur Piero Puricello (1883–1951) verantwortlich zeichnete.

EIN VISIONÄR AUS HANNOVER

1927 gründeten sich die LEHA (Gesellschaft der Freunde und Förderer einer Kraftfahrbahn Leipzig–Halle) und die MÜLEIBERL (Vereinigung zum Bau einer Linie [Rom–]München–Leipzig–Berlin). Bereits ein Jahr vorher hatte sich in Frankfurt am Main der Verein zum Bau einer Straße für den Kraftwagen-Schnellverkehr von Hamburg über Frankfurt a. M. nach Basel, kurz HAFRABA e.V. gegründet. Zu seinen Initiatoren zählten unter anderen ein Freund Puricellos, nämlich der Industrielle und Amateurrennfahrer Willy Hof (1880–1956), sowie Robert Otzen (1872–1934), Geheimer Regierungsrat und Professor für Statik und Eisenbau an der Technischen Hochschule Hannover. Er wurde Gründungsvorsitzender des neuen Vereins, während Hof die Geschäftsführung übernahm.

Otzen erwies sich als Visionär. Ungeachtet des Spotts vieler Kollegen sagte er voraus, dass irgendwann jeder „selbständige Einwohner" Deutschlands sein eigenes Auto haben werde. Davon ausgehend, setzte sich sein Verein für den Bau einer Autobahn – diesen Ausdruck prägte Otzen anstelle des bis dahin gebräuchlichen Begriffs „Nur-Autostraße" – ein, die die großen Seehäfen an Nord- und Ostsee mit den wichtigen Wirtschaftszentren im Rhein-Main-Gebiet und um Mannheim-Ludwigshafen verbinden und bis zur Schweizer Grenze verlaufen sollte. Hier sollte sie langfristig an ein noch zu entwickelndes europäisches Verkehrsnetz anschließen. Zwar verlief bereits die damalige Reichs- und heutige Bundesstraße B 3 in Nord-Süd-Richtung durch Deutschland, durchquerte dabei aber etliche Orte. In Oberhessen machten die Ortsdurchfahrten ein Drittel der Gesamtstraßenlänge aus, im Frankfurter Gebiet gar mehr als die Hälfte. So war sie für Anwohner wie für Reisende eine Zumutung. Unter volkswirtschaftlichen Gesichtspunkten kristallisierte sich zudem heraus, dass sich der flexiblere Straßenverkehr für manche Personen- und Gütertransporte besser eignete als die starr an Schienen und Fahrpläne gebundene Eisenbahn.

Der HAFRABA e.V., der bald das „Hamburg" in seinem Namen durch „Hansestädte" ersetzte, wuchs bis Ende 1927 auf 83 Mitglieder an. Vor allem juristische Personen traten bei: öffentliche Körperschaften, Länder, Provinzen und Städte, die von Lübeck bis hinunter zur Schweizer Grenze von der projektierten Linie berührt wurden und auf verstärkte Industrieansiedlungen hofften, aber auch Industrie- und Handelskammern, Mineralölunternehmen, Firmen aus der Baustoffindustrie sowie Hoch- und Tiefbaubetriebe und deren Interessenverbände. Auch der hannoversche Magistrat, die hiesige Industrie- und Handelskammer sowie das Landesdirektorium der Provinz Hannover zählten zu den Mitgliedern und entsandten Fachleute aus der Verwaltungsspitze in verschiedene Vereinsausschüsse. Neben der unter Konkurrenzdruck geratenden Reichsbahn verhielten sich auch die Automobilindustrie und die Automobilclubs skeptisch bis ablehnend. Sie bezweifelten, dass Motoren, Achsen und Reifen der Kraftwagen einem Langstreckenverkehr gewachsen seien. Insbesondere die Hersteller kleinerer und mittlerer Pkws fürchteten, ihre Fahrzeuge würden Durchschnittsgeschwindigkeiten von über 75 Stundenkilometern nicht über längere Distanzen durchhalten, da sie für den Verkehr auf allgemeinen Straßen konstruiert waren, auf denen sie kaum ausgefahren werden konnten. Um die Skeptiker zu überzeugen, betrieb der HAFRABA e. V. eine intensive Öffentlichkeitsarbeit. 40 000 bis 50 000 Kraftfahrer erhielten kostenlos das regelmäßig erscheinende „HAFRABA-Mitteilungsblatt" (ab 1932 „Die Autobahn"). Zusätzlich präsentierte der Verein sein Vorhaben in einer Ausstellung, die 1927 erstmals auf der Internationalen Automobilausstellung in Köln zu sehen war und danach durch Großstädte entlang der geplanten Strecke wanderte. Auch in Hannover machte sie Station.

Gemäß seiner Satzung erlegte sich der Verein auf, „im Rahmen einer Vorbereitungsgesellschaft alle Arbeiten zu leisten, welche in technischer, wirtschaftlicher, finanzieller, verkehrspolitischer

„FREIE FAHRT FÜR FREIE BÜRGER": AUTOBAHNEN

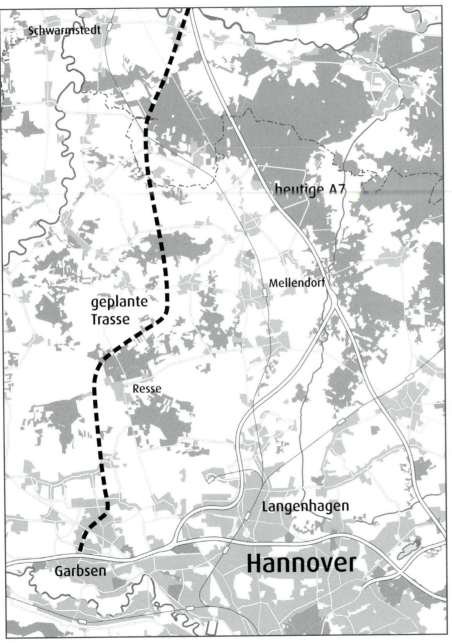

Nord-Süd-Autobahn: Planungsstand 1930 im Nordraum Hannover

und propagandistischer Hinsicht zur Prüfung der Durchführbarkeit und zur Vorbereitung der Ausführung der Autostraße Hamburg–Frankfurt–Basel geeignet und erforderlich sind." Alle genannten Aspekte wurden im Verwaltungsrat, Technischen Ausschuss, Verkehrswirtschaftlichen Ausschuss und Finanzierungsausschuss des Vereins intensiv diskutiert, genauestens kalkuliert und detailliert geplant. Unter Rücksicht auf die jeweiligen Geländeverhältnisse wägten die Fachleute des HAFRABA e.V. die beste Streckenführung ab, legten den Trassenaufbau sowie die Profile, Neigungen und Befestigung der Fahrbahn exakt fest und ermittelten minutiös die anfallenden Kosten. Sogar die heute üblichen Autobahnkreuze in Kleeblattformen gehen auf die Aktivität des Vereins zurück. Ein Schweizer Schlosserlehrling hatte sie, angeregt durch die HAFRABA-Wanderausstellung, 1927 entwickelt. Bis 1930 erweiterte der Verein seine Planungen auf ein die ganze Republik abdeckendes Autobahnnetz. Die Kosten seiner umfangreichen Arbeiten wurden mit den vor allem für Wirtschaftsunternehmen stattlichen Mitgliedsbeiträgen gedeckt.

DAS LIEBE GELD

Dreh- und Angelpunkt des gewaltigen Projekts war seine Finanzierung. Da die Autobahn nur einem eng umrissenen Teil der Verkehrsteilnehmer zugute käme, wollte der HAFRABA e.V. den Bau und Betrieb einem privatwirtschaftlichen Unternehmen übertragen. Dieses sollte ein Nutzungsentgelt erheben, das im Verhältnis zur Kostenersparnis auf der Autobahn durch geringeren Verschleiß, Kraftstoffverbrauch und Zeitaufwand stand. Diese Einsparungen schätzte der Finanzierungsausschuss auf 20 bis 25 Prozent. Von der öffentlichen Hand erhoffte der Verein als Gegenleistung für die langfristig zu erwartende Entlastung der aus Steuergeldern unterhaltenen Straßen eine Unterstützung für die Anfangsphase in Form von Geländeüberlassungen, Zinsgarantien oder Zuschüssen aus Mitteln der Arbeitslosenversicherung. Weil der Autobahnbau neue Arbeitsplätze schaffen würde, bemühte sich Reichskanzler Heinrich Brüning (1885–1970) 1930 auf Initiative des HAFRABA e.V. beim Internationalen Arbeitsamt in Genf um eine Völkerbundanleihe. Mit diesen Mitteln sollte ein erster Bauabschnitt in Angriff genommen werden. Eine komplette Kostendeckung aus öffentlichen Mitteln schlossen die HAFRABA-Freunde strikt aus. Nichtsdestotrotz arbeiteten ihre Gegner vor allem mit dem Argument, die Autobahn würde dem allgemeinen Straßenbau die notwendigen Finanzen entziehen. Da das geltende Recht verbot, Wegegelder von Kraftfahrzeugen zu erheben, traf es die Befürworter der HAFRABA hart, als der Reichsverkehrsminister eine erhoffte Ausnahmegenehmigung verweigerte. Sicherlich hatte auch das Veto der Reichsbahn, die um den Verlust ihres Monopols im Gütertransport fürchtete, diese Entscheidung beeinflusst. Durch zähe Lobbyarbeit gelang es Willy Hof, dass einige Reichstagsabgeordnete 1930 einen Gesetzesentwurf einbrachten, um die HAFRABA im einschlägigen Gesetz von den dort beschriebenen „öffentlichen Wegen" auszunehmen. Bevor der Entwurf, der gute Chancen auf Zustimmung gehabt hatte, behandelt werden konnte, löste der Reichspräsident das Parlament auf, weil es sich nicht über die Sanierung des maroden Staatshaushaltes einigte. In den nachfolgenden Regierungen stellten sich viele einflussreiche Politiker verschiedener Parteien überzeugt hinter die HAFRABA-Pläne; selbst Vertreter der Automobilindustrie sowie der Allgemeine Deutsche Automobil-Club (ADAC) hatten mittlerweile ihre ablehnende Haltung revidiert. Angesichts der sich zuspitzenden politischen und wirtschaftlichen Lage wurde jedoch eine Entscheidung hinausgezögert. So lagen den Nationalsozialisten bei ihrer Machtübernahme fertige Pläne für die HAFRABA vor, deren Realisierung nur an der ungesicherten Finanzierung gescheitert war. Auch die Vorbereitungsgesellschaften für andere Streckenführungen waren nicht erfolgreicher gewesen. Mit Ausnahme einer 20 Kilometer langen Autobahn zwischen Köln und Bonn, auf der seit 1932 der Verkehr rollte, blieb es bei Planungen auf dem Papier.

Der Straßenbauingenieur Dr.-Ing. Fritz Todt, seit 1922 Parteigänger Hitlers, legte diesem bereits Ende 1932 die Planungen der HAFRABA und der MÜLEIBERL vor. Hitler signalisierte Zustimmung und Willy Hof hoffte, dass sein Verein bald zur Realisierung seiner Pläne schreiten könnte. Tatsächlich sagten im Mai 1933 die Verantwortlichen aus Reichsbahn und Reichsbank, die in der Vergangenheit alle Autobahnpläne vehement torpediert hatten, Hitler ihre Unterstützung beim Aufbau des neuen Straßennetzes zu. Im gleichen Monat jedoch wurde der HAFRABA e.V. gleichgeschaltet und in die GEZUVOR (Gesellschaft zur Vorbereitung der Reichsautobahnen) überführt. Fortan durften die führenden Köpfe des HAFRABA e.V. nicht mehr öffentlich in Erscheinung treten und die Nationalsozialisten stilisierten Adolf Hitler zum Vater der Autobahnen. Mit Todts Ernennung zum Generalinspektor für das deutsche Straßenwesen im Sommer 1933 beendete Hitler das Kompetenzgerangel aller an Straßenplanungen beteiligten Behörden. Ebenso gründete die Reichsbahn einem neuen Gesetz gemäß das Zweigunternehmen Reichsautobahnen zum Bau und Betrieb des neuen Straßennetzes.

Die Ausführung orientierte sich im Wesentlichen an den baureifen Planungen des HAFRABA e.V. Allerdings sahen diese nahezu schnurgerade Strecken vor, auf denen auf einer Länge von bis zu zehn Kilometern keine Kurve zur Drosselung der Geschwindigkeit zwang. Nach Freigabe der ersten Autobahnteilstücke zeigte sich, dass sich dies auf Fahrer ermüdend und damit unfallträchtig auswirkte. Fortan wurden die Autobahnen als leicht geschwungenes Band durch die Landschaft gezogen. Dennoch stellten sich die Automobilisten nur mit Mühe auf die neuen Straßen ein. Die Zeitschrift des Deutschen Automobilclubs konstatierte 1935, dass in der Regel nur gute Fahrer „mit knapper Not gerade fähig" seien, „die neue Bahn so zu fahren, wie sie zu befahren sein wünscht, zügig, unbeirrt und gleichmäßig". Viele Wagenlenker verursachten durch überhöhte Geschwindigkeiten Unfälle, parkten auf Rand- und Mittelstreifen, bremsten jäh oder blockierten die Mitte der Fahrbahn, weil sie sich nicht überholen lassen wollten.

"FREIE FAHRT FÜR FREIE BÜRGER": AUTOBAHNEN

BAUBEGINN DER HAFRABA

1937 begannen die Bauarbeiten auf der Strecke von Hamburg über Soltau bis dicht vor Hannover. Bereits ein Jahr später wurden sie unterbrochen, denn die entlang der Trasse in Barackenlagern untergebrachten Arbeiter wurden zum Bau einer militärischen Verteidigungslinie entlang der deutschen Westgrenze, dem sogenannten Westwall, abgezogen. Erst im Sommer 1939 belebten sich die Baustellen zwischen Hamburg und Hannover wieder, auf denen jetzt auch Großmaschinen die Arbeiten energisch vorantrieben. Als Todt 1940 alle Autobahnbauten in Nord-Süd-Richtung kriegsbedingt stoppte, waren die HAFRABA-Teilabschnitte von Lübeck bis zum Horster Dreieck südlich von Hamburg sowie von Nörten-Hardenberg im Norden Göttingens über Frankfurt am Main bis Karlsruhe verkehrsbereit. Zwischen dem Horster Dreieck und Hannover waren die Trassierungsarbeiten größtenteils abgeschlossen sowie 53 Brücken und Durchlässe im Bau oder bereits errichtet.

Zwischen Hamburg und Göttingen hatte die von Todt eingesetzte Oberste Bauleitung Reichsautobahn (OBR) den von Robert Otzen geplanten Trassenverlauf entscheidend verändert. Otzens nahezu geradlinige Strecke führte zu weit an den Wirtschaftsräumen Bremen, Braunschweig, Peine, Wolfsburg und Salzgitter vorbei. So projektierte die OBR eine Teilung der Autobahn südlich von Hamburg-Maschen in zwei Arme, die westlich an Hannover bzw. östlich an Braunschweig entlanglaufen sollten, um sich zwischen Seesen und Northeim wieder zu vereinigen. Planungen und erste Bauarbeiten erfolgten zunächst für den westlichen Arm, und zwar vor allem in dem etwa 35 Kilometer langen Streckenabschnitt zwischen dem Aller-Nebenfluss Meiße und der Ortschaft Resse in der Wedemark sowie im Kreuzungsbereich von HAFRABA und Ost-West-Autobahn, der heutigen Bundesautobahn A 2, bei Garbsen.

Nach dem Zweiten Weltkrieg fehlte zunächst Geld, um das lückenhaft gebliebene Autobahnnetz zu vervollständigen. So rollte zwischen Horster Dreieck und Northeim der Fernverkehr auf einer Strecke von über von 200 Kilometern weiterhin auf der Bundesstraße B 3. Angesichts der Teilung Deutschlands und des zunehmenden Verkehrs zeichnete sich rasch ab, dass eine zügig zu befahrende Nord-Süd-Verbindung unumgänglich war. Deshalb stellten Fachleute des Niedersächsischen Amtes für Landesplanung und Statistik ab 1949 mit Blick auf die neuen Wirtschafts- und Verkehrsverhältnisse die Planungen aus den 1920er- und 30er-Jahren kritisch auf den Prüfstand. Eine Beibehaltung der zuletzt vorgesehenen zwei Teilstrecken durch Niedersachsen verbot sich aus finanziellen Gründen. Umplanungen taten Not. Diese mussten die Belange von Siedlung, Wirtschaft und Verkehr im ganzen niedersächsischen Raum berücksichtigen, ohne landwirtschaftliche Nutzflächen, unterirdische Lagerstätten und Erholungsgebiete über Gebühr zu beeinträchtigen. Zusätzlich galt es, möglichst viele der bis zum Baustopp von 1940 geschaffenen Anlagewerte in den endgültigen Streckenverlauf zu integrieren. Allein zwischen Soltau und der niedersächsischen Landeshauptstadt waren (umgerechnet nach dem Preisindex von 1950) bereits 32 Millionen DM verbaut worden. Bei einer endgültigen Abkehr von den Planungen wären diese Investitionen nicht nur unwiederbringlich verloren gewesen, sondern hätten durch ihre Beseitigung noch mehr Kapital verschlungen.

Die Linienführung der heutigen A 7 ist das Resultat der bestmöglichen Berücksichtigung aller genannten Faktoren. 1952 rückten

Der Verkehrsknotenpunkt heute: Autobahnabfahrt Hannover-Nord

die ersten Baukolonnen auf dem fehlenden niedersächsischen Streckenabschnitt an, 1962 übergaben sie die neue Autobahn dem Verkehr. Die in der HAFRABA wurzelnden und heute von der dänischen Grenze bis in den Süden Deutschlands verlaufende A 7 ist als Teil der Europastraße E 4 ein zentrales Bindeglied für den internationalen Verkehr von Portugal, Spanien und Frankreich bis hinauf nach Skandinavien und Finnland.

LETZTE RELIKTE DER „VERGESSENEN AUTOBAHN"

Im Norden der Region Hannover und im angrenzenden Landkreis Soltau-Fallingbostel befinden sich ungenutzte Relikte der nicht realisierten Autobahn aus der NS-Ära, deren Gegenwert gering veranschlagt wurde. Mit etwas Spürsinn sind westlich der A 7 in dem überwiegend flachen Gelände die Überreste von aufgeschütteten Dämmen für die Trassenführung sowie von einigen Brücken und Durchlässen zur Querung von untergeordneten Straßen und Wegen, Wasserläufen und moorigem Gelände erkennbar.

Solche Kreuzungsbauten über- und unterqueren Autobahnen etwa alle 700 bis 800 Meter, in Ballungsräumen sogar häufiger. Allein von 1933 bis 1941 wurden im Zuge des Autobahnbaus reichsweit etwa 9 000 Brücken aller Größenordnungen errichtet. Sie waren nicht nur praktisch-funktionale Bauwerke zur Überwindung unwegsamen Terrains, sondern auch technische und manchmal obendrein künstlerische Meisterleistungen (deren Ausführung bei aller Kunstfertigkeit die nationalsozialistische Ideologie spiegelte). Während eine kleine, viel bestaunte Minderheit gewaltiger Autobahnbrücken – so die Rohrbachtalbrücke bei Stuttgart, die Mangfallbrücke auf der Strecke München–Salzburg oder das „Tor von Thüringen" bei Eisenberg – kühn weite Schluchten oder breite Wasserläufe überspannte, waren die meisten Kreuzungsbauten „gleichförmige Regelbauwerke". Ihre Gestaltung folgte der 1934 ausgegebenen Devise von Todts künstlerischem Berater Paul Bonatz (1877–1956): „So wenig auffallend wie möglich, so wenig Masse wie möglich und so viel Durchsicht und Überblick wie möglich." Vor allem im flachen Norden präsentierten sich Autobahnbrücken und -brückchen typisiert und rationell. Zunächst entstanden massige und schmucklose Stahlbetonbrücken, die auf einen vereinheitlichenden Entwurf der Reichsbahn zurückgingen. Weil Beton aber nach dem vorherrschenden Geschmack als „Kunststein" verpönt war, wurde seine Oberfläche oft so bearbeitet, dass er ein natursteinähnliches Aussehen erhielt. Auch ließen die Planer mal einzelne Bauteile wie Stützen und die Widerlager, auf denen diese auflagen, mal das ganze Bauwerk komplett mit Natursteinen verkleiden. Eine vollkommen einheitliche Gestaltung der Brücken vermieden sie, um keine Monotonie aufkommen zu lassen.

Im Gebiet der gemeinde Wedemark, ganz im Norden der Region Hannover sind mit geübtem Auge Überreste der HAFRABA-Bauten aus den 1930er-Jahren zu erkennen. Östlich der Ortschaft Rodenbostel in der Gemeinde Wedemark findet sich der Überrest eines Dammabschnitts. Er rahmte einst ein Brückenbauwerk ein, das die Autobahn über die Kreisstraße 105 zwischen Rodenbostel und dem gleichfalls zur Gemeinde Wedemark zählenden Ibsingen in Richtung Brelinger Berg führen sollte. Die Brücke war bis zum Baustopp zur Hälfte fertiggestellt gewesen; ihre Überbleibsel wurden um 1960 abgebrochen. Der unvollendete Damm, der die Fahrbahn auf kurzer Entfernung um 3 Prozent hätte ansteigen lassen – der größten Steigung auf dem Abschnitt zwischen Hamburg und Hannover –, wäre sicherlich eine große Herausforderung für die zeitgenössischen Kfz-Motoren gewesen. Er diente nach Aufgabe der Autobahntrasse als Entnahmestelle für Sand. Seine Rudimente sind mittlerweile mit Bäumen bewachsen, die sich deutlich vom Pflanzenbestand der Umgebung abheben. Das Dickicht des Waldes auf dem südlich gelegenen Brelinger Wald birgt weitere Dammreste und die Überbleibsel einer Betonbrücke. Obwohl ihre Natursteinverkleidung ebenfalls unvollendet geblieben ist, handelt es sich bei diesem Durchlass, einem Bauwerk in einem Erdkörper mit einer Weite von maximal zwei Metern, das den Durchtritt von Wasser ermöglicht, um das am besten erhaltene Brückenbauwerk der „vergessenen Autobahn".

Nördlich des Bahnhofs Hope in der Gemeinde Lindwedel im Landkreis Soltau-Fallingbostel erhoben sich die zwei Widerlager einer Brücke über die Bahnlinie Hope–Schwarmstedt, die erst

Reste der „vergessenen Autobahn" östlich von Rodenbostel, beim Brelinger Berg und in der Nähe des Bahnhofs Hope

1995 abgebrochen wurden. Geblieben ist ein Bogen in der ansonsten parallel zu den Bahngleisen verlaufenden Kreisstraße 4, die hier um das südliche Widerlager herumgeführt worden war. Etwas weiter südlich, aber noch im selben Landkreis, befindet sich ein Durchlass für die Grindau, einen kleinen Leinezufluss. Die äußere Verblendung der Brücke mit behauenen Natursteinen ist mittlerweile beschädigt, die Dammschüttung nur noch andeutungsweise zu erkennen. Eine weitere Brücke nahe der Ortschaft Hope sprengte die Bundeswehr in jüngster Vergangenheit im Rahmen einer Übung. Nördlich des schon erwähnten Dammes bei Rodenbostel stehen in der Nähe des Flüsschens Große Beeke in der Feldflur die Reste zweier Brücken. Sie sind aus Beton gefertigt und wurden vor ihrer Aufgabe noch nicht mit Natursteinen verblendet.

Vermutlich befinden sich auch bei Resse und bei Garbsen noch Fragmente der „vergessenen Autobahn". Die Denkmalschutzbehörden konnten sie bislang noch nicht ausfindig machen.

▸ Orte mit noch erkennbaren Resten sind im vorstehenden Text benannt. Nähere Informationen zum Auffinden bietet die informative Internetseite http://www.lostplaces.de/vergessene-autobahn-strecke-24.html.

"FREIE FAHRT FÜR FREIE BÜRGER": AUTOBAHNEN

▶ Die beschriebenen Reste der unvollendet gebliebenen Autobahn lassen sich im freien Gelände (gutes Schuhwerk ist zu empfehlen!) erwandern. Einige Brückendurchlässe sind von landwirtschaftlich genutzten Flächen umschlossen oder liegen in Waldgebieten – ein Aufsuchen ist in diesen Fällen nur außerhalb der Vegetationsperiode möglich. Eine topografische Karte ist zum Auffinden empfehlenswert.
▶ Der Bahnhof Hope ist Montag bis Freitag ab Hannover mittels Regionalbahnzügen bis zum Bahnhof Schwarmstedt und von dort weiter mit der Buslinie 652 zu erreichen. Die Brückendurchlässe sind in etwa 2 km Entfernung (Luftlinie) in südwestlicher Richtung zu finden.
▶ Die Haltestelle Rodenbostel in der gleichnamigen Ortschaft erreicht man mittels S-Bahnen der Linie S4 oder mit Regionalbahnen ab Hannover. Im Bahnhof Mellendorf ist ein Umsteigen in die Buslinie 697 erforderlich (an Wochenenden Bedienung dieser Linie nur mit RufTaxi-Wedemark nach vorheriger Anmeldung!). Die HAFRABA-Reste befinden sich an verschiedenen Stellen im Umkreis von 1–2 km (Luftlinie) des Ortes.

Trogbrücke des Mittellandkanals

ZUR ENTZERRUNG DES VERKEHRS: BRÜCKEN

AUF DIREKTEM WEG

In vorindustrieller Zeit konnten Fuhrwerke einen Wasserlauf nur an seichten Stellen, sogenannten Furten, überwinden, wollten die Menschen nicht ihre Waren mehrfach umladen und mit Booten gegen die Strömung kämpfen. Eine andere Möglichkeit war der Einsatz von Fähren, die ein von Ufer zu Ufer gespanntes Seil auf Kurs hielt. Dieses behinderte allerdings die Flussschifffahrt. Am bequemsten ließen sich Wasserwege auf Brücken überwinden. Sie waren zunächst aus Stein, oft auch aus Holz errichtet und im letztgenannten Fall sehr anfällig gegen Hochwasser und Eisgang. Bereits diese in traditioneller Bauweise gefertigten Brücken sind wegen ihrer Eigenschaft als Verkehrsbauten technische Denkmäler.

Am Ende des 18. Jahrhunderts entstanden in England, Frankreich und Deutschland die ersten eisernen Bogenbrücken. Im Lauf der Industrialisierung boten sich dann mit zunehmender Beherrschung der Metalle neue Möglichkeiten für die Errichtung äußerst belastbarer und dauerhafter Brücken, die in den unterschiedlichsten Konstruktionsweisen auch schwere Lasten sicher über weitere Entfernungen trugen. Zeitgleich wuchs der Bedarf an genau solchen Brücken, denn je mehr in der zweiten Hälfte des 19. Jahrhunderts der Verkehr auf den herkömmlichen Land- und Wasserstraßen zunahm und Schienen die Landschaft zerschnitten, desto notwendiger wurde es, diese Transportwege über Hindernisse hinwegzuführen.

LAVESBRÜCKEN IN HANNOVER-NORDSTADT

Georg Ludwig Friedrich Laves (1788–1864), seit 1814 als Hofarchitekt in Hannover angestellt und 1831 zum obersten Baubeamten des Königreichs aufgestiegen, zählt heute zu den bedeutendsten klassizistischen Architekten Deutschlands. Er schuf zahlreiche repräsentative Zweck- und Wohnbauten, so in Hannover das Opernhaus oder das Wangenheim-Palais am Friedrichswall (heute Sitz des Niedersächsischen Wirtschaftsministeriums) und außerhalb der Stadt unter anderem das Jagdschloss Springe. Neben seinen Dienstverpflichtungen arbeitete Laves für private Bauherren. Er gestaltete unter anderem den Gutshof in Bredenbeck bei Wennigsen sowie sehr wahrscheinlich auch die Villa im Gutspark von Springe-Bennigsen. Sein eigenes Wohnhaus am hannoverschen Friedrichswall, heute Sitz der Architektenkammer Niedersachsen, ist einschließlich der Inneneinrichtung authentisch erhalten. Darüber hinaus beschäftigte Laves sich stadtplanerisch mit dem ganzen Raum. So tragen der als „Empfangszimmer" der Stadt konzipierte Ernst-August-

Detail der Trogbrücke des Mittellandkanals bei Seelze

ZUR ENTZERRUNG DES VERKEHRS: BRÜCKEN

Friederikenbruecke über der Graft zum Großen Garten in Herrenhausen

Platz vor dem Hauptbahnhof Hannover und die anschließende Ernst-August-Stadt bis heute noch Spuren seiner Handschrift.

Die Bandbreite von Laves' beruflichen Aktivitäten (er entwarf auch Möbel) entsprach ganz und gar dem zeitgenössischen Berufsbild des Architekten, denn bis in das 19. Jahrhundert hinein standen die Beherrschung der künstlerisch-ästhetischen Qualität des Bauens und seiner technischen Möglichkeiten gleichberechtigt nebeneinander. Entsprechend war der vielseitige Baukünstler äußerst interessiert an allen Neuerungen im konstruktiven Ingenieurbau, unter anderem im Brückenbau. Seine grundlegende Idee war, die Prinzipien von Bogen- und Hängebrücke zu verschmelzen und so eine Balkenbrücke ohne Widerlager zu konstruieren, deren unterer und oberer Gurt durch ihre elliptische Krümmung die Form einer Linse oder eines Fischbauches beschreiben. Das Besondere dieser Träger ist, dass sich ihre ausgefeilte Statik mit Haltbarkeit, Wirtschaftlichkeit und vielfältigen Gestaltungsmöglichkeiten verbindet.

Weil die heute gängigen statischen Berechnungsverfahren erst in der zweiten Hälfte des 19. Jahrhunderts entwickelt wur-

ZUR ENTZERRUNG DES VERKEHRS: BRÜCKEN

Friederikenbrücke, Detail

den, erprobte Laves die Belastbarkeit seines Fischbauchträgers in Modellversuchen und holte die Meinung verschiedener englischer und deutscher Fachleute ein. Ende 1835 überspannte dann seine erste, noch hölzerne Fischbauchbrücke den Stadtgraben, der seinerzeit die hannoversche Altstadt und die neu entstehende Ernst-August-Stadt zwischen Bahnhof, Steintor, Georgstraße und Aegidientorplatz voneinander trennte. Nachdem diese Brücke sich als stabil erwiesen hatte, betrieb der Baumeister ab 1837 in verschiedenen deutschen Staaten und international die Patentierung „seines" Trägers. Dabei hatte er allerdings wenig Erfolg: Das Grundprinzip des Linsenträgers hatten bereits andere vor ihm entwickelt und in die Praxis umgesetzt, auch wenn es im Brückenbau noch eine nachrangige Rolle spielte. Dessen ungeachtet bleibt Laves das Verdienst, den Linsenträger bei der Realisierung von mindestens 20 Brücken verschiedenster Größen im Königreich Hannover erprobt, verbessert und bekannt gemacht zu haben. Er setzte sich in ganz Deutschland unter dem Namen Fischbauch- oder Lavesbalken vor allem für den Bau von

ZUR ENTZERRUNG DES VERKEHRS: BRÜCKEN

Eisenbahnbrücken durch und findet noch heute vereinzelt Anwendung.

Von den zehn zumeist schmiedeeisernen Brücken, die nach Laves' Entwürfen in Hannover ausgeführt wurden, können noch vier besichtigt werden. Die älteste stammt aus dem Jahr 1837 und überspannt westlich des Wilhelm-Busch-Museums im Georgengarten einen Wasserlauf. Als „eiserne Fahrbrücke" trug sie auch die Lasten von Kutschen und anderen zeitgenössischen Gefährten. Unterschiedlich große Eisenringe und -stäbe steifen ihren Ober- und Untergurt aus. Drei Jahre jünger ist die nördlich davon, nahe zum Leibniztempel gelegene Augustenbrücke. Die gewölbte, steinerne Überführung verjüngt sich in der Breite von 6,51 auf 4,95 Meter am Scheitel und scheint dem Kräfteverlauf Form zu geben. Das filigrane Geländer aus geraden und geschwungenen Stäben verstärkt diesen Eindruck ästhetisch. Zur gleichen Zeit wurde die Friederikenbrücke eingeweiht, die über die Graft zum Großen Garten in Herrenhausen führt. Ihre Konstruktion besteht wiederum aus einem Linsen- oder Fischbauchträger, dessen Gurte diesmal aus gusseisernen Rohren bestehen, die durch geschmiedete Stäbe versteift werden. Angesichts ihrer konstruktiven Eleganz, ihrer differenzierten Durcharbeitung und ihrer Ausschmückung mit Delfinen, Schilfkränzen sowie dem Monogramm der Königin Friederike erscheint dieses Bauwerk als besonders überzeugende Lösung. Die jüngste Brücke, eine kleine eiserne Fußgängerbrücke, stammt von 1844. Sie wurde 1988 nach einer gründlichen Sanierung in der Nähe ihres ursprünglichen Standortes wieder über der Graft im Welfengarten eingesetzt. Auch sie trägt mittels eines Fischbauchträgers frei von den jeweiligen Auflagern über das Wasser.

▸ Hannover-Nordstadt, Georgengarten.
▸ Auf öffentlichen Wegen.
▸ Laves Brücken im Georgengarten.
▸ Stadtbahnlinien 4 und 5, Haltestelle Herrenhäuser Gärten, ab dort zu Fuß der Straße An der Graft ca. 500 m in südliche Richtung folgen (Friederikenbrücke) und in den Georgengarten abbiegen.

Hannover-Nordstadt, Welfengarten.
▸ Auf öffentlichen Wegen.
▸ Stadtbahnlinien 4 und 5, Haltestelle Leibniz Universität

BRÜCKEN DER GÜTERUMGEHUNGSBAHN IN HANNOVER

Als in Hannover um 1872 erste Diskussionen aufkeimten, die Gleisanlagen des Personenverkehrs im Innenstadtbereich zu einer Hochbahn umzuwandeln, wurde auch der Bau einer Güterumgehungsbahn erwogen. Doch erst als das stetig wachsende Verkehrsaufkommen zum Ende des 19. Jahrhunderts immer größere Engpässe im Schienennetz verursachte, konkretisierten sich die Planungen. 1904 fiel der Startschuss für den Bau einer südlichen Umfahrung Hannovers, um den Hauptbahnhof von durchfahrenden Güterzügen zu entlasten. Die 1909 fertig gestellte Strecke verläuft vom Rangierbahnhof in Seelze, der im selben Jahr dem Betrieb übergeben wurde, in weit gespanntem Bogen über die hannoverschen Stadtteile Linden im Westen und Waldhausen im Süden, um im Osten der Stadt bei Misburg wieder auf die alte Trasse der Verbindung Hannover–Lehrte zu treffen.

Die Gleise der neuen Güterbahn wurden von vornherein auf hohen Dämmen verlegt, damit sie kein neues Verkehrshindernis bildeten. Die dabei entstandenen Brückenbauwerke sind zum Teil sehr aufwendig gestaltet und dürfen heute durchaus die Aufmerksamkeit von kunstinteressierten Betrachterinnen und Betrachtern beanspruchen. Leider führten vor wenigen Jahren durchgeführte Lärmschutzmaßnahmen dazu, dass nur wenige Brücken ihren Ursprungszustand behielten. Umso mehr lohnt der Besuch der letzten noch weitgehend unveränderten Bauwerke.

Besonders reizvoll gelegen sind die beiden Gitterbrücken, die beim Gleisdreieck nahe Hannover-Ahlem über den Stichkanal vom Mittellandkanal zum Lindener Hafen führen. Die westliche der beiden Brücken fällt mit ihren steinernen Brückenköpfen und der schräg gestellten Metallkonstruktion ihrer beiden Enden besonders ins Auge. Aber auch die ein Stück weiter östlich liegende Bogenbrücke für Fußgänger und das am Südufer des Kanals ganz in deren Nähe stehende Großkraftwerk Ahlem verdienen Beachtung.

Ähnliche, jedoch wesentlich längere Brückenbauwerke liegen in der Leinemasch unmittelbar östlich der Stammestraße in Hannover-Ricklingen. Von Hannover in westlicher Richtung nach Haste oder Hameln (und weiter nach Altenbeken) verkehrende Personenzüge sowie zum Rangierbahnhof Seelze fahrende Güterzüge überqueren dort gemeinsam auf dreiteiligen Kastenbrücken mit Jugendstilgeländern die Ihme. In unmittelbarer Nachbarschaft überspannt im Verlauf des Ohedamms eine Fuß- und Radwegbrücke den Fluss und seine Überschwemmungsgebiete. Es handelt sich hierbei um eine ebenfalls dreiteilige Bogenbrücke aus dem Jahr 1872. Sie diente zunächst als Eisenbahnviadukt der privaten Hannover-Altenbekener Bahn, bis deren Trasse zeitgleich mit der Eröffnung der Güterumgehungsbahn nach Süden hin verlegt wurde. Damals wurde auch das zweite Gleis der Brückenkonstruktion demontiert. Dies lässt sich heute an den viel zu breiten steinernen Pfeilern der Fußgängerbrücke ablesen.

Auch die benachbarte Querung der Stammestraße selbst mit ihren reich ornamentierten steinernen Brückenköpfen und filigranen Metallstützen zwischen Fahrbahn und Fußwegen sollte nicht unbeachtet bleiben, auch wenn die Stahlbrücke selbst und ihre Geländer neueren Datums sind. Diese Brücke bezeugt, wie aufwendig im beginnenden 20. Jahrhundert auch reine Zweckbauten (zur Erbauungszeit lagen in der Nähe nur zwei Ziegeleien!) gestaltet wurden.

Bogenbrücke in der Leinemasch

ZUR ENTZERRUNG DES VERKEHRS: BRÜCKEN

Güterbahnbrücke Hannover-Tiergarten (links und oben rechts)
Güterumgehung Stichkanal Linden (rechts unten)

ZUR ENTZERRUNG DES VERKEHRS: BRÜCKEN

Gleiches lässt sich auch über die Brückenbauwerke sagen, die in den Parkflächen der Stadtteile Kleefeld und Kirchrode liegen. Im Hermann-Löns-Park befindet sich in südwestlicher Richtung sogar eine Güterbahnbrücke noch völlig in ihrem Ursprungszustand von 1909 – mit reizvollem Jugendstilgeländer! Die hohen Pfeiler an ihren beiden Köpfen wirken wie Pylone an ägyptischen Tempelbauwerken und setzen besondere Akzente in der weitläufigen Parklandschaft.

▸ Hannover-Ahlem, nördlich der Ziegelstraße.
▸ Hannover-Ricklingen, östlich der Stammestraße.
▸ Hannover-Kirchrode, südliche Verlängerung der Straße Hermann-Löns-Park.
▸ Auf öffentlichen Wegen.
▸ **AHLEM:** Buslinien 700 und 581, Haltestelle Willy-Spahn-Park, ab dort zu Fuß der Ziegelstraße bis zur Fußgängerbrücke über den Stichkanal Linden folgen und weiter am nördlichen Kanalufer in Richtung Westen.
▸ **RICKLINGEN:** S-Bahnlinien S1, S2 und S5, Haltestelle H-Linden / Fischer-

hof, ab dort über den Abgang Stammestraße an der Brückennordseite weiter in östlicher Richtung oder
▸ Stadtbahnlinien 3, 7, 17 sowie Buslinie 100/200, Haltestelle Bahnhof Linden/Fischerhof, ab dort ca. 600 m Fußweg durch die Straße Im Lämpchen und an der Brückennordseite weiter in östlicher Richtung.
▸ KLEEFELD: Stadtbahnlinie 5, Buslinie 123 und 124, Haltestelle Bleekstraße, ab dort ca. 400 m Fußweg entlang der Güterumgehungsbahn in östlicher Richtung.

LEINEBRÜCKE IN PATTENSEN-SCHULENBURG

Ganz im Süden der Region Hannover, am östlichen Ortsrand von Pattensen-Schulenburg, liegt eine der wenigen erhaltenen größeren Straßenbrücken Niedersachsens aus der Zeit vor 1800. Es handelt sich dabei um eine aus Kalksandsteinen gemauerte Bogenbrücke von immerhin 42 Meter Länge. Sie entstand 1751, zur Regierungszeit König Georg II. (1683–1760), als Leinequerung im Zuge einer zeitgleich neu angelegten Chaussee, nämlich der heutigen Landesstraße L 460, die von Gestorf vor den Toren Springes über Schulenburg zum heute nach Nordstemmen eingemeindeten Rössing führt.

Bis Mitte des 18. Jahrhunderts quälten sich Kutschen, Fuhrwerke und Ochsengespanne – sofern es die Witterung überhaupt zuließ – über unbefestigte Wege, deren Verlauf sich im Mittelalter ausgeprägt hatte. Zwar bestimmte eine Verordnung von 1691, dass die Untertanen die Wege erhalten müssten, aber diese besserten zumeist nur die schlimmsten Schäden notdürftig aus. Zu tief saßen noch die Schrecken, die brandschatzende und marodierende Landsknechte im Dreißigjährigen Krieg (1618–1648) auch im Calenberger Land verbreitet hatten; ein unzugängliches Wegenetz schien ein sicherer Schutz vor Truppendurchzügen zu sein. Außerdem bot sich den Dorfbewohnern ein guter Nebenverdienst, wenn sie durchfahrenden Fuhrwerken ihre Vorspanndienste anboten, um sie über durchweichte Wege zu ziehen. Zwar nahm Georg II. schon 1738 mit einer erneuten Wege-Besserungsordnung Anlauf, den Zustand der Straßen in seinen hannoverschen Landen zu verbessern, doch erst sein Nachfolger Georg III. (1738–1820) machte damit Ernst. 1764 bewilligte er Gelder für den Bau von überregionalen „Kunststraßen" und veranlasste die Einrichtung einer Königlich-Kurfürstlichen Wegbau-Intendance als Fachbehörde für den Bau und die Verwaltung überregionaler Chausseen.

Unweit der heutigen Leinebrücke, etwas näher an der in nur noch geringen baulichen Resten erhaltenen Feste Calenberg, gab es einen Vorgängerbau, der bereits 1363 in Schriftquellen belegt ist. Die jetzige Brücke hat drei Bögen, von denen der mittlere eine größere Spannweite aufweist. Sie ruht auf zwei an beiden Enden spitz auslaufenden Strompfeilern. Vom Unterbau durch ein Gesims abgesetzt, befinden sich an beiden Seiten des Fahrweges steinerne Brüstungen, die zum Scheitelpunkt in der Brückenmitte hin ansteigen. So entsteht auch hier – wie bei den Pfeilern – eine Dreiecksform, die im Kontrast zu den Brückenbögen ein altertümliches, malerisch wirkendes Erscheinungsbild ergibt. An den Außenseiten der gemauerten Steinbrüstungen befinden sich Inschriftsteine, die flussaufwärts das Monogramm König Georg II. bzw. flussabwärts die Datierung „ANNO 1751" zeigen.

Leinebrücke bei Schulenburg

ZUR ENTZERRUNG DES VERKEHRS: BRÜCKEN

LEINEBRÜCKE KÖNIGSWORTHER STRASSE IN HANNOVER-CALENBERGER NEUSTADT

Mitten in Hannovers Innenstadt liegt eine Insel, etwa zweimal größer als der Maschsee. Umflossen von der Leine im Osten und Norden, der Ihme im Westen und dem Schnellen Graben im Süden, erstrecken sich auf ihrem nördlichen Teil weite Bereiche der Calenberger Neustadt, auf ihrem südlichen Part unter anderem der Schützenplatz und der Sportpark. 24 Brücken schlagen die Verbindung zwischen dieser Insel und der sie umgebenden Stadt. Eine davon ist Teil der Königsworther Straße, die auf etwa der Hälfte ihrer Länge die Leine quert. Sie spannt sich als flacher, natursteinverblendeter Bogen mit reizvoll verziertem, durchbrochenem Geländer über den Fluss. 1896 nach einem Entwurf von Paul Rowald (1850–1920) fertiggestellt, erhielt sie 1898 als besondere Zier vier je acht Meter hohe, verkupferte Prachtkandelaber des Bildhauers Carl Dopmeyer (1824–1899), die mit klassischen Fabelwesen des Meeres und pflanzlichen Formen geschmückt sind. An keiner anderen hannoverschen Brücke ha-

1881 sowie 1990 umfassend saniert, zeigt die Brücke mit ihrem Kopfsteinpflaster als Fahrbahnbelag trotzdem noch ihr historisches Erscheinungsbild – bis hin zu den Radabweisern, die, in regelmäßigen Abständen gesetzt, ihre seitlichen Brüstungen vor Beschädigungen durch Fahrzeuge schützen sollen.
▸ Pattensen-Schulenburg, im Verlauf der Landesstraße 460 am östlichen Ortsrand.
▸ Öffentlicher Verkehrsweg mit ampelgesteuertem Richtungswechsel, für Fußgänger gibt es Knopfdruckampeln.
▸ Buslinie 310, Haltestelle Schulenburg/Hausgut Calenberg.

Leinebrücke Königsworther Straße, Detail

ZUR ENTZERRUNG DES VERKEHRS: BRÜCKEN

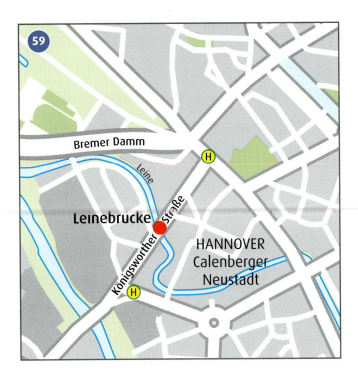

TROGBRÜCKEN DES MITTELLANDKANALS

Zahllose Brücken überspannen in der Region Hannover den Mittellandkanal. Die meisten lagen bei ihrer Bauzeit in der zweiten Dekade des 20. Jahrhunderts in damals noch freier Landschaft. Dennoch bemühten sich ihre Erbauer, besonders an belebten Straßen in Stadtnähe Zweckmäßigkeit mit Ästhetik zu verbinden. Deshalb wurden ihre Widerlager meist mit Sandsteinquadern verkleidet. Dazwischen spannten sich Eisenfachwerkbrücken mit Obergurten in verschiedenen, in der Regel einfachen Formen, deren Konstruktion durch die Eisenbahnbrücken des 19. Jahrhunderts bereits bestens erprobt war. Genietete Trägerverbindungen oder Knotenbleche im Bereich des Überbaus verliehen den einzelnen Brückenbauwerken Individualität. Bevorzugt aber verwendeten die Planer Konstruktionen aus Beton, was ihnen einen großen gestalterischen Spielraum eröffnete. Sandsteinpfeiler oder gar -portale, Skulpturen, Reliefschmuck oder schmiedeeiserne Ornamente an Widerlagern und Geländern gaben zusätzlich ein künstlerisches Gepräge. In den 1920er-Jahren griff ein neuer, sachlicherer Architekturstil auch auf den Brückenbau über.

Nahezu ausnahmslos wurden die Mittellandkanalbrücken in der Region Hannover nach dem 1979 in Kraft getretenen Denkmalschutzgesetz als Kulturdenkmale eingestuft; Grundlage war die hohe wirtschaftsgeschichtliche Bedeutung des Kanals als Ganzem wie auch die künstlerische und technische Qualität der Brücken. Als die Wasserstraße in den 1990er-Jahren verbreitert wurde, mussten alle Querungen im heutigen Stadtgebiet Hannovers trotz des Denkmalschutzes weichen. Sie konnten nicht an die vergrößerten Kanaldimensionen angepasst werden, außerdem hatte ihr Baumaterial mit einem Alter von 70 bis 80 Jahren das Ende seiner technischen Nutzbarkeit erreicht. So wichen sie modernen Neukonstruktionen, deren hohe schöpferische Qualität, einer Empfehlung der Denkmalschutzbehörden folgend, wie ihre Vorgänger abwechslungsreich den gegenwärtigen Stand der Brückenbauarchitektur spiegelt. Nur im Bereich des Zweig- und Stichkanals Linden sowie des dort einmündenden Leineverbindungskanals gibt es auch heute noch unverändert gebliebene Bogenbrücken, darunter die bereits im Zusammenhang mit der Güterumgehungsbahn erwähnte Fuß-

ben sich so viele Schmuckelemente erhalten wie hier, sodass sie als schönste Überführung der Stadt gilt.

Straße und Brücke sind Teil einer zum Ende des 19. Jahrhunderts neu angelegten Hauptverkehrsader zwischen Linden und den nördlichen Stadtteilen Hannovers. Sie stellte in Verlängerung der 1890 entstandenen Spinnereibrücke (der heutigen Leinertbrücke) neben der Brücke am Schwarzen Bären eine zweite Verbindung zwischen beiden Orten her. Viele Arbeitskräfte der hannoverschen Industriebetriebe wohnten in Linden, ebenso fuhren viele Lindener zum Einkaufen in die benachbarte Stadt.

▸ Hannover-Calenberger Neustadt, im Verlauf der Königsworther Straße.
▸ Öffentlicher Verkehrsweg.
▸ Buslinie 100/200, Haltestelle Gerberstraße oder
▸ Stadtbahnlinie 10, Haltestelle Glocksee oder
▸ Stadtbahnlinien 4 und 5, Haltestelle Königsworther Platz.
▸ Fahrplanauskunft unter gvh.de

ZUR ENTZERRUNG DES VERKEHRS: BRÜCKEN

Leinequerung des Mittellandkanals

gängerbrücke nahe dem Großkraftwerk Ahlem sowie eine besonders filigran wirkende, um 1915 erbaute Brücke mit genieteten Stahlträgern im Zuge des Schleusenweges, auf dem man von Limmer aus die historische Schleuse des Ernst-August-Kanals und die Wasserkunst in Herrenhausen erreicht.

Erfreulicherweise sind aus der ersten Generation der Kanalbrücken darüber hinaus noch zwei weitere, besonders außergewöhnliche und ebenfalls denkmalgeschützte Bauwerke zwischen Seelze und Garbsen erhalten. Die beiden sogenannten Trogbrücken entstanden kurz vor der Inbetriebnahme des Kanalteilstücks zwischen Minden und Hannover im Jahre 1916. In der südlich gelegenen Leinestrombrücke querte der Schiffsverkehr auf dem Mittellandkanal den Fluss; die nördliche Leineflutbrücke überspannt ein Überflutungsgebiet, welches das Leinehochwasser abführt. Im Zuge der Kanalverbreiterung wurden neue Trogbrücken westlich der historischen Brückenbauwerke errichtet. Die alten Überführungen sicherten während der Bauphase einen reibungslosen Schiffsverkehr, werden aber seit der Inbetriebnahme ihrer Nachfolgerinnen

ZUR ENTZERRUNG DES VERKEHRS: BRÜCKEN

nicht mehr befahren. Es handelt sich bei diesen interessanten Technikdenkmalen um genietete Stahlkonstruktionen mit weit gespannten, äußerst flachen Bögen, die auf niedrigen Natursteinpfeilern ruhen. Diese Bauweise gibt ihnen ein besonders wuchtig wirkendes Erscheinungsbild. Reizvolle Details sind die Auflagepunkte der Brücken auf den steinernen Pfeilern, die in Form mehrerer nebeneinander liegender Rollenlager ausgebildet sind. Sie gleichen die temperaturbedingten Bewegungen der Stahlkonstruktion aus. Auch die mit Jugendstilverzierungen versehenen Geländer verdienen Beachtung. Ein besonderes Erlebnis ist der Blick auf die unter der südlichen Brücke hindurchfließende Leine, den man vom über die alten Trogbrücken führenden Leinpfad auf der Ostseite des Kanals hat.

▸ Seelze, westlich der Garbsener Landstraße.
▸ Über den Betriebsweg an der östlichen Kanalseite.
▸ Buslinie 700, Haltestelle Lohnde / Krumme Masch, weiter zu Fuß der Straße Krumme Masch folgen und ca. 100 m vor der Kanalbrücke nach rechts auf den Betriebsweg abbiegen oder
Buslinie 126, Haltestelle Altgarbsen / Am Kanal, weiter zu Fuß der Straße Im Ostereschfeld bis zum Kanal folgen.

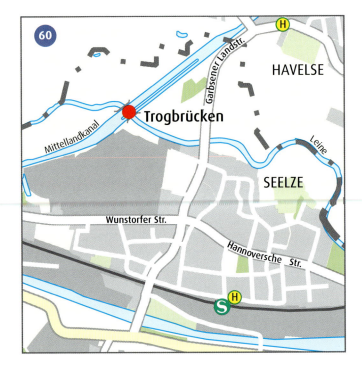

LITERATURHINWEISE UND INTERNETQUELLEN

KAPITELÜBERGREIFENDE LITERATUR

Birkefeld, Richard / Jung, Martina: Die Stadt, der Lärm und das Licht. Die Veränderung des öffentlichen Raumes durch Motorisierung und Elektrifizierung. Seelze-Velber 1994.

Böttcher, Dirk u. a.: Hannoversches Biographisches Lexikon. Von den Anfängen bis in die Gegenwart. Hannover 2002.

Brosius, Dieter: Die Industriestadt. Vom Beginn des 19. Jahrhunderts bis zum Ende des I. Weltkriegs. In: Mlynek, Klaus / Röhrbein, Waldemar R. (Hrsg.): Geschichte der Stadt Hannover 2: Vom Beginn des 19. Jahrhunderts bis in die Gegenwart. Hannover 1994, S. 273–403.

Fröbe, Rainer u. a.: Konzentrationslager in Hannover. KZ-Arbeit und Rüstungsindustrie in der Spätphase des Zweiten Weltkriegs, 2 Bände (= Veröffentlichungen der Historischen Kommission für Niedersachsen und Bremen 35; Quellen und Untersuchungen zur allgemeinen Geschichte Niedersachsens in der Neuzeit 8). Hildesheim 1985.

Hannover und seine Umgegend. Entwicklung und Zustände seiner Industrie und Gewerbe. Dargebracht den Theilnehmern der XV. Hauptversammlung des Vereins deutscher Ingenieure vom Hannoverschen Bezirks-Verein. Hannover 1874.

Die Haupt- und Residenz-Stadt Hannover. Ein Führer durch die Stadt und Umgegend. Mit Ansichten und einem Plane. Hannover 1847, ND Bremen 1975.

Henning, Friedrich-Wilhelm: Wirtschafts- und Sozialgeschichte 2: Die Industrialisierung in Deutschland 1800 bis 1914. 7. Aufl. Paderborn u. a. 1989.

Hoerner, Ludwig: Agenten, Bader und Copisten. Hannoversches Gewerbe-ABC 1800–1900. Hannover 1995.

Knocke, Helmut / Thielen, Hugo: Hannover. Kunst- und Kultur-Lexikon. Handbuch und Stadtführer. 2. Aufl. Hannover 1994.

Krumm, Carolin: Region Hannover. Nördlicher und östlicher Teil mit den Städten Burgdorf, Garbsen, Langenhagen, Neustadt a. Rbge., Sehnde, Wunstorf und den Gemeinden Burgwedel, Isernhagen, Uetze und Wedemark (= Denkmaltopographie Bundesrepublik Deutschland, Baudenkmale in Niedersachsen 13.2). Hameln 2005.

Kurth, Michael: Die alte Saline 1831–1965. Badenstedt und Davenstedt im Zeichen ihrer Salinen Egestorffshall und Neuhall. Geschichte und Geschichten rund um den Alltag der Menschen vor und hinter den Werksmauern (= Stadtteilkulturarbeit 2). Hannover 1991.

Lefèvre, Albert: Der Beitrag der hannoverschen Industrie zum technischen Fortschritt. In: Hannoversche Geschichtsblätter NF 24 (1970), S. 163–298.

Meier, Gerd: Entstehung, Entwicklung und Strukturwandel der Portland-Zementindustrie im Raum Hannover von 1878 bis 1989. Dissertation Universität Hannover 2001.

Mende, Michael: Knotenpunkt des Verkehrs und industrialisierte Stadt. Böcke und Fuhrleute, Botenfrauen und fahrende Posten. In: Görg, Horst-Dieter (Red.): 750 Jahre Verkehr von und nach Hannover ... zu Lande, ... zu Wasser, ... in der Luft. Ein Ausstellungskatalog des Fördervereins zur Errichtung des Museums der Industrie und Arbeit e. V. anläßlich des Stadtjubiläums von Hannover. Hameln 1990, S. 217–238.

Meschkat-Peters, Sabine: Eisenbahnen und Eisenbahnindustrie in Hannover 1835–1914 (= Quellen und Darstellungen zur Geschichte Niedersachsens 119). Hannover 2001.

Meyer, Adolf: Sehnde. Vom Bauerndorf zur Industriegemeinde. Beiträge und Quellen zur Geschichte einer Gemeinde im Großen Freien. [Sehnde] 1975.

Mittelhäußer, Käthe: Die Industrie. In: Dies. (Red.): Der Landkreis Hannover. Hannover 1963, S. 176–203.

Mlynek, Klaus / Röhrbein, Waldemar R. (Hrsg.): Hannover Chronik. Von den Anfängen bis zur Gegenwart. Zahlen – Daten – Fakten. Hannover 1991.

Neß, Wolfgang u. a. (Bearb.): Stadt Hannover 1 (= Denkmaltopographie Bundesrepublik Deutschland, Baudenkmale in Niedersachsen 10.1). Wiesbaden 1983.

Neß, Wolfgang / Rüttgerodt-Riechmann, Ilse / Weiß, Gerd (Bearb.): Stadt Hannover 2 (= Denkmaltopographie Bundesrepublik Deutschland, Baudenkmale in Niedersachsen 10.2). Braunschweig / Wiesbaden 1985.

Neuber, Dirk: Energie- und Umweltgeschichte des Niedersächsischen Steinkohlenbergbaus. Von der Frühen Neuzeit bis zum Ersten Weltkrieg (= Veröffentlichungen der Historischen Kommission für Niedersachsen und Bremen 206). Hannover 2002.

Paris, Hanns Joachim: Seeprovinz und Hessenland. Die landschaftliche, wirtschaftliche und soziale Umwelt des Kaliwerkes Sigmundshall. Bochum 1962.

Voigt, Wolfgang: Der Eisenbahnkönig oder Rumänien lag in Linden. Materialien zur Sozialgeschichte des Arbeiterwohnungsbaus mit Beispielen aus Hannovers Fabrikvorort Linden (= Materialien der AG SPAK M 46). 2. Aufl. München 1982.

Zimmermann, Helmut: Linden. Vom Bauerndorf zum Ihmezentrum. Historische Streifzüge zwischen Ricklingen und Ahlem. [Hannover] 1986.

ARBEIT UND ALLTAG IM INDUSTRIEZEITALTER

Boetticher, Annette von u. a.: Niedersachsen zwischen Kriegsende und Landesgründung. Befreiung, Neubeginn und Demokratisierung in den Ländern Braunschweig, Hannover, Oldenburg und Schaumburg-Lippe. Hannover 2004.

Bühler, Edfried u. a.: Heimatchronik des Landkreises Hannover (= Heimatchroniken der Städte und Kreise des Bundesgebietes 49). Köln 1980.

Buschmann, Walter: Linden. Geschichte einer Industriestadt im 19. Jahrhundert (= Quellen und Darstellungen zur Geschichte Niedersachsens 92). Hildesheim 1981.

Ehmke, A. / Mittelhäußer, Käthe: Die Landschaft des Kreises als Werk des schaffenden Menschen. In: Käthe Mittelhäußer (Red.): Der Landkreis Hannover. Hannover 1963, S. 9–22.

Hauptmeyer, Carl-Hans: Geschichte Niedersachsens. München 2009.

Hauptmeyer, Carl-Hans: Calenberg. Geschichte und Gesellschaft einer niedersächsischen Landschaft. Hannover 1983.

Hübl, Lothar: Der Raum Hannover als Unternehmensstandort im europäischen Wettbewerb. In: Hansen, Ursula / Haslinger, Franz / Hübl, Lothar (Hrsg.): Der Wirtschaftsraum Hannover. Vortragsreihe des Fachbereichs Wirtschaftswissenschaften anläßlich der 750-Jahr-Feier der Landeshauptstadt Hannover im Sommersemester 1991 (= Vorträge im Fachbereich Wirtschaftswissenschaften 10). Hannover 1991, S. 1–17.

Jung, Hans-Ulrich. Wirtschaftliche Entwicklung und Strukturwandel im Wirtschaftsraum Hannover unter veränderten Rahmenbedingungen. Perspektiven und Handlungsnotwendigkeiten zu Beginn der 90er Jahre. In: Schätzl, Ludwig (Hrsg.): Wirtschaftsregion Hannover. Ausgewählte Untersuchungsergebnisse des NIW (= NIW-Vortragsreihe 8). Hannover 1993, S. 1–63.

Jung, Hans-Ulrich u. a.: Regionaler Entwicklungsbericht 2005: Wirtschaftsstandort Region Hannover. Auf dem Weg in die Metropolregion. Studie im Auftrag der Region Hannover. Hannover 2005.

Die wirtschaftliche Lage der Arbeiter von Hannover, Linden und Umgegend. Ergebnisse einer vom Gewerkschafts-Sekretariat Hannover-Linden im Jahre 1907 erhobenen und bearbeiteten Statistik. Hannover 1908.

Lampe: Das Dorf Linden. In: Vaterländisches Archiv 1837, S. 422–435.

Mignat, Jochen: Wirtschaftlicher Strukturwandel im Großraum Hannover. Hannover 1987.

Mittelhäußer, Käthe: Bevölkerungswandel in den letzten 100 Jahren. In: Dies. (Red.): Der Landkreis Hannover. Hannover 1963, S. 84–101.

Mittelhäußer, Käthe / Siebert, A.: Die Landschaften des Kreisgebiets – ihre Probleme, ihre Schäden, ihr Schutz. In: Käthe Mittelhäußer (Red.): Der Landkreis Hannover. Hannover 1963, S. 23–37.

Mlynek, Klaus: Hannover in der Weimarer Republik und unter dem Nationalsozialismus 1918–1945. In: In: Ders. / Röhrbein, Waldemar R. (Hrsg.): Geschichte der Stadt Hannover 2: Vom Beginn des 19. Jahrhunderts bis in die Gegenwart. Hannover 1994, S. 405–577.

Niemann, Hans-Werner: Grundzüge der Industrialisierung in der Provinz Hannover. Dargestellt anhand statistischer Quellen. In: Dieter Brosius / Martin Last (Hrsg.): Beiträge zur niedersächsischen Landesgeschichte. Zum 65. Geburtstag von Hans Patze (= Veröffentlichungen der Historischen Kommission für Niedersachsen und Bremen, Sonderband). Hildesheim 1984, S. 388–399.

Niemann, Hans-Werner: Voraussetzungen und Prozesse der Industrialisierung in Niedersachsen. [Hannover 1981].

Patje, Christian Ludwig Albrecht: Wie war Hannover? Oder: Fragmente von dem vormaligen Zustande der Residenz-Stadt Hannover. Hannover 1817, ND Hannover-Döhren 1977.

Patje, Christian Ludwig Albrecht: Kurzer Abriß des Fabriken-, Gewerbe- und Handlungs-Zustandes in den Chur-Braunschweig-Lüneburgischen Landen. Göttingen 1796.

Röhrbein, Waldemar R.: Hannover nach 1945: Landeshauptstadt und Messestadt. In: Mlynek, Klaus / Röhrbein, Waldemar R. (Hrsg.): Geschichte der Stadt Hannover 2: Vom Beginn des 19. Jahrhunderts bis in die Gegenwart. Hannover 1994, S. 579–800.

Saldern, Adelheid von: Häuserleben. Zur Geschichte städtischen Arbeiterwohnens vom Kaiserreich bis heute (= Forschungsinstitut der Friedrich-Ebert-Stiftung, Reihe Politik- und Gesellschaftsgeschichte 38). 2. Aufl. Bonn 1997.

Saldern, Adelheid von: Die Zeit fährt Auto ... Zeit- und Raumveränderungen im Zeichen der Moderne. In: Dies. / Auffarth, Sid (Hrsg.): Wochenend und schöner Schein. Freizeit und modernes Leben in den Zwanziger Jahren. Das Beispiel Hannover. Berlin 1991, S. 7–13.

Schmiechen-Ackermann, Detlef: Ländliche Armut und die Anfänge der Lindener Fabrikarbeiterschaft. Bevölkerungswanderungen in der frühen Industrialisierung des Königreichs Hannover (= Quellen und Darstellungen zur Geschichte Niedersachsens 103). Hildesheim 1990.

Seedorf, Hans Heinrich: Wirtschaftliche Verhältnisse. In: Streich, Gerhard (Hrsg.): Historisch-Landeskundliche Exkursionskarte von Niedersachsen, Blatt Barsinghausen, Erläuterungsheft (= Veröffentlichungen des Instituts für Historische Landesforschung der Universität Göttingen 2, 12). Hildesheim 1994, S. 112–129.

Tasch, Dieter: Vom Fabrikanten-Verein zum Industrie-Club. Ein Jahrhundert hannoverscher Wirtschaft. 1887–1987. Hannover 1987.

Treue, Wilhelm: Die Demontagepolitik der Westmächte nach dem Zweiten Weltkrieg. Unter besonderer Berücksichtigung ihrer Wirkung auf die Wirtschaft in Niedersachsen. Hannover 1967.

Treue, Wilhelm: Niedersachsens Wirtschaft seit 1760. Von der Agrar- zur Industriegesellschaft (= Schriftenreihe der Landeszentrale für politische Bildung in Niedersachsen B 8). Hannover 1964.

Treue, Wilhelm: Zehn Jahre Land Niedersachsen. Hildesheim 1956.

Urban, Andreas / Winkler, Marianne: hier geblieben. Zuwanderung und Integration in Niedersachsen 1945 bis heute. Begleitbuch zur gleichnamigen Ausstellung (= Schriften des Historischen Museums Hannover 20). Hannover 2002.

Vogtherr, Hans-Jürgen: Die Schmiede aus Bodenteich. Untersuchungen zur Geschichte des ländlichen Handwerks (= Materialien LWM 19). Uelzen 1999.

Wallbaum, Uwe: Die Rübenzuckerindustrie in Hannover. Zur Entstehung und Entwicklung eines landwirtschaftlich gebundenen Industriezweigs von den Anfängen bis zum Beginn des Ersten Weltkriegs (= Beiträge zur Wirtschafts- und Sozialgeschichte 83). Stuttgart 1998.

Wirtschaftsstandort Region Hannover / A place for business – Hannover region (= Monographien deutscher Wirtschaftsgebiete, Edition Städte – Kreise – Regionen). Oldenburg 2007.

Zingel, Bernd: „Notwendige Kontrolle …" Geschichte des Arbeitsamtes Hannover und seiner Vorläufer 1918 bis 1933 (= Edition Geschichtswerkstatt Hannover 1). Neustadt 1994.

▶ http://www.hannover.de/de/buerger/entwicklung/regionsentwicklung/ziele.html, 08.04.2009.

TRIEBFEDER DER INDUSTRIALISIERUNG: DIE GEWINNUNG UND VERARBEITUNG VON ROHSTOFFEN

KOHLE, DAS SCHWARZE GOLD DES DEISTERS

750 Jahre Egestorf am Deister 1216–1966. Barsinghausen 1966.

Arbeits-Ordnung für die Königliche Berginspektion am Deister. Barsinghausen 1893, ND Barsinghausen 1996.

Brodtmann, Matthias: Barsinghausen während und zwischen den Weltkriegen. In: Steigerwald, Eckard (Red.): Barsinghausen. Unter Klöppel, Schlegel und Eisen. Barsinghausen 1994, S. 189–252.

Energie geladen – Wege der Deisterkohle. Begleitheft zur Ausstellung, hrsg. vom Deister-Bergbaumuseum. Barsinghausen 2005.

Estkowski, Astrid: „Einfach war es nicht …" Der Alltag der Bergarbeiterfamilien zwischen 1910 und 1957. In: Steigerwald, Eckard (Red.): Barsinghausen. Unter Klöppel, Schlegel und Eisen. Barsinghausen 1994, S. 253–278.

Ewert, Hinrich: Der Steinkohlenbergbau. In: Steigerwald, Eckard (Red.): Barsinghausen. Unter Klöppel, Schlegel und Eisen. Barsinghausen 1994, S. 81–132.

Jürgens, Hans-Joachim: Barsinghausen in alten Fotografien. Historisches Kaleidoskop der Geschichte von Barsinghausen und den Ortsteilen. Barsinghausen 1986.

Marquardt, Hans-Helmut: Barsinghausen. Die Entwicklung der Deisterstadt zum modernen regionalen Zentrum im Großraum Hannover. Oldenburg 1972.

Neuber, Dirk: Nicht nur Kali – der Steinkohlenbergbau zwischen Weser und Leine. In: Riesche, Hans Peter (Hrsg.) / Schulze, Peter (Mitarb.): Die Kaliindustrie in der Region Hannover (= Materialien zur Regionalgeschichte 3). Bielefeld 2004, S. 297–326.

Schmidtke, Karin: Die Arbeitswelt der Bergleute. In: Steigerwald, Eckard (Red.): Barsinghausen. Unter Klöppel, Schlegel und Eisen. Barsinghausen 1994, S. 133–154.

Schneider, Karl H. / Steigerwald, Eckard: Mitten im Aufschwung kam das Aus. Die Stillegung des Steinkohlenbergbaus am Deister in den 50er-Jahren. Eine Untersuchung von Studierenden des Historischen Seminars der Universität Hannover. Barsinghausen 1998.

Seedorf, Hans Heinrich: Wirtschaftliche Verhältnisse. In: Streich, Gerhard (Hrsg.): Historisch-Landeskundliche Exkursionskarte von Niedersachsen, Blatt Barsinghausen. Erläuterungsheft (= Veröffentlichungen des Instituts für Historische Landesforschung der Universität Göttingen 2.12). Hildesheim 1994, S. 112–129.

Stedler, Wilhelm: Beiträge zur Geschichte des Fürstentums Kalenberg 3: Kloster und Dorf Barsinghausen neben Umgegend von der Reformation bis zur Gegenwart (1543–1889). Hannover 1889, ND Barsinghausen 1979.

Steigerwald, Eckard: Barsinghausens Entwicklung im Zeichen der Steinhauerei und des Bergbaus. In: Ders. (Red.): Barsinghausen. Unter Klöppel, Schlegel und Eisen. Barsinghausen 1994, S. 9–20.

Stier, Bernhard / Laufer, Johannes: Von der Preussag zur TUI. Wege und Wandlungen eines Unternehmens 1923–2003. Essen 2005.

Windhorn, Wilhelm: Altes und Neues vom Deister und Süntel. Bergmännische und sonstige Aufzeichnungen und Erinnerungen aus dem Kalenbergischen. Barsinghausen 1903, ND Barsinghausen 1979.

▸ http://www.barsinghausen.de/internet/page.php?typ=2&site=903000085, 05.06.2008.

▸ http://www.klosterstollen.de, 02.06.2008.
▸ http://www.wennigsen.de/gemwen/index.php?id=133&no_cache=1&sword_list[]=glash%FCtte, 25.05.2008.

EINE REGION IM KALIFIEBER

Bertram, Otto / Deiters, Hermann / Wilhelm, Hans-Erich: Beiträge zur Chronik des Dorfes Benthe. Ronnenberg 1990.

Bierod, Ralf: Von Henighusen zu Hänigsen. 775 Jahre aus unserer Geschichte. Eine Dorfchronik. Hannover 2000.

Fritzemeier, Arnd: Kalibergbau im Raum Sehnde. Sehnde 1989.

Heindorf, Werner / Lesemann, Otto / Struß, Wolfgang: Das Kaliwerk Friedrichshall in Sehnde. Leben im und über dem Salzstock. Hannover 2001.

Meyer-Ronberg, Rudolf / Pohle, Fritz / Kerstein, Albrecht: Kaliwerk Ronnenberg. Hannover [1966].

Niessing, Silvia: Begrünungsmaßnahmen auf der Rückstandshalde des Kaliwerkes Sigmundshall in Bokeloh. Rekultivierung von Rückstandshalden der Kaliindustrie (= Ökologie und Umweltsicherung 25). Witzenhausen 2005.

Riesche, Hans Peter: Das Hannoversche Kalirevier. Anfänge, Entwicklung und heutiger Stand (= Sondershäuser Hefte zur Geschichte der deutschen Kali-Industrie 3). Sondershausen 2001.

Slotta, Rainer: Die Kali- und Steinsalzindustrie (= Technische Denkmäler in der Bundesrepublik Deutschland 3). Bochum 1980.

▸ http://www.bernstorff.de/seiten/familie/index.html, 13.01.2008.
▸ http://www.bundhannover.de/themen/bergbaufolgen/kalihalden.html, 14.01.2008.

- http://www.ngsmbh.de/bin/pdfs/Presse_Untertage-Deponie_Nds.pdf, 12.01.2008.
- http://www.relikte.com/haenigsen/index.htm, 12.01.2008.
- http://www.relikte.com/lehrte/index.htm"www.relikte.com/lehrte/index.htm, 13.01.2008.
- http://www.relikte.com/sehnde/index/htm"www.relikte.com/sehnde/index/htm, 13.01.2008.
- http://www.ronnenberg.de/deutsch/ronnenb/Geschichte/bergbau.htm, 13.01.2008.
- http://www.wunstorf.de/archiv/geschichte-wunstorf-index.htm, Link Bokeloh, 12.01.2008.

MIT FÜSSEN GETRETEN: ASPHALT

Lattorf, Richard: Rückblick aus meiner 60-jährigen Tätigkeit bei der United Limmer Co. und Naturasphalt-Gesellschaft. Bemerkenswerte Wandlungen, die das Geschick und Gedeihen der beiden Gesellschaften entscheidend beeinflussten, und Persönliches. Hannover-Ahlem 1948.

Reuter, Ute: Straßenbelag von Hannover bis New York. Ahlem – Trinidad. Münster 1992.

VERBANDSMATERIAL UND BAUSTOFF AUS DEM MOOR: TORF

Brieden, Hubert u.a.: Menschen im Toten Moor. Natur- und Sozialgeschichte des Sumpfes am Steinhuder Meer (= Schwarze Reihe zur Regionalgeschichte 8). Neustadt a. Rbge. 2001.

Neuber, Dirk: Umweltgeschichte. In: Hauptmeyer, Carl-Hans / Rund, Jürgen / Streich, Gerhard (Hrsg.): Historisch-Landeskundliche Exkursionskarte von Niedersachsen. Blatt Hannover (Hannover und Hannover-Nord), Erläuterungsheft (= Veröffentlichungen des Instituts für Historische Landesforschung der Universität Göttingen 2.16). Bielefeld 2007, S. 274–286.

Scheitenberger, Martina: Das Altwarmbüchener Moor im Wandel. Vom bäuerlichen Torfstich zum Naherholungsgebiet. Isernhagen 1997.

ZERBRECHLICHES GUT FÜR DIE GANZE WELT: GLASHÜTTE STEINKRUG

Funk, Michael: Von der Hüttenarbeit zur automatisierten Produktion. Zur Geschichte der Glasindustrie in Schaumburg unter besonderer Berücksichtigung der Glasfabrik Heye in Obernkirchen. In: Höing, Hubert (Hrsg.): Strukturen und Konjunkturen. Faktoren der schaumburgischen Wirtschaftgeschichte (= Schaumburger Studien 63). Bielefeld 2004, S. 179–190.

Gewecke, Gustav: Reise in Kniggen Land. Bredenbecker Chronik 1255–1970. Bredenbeck 1970.

Griese, Hermann: Bredenbecker Rückschau. Gestriges zusammengetragen. Bredenbeck 1995.

Hannig, Henner (Bearb.): Landkreis Hannover (= Denkmaltopographie Bundesrepublik Deutschland, Baudenkmale in Niedersachsen 13.1). Braunschweig / Wiesbaden 1988.

Henke-Bockschatz, Gerhard: Glashüttenarbeiter in der Zeit der Frühindustrialisierung (= Veröffentlichungen der Historischen Kommission für Niedersachsen und Bremen 34; Quellen und Untersuchungen zur Wirtschafts- und Sozialgeschichte Niedersachsens in der Neuzeit 16). Hannover 1993.

Manthey, Ulrich / Kreft, Hans-Dieter: Die Glashütte in Steinkrug. In: Manthey, Ulrich / Vohn-Fortagne, Klaus: Industriegeschichte des Deister-Süntel-Raumes (= Hallermunter Schriften 1). Springe 1996, S. 219–221.

Wilckens, Irmela / Rump, Claudia: Zeitreise durch die Region Hannover. Gudensberg-Gleichen 2005.

▸ http://de.wikipedia.org/wiki/Arnold_Freiherr_von_Vietinghoff-Riesch, 10.03.2008.
▸ http://www.wennigsen.de/gemwen/index.php?id=133&no_cache=1&sword_list[]=steinkrug, 10.03.2008.

DER BAUSTIL EINER REGION VERÄNDERT SICH: TON UND LEHM

Gebhardt, Günter: Steine für den Bau Hannovers. Hannovers Ziegeleien von 1800 bis jetzt. In: Heimatland. Zeitschrift für Heimatkunde, Naturschutz, Kulturpflege 1995, S. 187–191.

Hupe, Wilhelm: Industrie und Handel. In: Jahn, Fritz (Bearb.): Der Landkreis Springe. Vergangenheit und Gegenwart. Oldenburg (Oldbg.) 1966, S. 125–150.

Manthey, Ulrich / Vohn-Fortagne, Klaus: Das Ziegeleiwesen. In: Dies.: Industriegeschichte des Deister-Süntel-Raumes (= Hallermunter Schriften 1). Springe 1996, S. 276–281.

Stöber, Martin / Hauptmeyer, Carl-Hans: Zurück zu den „Wurzeln". Eine Einführung in Landeskunde und Geschichte der Region Hannover. In: Michael Arndt u. a.: Region Hannover. Eine erste Bilanz (= Schriftenreihe der Niedersächsischen Landeszentrale für politische Bildung: Niedersachsen – vom Grenzland zum Land in der Mitte 7). Hameln 2003, S. 9–35.

ZERMAHLEN, GEBRANNT, GELÖSCHT: KALK

Gewecke, Gustav: Reise in Kniggen Land. Bredenbecker Chronik 1255–1970. Bredenbeck 1970.

Kasig, W. / Weiskorn, B.: Zur Geschichte der deutschen Kalkindustrie und ihrer Organisationen. Forschungsbericht. Düsseldorf 1992.

Manthey, Ulrich / Vohn-Fortagne, Klaus: Abbau und Verarbeitung von Kalkstein. In: Dies.: Industriegeschichte des Deister-Süntel-Raumes (= Hallermunter Schriften 1). Springe 1996, S. 246–263.

Mittelhäußer, Käthe: Der Landkreis Springe (Regierungsbezirk Hannover). Kreisbeschreibung und Raumordnungsplan (= Die Landkreise in Niedersachsen D 6). Bremen-Horn 1951.

▸ http://de.wikipedia.org/wiki/Willy-Spahn-Park"http://de.wikipedia.org/wiki/Willy-Spahn-Park, 18.03.2008.
▸ http://www.hannover.de/data/download/umwelt_bauen/umw_gruen_LHH/Willy-Spahn-Park.pdf, 16.12.2008.
▸ http://www.hannover.de/de/buerger/verwaltungen/dez_fb_lhh/dezernate_fachbereiche_LHH/fa_biblt/stiftulhh/stftuebe/willspah.html, 18.03.2008.

GÜNSTIG, DAUERHAFT, FORMBAR: ZEMENT

Flames in midair. Battle with fire of manufactures building roof. In: Chicago Daily, 09.01.1894 (ProQuest Historical Newspapers Chicago Tribune 1849–1986).

Jakob, Wolfgang: Misburg und Anderten damals von A bis Z. Hannover 1981.

Kaemling, Werner: Zement aus dem Großraum Hannover. Geschichte und Technologie. In: Mandel, Armin (Hrsg.): Heimatbuch 1: Menschen und Landschaft um Hannover. Hannover 1983, S. 136–144.

Scholand, Anton: Misburgs Boden und Bevölkerung im Wandel der Zeiten. 2. Aufl. Hildesheim 1960.

Sent by the Kaiser. „Germania" statue a feature of the German Exhibit. In: Chicago Daily, 02.04.1893 (ProQuest Historical Newspapers Chicago Tribune 1849–1986).

LITERATURHINWEISE

Statue of Germania dedicated. In: Chicago Daily Tribune, 26.05.1893 (ProQuest Historical Newspapers Chicago Tribune 1849–1986).

White city burned. Flames sweep away the world's fair buildings. In: Chicago Daily, 06.07.1894 (ProQuest Historical Newspapers Chicago Tribune 1849–1986).

▶ http://www.hannover.de/nananet/misburg-anderten/Kirchen/Kath_Kirchen/Geschichte_der_katholischen_Kirche_in_Misburg.html, 16.12.2008.
▶ http://www.portlandpark.de/Home.html, 20.02.2008.
▶ http://www.teutoniazement.de/01_grundseite.swf, 20.02.2008.

ZÄHMUNG VULKANISCHER KRÄFTE: DIE METALLINDUSTRIE

„Alte Schmiede" in Neustadt-Helstorf

Bühler, Edfried u. a.: Heimatchronik des Kreises Neustadt a. Rbge. (= Heimatchroniken der Städte und Kreise des Bundesgebietes 44). Köln 1974.

Hausmann, Friedrich Bernhard: Die Nachfrage der Landwirtschaft nach Leistungen des Handwerks – Entwicklungen und Aussichten. In: Ders. u. a.: Landhandwerk und Landwirtschaft (= Göttinger handwerkswirtschaftliche Studien 6). Göttingen 1964, S. 1–20.

Vogtherr, Hans-Jürgen: Die Schmiede aus Bodenteich. Untersuchungen zur Geschichte des ländlichen Handwerks (= Materialien LWM 19). Uelzen 1999.

▶ http://www.hufschmiedemuseum-helstorf.de/home.htm, 03.03.2008.

Die „Neustädter Hütte" in Neustadt am Rübenberge

Borchart, Joachim: Der europäische Eisenbahnkönig Bethel Henry Strousberg. München 1991.

Brieden, Hubert u. a.: Menschen im Toten Moor. Natur- und Sozialgeschichte des Sumpfes am Steinhuder Meer (= Schwarze Reihe zur Regionalgeschichte 8). Neustadt a. Rbge. 2001.

Bühler, Edfried u. a.: Heimatchronik des Kreises Neustadt a. Rbge. (= Heimatchroniken der Städte und Kreise des Bundesgebietes 44). Köln 1974.

Höing, Hubert: Das Eisenhüttenwerk und die katholische Missionsstation in Neustadt a. Rbge. Eine Diasporagemeinde im Auf und Ab der Hochindustrialisierung. In: Die Diözese Hildesheim in Vergangenheit und Gegenwart. Jahrbuch des Vereins für Heimatkunde im Bistum Hildesheim 52 (1984), S. 87–109.

▶ http://www.ruebenberge.de/eisenhuette.html"www.ruebenberge.de/eisenhuette.html, 20.12.2008.

Maschinenfabrik Hanomag in Hannover-Linden

Arbeitsgruppe „Hanomag" des Projekts Arbeiterbewegung in Hannover: Reader zur Geschichte der Hanomagbelegschaft und ihrer Interessenvertretung 1920–1980. Hannover 1983.

Borchart, Joachim: Der europäische Eisenbahnkönig Bethel Henry Strousberg. München 1991.

Endeward, Detlef u. a.: Hanomag – verladen und verkauft (= Stadtpost-Schriften 1). Hannover 1982.

Görg, Horst-Dieter (Hrsg.): Pulsschlag eines Werkes. 160 Jahre Hanomag. Maschinen- und Fahrzeugbau von Georg Egestorff bis Komatsu. Soltau 1998.

Gottwaldt, Alfred B.: Schienenverkehr. Hannover und seine Eisenbahnen. In: Görg, Horst-Dieter (Red.): 750 Jahre Verkehr von und nach Hannover … zu Lande, … zu Wasser, … in der Luft. Ein Ausstellungskatalog des Fördervereins zur Errichtung des Museums der Industrie und Arbeit e. V. anläßlich des Stadtjubiläums von Hannover. Hameln 1990, S. 75–111.

Ohlsen, Manfred: Der Eisenbahnkönig Bethel Henry Strousberg. Eine preußische Gründerkarriere. Berlin 1987.

MASSENPRODUKTE FÜR DEN ALLTÄGLICHEN GEBRAUCH: DIE KONSUMGÜTERINDUSTRIE

Hannover, die „Stadt des Gummis"

100 Jahre Chemiestandort Seelze. Die Industrialisierung eines Dorfes. Seelze 2002.

Anschütz, Janet / Heike, Irmtraud: „Man hörte auf, ein Mensch zu sein." Überlebende aus den Frauenkonzentrationslagern in Langenhagen und Limmer berichten. Hamburg 2003.

Brieden, Hubert: Zwangsarbeit im Nationalsozialismus am Beispiel von Hannover und Neustadt am Rübenberge. Hannover 2005.

Brieden, Hubert: „... Fortschritt und Leistung." Kautschuk für Hannovers Gummiindustrie 1871–1914. Münster 1992.

Erker, Paul: Wachsen im Wettbewerb. Eine Zeitgeschichte der Continental Aktiengesellschaft (1971–1996) anläßlich des 125jährigen Firmenjubiläums. Düsseldorf 1996.

Etzold, Hans-Rüdiger: Rad und Reifen. Zeitdokumente 1871–1987. [Hannover um 1989].

Lesemann, Silke / Spittka, Rainer: Stoppuhren und Prämien. Continental-Werke: Angestellte und Rationalisierung. In: Geschichtswerkstatt Hannover (Hrsg.): Alltag zwischen Hindenburg und Haarmann. Ein anderer Stadtführer durch das Hannover der 20er Jahre. Hamburg 1987, S. 38–45.

Schmidt, H. Th.: Continental. Ein Jahrhundert Fortschritt und Leistung. 1871–1971. Hannover 1971.

Weigand, Karl Wigo: Gedenkbuch zum 50jährigen Bestehen der Continental-Caoutchouc- und Gutta-Percha-Compagnie. 1871–1921. Hannover 1921.

▸ http://de.wikipedia.org/wiki/KZ_Hannover-Limmer, 09.01.2009.

(Fast) spurlos verschwunden: Die hannoversche Textilindustrie

Auffarth, Sid: Die Industrialisierung Döhrens. In: Porsiel, Günter (Red.): 1000 Jahre Döhren 983–1983. Aus der Vergangenheit in die Gegenwart. Hannover 1983, S. 55–62.

Boetticher, Manfred von: Gründerjahre und soziale Herausforderung. Zur Arbeit der Henriettenstiftung in der Industriestadt Linden bei Hannover. In: Helbig, Wolfgang (Hrsg.): ... neue Wege, alte Ziele. 125 Jahre Henriettenstiftung Hannover. Hannover 1985, S. 115–128.

Fiedeler, Hermann: Die Familie Fiedeler und das Rittergut Döhren. In: Porsiel, Günter (Red.): 1000 Jahre Döhren 983–1983. Aus der Vergangenheit in die Gegenwart. Hannover 1983, S. 67–69.

Kühn, Angelika / Thörner, Irmgard: Die Mechanische Weberei zu Linden 1837–1961. Technik und Sozialgeschichte – Die andere Seite des Designs. Diplomarbeit Fachhochschule Hannover 1988.

Langer, Walter: Wollwäscherei und Kämmerei in Döhren. In: Porsiel, Günter (Red.): 1000 Jahre Döhren 983–1983. Aus der Vergangenheit in die Gegenwart. Hannover 1983, S. 80–87.

Porsiel, Günter: Die alte „Döhrener Mühle" und das „Wehr" an der Leine. In: Ders. (Red.): 1000 Jahre Döhren 983–1983. Aus der Vergangenheit in die Gegenwart. Hannover 1983, S. 64–66.

Porsiel, Günter: Die „Eichsfelder" in Döhren. In: Ders. (Red.): 1000 Jahre Döhren 983–1983. Aus der Vergangenheit in die Gegenwart. Hannover 1983, S. 169–171.

Porsiel, Günter: Von einer Industrieruine zur Wohnanlage. In: Ders. (Red.): 1000 Jahre Döhren 983–1983. Aus der Vergangenheit in die Gegenwart. Hannover 1983, S. 194–196.

Porsiel, Günter: Der „Uhrturm" und die „Feuerwehr in Döhren". In: Ders. (Red.): 1000 Jahre Döhren 983–1983. Aus der Vergangenheit in die Gegenwart. Hannover 1983, S. 191–193.

Porsiel, Günter / Papendieck, Hans-Anton: „Döhrener Jammer": Erhaltung eines Baudenkmals. In: Porsiel, Günter (Red.): 1000 Jahre Döhren 983–1983. Aus der Vergangenheit in die Gegenwart. Hannover 1983, S. 186–191.

Wolter, Magrit / Stadtmüller Klaus: Die „Wolle" besteht in Döhren nicht mehr. Nachforschungen zu einer großen Fabrik in Hannover-Döhren, die es nicht mehr gibt, angestellt von der Klasse 4b der Grundschule Olbersstraße (= Kulturinformationen 13). Hannover 1987.

Pelikanwerke in Hannover-List

125 Jahre Pelikan. Typoskript [Hannover 1963].

Dittmer, Jürgen / Lehmann, Martin: Pelikan Schreibgeräte 1929–1997. Frankfurt am Main 1998.

Gehrke, Ute: Industriebauten in Hannover 1900–1914 am Beispiel von Pelikan, Bahlsen und Continental. Magisterarbeit Universität Kiel 1988.

Grabow, Wilhelm: Günther Wagner. 1838–1938. Hannover 1938.

Löns, Hermann: Günther Wagner 1838–1906. Hannover 1906.

Spieker, Werner: Pelikan: Es begann vor 150 Jahren. Hannover [1988].

Spieker, Werner: Werben für den Pelikan. Hannover 1963.

▸ http://www.pelikan.com/pulse/vfs-public/pdf/DE/Corporation/Press/Historie_d_412.pdf, 24.02.2008.
▸ http://www.pelikanviertel.com/historie.php, 09.01.2009.
▸ http://www.werkstatt-stadt.de/de/projekte/119/, 09.01.2009.

FÜR LEIB UND SEELE: AGRAR- UND LEBENSMITTELINDUSTRIE

EINE WACHSENDE BEVÖLKERUNG MUSS SATT WERDEN

Herrmann, Klaus: Pflügen, Säen, Ernten. Landarbeit und Landtechnik in der Geschichte. Reinbek bei Hamburg 1985.

List, Annette: Die Industrialisierung der Landwirtschaft zwischen 1850 und 1930 im Raum Hannover–Braunschweig (= Schriftenreihe der Volkskundlichen Kommission für Niedersachsen e. V. 9). Göttingen 1995.

Schröder, Christiane / Kohlstedt, Rolf / Fohn-Vortagne, Klaus: 150 Jahre Land und Forst. Jubiläums-Broschüre. Ein historischer Rückblick 1. Mai 1848–1. Mai 1998. Begleitbroschüre zur Ausstellung „Herrliche Landwirtschaft" im Landwirtschaftsmuseum Hösseringen. Hannover 1998.

Stöber, Martin: Der Mann mit der Meßkette. Die Spezialteilungen und Verkoppelungen im Raum Hannover und ihre sozialen Folgen. In: Hauptmeyer, Carl-Hans (Hrsg.): Hannover und sein Umland in der frühen Neuzeit. Beiträge zur Alltags-, Sozial- und Wirtschaftsgeschichte (= Hannoversche Schriften zur Regional- und Lokalgeschichte 8). Bielefeld 1994, S. 65–88.

VOM BÜRGERLICHEN NEBENERWERB ZUR INDUSTRIE: BIERBRAUEREIEN

Döpper, Franz B.: Hannover und seine alten Firmen. Hamburg 1984.

Fahl, Andreas: Vom Broyhan zum Pils. Ein Streifzug durch das hannoversche Brauwesen. In: Dahms, Geerd u. a.: Von Tabakpflanzern und Trunkenbolden. Zur Geschichte von Bier, Branntwein und Tabak in Norddeutschland. Begleitheft zur Ausstellung. Syke 2000, S. 58–68.

Kellner, Hubert: Brautradition in Neustadt a. Rbge. [Neustadt a. Rbge. um 1999].

Kurz, Lorenz: Anderter Brauerei – Brauerei H. Scheele. 1727–1955. Heimatkundliche Informationsschrift über 228 Jahre gewerbliche Bierherstellung in Anderten. Wissenswertes in Wort und Bild über Biergeschichte, Bierherstellung, Bierlagerung und die Brauerei Scheele. Hannover 2006.

Lindener Gilde-Bräu AG (Hrsg.): Das Buch vom Bier für die Freunde der Lindener Gilde-Bräu. Hannover [1984].

Nienaber, Gerhard: Die Brau- und Bannrechte der Brauergilde Hannover im 19. Jahrhundert. 1322–1450–1868. Hannover 1993.

Scholand, Anton: 200 Jahre H. Scheele / Brauerei in Anderten. O. O. 1927, Nachdruck in: Kurz, Lorenz: Anderter Brauerei – Brauerei H. Scheele. 1727–1955. Heimatkundliche Informationsschrift über 228 Jahre gewerbliche Bierherstellung in Anderten. Wissenswertes in Wort und Bild über Biergeschichte, Bierherstellung, Bierlagerung und die Brauerei Scheele. Hannover 2006, S. 37–67.

Vogeding, Ralf: Von Tabak, Bier und Branntwein. In: Dahms, Geerd u. a.: Von Tabakpflanzern und Trunkenbolden. Zur Geschichte von Bier, Branntwein und Tabak in Norddeutschland. Begleitheft zur Ausstellung. Syke 2000, S. 7–36.

Winkel, Wilhelm: Geschichte der Stadt Neustadt a. Rbge. Neustadt a. Rbge. [um 1966].

▸ http://de.wikipedia.org/wiki/Lindener_Spezial, 23.04.2008.

HOCHPROZENTIGES AUS GRUNDNAHRUNGSMITTELN: BRANNTWEINBRENNEREIEN

Fahl, Andreas: Gegen Trunkenheit und Feuergefahr. Bestrebungen zur Eindämmung des Alkohol- und Tabakkonsums in Hannover. In: Dahms, Geerd u. a.: Von Tabakpflanzern und Trunkenbolden. Zur Geschichte von Bier, Branntwein und Tabak in Norddeutschland. Begleitheft zur Ausstellung. Syke 2000, S. 46–57.

Heggen, Alfred: Alkohol und bürgerliche Gesellschaft im 19. Jahrhundert. Eine Studie zur deutschen Sozialgeschichte (= Einzelveröffentlichungen der Historischen Kommission zu Berlin 64). Berlin 1988.

Kratzsch, Friedrich: „Brenndorf" Twistringen. Vom Schnapsbrennen in der Nachkriegszeit. In: Dahms, Geerd u. a.: Von Tabakpflanzern und Trunkenbolden. Zur Geschichte von Bier, Branntwein und Tabak in Norddeutschland. Begleitheft zur Ausstellung. Syke 2000, S. 89–96.

Meyer, Volker: Die „Branntweinpest" in Linden im 19. Jahrhundert. Die Entwicklung des Alkoholkonsums in Linden im 19. Jahrhundert. Hannover 1992.

Schivelbusch, Wolfgang: Das Paradies, der Geschmack und die Vernunft. Eine Geschichte der Genußmittel. Frankfurt / Main 1990.

Vogeding, Ralf: Von Tabak, Bier und Branntwein. In: Dahms, Geerd u. a.: Von Tabakpflanzern und Trunkenbolden. Zur Geschichte von Bier, Branntwein und Tabak in Norddeutschland. Begleitheft zur Ausstellung. Syke 2000, S. 7–36.

▸ http://www.wissenschaft-online.de/abo/lexikon/ern/274, 18.04.2008.

UNABHÄNGIGKEIT VON TEUREN IMPORTEN: DIE ZUCKERINDUSTRIE

Athenstedt, Martin: Zuckerfabrik Sehnde AG. 1876–1976. 100 Jahre im Dienste der Landwirtschaft. Berlin 1976.

Mittelhäußer, Käthe: Bevölkerungswandel in den letzten 100 Jahren. In: Dies. (Red.): Der Landkreis Hannover. Hannover 1963, S. 84–101.

Neuber, Dirk: Umweltgeschichte. In: Hauptmeyer, Carl-Hans / Rund, Jürgen / Streich, Gerhard (Hrsg.): Historisch-Landeskundliche Exkursionskarte von Niedersachsen. Blatt Hannover (Hannover und Hannover-Nord), Erläuterungsheft (= Veröffentlichungen des Instituts für Historische Landesforschung der Universität Göttingen 2.16). Bielefeld 2007, S. 274–286.

Neuber, Dirk: Die bittere Seite der Zuckerfabrik Munzel-Holtensen. Problematische Fabrikabwässer Ende des 19. Jahrhunderts. In: Niedersächsisches Jahrbuch für Landesgeschichte 77 (2005), S. 227–252.

Schmidt, Gerhard K.: Einhundert Jahre Stadt Lehrte 1898–1998. Vom Dorf im Großen Freien zur Stadt im Landkreis. Lehrte 1998.

Schröder, Christiane / Kohlstedt, Rolf / Fohn-Vortagne, Klaus: 150 Jahre Land und Forst. Jubiläums-Broschüre. Ein historischer Rückblick 1. Mai 1848–1. Mai 1998. Begleitbroschüre zur Ausstellung „Herrliche Landwirtschaft" im Landwirtschaftsmuseum Hösseringen. Hannover 1998.

Wallbaum, Uwe: Die Rübenzuckerindustrie in Hannover. Zur Entstehung und Entwicklung eines landwirtschaftlich gebundenen Industriezweigs von den Anfängen bis zum Beginn des Ersten Weltkriegs (= Beiträge zur Wirtschafts- und Sozialgeschichte 83). Stuttgart 1998.

Hannoversche Zucker-Aktiengesellschaft Rethen-Weetzen: 100 Jahre Zuckerfabrik Rethen 1876–1976. Rethen / Leine 1976.

▶ http://de.wikipedia.org/wiki/Zucker#Zuckererzeugung, 10.05.2008.
▶ http://www.nordzucker.de/index.php?id=1169&no_cache=1&L=0%252, 10.05.2008.

Keksfabrik Bahlsen in Hannover

Anschütz, Janet / Heike, Irmtraud: Feinde im eigenen Land. Zwangsarbeit in Hannover im Zweiten Weltkrieg. Bielefeld 2000.

Arnu, Titus: Hermann Bahlsen. Berlin 1999.

Brie, Oskar: Ein moderner Fabrikbau. In: Leipziger Illustrierte Zeitung, 11.07.1912.

Gehrke, Ute: Industriebauten in Hannover 1900–1914 am Beispiel von Pelikan, Bahlsen und Continental. Magisterarbeit Universität Kiel 1988.

Kessler, Hansi: Bahlsen 1889–1964. Hannover 1964.

Lehmensiek, Uwe: Von der Cakes-Fabrik zur Bahlsen-Gruppe. Zur Betriebs- und Belegschaftsgeschichte der Firma Bahlsen (= Projekt Arbeiterbewegung in Hannover, Arbeitspapier 18). Hannover 1996.

Sawahn, Anke: Carmen in der Keksfabrik. Spanische Gastarbeiterinnen in Barsinghausen. In: Ehrich, Karin / Schröder, Christiane (Hrsg.): Adlige, Arbeiterinnen und … Frauenleben in Stadt und Region Hannover (= Materialien zur Regionalgeschichte 1). Bielefeld 1999, S. 261–283.

▶ http://www.fbf.uni-wuppertal.de/Studiengaenge/Kunst/Forschungsbereiche/, 12.05.2008.

Konservenfabrik L. Warnecke in Burgdorf

Brockstedt, Jürgen: Anfänge der Industrialisierung in Agrarregionen Norddeutschlands im 19. Jahrhundert. In: Kiesewetter, Hubert / Fremdling, Rainer (Hrsg.): Staat, Region und Industrialisierung. Ostfildern 1985, S. 163–194.

Kaienburg, Helma: „Ich war oft kaputt wie so'n Hund" – Ländliche Frauenarbeit in der Fabrik. In: Ehrich, Karin / Mußmann, Olaf (Hrsg.): Abdrücke aus der Region. Facetten der Geschichte Hannovers und seines Umlandes. Hannover 1993, S. 171–184.

Kayser, Kurt (Bearb.): Der Landkreis Burgdorf, Regierungsbezirk Lüneburg. Kreisbeschreibung nebst Kreisraumordnungsplan und

Statistischem Anhang (= Die Landkreise in Niedersachsen 19). Bremen-Horn 1961.

Meier-Kaienburg, Helma: Frauenarbeit auf dem Land. Zur Situation abhängig beschäftigter Frauen im Raum Hannover 1919–1939 (= Hannoversche Schriften zur Regional- und Lokalgeschichte 6). Bielefeld 1992.

▸ http://de.wikipedia.org/wiki/Konservenindustrie_%28Braunschweig%29, 24.04.2008
▸ http://de.wikipedia.org/wiki/Lebensmittelkonservierung, 24.04.2008.

Wurstfabrik Ahrberg in Hannover-Linden
Johaentges, Karl / Preuße, Uta: Ahrberg. Neues Leben in der Wurstfabrik. Hannover 2002.

▸ http://de.wikipedia.org/wiki/Ahrberg, 26.04.2008.

MIT DER KRAFT DER NATUR: WIND- UND WASSERMÜHLEN

Kaal, Matthias u.a.: Anfangs bewegte noch die Hand den Mahlstein – Zur Kulturgeschichte der Mühlen. In: Thiemann, Heinz (Bearb.): Alte Mühlen neu entdeckt. Aus der niedersächsischen Mühlenstraße. Hamburg 2001, S. 9–12.

Kayser, Kurt (Bearb.): Der Landkreis Burgdorf, Regierungsbezirk Lüneburg. Kreisbeschreibung nebst Kreisraumordnungsplan und Statistischem Anhang (= Die Landkreise in Niedersachsen 19). Bremen-Horn 1961.

Kleeberg, Wilhelm: Niedersächsische Mühlengeschichte. ND Hannover 1978.

Koberg, Heinz: Mühlen rund um Hannover. Müller – Mühlenplätze – Mühlentechnik. Geschichte und Geschichten. Hannover 1987.

Weßling, Hartmut: Mit der Kraft von Wind und Wasser. Alte Mühlen in Niedersachsen und Bremen. Hannover 2000.

Woelk, Susanne: Müller und Mühlen sozialgeschichtlich. In: Thiemann, Heinz (Bearb.): Alte Mühlen neu entdeckt. Aus der niedersächsischen Mühlenstraße. Hamburg 2001, S. 35–46.

▸ http://www.retrobibliothek.de/retrobib/seite.html?id=100235, Artikel „Ablösung", 21.03.2008.
▸ http://www.windmuehle-wichtringhausen.de/historie.html, 05.02.2009.

MEHR KOMFORT IM ALLTAG: STADTTECHNIK

Grohmann, Olaf: Stadtentwässerung Hannover – Die Geschichte. Hannover 2005.

Grohmann, Olaf: „Zum Nutzen der Bürger ..." Die Anfänge kommunaler Wasser- und Energieversorgung in Hannover. In: Ehrich, Karin / Mußmann, Olaf (Hrsg.): Abdrücke aus der Region. Facetten der Geschichte Hannovers und seines Umlandes. Hannover 1993, S. 227–245.

Grohmann, Olaf: Geschichte der Wasser- und Energieversorgung der Stadt Hannover. Von den Anfängen bis zur Gegenwart. Hannover 1991.

Slotta, Rainer: Elektrizitäts-, Gas- und Wasserversorgung, Entsorgung (= Technische Denkmäler in der Bundesrepublik Deutschland 2). Bochum 1977.

KOSTBARES NASS: WASSERVER- UND -ENTSORGUNG

Adam, Bernd: Die Herrenhäuser Wasserkünste. In: König, Marieanne von (Hrsg.): Herrenhausen. Die Königlichen Gärten in Herrenhausen. Göttingen 2006, S. 43–58.

Effenberger: Die alte Herrenhäuser Wasserkunst. In: Die Welt der Technik. Illustriertes Fachblatt für die Fortschritte in Technik, Industrie, Kunstgewerbe 70 (1908), S. 441–448.

Grohmann, Olaf: Die Wasserversorgung und Abwasserentsorgung der Stadt Hannover im 17. und 18. Jahrhundert. Aspekte frühneuzeitlicher urbaner Umweltgestaltung. Dissertation Universität Hannover 2000.

Lück, Joachim: Wasserverkehr und Wasserversorgung. In: Görg, Horst-Dieter (Red.): 750 Jahre Verkehr von und nach Hannover ... zu Lande, ... zu Wasser, ... in der Luft. Ein Ausstellungskatalog des Fördervereins zur Errichtung des Museums der Industrie und Arbeit e.V. anläßlich des Stadtjubiläums von Hannover. Hameln 1990, S. 37–72.

Kohlstedt, Rolf / Schröder, Christiane: Am Brunnen vor dem Hofe. Wasser und Brunnen in Isernhagen. Isernhagen 2004.

Quartier e.V. (Hrsg.): Der Lindener Berg ruft! Geschichte und Sehenswürdigkeiten (= Quartier-Reihe Rundgänge 1). Hannover 2004.

Schneider, Otto: Die Wasserwirtschaft. In: Bischoff, Friedrich (Gesamtred.): Der Landkreis Hannover. Geschichte – Landschaft – Wirtschaft. Oldenburg 1969, S. 265–276.

Schroedter, Ernst: Wasserwirtschaft. In: Mittelhäußer, Käthe: Der Landkreis Springe (Regierungsbezirk Hannover). Kreisbeschreibung und Raumordnungsplan (= Die Landkreise in Niedersachsen D 6). Bremen-Horn 1951, S. 117–125.

▸ http://www.dorf-elze.de/die1.htm, 02.02.2009.
▸ http://www.dorf-elze.de/schulchronik5.htm, 02.02.2009.
▸ http://www.klinikum-hannover.de/lps/kfpp/his/6trae.htm, 14.06.2008.
▸ http://www.klinikum-hannover.de/lps/kfpp/his/7aufb.htm, 14.06.2008.
▸ http://www.langenhagen.de/index.phtml?La=1&sNavID=1620.32&mNavID=1620.3&object=tx|1620.38.1&sub=0, 14.06.2008.
▸ http://www.nvl-langenhagen.de/frameset2.html, 14.06.2008.

KARRIERE EINES ABFALLPRODUKTS: GAS

Grohmann, Olaf: Die düsteren Winkel und Schattenstellen sind nun verschwunden. In: Stöber, Martin / Schneider, Karl. H. / Grohmann, Olaf (Hrsg.): Insel-Reflexionen. Carl-Hans Hauptmeyer zum 60. Geburtstag. Hannover 2008, S. 80–85.

Schivelbusch, Wolfgang: Lichtblicke. Zur Geschichte der künstlichen Helligkeit im 19. Jahrhundert. München / Wien 1983.

Schultze-Naumburg, Paul: Kulturarbeiten 1: Hausbau. München 1902, 4. Aufl. München 1912.

▸ http://de.wikipedia.org/wiki/Verkokung, 19.04.2007.

ELEKTRIZITÄT, „DAS FÜNFTE ELEMENT"

Moch, Horst: 100 Jahre ÜSTRA – 120 Jahre Straßenbahn in Hannover. Hannover 1992.

Schröder, Christiane / Kohlstedt, Rolf: Isernhagen wird modern. Gleise, Drähte, Kabel. Straßenbahn und Elektrifizierung in Isernhagen. Isernhagen 2003.

VOM BOCK ZUM EUROPAKAHN: TRANSPORT ZU WASSER

Adam, Bernd: Die Herrenhäuser Wasserkünste. In: König, Marieanne von (Hrsg.): Herrenhausen. Die Königlichen Gärten in Herrenhausen. Göttingen 2006, S. 43–58.

Gebhardt, Günter: Die Herrenhäuser Schiffahrtsschleuse. In: Heimatland. Zeitschrift für Heimatkunde, Naturschutz, Kulturpflege (2000), S. 42–45.

Grohmann, Olaf: Der Plan des Herrn Leibniz. In: Stöber, Martin (Bearb.): Herrenhausen. Ein Lesebuch. Hannover 2007, S. 53–57.

Grohmann, Olaf: Die Herrenhäuser Schiffsschleuse. In: Stöber, Martin (Bearb.): Herrenhausen. Ein Lesebuch. Hannover 2007, S. 58–61.

Hauptmeyer, Carl-Hans: Die Residenzstadt. Von der Residenznahme 1636 bis zum Beginn des 19. Jahrhunderts. In: Mlynek, Klaus/Röhrbein, Waldemar R. (Hrsg.): Geschichte der Stadt Hannover 1: Von den Anfängen bis zum Beginn des 19. Jahrhunderts. Hannover 1992, S. 137–264.

Kurz, Lorenz: 75 Jahre Hindenburgschleuse 1928–2003. Informationen über Entwicklung und Bedeutung der Binnenschifffahrt, des Mittellandkanals und der Hindenburgschleuse in Hannover-Anderten. Hannover [2003].

Lück, Joachim: Wasserverkehr und Wasserversorgung. In: Görg, Horst-Dieter (Red.): 750 Jahre Verkehr von und nach Hannover ... zu Lande, ... zu Wasser, ... in der Luft. Ein Ausstellungskatalog des Fördervereins zur Errichtung des Museums der Industrie und Arbeit e.V. anläßlich des Stadtjubiläums von Hannover. Hameln 1990, S. 37–72.

Mende, Michael: Denkmale des Verkehrs und seiner Industrien. In: Görg, Horst-Dieter (Red.): 750 Jahre Verkehr von und nach Hannover ... zu Lande, ... zu Wasser, ... in der Luft. Ein Ausstellungskatalog des Fördervereins zur Errichtung des Museums der Industrie und Arbeit e.V. anläßlich des Stadtjubiläums von Hannover. Hameln 1990, S. 277–297.

Müller, Siegfried: Die Bürgerstadt. Von 1241 bis zur Residenznahme 1636. In: Mlynek, Klaus/Röhrbein, Waldemar R. (Hrsg.): Geschichte der Stadt Hannover 1: Von den Anfängen bis zum Beginn des 19. Jahrhunderts. Hannover 1992, S. 67–135.

Pfeiffer, Karl-Heinz: Wasserwege und Brücken in Seelze. Seelze 2003.

Röhrbein, Waldemar R.: Der Mittellandkanal im Raum Hannover. In: Hannoversche Geschichtsblätter NF 54 (2000), S. 115–153.

Schmidt-Vöcks, Dieter: Die Geschichte des Mittellandkanals. In: Wasser- und Schifffahrtsdirektion Mitte, Hannover (Hrsg.): Stadtlandschaft und Brücken in Hannover. Der Mittellandkanal als moderner Schifffahrtsweg. Hannover 2000, S. 19–28.

Schuster, E.: Kunst und Künstler in Hannover zur Zeit des Kurfürsten Ernst August. In: Hannoversche Geschichtsblätter 7 (1904), S. 145–240.

Seitz, Volker: Alltags- und Kleinkriminalität im Schatten des Landesvaters. Auf dem Ernst-August-Platz. In: Geschichtswerkstatt Hannover (Hrsg.): Alltag zwischen Hindenburg und Haarmann. Ein anderer Stadtführer durch das Hannover der 20er Jahre. Hamburg 1987, S. 114–123.

Stöber, Martin: Hannovers Leineschleuse – ein (fast) vergessenes Denkmal. In: Niedersachsen. Zeitschrift für Heimat und Kultur 96 (1996), S. 175–176.

Tasch, Dieter: Zwischen Null und Neubeginn. 2. Aufl. Hannover 2002.

LOKOMOTIVE(N) DES FORTSCHRITTS: DIE EISENBAHN

Birkefeld, Richard/Jung, Martina: Im Schatten der Glaspaläste – City-Bildung und Altstadt-Verfall. In: Auffarth, Sid/Saldern, Adelheid von (Hrsg.): Altes und neues Wohnen. Linden und Hannover im frühen 20. Jahrhundert. Seelze-Velber 1992, S. 17–32.

LITERATURHINWEISE

Bödeker, Ernst / Bode, Paul: Von den Anfängen bis zur Stadtwerdung des Dorfes Lehrte. Lehrte 1996.

Busche, Henning / Heller, Michael / Imhoff, Holger: Baugeschichtliche, militärische und politische Aspekte und die Lage der Bauarbeiter bei der Einbindung des Raumes Hannover in das Eisenbahnnetz. In: Hauptmeyer, Carl-Hans (Hrsg.): Verkehr und regionale Entwicklung im Raum Hannover vom 17. bis ins 19. Jahrhundert. Hannover 1990, S. 144–169.

Diedrich, Albert: 140 Jahre Eisenbahn Hannover–Lehrte. 1843–1983. 3. Aufl. Lehrte 1984.

Eckermann, Erik: Einführung. 750 Jahre Verkehr Hannover. In: Görg, Horst-Dieter (Red.): 750 Jahre Verkehr von und nach Hannover ... zu Lande, ... zu Wasser, ... in der Luft. Ein Ausstellungskatalog des Fördervereins zur Errichtung des Museums der Industrie und Arbeit e. V. anläßlich des Stadtjubiläums von Hannover. Hameln 1990, S. 1–18.

Gottwaldt, Alfred B.: Schienenverkehr. Hannover und seine Eisenbahnen. In: Görg, Horst-Dieter (Red.): 750 Jahre Verkehr von und nach Hannover ... zu Lande, ... zu Wasser, ... in der Luft. Ein Ausstellungskatalog des Fördervereins zur Errichtung des Museums der Industrie und Arbeit e. V. anläßlich des Stadtjubiläums von Hannover. Hameln 1990, S. 75–111.

Hausmann, Bernhard: Eisenbahnbau in Hannover. Ein Zeitzeuge erinnert sich (= Welfenschriften 14). Wedemark 2006.

Hausmann, Bernhard: Erinnerungen aus dem achtzigjährigen Leben eines Hannoverschen Bürgers. Hannover 1873.

Hoerner, Ludwig: Marktwesen und Gastgewerbe im alten Hannover (= Hannoversche Geschichtsblätter, Beiheft 1). Hannover 1999.

Höing, Hubert: Das Eisenhüttenwerk und die katholische Missionsstation in Neustadt a. Rbge. Eine Diasporagemeinde im Auf und Ab der Hochindustrialisierung. In: Die Diözese Hildesheim in Vergangenheit und Gegenwart. Jahrbuch des Vereins für Heimatkunde im Bistum Hildesheim 52 (1984), S. 87–109.

Körner, Horst / Rogl, H. W. (Red.): Rbf und Bw Seelze. Die Eisenbahn in Seelze. Seelze 1981.

Kopmann, Detlef H. O.: „Moralisch minderwertig" und „krankhaft asozial"? Prostituierte in der Stadt zu Beginn des 20. Jahrhunderts. In: Ehrich, Karin / Schröder, Christiane (Hrsg.): Adlige, Arbeiterinnen und ... Frauenleben in Stadt und Region Hannover vom 17. bis zum 20. Jahrhundert (= Materialien zur Regionalgeschichte 1). Bielefeld 1999, S. 113–129.

Krienert, Michael / Fesche, Klaus: Eisenbahn: Der Fortschritt kommt auf Schienen. In: Backhauß, Thomas / Fesche, Klaus: Eisen, Dampf und Samt. Programm-Lesebuch. Hannover 1991, S. 31–39.

Kuhne, Arne: Regionale Wirtschaftentwicklung und staatliche Wirtschaftsförderung am Beispiel des Egestorffschen Lokomotivbaus von 1840–1866. In: Hauptmeyer, Carl-Hans (Hrsg.): Verkehr und regionale Entwicklung im Raum Hannover vom 17. bis ins 19. Jahrhundert. Hannover 1990, S. 244–266.

Landes, Eberhard u. a.: Eisenbahnen in Hannover. Eine Chronik. 2. Aufl. Hannover 1994.

Lüder, Detlev: Der Trennungsbahnhof Wunstorf der Hannoverschen Landeseisenbahnen. Hannover 1980.

Mandel, Armin: Das Wunstorf-Buch. Aus der Geschichte einer Stadt und ihrer Landschaft. Wunstorf 1990.

Ohlendorf, Heinrich: Geschichte der Stadt Wunstorf. Wunstorf 1957.

Rogl, Wolfgang: Wo die Güterwagen auf 56 Haupt- und 168 Nebengleisen umsteigen. In: Mandel, Armin (Red.): Heimatbuch. Skizzen aus dem Landkreis Hannover 1982, S. 31–34.

Saul, Norbert: 150 Jahre Eisenbahn in Seelze. Ein Lesebuch. Seelze 1997.

Schmidt, Gerhard K.: Regionalgeschichte als Heimatgeschichte. Lehrte 1667–1898 (= Quellen und Darstellungen zur Geschichte Niedersachsens 114). Hannover 1994.

Schmidt, Gerhard K./Schweigart, Louise: 150 Jahre Eisenbahn Lehrte–Hannover. Texte und Materialien zur Ausstellung. Lehrte 1993.

Schivelbusch, Wolfgang: Geschichte der Eisenbahnreise. Zur Industrialisierung von Raum und Zeit im 19. Jahrhundert. München/Wien 1977.

Seitz, Volker: Alltags- und Kleinkriminalität im Schatten des Landesvaters. Auf dem Ernst-August-Platz. In: Geschichtswerkstatt Hannover (Hrsg.): Alltag zwischen Hindenburg und Haarmann. Ein anderer Stadtführer durch das Hannover der 20er Jahre. Hamburg 1987, S. 114–123.

Werner, Sigurd: 100 Jahre Bundesbahn-Ausbesserungswerk Hannover-Leinhausen, 31.3.1978. Hannover 1978.

Ziegler, Dieter: Eisenbahnen und Staat im Zeitalter der Industrialisierung. Die Eisenbahnpolitik der deutschen Staaten im Vergleich (= Vierteljahresschrift für Sozial- und Wirtschaftsgeschichte, Beiheft 127). Stuttgart 1996.

▸ http://www.seelze.de/deutsch/stadtinfo/stadtgeschichte/menschen/leinhausen.php, 01.04.2008.
▸ http://www.seelze.de/deutsch/stadtinfo/stadtgeschichte/schlacke.php, 01.04.2008.

„SCHNELL/SICHER/BILLIG": DEUTSCHLANDS EINST GRÖSSTES STRASSENBAHNNETZ

Berlit, Anna Christina: Notstandskampagne und Rote-Punkt-Aktion. Die Studentenbewegung in Hannover 1967–1969 (= Hannoversche Schriften zur Regional- und Lokalgeschichte 20). Bielefeld 2007.

Franke, Jutta: Öffentlicher Personennahverkehr. In: Görg, Horst-Dieter (Red.): 750 Jahre Verkehr von und nach Hannover ... zu Lande, ... zu Wasser, ... in der Luft. Ein Ausstellungskatalog des Fördervereins zur Errichtung des Museums der Industrie und Arbeit e.V. anläßlich des Stadtjubiläums von Hannover. Hameln 1990, S. 115–144.

Gürtler, Klaus: APO an der Leine. Der Rote Punkt in Hannover. In: Siepman, Eckhard u.a. (Red.): Heiß und Kalt. Die Jahre 1945–69. Berlin 1986, S. 620–623.

Hüfner, Agnes/Peter, Gerd/Schütt, Peter: Aktion Roter Punkt. Hannoveraner Chronik. Interviews, Analysen, Dokumente. München 1969.

Mechler, Wolf-Dieter u.a.: 40 Jahre Roter Punkt – 40 Jahre neue üstra. Hannover 2009.

Meyer, Hermann: Die Rote-Punkt-Aktion. In: Kommunalverband Großraum Hannover (Hrsg.): Großraum Hannover. Eine Region mit Vergangenheit und Zukunft (= Beiträge zur regionalen Entwicklung 96). Hannover 2001, S. 249–252.

Moch, Horst: Straßenbahn in Hannover. Nordhorn 2004.

Moch, Horst: 100 Jahre ÜSTRA – 120 Jahre Straßenbahn in Hannover. Hannover 1992.

Moch, Horst: Deutschlands größter Straßenbahn-Güterverkehr. Hannover 1899–1953. Hannover 1986.

Schröder, Christiane/Kohlstedt, Rolf: Isernhagen wird modern. Gleise, Drähte, Kabel. Straßenbahn und Elektrifizierung in Isernhagen. Isernhagen 2003.

„FREIE FAHRT FÜR FREIE BÜRGER": AUTOBAHNEN

Akten der Region Hannover, Untere Denkmalschutzbehörde

Aufbau und Satzungen des HAFRABA e. V. Verein zur Vorbereitung der Autostrasse Hansestadte-Frankfurt-Basel, hrsg. vom Vorstand des HAFRABA e. V. Frankfurt am Main 1928.

Birkefeld, Richard: Spektakel im Stadtwald. Die Motorradrennen in der Eilenriede. In: Saldern, Adelheid von/Auffarth, Sid (Hrsg.): Wochenend und schöner Schein. Freizeit und modernes Leben in den Zwanziger Jahren. Das Beispiel Hannover. Berlin 1991, S. 15–23.

Bundesminister für Verkehr, Abteilung Straßenbau (Hrsg.): HAFRABA. Bundesautobahn Hansestädte-Frankfurt-Basel. Rückblick auf 30 Jahre Autobahnbau. Wiesbaden/Berlin 1962.

Dinghaus, Angela/Guckel-Seitz, Sabine: Die Dame am Steuer. In: Schröder, Christiane/Sonneck, Monika (Hrsg.): Außer Haus. Frauengeschichte in Hannover. Hannover 1994, S. 116–124.

Grube, Michael: Die vergessene Autobahn bei Hannover. In: http://www.lostplaces.de/cms/content/view/157/33/, 19.02.2008.

HAFRABA e. V.: Denkschrift, betrifft: Bau von Autostraßen. Frankfurt am Main 1928. (Faksimile in: Bundesminister für Verkehr, Abteilung Straßenbau (Hrsg.): HAFRABA. Bundesautobahn Hansestädte-Frankfurt-Basel. Rückblick auf 30 Jahre Autobahnbau. Wiesbaden/Berlin 1962, S. 32–41.)

Koester, H.: Die Bedeutung der HAFRABA für den innerdeutschen und europäischen Verkehr. In: Bundesminister für Verkehr, Abteilung Straßenbau (Hrsg.): HAFRABA. Bundesautobahn Hansestädte-Frankfurt-Basel. Rückblick auf 30 Jahre Autobahnbau. Wiesbaden/Berlin 1962, S. 9–12.

Krebs, Theodor: HAFRABA. Die Geschichte des Ringens um die „utopische" Idee der Autobahn. In: Bundesminister für Verkehr, Abteilung Straßenbau (Hrsg.): HAFRABA. Bundesautobahn Hansestädte-Frankfurt-Basel. Rückblick auf 30 Jahre Autobahnbau. Wiesbaden/Berlin 1962, S. 13–31.

Kunze, Thomas/Stommer, Rainer: Geschichte der Reichsautobahn. In: Stommer, Rainer (Hrsg.): Reichsautobahn. Pyramiden des Dritten Reichs. Analysen zur Ästhetik eines unbewältigten Mythos. Marburg 1982, S. 22–32.

Niedersächsisches Amt für Landesplanung und Statistik: Landesplanerisches Gutachten zur Linienführung der Autobahn Nordsüd in Niedersachsen (= Veröffentlichungen des Niedersächsischen Amtes für Landesplanung und Statistik G 4). [Hannover] 1950.

Schütz, Erhard/Gruber, Eckhard: Mythos Reichsautobahn. Bau und Inszenierung der „Straßen des Führers" 1933–1941. Berlin 1996.

Steininger, Benjamin: Raum-Maschine Reichsautobahn. Zur Dynamik eines bekannt/unbekannten Bauwerks (= Kaleidogramme 2). Berlin 2005.

Stommer, Rainer: Triumph der Technik. Autobahnbrücken zwischen Ingenieuraufgabe und Kulturdenkmal. In: Stommer, Rainer (Hrsg.): Reichsautobahn. Pyramiden des Dritten Reichs. Analysen zur Ästhetik eines unbewältigten Mythos. Marburg 1982, S. 49–76.

Treviranus, Gottfried R.: Die HAFRABA im Arbeitsbeschaffungsprogramm 1932. In: Bundesminister für Verkehr, Abteilung Straßenbau (Hrsg.): HAFRABA. Bundesautobahn Hansestädte-Frankfurt-Basel. Rückblick auf 30 Jahre Autobahnbau. Wiesbaden/Berlin 1962, S. 42–43.

Uslular-Thiele, Christina: Autobahnen. In: Kunst im 3. Reich. Dokumente der Unterwerfung. 2. Aufl. Frankfurt am Main 1980, S. 148–182.

Vosselmann, Arend: Reichsautobahn. Schönheit – Natur – Technik. Kiel 2005.

▸ http://de.wikipedia.org/wiki/Adac, 23.03.2009.
▸ http://www.ddac.de/der-ddac/historie.html, 22.03.2009.

ZUR ENTZERRUNG DES VERKEHRS: BRÜCKEN

Beuke, Udo: Architektur der neuen Brücken in Hannover. In: Wasser- und Schifffahrtsdirektion Mitte, Hannover (Hrsg.): Stadtlandschaft und Brücken in Hannover. Der Mittellandkanal als moderner Schifffahrtsweg. Hannover 2000, S. 88–101.

Boetticher, Annette von: Von Wasser umgeben – die Calenberger Neustadt von Hannover und ihre Brücken. In: Stöber, Martin/Schneider, Karl. H./Grohmann, Olaf (Hrsg.): Insel-Reflexionen. Carl-Hans Hauptmeyer zum 60. Geburtstag. Hannover 2008, S. 17–24.

Hönnig, Claus H./Nitzsche, Günter/Röben, Johann: Ein Kanal überquert Flüsse. In: Wasser- und Schifffahrtsdirektion Mitte, Hannover (Hrsg.): Stadtlandschaft und Brücken in Hannover. Der Mittellandkanal als moderner Schifffahrtsweg. Hannover 2000, S. 112–121.

Jürgens, Heiner/Nöldeke, Arnold/Welck, Joachim von: Die Kunstdenkmale des Kreises Springe (= Die Kunstdenkmale der Provinz Hannover 3). Hannover 1941.

Klotzke, Horst: Die größte Insel Hannovers mit ihren Brücken und Kirchen. Hannover 2005.

Kokkelink, Günther: Laves als Erfinder. In: Hammer-Schenk, Harold/Kokkelink, Günther (Hrsg.): Laves und Hannover. Niedersächsische Architektur im neunzehnten Jahrhundert. Rev. Neuaufl. Hannover 1989, S. 527–560.

Krawinkel, Günter: Georg Ludwig Friedrich Laves (1788–1864). Der „erste" Architekt und oberste Baubeamte im Königreich Hannover. In: Stiftung Niedersachsen (Hrsg.): Von Laves bis heute. Über staatliche Baukultur. Braunschweig/Wiesbaden 1988, S. 66–89.

Lünser, Andreas: Die wirtschaftlichen und militärischen Ursachen des Kunststraßenbaus im zentralen Niedersachsen im 18. Jahrhundert. In: Hauptmeyer, Carl-Hans (Hrsg.): Verkehr und regionale Entwicklung im Raum Hannover vom 17. bis ins 19. Jahrhundert. Hannover 1990, S. 55–66.

Mende, Michael: Denkmale des Verkehrs und seiner Industrien. In: Görg, Horst-Dieter (Red.): 750 Jahre Verkehr von und nach Hannover ... zu Lande, ... zu Wasser, ... in der Luft. Ein Ausstellungskatalog des Fördervereins zur Errichtung des Museums der Industrie und Arbeit e. V. anläßlich des Stadtjubiläums von Hannover. Hameln 1990, S. 277–297.

Neß, Wolfgang: Historische Brückenbauten des Mittellandkanals. Im Spannungsfeld zwischen Denkmalpflege und Zukunftsplanung. In: Wasser- und Schifffahrtsdirektion Mitte, Hannover (Hrsg.): Stadtlandschaft und Brücken in Hannover. Der Mittellandkanal als moderner Schifffahrtsweg. Hannover 2000, S. 78–87.

Steinbacher, Ulrich: Der Ingenieur Laves und seine ersten Brückenentwürfe. In: Hammer-Schenk, Harold/Kokkelink, Günther (Hrsg.): Laves und Hannover. Niedersächsische Architektur im neunzehnten Jahrhundert. Rev. Neuaufl. Hannover 1989, S. 523–526.

Wollenweber, Burkhard: Historische Brückenkonstruktionen – Technische Bauwerke der Eisenbahn in Niedersachsen. Ein Beitrag zur Geschichte des Brückenbaus im 19. Jahrhundert (= Arbeitshefte zur Denkmalpflege in Niedersachsen 33). Hameln 2006.

BILDNACHWEIS

S. 1 (Klingelschild der Hanomag), 8, 21, 36/37, 38 (r), 50, 51, 54, 64, 65 (l), 66 (l und u), 71, 75 (u), 81, 82, 84, 85, 94, 100, 101, 107, 113 (o und u/r), 119 (2), 143, 146, 147, 148, 151, 166, 168, 176, 177, 179, 180, 181, 198, 237, 241, 243, 245, 249, 250, 266, 280, 281, 282, 283, 285, 286 (l und o/r). 289: Christian Stahl

S. 2 (Im Klosterstollen Barsinghausen), 4 (Am Mittellandkanal, im Hintergrund das Steinkohlekraftwerk Mehrum), 34, 44, 61, 62, 63 (2), 66 (o/r), 76, 77, 87, 127, 131, 145, 149, 169, 172, 199, 204, 205, 210, 212, 218/219, 220, 222/223 (3), 226, 227, 230, 238, 247, 258, 259, 276: Karl Johaentges

S. 5, 6, 46 (o), 74, 155, 221, 232, 242, 274, Anfahrtskarten: Region Hannover

S. 10/11, 12/13, 67 (3), 69 (2), 98 (r), 126, 129 (o), 130, 140, 141, 157, 161, 162, 190, 191, 194, 211, 214, 225, 228, 288: Claus Kirsch

S. 15: Nachdruck mit freundlicher Genehmigung des Instituts für Historische Landesforschung der Georg-August-Universität Göttingen sowie des Verlags für Regionalgeschichte, Gütersloh

S. 17, 22, 23, 24, 26, 28, 30, 31, 42, 91, 103, 104, 106 (2), 110, 112, 115, 117, 121 (2), 122, 125 (2), 129 (u), 135, 136, 137, 138, 139, 144, 158, 159, 175, 186, 193, 197 (r), 215, 217, 224, 255, 256, 269, 271 (2): Historisches Museum Hannover

S. 19, 27, 40, 46 (u), 55, 154, 165, 257, 260 (2), 261, 262, 264, 265, 267: üstra-Archiv

S. 35, 39, 65 (r), 75 (o), 89, 109, 123, 133, 203, 253, 263, 270, 286 (u/r), 291: Thomas Langreder

S. 38 (l), 78: Archiv der unteren Denkmalschutzbehörde der Region Hannover

S. 41: Stadt Barsinghausen

S. 53 (4): Büro Thomas Mudra Landschaftsarchitekten

S. 56, 58: Kali und Salz GmbH

S. 88 (2), 93, 244: Archiv Wunstorf

S. 60 (3), 90, 150, 153: Stadtarchiv Sehnde

S. 98 (l): Archiv der unteren Denkmalschutzbehörde Neustadt am Rübenberge

S. 128: Plakatsammlung Donné

S. 167: Postkartenarchiv Andreas-Andrew Bornemann

S. 184 (4), 188 (2), 189, 196, 197 (l), 201 (2): Archiv Stadtwerke AG Hannover

S. 95, 113 (u/l), 206 (2), 248 (2), 252 (2), 278/279 (3): Manfred Kohler

S. 235: Mit freundlicher Genehmigung der Landvermessung + Geobasisinformation Niedersachsen (Bearbeitung: Region Hannover)

INHALTSVERZEICHNIS

GELEITWORT DES REGIONSPRÄSIDENTEN ... 5

VORWORT ... 7

ARBEIT UND ALLTAG IM INDUSTRIEZEITALTER ... 9
EIN BLICK ÜBER DIE REGION HANNOVER ... 9
STUMME ZEUGEN FRÜHERER ARBEITS- UND LEBENSWELTEN ... 10
IM DORNRÖSCHENSCHLAF ... 11
DER „KALKJOHANN" UND SEIN SOHN ... 14
INDUSTRIELLER „TAKE-OFF" ... 16
GRÜNDERBOOM UND GRÜNDERKRISE ... 18
DIE INDUSTRIESTÄDTE HANNOVER UND LINDEN ... 18
SOZIALE PROBLEME ... 20
STINKENDER GLORIENSCHEIN ... 22
EINE EPOCHE GEHT ZU ENDE ... 23
WENIG GOLDENE ZWANZIGERJAHRE ... 24
UNTER DEM HAKENKREUZ ... 26
KEIN ORT FÜR JUNGFRÄULICHE TANTEN ... 27
WÄHRUNGSREFORM, WIRTSCHAFTSWUNDER UND GASTARBEITER ... 29
LANGSAMES ENDE DES INDUSTRIEZEITALTERS ... 31

TEIL 1: INDUSTRIE ... 33
TRIEBFEDER DER INDUSTRIALISIERUNG: WERTVOLLE ROHSTOFFE ... 35
VON DER NATUR BEGÜNSTIGT ... 35
KOHLE, DAS SCHWARZE GOLD DES DEISTERS ... 35
GEMÄCHLICHE ANFÄNGE ... 35
VORAUSSCHAUENDE INVESTITIONEN ... 37
DER SIEGESZUG DER KOHLE BEGINNT ... 39
DAS ENDE DER „GOLDENEN JAHRE" ... 40
EIN FASS OHNE BODEN ... 42
DAS ERSTE AUS FÜR EINE ZECHE IN DER BUNDESREPUBLIK ... 43
WAHRE KNOCHENARBEIT ... 45

INHALTSVERZEICHNIS

LEBEN IN DER BERGMANNSSIEDLUNG	47
FRIEDFERTIGE KUMPEL	48
HISTORISCHE BERGWERKSTOLLEN IM DEISTER	49
SAMMANSTOLLEN	49
HOHENBOSTELER STOLLEN	50
EGESTORFER STOLLEN	50
KLOSTERSTOLLEN UND ZECHE BARSINGHAUSEN	51
ZECHE „ANTONIE" IN BARSINGHAUSEN-BANTORF	52
EINE REGION IM KALIFIEBER	**54**
DIE SALINE „EGESTORFFSHALL"	54
VOM ABFALLPRODUKT ZUM EXPORTSCHLAGER	56
HOCHPROZENTIGE VERHANDLUNGEN UM KALIGRUND	57
REGE BAUTÄTIGKEIT ÜBER UND UNTER TAGE	57
VOM BAUERNDORF ZUM INDUSTRIESTANDORT	58
EINE BEDEUTUNGSSCHWERE GESETZESLÜCKE	59
NIEDERGANG EINER INDUSTRIE	61
DIE SALZSTÖCKE DER REGION HANNOVER	63
SALZSTOCK WUNSTORF	63
SALZSTOCK BENTHE	63
Kaliwerk Hansa-Silberberg, heute Niedersächsisches Museum für Kali- und Salzbergbau in Ronnenberg-Empelde	65
SALZSTOCK SARSTEDT-SEHNDE	67
Bergwerk Hohenfels bei Sehnde-Wehmingen	67
Doppelschachtanlage „Bergmannssegen-Hugo" in Sehnde-Ilten	68
SALZSTOCK HÄNIGSEN	70
Kaliwerk „Riedel" bei Uetze-Hänigsen	70
MIT FÜSSEN GETRETEN: ASPHALT	**72**
VERBANDSMATERIAL UND BAUSTOFF AUS DEM MOOR: TORF	**74**
ZERBRECHLICHES GUT FÜR DIE GANZE WELT: GLASHÜTTE STEINKRUG	**77**
EINE VERWUNSCHENE WELT IM WALD	77
MIT VOLLER LUNGENKRAFT	78
DIE NATUR EROBERT TERRAIN ZURÜCK	79
DER BAUSTIL EINER REGION VERÄNDERT SICH: TON UND LEHM	**80**
ZIEGELEI IN NEUSTADT-NÖPKE	81

ZERMAHLEN, GEBRANNT, GELÖSCHT: KALK — 83
KALKOFEN IN HANNOVER-AHLEM — 83
KALKWERK IN WENNIGSEN-BREDENBECK — 85

GÜNSTIG, DAUERHAFT UND FORMBAR: ZEMENT — 86
VOM BAUERNDORF ZUM ZENTRUM DER DEUTSCHEN ZEMENTINDUSTRIE — 86
EIN MEER VON SCHORNSTEINEN — 89
„SCHWEINEIGELS" RISKIEREN IHRE GESUNDHEIT — 90
EIN STÄNDIGES AUF UND AB — 92
ZEMENTWERK TEUTONIA IN HANNOVER-MISBURG — 93

ZÄHMUNG VULKANISCHER KRÄFTE: DIE METALLINDUSTRIE — 95
EIN GANZ BESONDERER STOFF — 95
„ALTE SCHMIEDE" IN NEUSTADT-HELSTORF (HUFSCHMIEDE-MUSEUM FREHRKING) — 95
DIE „NEUSTÄDTER HÜTTE" IN NEUSTADT AM RÜBENBERGE — 96
SPRUNGHAFTES WACHSTUM EINES LANDSTÄDTCHENS — 96
DER „EISENBAHNKÖNIG" WAGT EINEN NEUANFANG — 97
MASCHINENFABRIK HANOMAG IN HANNOVER-LINDEN — 99
SELBSTBEWUSSTE INDUSTRIEARCHITEKTUR — 99
VOM KOCHTOPF ZUR LOKOMOTIVE — 100
ARBEIT IN DER „CYKLOPEN-WERKSTATT" — 101
„DER KERL WIRD NÄCHSTENS DEUTSCHER KAISER" — 102
„KLEIN-RUMÄNIEN" MITTEN IN LINDEN — 104
EIN SCHWERER START — 105
VOM BEINAHE-KONKURS ZUM „KRIEGSMUSTERBETRIEB" — 106
SPIELBALL VON INVESTOREN — 107

MASSENPRODUKTE FÜR DEN ALLTAG: DIE KONSUMGÜTERINDUSTRIE — 109
GLEICHBLEIBENDE QUALITÄT ZU GÜNSTIGEN PREISEN — 109
HANNOVER, DIE „STADT DES GUMMIS" — 109
HOHER BLUTZOLL FÜR EIN NEUES PRODUKT — 109
DAS CONTINENTAL-GUMMIWERK IN HANNOVER-LIMMER — 111
VON DER KAMMFABRIK ÜBER EXCELSIOR ZUR „CONTI" — 111
EIN WAHRZEICHEN FÜR LIMMER — 112

INHALTSVERZEICHNIS

CONTINENTAL-GUMMIWERK IN HANNOVER-VAHRENWALD	114
STATIONEN DES AUFSTIEGS	114
KAFFEEKÜCHEN UND PFIFFIGE WERBUNG	118
MARKANTE BAUWERKE	118
(FAST) SPURLOS VERSCHWUNDEN: DIE HANNOVERSCHE TEXTILINDUSTRIE	**120**
KINDERGARTEN STATT PROSTITUTION	120
DÖHRENER WOLLWÄSCHEREI UND -KÄMMEREI IN HANNOVER-DÖHREN	121
DIE ERSTE DEUTSCHE WOLLWÄSCHEREI	121
ARBEITSKRÄFTE VON WEIT HER	124
AUSSICHTSLOSER KAMPF GEGEN MARKTVERÄNDERUNGEN	125
PELIKANWERKE IN HANNOVER-LIST	**128**
MIT PFENNIGBETRÄGEN ZUM MILLIONENUMSATZ	128
WIE EIN VATER ...	129
GELUNGENE WIEDERBELEBUNG EINER INDUSTRIEBRACHE	131
FÜR LEIB UND SEELE: AGRAR- UND LEBENSMITTELINDUSTRIE	**133**
EINE WACHSENDE BEVÖLKERUNG MUSS SATT WERDEN	**133**
VOM BÜRGERLICHEN NEBENERWERB ZUR INDUSTRIE: BIERBRAUEREIEN	**134**
VOLKSGETRÄNK MIT LANGER TRADITION	134
GILDE BRAUEREI AG IN HANNOVER	136
BRAUEREI SCHEELE IN HANNOVER-ANDERTEN	140
HOCHPROZENTIGES AUS GRUNDNAHRUNGSMITTELN: BRANNTWEINBRENNEREIEN	**142**
WIDER DEN „BRANNTWEINTEUFEL"	142
SCHNELLER RAUSCH IN EINER BESCHLEUNIGTEN ARBEITSWELT	144
KORNBRENNEREI WARNECKE IN WENNIGSEN-BREDENBECK	146
EHEMALIGE BRENNEREI IN WEDEMARK-BRELINGEN	147
UNABHÄNGIGKEIT VON TEUREN IMPORTEN: DIE ZUCKERINDUSTRIE	**148**
VON DER „RÜBENQUETSCHE" ZUR „BAUERNFABRIK"	148
HARTE ARBEIT UND BESCHWERLICHER TRANSPORT	151
HOCHSAISON IN DER FABRIK	153
UMWELTPROBLEME	154
ALLMÄHLICHER NIEDERGANG EINES GANZEN INDUSTRIEZWEIGS	155
LETZTE ARCHITEKTONISCHE ZEUGNISSE	156

KEKSFABRIK BAHLSEN IN HANNOVER — 157
BESONDERE VORLIEBEN: ÄSTHETIK UND RATIONALISIERUNG — 157
„MINISTERIUM" UND „KNUSPERHAUS" — 159
DIE ZWEITE UND DRITTE GENERATION — 162
KONSERVENFABRIK L. WARNECKE IN BURGDORF — 164
OBST UND GEMÜSE ZU JEDER JAHRESZEIT — 164
GENÜGSAME ARBEITERINNEN — 166
WURSTFABRIK AHRBERG IN HANNOVER-LINDEN — 167

TEIL 2: ENERGIE UND WASSER — 171

MIT DER KRAFT DER NATUR: WIND- UND WASSERMÜHLEN — 173
SCHLECHTER LEUMUND EINES GANZEN BERUFSSTANDES — 173
VON DER TAUSCH- ZUR HANDELSMÜLLEREI — 174
DIE WASSERMÜHLE IN NEUSTADT-LADERHOLZ — 175
DIE BOCKWINDMÜHLE IN NEUSTADT-DUDENSEN — 177
DIE HOLLÄNDERWINDMÜHLE IN NEUSTADT-BORSTEL — 178
DIE BOCKWINDMÜHLE IN LANGENHAGEN-KALTENWEIDE — 180
DIE HOLLÄNDERMÜHLE IN BARSINGHAUSEN-WICHTRINGHAUSEN — 181

MEHR KOMFORT IM ALLTAG: STADTTECHNIK — 183
KOSTBARES NASS: DIE WASSERVER- UND -ENTSORGUNG — 183
KUBIKMETER UM KUBIKMETER — 183
WASSERHOCHBEHÄLTER AUF DEM LINDENER BERG — 185
WASSERWERK IN WEDEMARK-ELZE / WEDEMARK-BERKHOF — 187
WASSERTURM IN HANNOVER-BRINK-HAFEN — 190
WASSERTURM IN LANGENHAGEN — 191
WASSERKUNST IN HANNOVER-HERRENHAUSEN — 192
KARRIERE EINES ABFALLPRODUKTS: GAS — 195
DAS ERSTE GASWERK AUF DEM EUROPÄISCHEN FESTLAND — 195
GASOMETER IN HANNOVER-CALENBERGER NEUSTADT — 196
ELEKTRIZITÄT, „DAS FÜNFTE ELEMENT" — 198
HANNOVER GEHT ANS NETZ — 198

INHALTSVERZEICHNIS

STROM FÜRS UMLAND	202
DER TRAUM VOM „ELEKTRISCHEN SCHWIEGERSOHN"	203
KOHLEKRAFTWERK IN HANNOVER-AHLEM	206

TEIL 3: VERKEHR — 209

DURCHQUERUNG VON ZEIT UND RAUM: DAS VERKEHRSWESEN	211
VOM BOCK ZUM EUROPAKAHN: TRANSPORT ZU WASSER	213
GARAUS DURCH DIE EISENBAHN: DIE LEINESCHIFFFAHRT	213
DIE WICHTIGSTE NATÜRLICHE WASSERSTRASSE DER REGION	213
DER ERNST-AUGUST-KANAL IN HANNOVER-HERRENHAUSEN	213
VON „KANALREBELLEN" UND „KANALMONARCHEN": DER MITTELLANDKANAL	216
SCHIFFE INMITTEN VON ÄCKERN UND WIESEN	216
WILDWEST IM HAFEN	219
DIE HINDENBURGSCHLEUSE IN HANNOVER-ANDERTEN	224
DIE SCHLEUSE BEI SEHNDE-BOLZUM	228
LOKOMOTIVE(N) DES FORTSCHRITTS: DIE EISENBAHN	231
VOM WIDERSTAND ÜBERS ZÖGERN ZUR EIGENREGIE	231
MIT WEISSEN HANDSCHUHEN AUF DER LOK	233
VORGESCHMACK AUF DIE MODERNE	234
HAUPTBAHNHOF UND HOCHBAHN IN HANNOVER	236
DUTZENDE VON PLÄNEN	236
EIN NEUES STADTZENTRUM ENTSTEHT	237
BAHNHOF IN LEHRTE	240
BAHNHOF IN WUNSTORF	242
DOPPEL-RINGLOKSCHUPPEN IN HANNOVER-BULT	246
AUSBESSERUNGSWERK IN HANNOVER-LEINHAUSEN	249
RANGIERBAHNHOF IN SEELZE	251

„SCHNELL / SICHER / BILLIG": DEUTSCHLANDS EINST GRÖSSTES STRASSENBAHNNETZ — 255
SPRÜHENDE FUNKEN, SCHIEBENDE FAHRGÄSTE — 255
AUF „TAUSENDFÜSSLERN" DURCH DIE REGION — 257
„ROTER PUNKT" STATT LINIENVERKEHR — 261
SPUREN DES ALTEN STRASSENBAHNNETZES — 263
ZEITREISE ZU DEN ANFÄNGEN DER „ÜSTRA" — 263
BETRIEBSHOF BUCHHOLZ — 263

„FREIE FAHRT FÜR FREIE BÜRGER": AUTOBAHNEN — 269
BLUFF BEIM AUTOBAHNBAU — 269
DAS AUTO EROBERT DIE STRASSE — 272
EIN VISIONÄR AUS HANNOVER — 273
DAS LIEBE GELD — 274
BAUBEGINN DER HAFRABA — 276
LETZTE RELIKTE DER „VERGESSENEN AUTOBAHN" — 277

ZUR ENTZERRUNG DES VERKEHRS: BRÜCKEN — 281
AUF DIREKTEM WEG — 281
LAVESBRÜCKEN IN HANNOVER-NORDSTADT — 281
BRÜCKEN DER GÜTERUMGEHUNGSBAHN IN HANNOVER — 285
LEINEBRÜCKE IN PATTENSEN-SCHULENBURG — 288
LEINEBRÜCKE KÖNIGSWORTHER STRASSE IN HANNOVER-CALENBERGER NEUSTADT — 289
TROGBRÜCKEN DES MITTELLANDKANALS — 290

LITERATURHINWEISE UND INTERNETQUELLEN — 293

BILDNACHWEIS — 312

ÜBERSICHTSKARTE — 6

Gefördert durch die Sparkasse Hannover und die Niedersächsische Sparkassenstiftung

Kartografie
Matthias Rößler und Henryk Pawlacyk, Team Gestaltung der Region Hannover

Projektorganisation in der Regionsverwaltung
Projektkoordination und Information: Michaela Mäkel
Administrative Begleitung: Rolf Himmelsbach
Team Regionale Naherholung der Region Hannover
Höltystraße 17, 30171 Hannover
Tel. 0511/61621011
www.naherholung-hannover.de

DANKE Die Region Hannover möchte an dieser Stelle allen danken, die neben den Autoren und dem Herausgeber sehr engagiert zum Gelingen des Projektes beigetragen haben: Dr. Wolf-Dieter Mechler (Historisches Museum Hannover), Bianca Bartels und Christina Bardeck (Stadtwerke Hannover AG), Udo Iwannek und Wolf-Rüdiger Termer (üstra Hannoversche Verkehrsbetriebe AG), Jürgen Wattenberg (Stadtarchiv Sehnde), Klaus Fesche (Stadtarchiv Wunstorf), Roswita Kattmann (Archiv der Region), Eckard Steigerwald (Stadt Barsinghausen) und Norbert Lopitzsch (Stadt Neustadt a. Rbge.). Besonderer Dank gilt auch Mareike Prahmann und Michael Nehring für die umfangreiche und sorgfältige Recherche historischen Bildmaterials, Gerd Körner von der Region Hannover, Michael Heinrich Schormann von der Niedersächsischen Sparkassenstiftung für die kompetenten Hinweise zum Kapitel HAFRABA und Kerstin Tietgens von der Region Hannover (ÖPNV-Beratung), Beatrice Donné und Uwe Ilgenfritz-Donné (Plakatsammlung Donné) sowie Andreas-Andrew Bornemann (Postkartenarchiv).

Die Deutsche Bibliothek verzeichnet diese Publikation in der Deutschen Nationalbibliografie; detaillierte bibliografische Daten sind im Internet über http://dnb.ddb.de abrufbar.

© Hinstorff Verlag GmbH, Rostock 2010
 Lagerstraße 7, 18055 Rostock
 Tel. 0381/4969-0
 www.hinstorff.de

Alle Rechte vorbehalten. Reproduktionen, Speicherungen in Datenverarbeitungsanlagen, Wiedergabe auf fotomechanischen, elektronischen oder ähnlichen Wegen, Vortrag und Funk – auch auszugsweise – nur mit Genehmigung des Verlages.

1. Auflage 2010
Herstellung: Hinstorff Media
Titelgestaltung und Layout: Beatrix Dedek
Lektorat: Dr. Florian Ostrop
Druck und Bindung: Neumann & Nürnberger, Leipzig
Printed in Germany
ISBN 978-3-356-01378-8